KANJI HYAKUWA by SHIRAKAWA Shizuka
Copyright ⓒ 1978, 2002 SHIRAKAWA Shizuka All rights reserved.
Originally published in Japan by CHUOKORON-SHINSHA, INC., Tokyo.

Korean translation Copyright ⓒ 2005 by Taurus Publishing Company
Korean edition is published by arrangement with
CHUOKORON-SHINSHA, INC., Japan
through THE SAKAI AGENCY and LITERARY AGENCY YU RI JANG.

이 책의 한국어판 저작권은 유·리·장 에이전시를 통한
저작권자와의 독점 계약으로 황소자리에 있습니다.
신저작권법에 의해 한국 내에서 보호를 받는 저작물이므로
무단 전재와 무단 복제를 금합니다.

# 漢字 백 가지 이야기

시라카와 시즈카 白川靜 | 심경호 옮김

황소자리

일러두기

1. 본문의 기호는 다음과 같이 구별해서 사용했다.
   1) 음이 같은 한자 원문, 짧은 해설 혹은 원어는 ( ) 속에 적었다.
   2) 한자에 대한 해석은 ( ) 안에 : 로 구분해서 표기했다.
      예) 가(呵 : 위협), 미녀(媚女 : 무녀)
   3) 일본어의 경우 ( ) 안에 , 로 구분해서 표기했다.
      예) 묘장(卯杖, 우즈치)
   4) 한자의 뜻과 음은 ( ) 속에 차례대로 표기했다.
      예) 國(나라 국)
   5) 뜻이 같은 한자는 〔 〕 속에 표기했다. 한자음은 , 뒤에 표기했다.
      예) 감추어진〔匿, 닉〕장소

2. 중국 인명 · 지명 · 용어는 한자음대로 표기했다.
      예) 산시성 → 산서성

3. 익숙한 일본 인명 · 지명 · 용어는 한글맞춤법 원칙에 따라 원어로 표기했다. 그 외의 경우는 한자음대로 표기했다. 괄호 안에 한자를 밝혔다.

4. 본문의 이해를 돕기 위해 각 장(章)마다 최소한의 역자 미주를 붙였다.

> 수록한 문자 자료 가운데 아무 표시가 없는 것은 전문(篆文)과 고문(古文) ⊙ 표시는 갑골문, ◎ 표시는 금문, ○ 표시는 그밖의 문자임을 나타낸다.

| 한국어판 저자 서문 |

일찍이 동아시아에서는 한자·한자어가 공통의 표기, 공통의 어휘로써 기능했다. '성실(誠實)'이란 말이 중국, 한국, 일본, 베트남의 각국어에서 공통적으로 사용되며 '친절(親切)' '우호(友好)' 따위도 이들 여러 나라의 공통어였다. 한자로 구성된 숙어 역시 공통적으로 사용했으므로 각국 국어의 절반가량이 공통어였다. 그리고 그러한 어휘들은 표기법은 다르지만 지금도 여전히 여러 나라의 공통어다. 다만 베트남에서는 일찌감치 로마자로 표기하고, 중국에서는 아주 많은 간체자를 만듦으로써, 또 한국에서는 한글을 전용하고, 일본에서는 약자를 많이 사용하는데다가 자수와 그 용법까지 제한함으로써, 지금은 사분오열 상태에 놓여 있다. 전에는 한자를 가지고 자유롭게 의사소통을 하고 각국의 문헌을 읽을 수 있었지만 지금은 그 표기 방법이 완전히 달라 통하지 않게 되었다. 전에는 같은 문자를 사용하였기에 공통의 인식과 공통의 감정을 향유하는 일이 가능했지만, 지금은 그 길이 완전히 끊어지고 말았다. 현재 동아시아가 겪고 있는 불행은 이러한 사실과 무관하다고 말할 수가 없다.

이러한 변화는 베트남을 제외하고는 대체로 태평양전쟁 이후에 일어났다. 일본에서는 패전 직후인 1946년, 진주군(進駐軍)의 지시에 따라 한자 폐지를 전제로 당용한자(當用漢字) 1,850자의 음훈표(音訓表)를 정했고, 뒷날 1981년에 이르러 자수를 1,945자로 증가시켜 상용한자표(常用漢字表)를 제정했다. 그 결과 고전(古典)은 거의 독해할 수 없게 되고, 일상어의 표현도 'ご挨拶(고아이사쓰 : 인사)'라든가 'ご馳走(고치소 : 향응, 대접)' 따위를 표기할 수 없게 되었다. 문자가 언어 표기의 기능을 잃어버린 것이다.

한국에서 한글전용을 실시한 이후의 소식에 대해 나는 잘 알지 못한다. 하지만 적어도 고문헌, 특히 한자로 표기된 문헌을 독해하기가 아주 곤란해졌을 것이다. 그 사정은 일본의 경우보다도 한층 심각하지 않을까 한다. 중국에서도 간체자를 사용한 이후 고전 학습이 대단히 곤란하게 되었다는 사실은 새삼 말할 것이 없다.

이렇게 한자를 기피하게 된 이유는 대개 한자를 습득하기가 쉽지 않다는 한 가지 사실에 귀착한다고 말할 수 있다. 만일 한자를 습득하는 일이 그다지 어렵지 않고, 한자의 구성법에 정연한 질서가 있어서 그 질서에 따라 한자를 이해하는 방도를 파악하게 된다면, 한자만큼 합리적이고 또 구상적으로 사(事)와 물(物)에 육박하는 표기가 달리 없으리란 점도 이해할 수 있을 것이다. 더 나아가, 한자는 체계를 지닌 유일한 문자로 동아시아가 모두 자랑할 만한 유산이란 사실도 이해하게 되리라고 본다. 그러한 이해로 나아가는 길을 열기 위해서 나는 이 책에서 생활 주변의 화제를 택해 몇몇 문자에 대해 설명해보았다. 문자학으로서의 체계적인 서술은 나의 《자통(字統)》(平凡社 1984년 1판, 1988년 2판, 1994년 보급판), 《상용자해(常用字解)》(平凡社, 2003)에서 시도한 내용을 참조하기 바란다.

동아시아는 근세에 들어와 혼란에 빠지기 전까지는 2,000년이라는 긴 기간 동안 민족 사이의 대규모 전쟁이 그리 많이 발생하지 않은 평화스런 세계였다. 전쟁이 끊이지 않았던 유럽의 역사와 비교해볼 때 이 사실은 극명하게 드러난다. 한자문화를 공유한다는 문화적 배경이 있었기에 서로를 이해하기가 쉬웠을 것이다.

특히 일본의 에도(江戸)시대에 조선과 일본 두 나라의 문인, 정치가들이 시문을 통해 서로 우호의 뜻을 교환하던 성대한 일은 아마 다른 지역의 역사에서는 유사한 사례를 찾기 어려울 것이다.

한자의 부활과 그 올바른 이해는 동아시아의 부흥에 다가가는 중요한 길이라고 나는 생각한다. 한국의 독자 여러분들께서 이 점을 잘 이해해주신다면 서로에게 이보다 더 큰 행운은 없으리라고 본다.

2005년 3월
시라카와 시즈카(白川靜)

| 역자 서문 |

　시라카와 시즈카(白川靜) 선생은 세계의 석학 가운데 한자학의 최고 권위자다. 1910년 일본 후쿠이(福井)시에서 태어나서, 리쓰메이칸(立命館) 대학 문학부를 졸업하고 같은 대학 교수를 지냈으며, 1976년 정년퇴직한 뒤, 현재까지 집필과 강연을 계속해오고 있다. 2004년 11월에는 일본 정부의 문화훈장을 받기도 했다.
　주요 논저로 《중국의 신화》《중국의 고대문학》《갑골문의 세계》《금문의 세계》《만엽집(萬葉集)》등이 있으며 1999년부터 2004년까지 전집 12권(平凡社 간행)이 간행되었다. 이와는 별도로《갑골금문학논총》2책,《설문신의(說文新義)》8책,《금문통석(金文通釋)》10책,《갑골금문자료집》9책(이상 平凡社 간행) 등이 증보되어 나오고 있다. 또 동양문고(東洋文庫)에서 출판된 《시경》 3책은 선생이 연찬한 시경학의 정수를 반영한다. 한편《자통(字統)》《자훈(字訓)》《자통(字通)》 등 한자사전 3부작(平凡社 간행)은 갑골문과 금문의 성과를 집대성해 한자의 처음 형태와 처음 뜻 그리고 변화한 모양과 뜻을 해설한 저술로, 세계적으로 저명하다. 선생의 많은 저술이 중국어로 번역되었으며, 최근 국내에서도 《공자전》이 번역·출간된 바 있다.

나는 1988년에 박사학위 청구논문의 한 장을 집필하면서 선생의 《흥(興)의 연구》를 많이 참고했다. 그러다가 2003년 교토대학(京都大學)에 초빙교수로 머무는 동안, 리쓰메이칸 대학 중국문학과 교수이자 선생의 제자인 요시무라 히로미치(芳村弘道) 씨를 통해서 시라카와 선생을 만나뵐 수 있었다. 댁에 찾아가 청익(請益)을 하면서, 선생이 한자사전 3부작을 집필하기로 결심하고 1981년에 문학부 특별임용교수직까지도 완전히 그만뒀다는 사실을 알고 놀랐다. 90세를 넘긴 고령이거늘 금석문 연구의 금자탑인 《금문통석》의 신판을 완간하고 갑골문과 금문의 자료집을 출간하기 위해 매일 작업을 하고 있었다. 그 무렵 일 년에 4회, '문자강화(文字講話)'라는 제목으로 강연을 계속하여 2004년 정월까지 20회를 마쳤다. 나는 그중 18, 19, 20회 강연을 들었다.

강연장에서 본 선생은 과연 대가다웠다. 두 시간 동안 이어진 강연에서 자리에 한 번 앉지도 않고, 모조지 전지 20여 매 이상을 사용해 문자의 세계를 펼쳐보였다. 중국과 일본의 고전을 넘나들며 문자론을 체계적으로 설명했을 뿐 아니라, 질의응답 시간에도 전혀 피로한 기색이 없었다. 교토 국제회관에 모인 1,000여 명의 청중은 선생이 그려보이는 갑골문과 금문의 문자를 노트에 베껴가며 공부했다. 그 뒤 청중의 요청으로 4회를 더 강연했다고 들었다.

선생은 23세 되던 1933년에 리쓰메이칸 대학 전문부(專門部) 문학과 국한학과(國漢學科)에 입학해 교토대학 출신의 중국학 학자 하시모토 준(橋本循) 선생에게 한문을 수학하는 한편, 오대징(吳大澂)의 《자설(字說)》 《설문고주보(說文古籒補)》를 통해 고대 문자학에 흥미를 가지게 되었다고 한다. 그 뒤 나이토 고난(內藤湖南), 가노나오키(狩野直喜)의 교토 중국학을 계승하면서, 타이완의 굴만리(屈萬里), 동작빈(董

作賓), 엄일평(嚴一萍), 주법고(周法高), 중국의 양수달(楊樹達), 호후선(胡厚宣), 용경(容庚), 양관(楊寬) 등과 서찰을 왕래하고 논문과 자료를 교환하면서 독자적인 세계를 구축해왔다.

선생은 '교토의 중국학과 나'라는 강연(〈學林〉 33호, 2001 수록)에서 학문에 입문한 계기에 대해 다음과 같이 밝혔다.

나는 일생 열심히 학문을 하려는 생각은 그다지 없었으므로, 처음에는 중학교 선생이 되려고 했습니다. 중학교 선생의 경우는 교실 수업이 그리 어렵지 않고 생활도 일단 보장되므로, 남이 일생 고생하여 저술한 책을 편안한 마음으로 읽고 즐기려는 생각이었지요. 정말 지금 떠올려보면 무어라 변명할 수조차 없는 발상이었습니다만 말입니다. 그러는 가운데 예과 전문부에서 대학으로 적을 옮기게 되었죠. 그래서 나 스스로 어떤 학문을 창시해야 할 책임을 지게 되었습니다. 단순히 남의 학문을 수용하는 것으로 만족할 수 없게 되었습니다. 내 자신이 연구자가 되고 창조자가 되어, 새로운 학문을 수립해야 했지요. 다행히도 나는 나이토(內藤) 선생보다 45년 어립니다. 나이토 선생이 보지 못한 자료도 볼 수가 있었지요. 그래서 선생의 학문을 추적하면서 그 학문에 대해 경우에 따라 비판을 가할 수도 있는 입장이 되었습니다. 학문이라는 것은 시대와 더불어 움직이고 진보하는 것이어서, 일생 자기 스승에 대해 고개를 쳐들 수 없다고 한다면 학문은 퇴보할 뿐입니다. 퇴각할 뿐입니다. 제자들이 선생의 머리를 밟고, 그 위를 넘어서 나아가지 않으면 학문의 진보란 있을 수 없습니다. …… 학문이라는 것은 그렇게 시대에 의해 조건이 달라지면서 새로운 학문 방법, 새로운 학문체계가 생겨나게 마련입니다. 하지만 이러한 논의도 나이토 선생이 창도한 방법론을 내가 그대로 사용하고 있는 것이어서, 이것은 선생에게 은혜를 갚는 것이나 마찬가지입니다. 결코 자만하여 말씀드리는 것이 아니므로,

그렇게 이해해주십시오.

　나는 같은 취지의 말씀을 선생의 자택에 가서 뵐 때도 들었다. 학자로서의 겸손과 책임의식을 분명히 드러낸 말이라고 생각되었다. 《시경》 연구에서 출발해 갑골문과 금문의 세계로 소급하였을 뿐 아니라 일본의 《만엽집》에 대한 연구에서도 일가를 이룬 시라카와 선생의 학문 세계는, 겉으로 보기에는 화려하지 않지만 실로 그 밀도가 아주 높았다. 다른 어떤 학자보다도 학문의 생명이 길 것이라 생각했다. 그래서 시라카와 선생의 학문 세계를 우리나라에 정식으로 소개하기로 마음먹었다. 선생께 상의하였더니 《한자백화(漢字百話)》(中公文庫, 2002년/中公新書, 1978년)를 골라주셨다. 이 책은 문자학에 관한 기초지식을 잘 전달하고 있을 뿐 아니라, 일본의 한자 문화에 대한 깊이 있는 논의를 담고 있어서 우리나라의 한자 문화를 이해하는 데 좋은 참고가 될 것 같았다. 번역을 하고 교정을 보는 사이에 한 해가 흐르고 말았다. 갑골문이나 벽자의 조판 등 여러 가지 난문제가 가로놓여 있었기 때문이다.
　시라카와 선생의 중국학과 문자학의 기본정신은 앞서 인용한 '교토의 중국학과 나'라는 강연의 다음 부분에 잘 나타나 있다.

　　다만 중국의 이런 것을 연구하고 있어서 바깥에서 보면 호사가의 취향이라고 생각하실지 모릅니다만, 나 자신은 그렇게 생각하지 않습니다. 역시 일본은 역시 동양이라고 하는 ― 중국 그리고 조선, 대만 등을 포함하여 ― 하나의 문화적 이념 속에 포섭될 수 있는 지역문화 속에 있습니다. 그러므로 우리 문화를 생각할 경우에는 동양이라고 하는, 바로 우리를 끌어안고 덮고 있는 곳의, 그 전체 속에 위치하여 있는 것으로서 우리 자신을 살피지 않으면 안 됩니다. 이것은 여러 가지 면에서 말할 수 있습니다.

이를테면 지금 말씀드렸듯이 '吏(사)'란 것이 왕사(王事)라는 정치를 가리키게 되었습니다. 일본어로 말하면 '마쓰리'(제사)가 '마쓰리고토'(정치)로 된 것입니다. 일본어의 '마쓰리'라는 말은 본래는 '마쓰(기다리다)'라는 의미의 말이 재활용된 것이지요. '마쓰(기다리다)'란 무엇을 기다리는가 하면, 신령이 나타나는 것을 기다리는 것입니다. 중국의 경우에도 그것을 '顯(현)'이라고 합니다. '顯'이라는 글자의 왼쪽 윗부분은 옥(玉)입니다. 옥의 아래는 실 장식인데, 일본에서 말하면 '시데(垂: しで)'입니다. 시데를 늘어뜨려, 그로써 신을 부른 것입니다. 玉(옥)이라든가 垂(수: 시데)라든가 하는 것은 신성한 것인데, 그러한 것들로 신을 부르면 신은 늘 자재하게 흘러다니고 있으므로 초청받은 사실을 알고 출현하게 됩니다. 그것을 삼가 절하여 영접한다는 뜻을 나타내는 글자가 곧 '顯(현)'입니다. ……언어의 면에서도 한자는 일본어와 밀접하게 겹칩니다. 그러한 면이 있기에 비로소 한자가 일본어에 사용되었습니다. 만일 그러한 점이 없다면 한자가 일본어로서 훈(訓)으로 그대로 사용되는 일은 아마 불가능했을 것입니다. 그런 식으로 일본어에서 기본적인 어휘의 의미구조는 한자의 기본적인 의미구조와 서로 통하는 것이 아주 많습니다.

어째서 통하는 것이 많은가 하면 신에 대한 관념이 완전히 같았기 때문입니다. 이러한 사실은 이란 혹은 그리스·로마에서도 그대로 적용될 수 있는 것이 아닙니다. 동양만의 독자적인 것입니다. 동양의 문화는 이렇게 이루어져서 그것이 3,000년 이상의 시간 동안 전해온 것입니다. 제가 지금 여기서 적은 복사(卜辭)는 약 3,200년 전의 것입니다. 그 3,200년 전의 자료를 나는 일본어로 읽을 수가 있습니다. 어느 세계에 가더라도 이러한 관계를 지닌 문자는 달리 있을 수가 없습니다. 그러한 관계가 성립한다는 것은 말이지요, 이것은 고대에 동아시아 문화권이 동일한 기초체험을 바탕으로,

동일한 원초적인 종교와 신앙이라는 것을 지니고 있었기 때문입니다. 동아시아의 민족들은 그러한 문화권 속에서 생활해왔고 그러한 것을 오늘날 그대로 계승하고 있어서, 각각의 문화가 서로 달리 전개되기는 하였지만, 기본적으로는 가장 중요한 점에서 유사성이 있습니다. 그 위에 동양의 문화가 있습니다. 동양의 전통이 있습니다. 이렇게 나는 생각합니다.

시라카와 선생은 동양문화의 원초 형태가 존재하고 동아시아의 여러 민족이 그것을 공유했다고 전제하였다. 선생은 그러한 세계관을 바탕으로 오늘날의 일본이란 (미국의) '점령(占領)' 하에 있는 속국(屬國)이며, 춘추필법으로 말하자면 '부용(附庸)'의 상태라고 비판한다. 일본은 본래 동양에 '속하여야 하며' 동아시아의 민족들은 모두 '동양을 회복해야 한다'고 주장한다.

선생의 동양회복론에 대해서는 쉽게 찬동하기 어려운 면이 있다. 하지만 한자가 동아시아의 사유 양식에 공통적인 측면을 담지해왔다는 설은 수긍이 간다. 예를 들어 한자가 우리 민족의 사유와 본래 아무런 관계가 없었다고 한다면, 한자를 사용해온 우리 민족의 역사는 단순히 '부용'의 역사였다고 할 수밖에 없다. 하지만 이것은 사실이 아니다. 아니, 사실이 아니라고 믿고 싶다.

우리나라는 한자를 독자적으로 사용해서 문자 체계를 다양하게 발전시켰고, 한문학을 꽃피웠으며, 많은 고전문헌을 남겼다. 그것들을 올바로 이해하기 위해 고전학을 체계적으로 수립할 필요가 있다. 그 점은 많은 사람들이 공감하고 있다. 특히 고전학 가운데서도 가장 기초라고 할 문자학이 이즈음 우리나라에서도 개화하기 시작했다. 우리 민족의 언어·문자생활이 지닌 역사적 특징을 보다 정확하게 설명하기 위해서는 독자적인 문자학을 수립해야 할 것이다. 그리고 독자적인 문자학을 수립하고 그 방면의 독자적인 학문 전통을 발전시키기 위해서라도 한자학의 최고 권위자인 시라카와 선생의 설을 참고로 할 필요가 있다. 선생의 표현을 빌리면, 선생의 문자학을 넘어서기 위해 선생의 연구를 추적할 필요가 있는 것이다.

 이 책을 번역하여 출간하기까지 도움을 주신 요시무라 히로미치 교수께 사의를 표한다. 또한 본래 종판으로 편집된 각종 한자들을 횡판으로 짜고 번역의 세세한 부분까지 꼼꼼하게 교정한 황소자리 출판사에도 감사드린다.

2005년 4월
역자 심경호

| 차 례 |

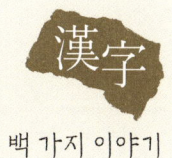

백 가지 이야기

일러두기 • 4
한국어판 저자 서문 • 5
역자 서문 • 8

I 기호의 체계

1. 한자와 영상 • 21
2. 문자와 서계 • 23
3. 신화서기법 • 25
4. 문양의 완성 • 27
5. 도상圖象의 체계 • 31
6. 나我와 너汝 • 34
7. 문文이란 무엇인가 • 37
8. 이름과 실체 • 39
9. 숨은 기도 • 41
10. 성화聖化 문자 • 43

II 상징의 방법

11. 상징에 대하여 • 53
12. 주술 방법 • 55
13. 공격과 방어 • 57
14. 성스러운 기호 • 60
15. 신에 대한 맹세 • 62
16. 신의 방문 • 65
17. 왼쪽左과 오른쪽右 • 67
18. 여余의 효용 • 69
19. 신 사다리의 의례 • 72
20. 행위와 상징 • 75

III 고대의 종교

- 21 바람風과 구름雲 • 87
- 22 새 형태의 신령 • 89
- 23 뱀 형태의 신 • 92
- 24 탄핵彈劾에 대하여 • 94
- 25 때리는 행위 • 96
- 26 족맹族盟의 방법 • 99
- 27 도로의 주술 • 103
- 28 군사軍社의 예법 • 104
- 29 강화講和에 대하여 • 102
- 30 농경의례 • 110

IV 신령의 행방

- 31 생生과 명命 • 119
- 32 옥의玉衣 • 121
- 33 신령의 흔듦 • 124
- 34 신령의 초치 • 127
- 35 약若과 여如 • 130
- 36 죽음의 예식 • 132
- 37 노잔老殘한 사람 • 135
- 38 친親과 자子 • 138
- 39 비명의 죽음 • 140
- 40 영원의 세계 • 143

V 자형학의 문제

- 41 한정부호 • 151
- 42 회의의 짜임 • 154
- 43 수手의 용법 • 157
- 44 족足의 세 모습 • 160
- 45 인人의 회의자 • 162
- 46 신들림 • 166
- 47 문자 계열 • 169
- 48 형체소 • 171
- 49 동형이자 • 174
- 50 생략과 중복 • 177

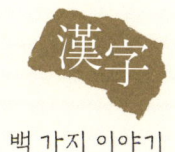
한자 백 가지 이야기

VI 자음과 자의

51 음소에 대하여 • 185
52 음의 계열 • 187
53 역성亦聲에 대하여 • 190
54 전주轉注 • 193
55 형성자와 음 • 196
56 음의설音義說 • 199
57 어군語群의 구성 • 202
58 단어 가족 • 204
59 오호嗚呼에 대하여 • 207
60 의성어 • 210

VII 한자의 진보

61 갑골문과 금문 • 223
62 히에라틱hieratic • 226
63 노예의 글자 • 228
64 《설문해자說文解字》• 231
65 자서《옥편玉篇》• 235
66 정자正字 • 238
67 미美의 양식 • 240
68 문자학의 쇠퇴 • 244
69 한자의 수 • 246
70 한자의 미래 • 248

VIII 문자와 사유

71 고립어와 문자 • 261
72 문맥과 품사 • 263
73 어御와 우尤 • 266
74 훈고와 변증법 • 269
75 반훈反訓에 대하여 • 272
76 도道와 덕德 • 276
77 영원한 삶 • 279
78 문자와 세계관 • 281
79 복합어 • 284
80 중국어와 한자 • 286

IX 일본의 문자체계와 한자

- 81 한자의 일본 전래 • 297
- 82 만요가나 • 300
- 83 노래와 표기 • 303
- 84 오쿠라憶良의 표기 양식 • 306
- 85 일본한문 • 308
- 86 훈독법 • 311
- 87 일본 산문의 형식 • 314
- 88 일본어의 문맥 • 317
- 89 일본의 문어文語에 대하여 • 321
- 90 현대 일본 문장 • 323

X 한자의 문제

- 91 푸른 표찰 • 341
- 92 음과 훈 • 343
- 93 글자 놀이 • 345
- 94 차용 글자 • 350
- 95 번역에 대하여 • 353
- 96 훈독식 번역 • 357
- 97 한자교육법 • 360
- 98 일본의 〈신자표〉 • 363
- 99 문자신호 체계 • 366
- 100 한자의 장래 • 368

저자 후기 • 376
참고 문헌 • 381
찾아보기 • 384

기호의 체계

1 한자와 영상
2 문자와 서계
3 신화서기법
4 문양의 완성
5 도상圖象의 체계
6 나我와 너汝
7 문文이란 무엇인가
8 이름과 실체
9 숨은 기도
10 성화聖化 문자

01
한자와 영상

말에는 입으로 말하는 음성언어와 글로 적는 문자언어가 있다. 현대 언어학의 전통에서 보면 음성언어는 직접적인 전달 방법이기에 말의 본래적인 존재양식이지만 문자언어는 문자를 매개로 삼으므로 부차적인 형식에 지나지 않는다고 하는 견해가 지배적이다. 현대 언어학의 시조인 스위스 언어학자 소쉬르(Horace Benedict de Saussure)[1]의 언어이론에 따르면 입으로 말하는 언어야말로 언어학의 대상으로 삼을 유일한 말인데 비하여 문자언어는 음성언어를 베껴 적은 것에 지나지 않는다. 문자언어는 음성언어와 대등한 것이 아니며 문자는 음성을 베끼는 것에 불과한 셈이다. 그래서 언어학에서 문자를 다룰 때는 거의 그 표음(表音) 방식에 관한 문제에 한정하였다. 문자언어만으로는 독립적인 언어체계가 될 수 없을 뿐만 아니라 문자 자체는 언어에 의한 인식이나 표현의 문제에 간여할 수 없다고 여겼다. 특히 한자는 표음 기능을 일차적인 목적으로 삼지 않기 때문에 문자론의 분야에서도 거의 무시하고 제외해왔다.

일본의 연구자들도 서구 연구자의 그러한 태도를 그저 추종할 따름이었다. 심지어 일본의 어떤 사람들은 한자 사용을 제한하자거나 한자를 폐지하자고 주장했다. 그 주장의 밑바닥에는 한자는 세계 언어학이 문자로 인정하지도 않는 전근대적인 표기 방법이거늘 그런 고대의 유물을 창피하게 여태껏 보존할 이유가 뭐 있느냐는 식의 견해가 깔려 있었다. 이렇게 해서 한자는 전성기를 맞은 세계 언어학으로부터 무시당하고 일본 연구자들로부터 성가신 존재로 취급되었다. 한자는 영락 없이 세계의 고아가 되고 말았던 것이다.

그러나 소쉬르 이후의 언어학은 그간의 세계사 흐름이 그러하였듯이 격렬하게 발전하고 또 변모하였다. 곧 언어학은 인식론의 영역으로 파고 들어가 실존주의 언어학이나 구조주의 언어학을 낳았고 마침내 인식과 표현 일반의 문제에까지 미쳐 기호학으로 발전하여 회화, 영화, 연극까지도 표현언어의 한 부분으로 간주하기에 이르렀다. 기댈 곳 없는 고아였던 한자도 우리가 알지 못했던 분야에서 다시 각광을 받기 시작해 문자영상으로서 새로운 위치를 차지하게 되었다. 곧, 서구의 영화 예술 연구자들 사이에서 그런 일이 일어난 것이다.

영화에서 영상이란 제작자의 생각을 화면에 표현해내어 구성하는 것이다. 따라서 원리적으로 볼 때 영화는 시각적 사고라고 할 수 있는데, 그러한 특성은 회화의 방법이 발달한 상형문자인 한자와 공통된 측면을 지닐 터이다. 영상에서의 표상은 시각에 호소하므로 아무런 매개가 없는 직접적인 표현이다. 그래서 영상은 곧 영상언어로서 표의적인 문자언어와 같은 위치에 놓일 수 있다.

나는 언어 개념이 이렇게 무한정 넓어져간다고 해서 한자를 존속시켜야 한다고 주장하려는 것은 아니다. 다만 이 점에 주목하려고 한다. 문자가 영상이듯이, 말 또한 개념의 영상이다. 게다가 한자가 영상체로서 지니는 기록성 속에는 문자가 만들어진 초창기부터 이미 개념의 세계가 시각 형상으로 정착되어 있다. 그 개념의 세계는 공시적(共時的) 사실로서 표현의 체계를 이루어 전해져왔다. 그 역사가 3,000년도 넘는다. 말이 크게 바뀌었음에도 불구하고 문자의 체계는 놀라울 정도로 통시성(通時性)을 지니면서 바로 지금의 문자체계로 존속하고 있다. 곧, 그것은 한 없이 깊고 풍부한 과거를 지닌다. 그 역사적 경관을 살펴보면서, 오늘날의 과제에 대하여도 몇 가지 언급하려고 한다.

02
문자와 세계

문자를 서계(書契)라고도 불렀다. 《주역(周易)》의 〈계사전(繫辭傳)·하(下)〉에 보면 상고시대에는 끈을 묶어 약속의 표시로 삼아 정치를 했지만 뒷날 복희씨(伏羲氏) 시대에 이르러 서계(문자)를 만들어 썼다고 한다. 사실 문자가 등장한 것은 은(殷) 왕조의 후기인 기원전 14세기 무렵에 들어와서다. 복희가 서계를 만들었다는 설은 물론 전설이다. 복희는 전설의 옛 제왕인데 남방 묘족(苗族)의 신이었다고 보는 것이 일반적인 견해다. 서계라는 말도 진한(秦漢) 이후에 나왔을 것이다.

문자는 옛날에는 그저 文(문)이라고 불렀다. 문장은 文辭(문사)라고 하였다. 《맹자(孟子)》〈만장(萬章)·상(上)〉에 '文(문) 때문에 辭(사)를 해치지 않는다[不以文害辭]'[2)]라고 하였다. 이것은 언어의 표면적 의미만 보아 참 문맥을 잃어서는 안 된다는 뜻이다. 또 《논어(論語)》〈학이(學而)〉편에 '실행하여 여력이 있으면 문(文)을 배워라[行有餘力則以學文]'[3)]라고 하였다. 기왕의 언어 규범을 배우는 일은 부차적인 일이라고 지적한 듯하다.

문자를 서계와 동의어로 사용하지만 글자의 처음 뜻은 그것과 다르다. 뒤에 다시 말하겠지만 文(문)은 문신, 字(자)는 어릴 적 이름, 書(서)는 주술적인 목적에서 감추어두는 주문, 契(계)는 새겨서 표시하는 기호 방법이다. 옛날 일본에서는 문자를 가리켜 名(명)이라고 하였다. 한자가 진명(眞名, 마나)인 데 비해 일본 글자인 가나는 가명(假名, 가나)이다. 옛날 중국에서도 문자를 名(명)이라고 한 일이 있다. 곧,《주례(周禮)》에서 '書名(서명)'[4]이라 한 것은 문자를 가리킨다. 文(문), 名(명), 字(자)는 모두 사람의 출생, 관례, 혼례, 상례와 관계 있고 書(서)는 문자의 기능, 契(계)는 기록 방법과 관련이 있다. 중국 이외의 다른 문화와 민족에서 고대 문자를 의미하는 말은 대개 새김의 방법을 뜻하는 것이 많다고 한다. 하지만 중국에서는 契(계)라는 말이 단독으로 문자를 의미하지는 않는다. 중국에서는 일찍부터 붓을 이용하는 필기 방법이 존재했기 때문일 것이다. 書(서)는 붓으로 적은 글자를 의미한다. 곧 書(서)는 문자의 특수한 존재 방식을 가리킨다. 이것 말고 본래 문자를 뜻하는 글자들인 文(문), 名(명), 字(자) 따위는 모두 통과의례와 관계가 있다.

중국에서 문자란 본래 그러한 통과의례를 배경으로 의례상의 실천을 자형을 통해 영상화함으로써 만들어낸 것이었다. 따라서 상형이란 그저 회화적 방법이거나 모사가 아니다. 상형문자의 본질은 상형의 형상이 지니는 비유적인 표상 방법에 담겨 있다. 즉 상형문자는 어디까지나 상징적 표현이라는 점에 그 본질이 있다. 대상을 모사하는 것이 아니라, 대상을 가리키는 말과 마찬가지로, 상형문자는 대상에서부터 독립하여 상징으로서 표현력을 지닌다고 생각해도 좋다. 이 사실을 근거로 고대 문자의 성립을 논할 때 그 표기 방법을 신화서기법(神話書記法)과 언어서기법(言語書記法)의 두 계열로 나눠볼 수도 있다. 문자는 말의 형식이 아니다. 문자는 말과 대상의 관계를 의미적으로 형상화하는 것을 목적으로 삼는다.

03 신화서기법

고고학의 발굴 유적은 종종 신화적 사고를 담은 기호로 가득하다. 프랑스 서북부 브르타뉴(Bretagne) 반도 남쪽의 카르나크(Carnac) 유적[5]은 돌멘(dolmen, 고인돌), 멘힐(menhir, 선돌) 등 죽음의 열석 이외에는 아무것도 남아 있지 않지만 그것에도 시간과 공간에 영향을 미치는 신화적 사유가 침투해 있다. 마찬가지로 마야의 거대 석조물도 그 설계가 역시 신화적 사유를 내포한다. 고대의 토기에 표시된 문양이나 각문(刻文) 따위에도 그 잔영이 있다. 그것들은 구석기의 동굴이나 암벽에 그려진 동물화의 계보를 이은 것이다.

중국에서 가장 오래된 토기 문화의 유물인 채도(彩陶)토기는 아마 황하(黃河)의 굴곡진 곳에서 발원한 듯하다. 그곳은 서쪽의 위수(渭水), 북쪽의 분수(汾水), 서남쪽의 이수(伊水), 낙수(洛水)가 합류하는 지점이다. 그러한 홍수 지대야말로 토지가 아주 비옥해 문화가 일찍 꽃필 수 있었다. 거기서 홍수의 신과 농경의 신이 태어났다. 서안 반파(半坡)[6]에서 발견된 채도토기는 바로 그 지역에서 출토된 것이다. 방사성 탄소 동위원소로 측정한 결과 기원전 4115년부터 기원전 3635년 사이의 것이라고 한다.

반파토기에서는 인면어신(人面魚身)이나 물고기, 새를 모티브로 하는 도상을 많이 볼 수 있다. 또 문양은 기하문양이 지배적이다. 채도토기 문화는 하(夏) 왕조의 문화이니, 인면어신의 도상은 하 왕조의 조상신 우(禹)의 신상(神像) 원형이었을 것이다. 그 점에 대해서는 내가 《중

채도토기(彩陶土器) : 인면어신상(人面魚身像)
1954년 가을 서안 반파(半坡)에서 출토되었다. 그림의 문양은 어부(魚婦) 혹은 편고(偏枯)라고 불리는 것으로, 하 왕조의 시조로 간주되는 홍수신 우(禹)의 원형을 보여주는 듯하다. 또 물고기는 우 임금의 아버지라고 간주되는 곤(鯀)이라고 생각된다.

국의 신화》[7]라는 책에서 밝힌 바 있다. 물고기는 우 임금의 부친이라고 간주되어 왔던 鯀(곤)의 모습이리라. 이 두 도상에 나타나 있는 것은 하 민족의 창세기다. 그 도상은 곧 신화서기법에 해당하는 문자인 것이다.

채도토기에 두드러진 기하문양은 초기 토기 문화에 보편적으로 나타나며 후대에 이르기까지 미개 지역에서 기본양식으로 널리 유행하였다. 오스트리아의 미술사가 리글(Alois Riegl)이 《미술양식론》(1893년)[8]에서 제시한 고전적인 해석에 따르면, 기하문양은 동물 도상이 기하학적으로 형식화함으로써 출현했다고 한다. 하지만 반파토기의 기하문양에서는 신상(神像)에서 기하문양으로 이행하는 과정을 살필 수 있다. 선을 기하학적으로 결합한 문양은 하 민족이 이룩한 최초의 예술적 창조이며, 세계관의 양식적 표현이었다. 그것은 아직 분화되지 않은 것이기는 하였다. 하지만 하 민족은 미분화의 체계 속에서도 의식적으로 여러 가지 변형을 시도하였다. 따라서 거기서 신화적 표기를 읽어내기란 그리 어렵지 않다.

04 문양의 완성

문양은 청동기 제작 단계에 이르러 고도로 완성된 형태를 띠었다. 은허(殷墟)에서 출토된 상아나 짐승 뼈에 아주 복잡하게 새겨둔 문양이나, 은나라의 토기 문화를 대표하는 백도토기의 사격문(斜格文, 빗살무늬) 따위의 유적을 볼 때 그들이 의도했던 문양 양식은 청동기 제작에

I 기호의 체계 | 27

백도토기(白陶土器) 사격문(斜格文)
은나라 백도토기의 문양(梅原末治,《殷虛白色土器の硏究》, 제14도). 백도토기에는 사격문이 많다. 이 문양은 목 부분의 도철문(饕餮文) 아래, 토기의 배 부분에 걸쳐 있는데 몸뚱이와 수족을 사격문으로 나타내었다. 단순한 기하문양으로 변하는 과정에서 이와 같은 의미 있는 표현이 있었다고 한다면 고대 기하문양의 성격이 지닌 한 특징을 생각해볼 수 있다. 서안 반파의 채도토기의 기하문양도 물고기 무늬에서 발전했으리라고 간주되는 부분이 있다.

청동기 모양 : 대봉(大鳳) 무늬
서주 중기의 맹기(孟皺). 1961년, 장안현 장가파(張家坡) 출토 기물 가운데 하나다. 기봉(夔鳳) 무늬라 불리는 새 무늬는 은나라 기물에도 이미 나타난다. 새는 아마도 조령(祖靈)이라고 간주되었을 것이다. 서주 중기, 조상신을 제사지내는 성지인 벽옹(辟雍)의 의례가 성행하던 소목(昭穆) 시기의 청동기 문양에 이런 종류의 대봉 무늬가 많이 그려졌다. 그것은 벽옹의 의례와 관련이 있을 것이다. 커다란 관모(冠毛)를 드리운 것은 성스러운 새의 표시다.

이르러 완성되었음을 알 수 있다. 그 전형적인 양식이 도철(饕餮) 무늬, 기봉(夔鳳) 무늬, 훼룡(虺龍) 무늬, 매미 무늬요, 그릇 전체를 꽉 채울 듯이 배치된 바탕 무늬인 뇌문(雷文)이다. 뇌문은 네모꼴이나 둥근 꼴로 문양의 세계를 잔뜩 뒤덮어 신령한 기운이 들어차서 끊임없이 유동하는 천지의 모습을 연상케 한다. 이러한 무늬들도 신화서기법의 계열에 넣어도 좋을 것이다.

도철(饕餮)은 호랑이를 모티브로 삼은 것 같다. 북방에서는 虎(호)라고 하지만 남방에서는 오토〔於菟〕라고 하였다. 도철이나 도올(檮杌)은 탐욕스런 악수의 이름이라 하는데 그 말도 '오토'와 같은 음에서 나온

영향(寧鄕)의 대요(大鐃)
은(殷)나라 후기의 악기이다. 1959년 호남성(湖南省) 영향현(寧鄕縣) 노량창행촌(老糧倉杏村) 만사고새산(灣師古塞山) 정상에서 출토되었다. 《중국고청동기선》(1976년) 수록. 모두 다섯 개인데, 그 가운데 이 대요는 특히 대형으로, 높이 70센티미터, 어구 가로 46센티미터, 무게 67.7킬로그램에 달한다. 입구가 위로 향한 채 출토되었다. 호남의 변경 산정에서 아마도 이민족에 대한 주술적인 제사를 지낼 때 주술기구로 사용하였을 것이다. 아가리 부분은 코끼리 문양이고, 몸동이는 웅혼한 도철문으로 전체를 덮어 장식하였다.

것이리라. 이 남방어가 'tiger'의 어원이었다고 생각된다.

도철문양의 본래 의미와 기능은 무엇이었을까? 이 물음에 답할 단서로 한 가지 예를 들겠다. 오래전에 중국 청동기 전람회에 중국 호남(湖南)성 영향(寧鄕)에서 출토된 대요(大鐃 : 큰 징)가 출품된 일이 있다. 같은 때에 전시된 사양희준(四羊犧尊 : 네 마리 양을 희생물로 조각한 술동이)도 영향 땅에서 조금 떨어진 산 중턱에서 출토된 것이다. 대요가 출토된 지역이나 사양희준이 출토된 지역은 모두 남방의 변경으로, 두 곳이 서로 서로 가깝다. 대요는 그 산꼭대기에 입 부위를 위로 한 채 묻혀 있었다. 대요 표면의 주된 문양으로는 도철, 그릇의 입 부위에는 코끼리 무늬를 배치하였다. 코끼리는 《맹자》〈만장·상〉에서 순(舜)의 아우 상(象)을 책봉했다는 남방의 나라 유비(有鼻)[9]를 상징하는 동물이다.

대요는 이 지역 말고도 장강 하류의 연안 가까운 여러 곳에서 출토되었다. 그것들은 모두 6, 70킬로그램에 달하는 큰 것으로, 영향 땅의

사양희준(四羊犧尊) : 제사의 주기(呪器)
은(殷)나라 후기의 네 마리 양 모양의 방형 희준(犧尊)으로, 술 그릇이다. 대요가 발굴된 곳보다 조금 서쪽의 산중턱에서 출토되었다. 《중국고청동기선》 (1976년) 수록. 역시 이민족에대한 주술적인 제사에 사용되었으리라 생각된다. 높이 58.3센티미터 무게 35.5킬로그램에 달하며 조형이 상당히 기이하고 우람하다. 목 부분에 파초 잎 무늬의 기(夔) 문양과 짐승 낯짝 문양, 어깨에 네 마리의 똬리 튼 뱀을 배치하였다. 사방 구석의 네 마리 양은 배와 등에 비늘 무늬, 앞발에 화려한 기봉(夔鳳) 문양을 장식하였다. 은나라 청동기의 정화라고 말할 수 있는 이 유품이 변경의 산중턱에서 출토된 사실은 주목할 만한다.

  코끼리 무늬 대요와 마찬가지로 모두 높은 땅의 정상에서 출토되었다. 그것들을 묻기 위해 전망 좋은 곳을 일부러 골랐던 것 같다. 지금까지 다른 지역에서 출토되었다는 보고가 없다. 도철을 주된 무늬로 하는 이 대요는 은나라가 남방의 여러 이민족과 접촉하는 최전선에 이민족의 신을 압도하려는 목적에서 배치하였던 것 같다. 고대의 일본인들이 동탁(銅鐸)[10]에 부여한 기능과 통하는 면이 있었을지 모른다.

  대요는 운반하기가 쉽지 않았다. 성지였던 산꼭대기에 파묻어 두었다가 제사를 거행할 때 흙을 제거해서 성단을 만들고 제사가 끝나면 다시 파묻었을 것이다. 여러 곳에서 대요가 출토되는데, 그 정황이 같다. 이 사실로 보아 그것들은 남방 이민족이 산꼭대기에서 일본의 구니미〔國見〕나 야마미〔山見〕 같은 의례[11]를 행할 때 쓰던 것이라고 추측할 수 있다. 은 왕조는 그러한 주술도구들을 봉헌하는 주술의례를 통해서 신화적 지배를 유지할 수 있었을 것이다. 따라서 청동기 문양도 본래 신화서기법의 한 가지였음을 알 수가 있다.

05 도상圖象의 체계

은나라 청동기에는 도상만 새긴 것이 많다. 그 도상 가운데는 문자와 형태가 같은 것도 있다. 하지만 도상은 문자가 아니다. 도상은 문자와는 상이한 체계를 지닌다. 그것은 표기상 그림을 그린다는 의식을 관철시킨 것이다. 도상의 선구적 형태는 토기의 옛 각문(刻文)에서 찾아볼 수 있다. 도상이 체계를 지니게 되는 과정은 문자가 성립하게 되는 과정과 병행하였을 것이다. 도상은 씨족의 신분이나 직분을 표시한다는 의미를 지니므로 도상표지(圖象標識)라고 부를 수 있다.

도상에는 子(자)나 ❦형 도상처럼 왕족의 신분을 표시한 것, 亞(아)형 도상처럼 성직에 관한 것, 제사의례나 형벌의 집행을 담당한 직분, 혹은 기물의 제작이나 조수·희생·짐승의 사육을 담당한 직분 등을 나타낸 것이 있다. 그러한 도상들은 왕조의 질서에 대응하는 신분과 직분의 조직을 반영한 표상이었다. 따라서 씨족의 성원은 모두 그 체계 안에서 도상표지에 따라 지위가 정해져 있었을 것이다.

본래 기호는 기호의 계열 속에서 비로소 기호로 기능하게 마련이다. 도상의 경우도 구조를 반영해야만 의미를 지닐 수 있다. 도상은 문

형 도상 : 왕족의 신분

윗부분의 子는 왕자이다. 아랫부분에서 왕자를 추대하는 사람의 모습은 아마도 은나라 왕족 출신이라는 신분을 보여주는 도상이라고 여겨진다. 윗부분의 두 침상의 형태는 음부(音符)로 추정되며 장(將)이나 장(壯)의 음부와 같으리라고 생각된다. 부신(父辛)은 아버지의 묘호(廟號)이다. 이 도상을 지닌 그릇은 그 수가 많으며, 어느 것이나 모두 정묘한 것들이다.

자와 같은 기반 위에 성립하므로 도상이 발달하였다는 것은 문자 성립의 조건이 성숙해 있었음을 말해준다. 여기서 신화서기법은 언어서기법과 접점을 지니게 된다. 도상표지가 고유명사인 씨족 이름과 대응할 때 그것은 곧 그 씨족 이름을 표시하는 글자로 된다.

이를테면 龔(공손할 공)은 주술 신령인 용을 부리는 사람, 得(얻을 득)은 주술도구인 조개[紫貝, 자패][12]를 취급하는 사람을 뜻하는 표지다. 그 씨족이 뒷날 龔(공)이라든가 得(득)이라고 불리게 되었을 것이다. 일본의 이누카이[犬養 : 사냥개 기르는 자][13]나 하토리베[服部 : 베 짜는 직공][14] 등과 마찬가지다.

도상은 문자로 쓰인 것은 아니지만, 문자 의식이 부가되면 그대로 글자가 된다.

傳(전할 전)은 커다란 주머니[橐]를 등에 짊어진 모습이다. 아마도 범죄자를 구역 밖으로 내쫓는 추방의례를 집행한 직분을 표지하였을

아(亞)형 도상 : 성직자
亞는 능묘의 관곽(棺槨)을 두는 현실(玄室)의 형태다. 이 표지는 그 장례 의례에 관한 직무를 표시하는 것이라고 생각된다. 亞형 속에 또 씨족의 표지를 가한 것들도 많다. 그것들은 각 씨족 속의 성직자를 가리키는 표지일 것이다. 이 계통의 표지를 지닌 것에도 정묘한 것들이 많다. 대개 은(殷)나라 기구들이며, 서주(西周) 시기로 내려오는 것도 은나라 유민의 기구일 것이라고 생각된다.

것이다. 그래서 옛날에는 추방의례를 傳棄(전기)라고 하였다. 도상은 문자가 아니지만 도상표지로 사용되는 이 '傳(전)'의 서법에 글씨로 적는다는 의식을 가하면 그것은 그대로 문자로 된다. 문자란 아마도 이러한 관계 속에서 성립하였을 것이다. 레비 스트로스(Claude Levi-Strauss)[15] 같은 구조주의자는 친족 조직이나 토템, 카스트 등에서 기호 체계의 원형을 찾으려고 하였으나 그런 것들은 본래 기호가 아니며 문자에 접근할 수 있는 통로를 지니지 않았다.

토기나 청동기에 새겨진 문양이나 각문은 의미 없는 장식이 아니다. 그것들은 때로는 문자 이상으로 전달하는 것이 많은 의미적 기호다. 신화서기법은 신화적 세계관을 표상한다. 도상표지는 왕조의 질서를 표상하고 도상의 체계는 바로 왕조의 지배 형태를 표상한다. 이런 식으로 문자 이전의 여러 단계가 차례로 지난 뒤 그 마지막에 문자체계가 성립하였다.

하지만 상형문자가 문자체계로 성립하려면 여전히 커다란 장벽을

금문 도상 : 탁(橐)
은나라 금문, 부을준명(父乙尊銘). 이 청동기는 지금 타이페이(臺北) 중앙박물관에 소장되어 있다. 몸체는 3층으로 되어 있고, 전체에 도철문을 장식하고, 사방에 모서리를 붙인 웅혼한 작품이다. 도상은 東의 처음 형태다. 東은 橐(주머니 탁)의 초문(初文)으로, 石을 형성(形聲)으로 첨가한 글자다. 부을(父乙)을 제사지내는 기구다. 을부(乙父)라고 적은 예는 드물다.

넘어서야 했다. 문자가 말과 완전하게 대응하기 위해서는 실체를 고정하기 어려운 대명사, 형식어인 부정사·전치사 등을 어떻게 표기할 것인가 하는 문제가 가로놓여 있었다. 고대 오리엔트와 기타 지역에서 완성된 고대문자의 체계는 모두 표음의 방법을 발견함으로써 형식어를 표기하는 방법을 찾았다. 즉 상형문자는 상형문자로서의 원칙을 넘어서서 상형적 유의미성을 부분적으로 포기함으로써 문자를 표음화하는 데 성공하였고 거기에서 비로소 상형문자의 체계를 완성하였던 것이다.

06

나我와 너汝

我(나 아)와 汝(너 여)는 그 관계가 고정되어 있는 것은 아니다. 내가 너로 되고 네가 나로 될 수 있다. 그렇게 실체가 고정되어 있지 않은 것을 상형문자로 표시하기란 매우 어려운 일이다. 그래서 사람들은 음이 가까운 글자를 취해 그것에 충당하는 방법을 사용했다. 이렇게 본래의 자의(字義)에서 벗어나 음차(音借)의 방법을 사용하는 것을 가차(假借)라고 한다.

我(아)는 본디 鋸(톱 거)의 형태다. 그 점은 양(羊)에 톱질을 해서 희

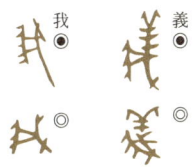

생물로 삼는 것을 뜻하는 義(옳을 의)나 羲(숨 희)라는 글자들의 자형(字形)에서 알 수가 있다. 義(의)는 희생으로 봉헌한 것이 신의 뜻에 부합해 올바른〔義〕 상태에 있음을 나타낸다. 뒷날 正義(정의)라는 뜻으로 사용하게 되었다. 羲(희)는 톱 아래에 양의 아랫몸이 여전히 남아 있는 형태로 犧(희생 희)의 처음 형태다.

나 자신을 표시하는 문자로는 我(아), 吾(오), 余(여), 予(여), 朕(짐), 台(이)가 있으며 그것들은 각각 음 계열을 이룬다. 汝(여)와 같은 뜻으로는 옛날에는 女(여), 若(약), 而(이), 爾(이), 乃(내) 등을 사용했다. 이것들도 같은 음 계열에 속한다. 我(아) 계열이든 汝(여) 계열이든 어느 경우나 모두 다른 자음을 빌려 사용하는 것으로, 각 글자들은 대명사와는 다른 본래의 자의를 별도로 지녔다. 하지만 我(아), 余(여), 爾(이) 따위는 뒷날 본래의 자의로 사용되는 일이 거의 없게 되었다. 따라서 我(아)가 톱, 余(여)가 바늘 침, 爾(이)가 문신의 아름다움을 표시하는 글자였다는 사실은 그것들을 문자 구성의 유의적 요소인 형체소(形體素)로 삼은 다른 글자들을 분석하여야 비로소 알 수가 있을 따름이다. 부정사로 사용되는 不(불), 弗(불), 勿(물), 無(무), 非(비) 따위도 마찬가지다. 앞의 세 글자(不, 弗, 勿)는 갑골문에 나타나기는 하지만 不은 꽃받침의 형태, 弗은 긴 것을 가지런히 해서 둘둘 마는 형태, 勿은 더러움을 떨어버리기 위해 주술할 때 사용하는 장식이다. 옛날에는 모두 〔P-〕 계열의 음이었을 것이다. 이 글자들도 전부 본의가 잊혀지고 말았다. 그 대신 芣(질경이 부), 紼(얽힌 삼 불), 物(만물, 주술 장식 물) 등 본래의 그 글자를 성부(聲符)로 삼은 형성자가 본의를 나타내기 위해 사용되고 있다. 無(무)는 舞(춤출 무)의 처음 글자인데 별도로 두 개의 다리를 더하여 舞라는 글자를 만들었다. 非는 본래 櫛(머리빗 즐)의 형태다. 이 글자가 본래의 의미로 사용되는 것은 옥으로 된 빗을 표시하는 非余(비여)라는 말에서만 그러하다.

위의 글자들 가운데 글자의 형체소가 복수인 것은 吾(오), 朕(짐), 台(이)이다. 다른 글자들은 모두 단일한 상형자다. 가차(假借)란 곧 상형문자가 문자로서의 체계를 지향할 때 추상적 관념이나 부정사 등 형식어를 보완하기 위해 고안한 방법이다. 이 사실을 보면 상형자의 음가가 그 당시에 이미 안정되어 있었음을 알 수 있다. 그렇기에 상형문자가 표음문자로서도 기능할 수 있었던 것이다. 형(形)과 음(音)은 문자에 굳게 결합되고 그 바탕 위에 언어 규범으로서의 의미가 내포된다. 하지만 글자의 의미를 이해하려면 자형을 바르게 파악하고 문맥상의 용례를 선택할 필요가 있다. 상형문자란 만화처럼 척 보면 그대로 알 수 있는 것이라고 말한다면 그것은 정말로 소박한 오해다. 吾(오)라는 글자를 사용하려면, 吾(오)는 본래 주술 기도 때 쓰는 그릇[ㅂ]에 뚜껑을 달아 지킨다[敔]는 뜻을 지녔지만 구어에서는 대명사 吾(오)로 사용되고 문맥에서는 我(아)의 소유격으로 사용된다는 사실을 잘 알고 있어야 했다. 그 글자를 사용하려면 우선 그러한 지식들을 지니고 있어야 했던 것이다.

07 문文이란 무엇인가

文(문)은 문신이다. 곧 출생, 성년, 죽음의 때에 행하는 통과의례를 표시하는 글자다. 文을 형체소로 하는 문자는 모두 그 의미를 지녀서 하나의 계열을 이룬다. 신성한 조상 신령을 부를 때는 文祖(문조), 文考(문고), 文母(문모)라는 식으로 말하고 그 덕을 칭송할 때는 文德(문덕)이라고 한다. 갑골문과 금문에서 文이란 글자를 사용한 용례는 이 둘 말고 달리 없다. 文이란 신령한 세계로 들어가는 사람을 성화(聖化)하기 위해 그 사람의 가슴에 붉은 색으로 기호를 더한 형태다. 기호로는 생명의 상징인 심장 모양을 그렸지만 때로는 심장 모양의 생략 형태인 V 나 X를 더하였다. 부인의 경우에는 두 젖가슴의 모티브를 심장 혹은 심장의 생략 형태 주위에 첨가하였다. 그 글자가 곧 奭(클 석)과 爽(시원할 상)이다. 그 두 글자는 모두 상명(爽明 : 대단히 밝음)의 뜻을 지니며 생명력을 환기시키는 文飾(문식)을 표시한다.

옛날에는 사람이 태어났을 때에도 이마에 표시를 하여 사악한 영을 떨어내었다. 전생(轉生)하는 조상 신령을 영접하기 위해서였다. 厂(이마 엄) 위에 文(문)을 표시하고 아래에 生(날 생)을 더한 글자가 産(낳을 산)이다. 성년의 때에도 厂 위에 文(문)을 표시하고 아래에는 문채를 표시하는 彡(삼)을 더하였다. 그 글자가 彦(선비 언)이다. 거기에 문신을 더한 것을 顔(얼굴 안)이라고 한다. 문신을 그린 이마 부분을 가리키는 말이다.

아마도 고대인들은 産(산)이란 글자의 자형 속에서 신령으로부터 새 생명을 받아들이는 생육의례를 보았고, 産이란 글자의 자형 속에서 청년의 연령과 계급에 도달하였음을 선포하는 성년의례를 보았으며, 또 文(문)이나 奭(석)이란 글자들의 자형 속에서 선조를 신령으로서 받드는 제사의례를 보았을 것이다. 문자는 그러한 의례적 영상을 형상 속에 고정시켜둔 기호였다.

문신은 신성한 아름다움을 낳는다. 그래서 문신의 아름다움을 炎彰(문창)이라고 일컫는다. 章(클 장/빛날 창)은 辛(신)을 가지고 피부 밑에 색소를 주입하는 것을 뜻하는 글자다. 물론 그것은 본래 신에 가까이 가기 위해 입묵(入墨 : 문신)하는 것을 말하였다.

성화(聖化)하기 위해 입묵한 문신의 아름다움은 또한 내면의 덕을 표상한다고 이해되었다. 그래서 은 왕조의 왕 이름에는 文丁(문정)이라든가 文武丁(문무정)이라든가 하는 식으로 文(문)이나 文武(문무)를 일컬은 것이 있다. 문무라고 병칭될 때의 文은 文德(문덕)을 가리킨다고 생각된다. 이때의 문이란 내적인 것의 표현이다. 하늘에 있는 질서는

天文(천문)이고 사람의 내면에 있는 선험적인 것은 人文(인문)이다. 그렇다면 문자 또한 삼라만상이 스스로를 드러내는 모습이지 않으면 안 된다. 문자는 결코 언어를 표기하는 단순한 형식으로 그친 것이 아니라 존재가 자기 스스로를 표현하는 형식 그 자체였다. 즉 문자란 언어와 같은 차원에서 실재를 개념화하고 객관화하는 방법이었던 것이다.

08 이름과 실체

모든 사물은 이름을 지녀야 비로소 구체적인 존재로 된다. 존재의 세계를 존재의 세계로 정렬시키는 일은 언어체계가 성립함으로써 비로소 가능하였고, 동시에 문자체계가 성립함으로써 완성되었다고 말할 수 있으리라. 고대 오리엔트 신학에 따르면 사물의 이름을 정한 것은 신의 말씀이었다. 하지만 고대 중국에는 그런 유일신 신앙이 없었다. 고대 중국의 사람들은 이름을 정한 것은 성인이고, 가족 가운데 아들의 이름을 정하는 것은 조상 신령이라고 여겼다. 가입(加入)의례를 행하는 연령이 되면 우선 字(자)를 더하거나 이름을 덧붙였다. 이렇게 이름을 가짐으로써 사람은 인격권을 확립하였던 것이다.

字(자)도 名(명)도 둘 다 형체소가 합해 이루어진 회의문자다. 문자라고 할 때 文(문)은 단체자(單體字)인데 비하여 字(자)는 복합체, 즉 회의자(會意字)와 형성자(形聲字)를 말한다. 字는 자생(滋生)이라든가 불어난다는 뜻이라고 간주되지만, 그것은 字란 글자의 원래 뜻은 아니다. 형성자는 성부(聲符)를 형식적으로 복합해서 이루어지는 데 불과하지만, 회의자는 대개 사람의 행위에 관계하며, 종종 의례 그 자체를 영상으로 제시한다.

字(자)란 글자에 대해 흔히 자형만 보고서 '집〔家〕 속에 아이가 있다'고 말한다. 하지만 그렇게 보아서는 아무 의미도 파악할 수 없다. 회의자의 일부를 이루는 형체소는 모두 상징으로서의 의미를 포함한다고 보지 않으면 안 된다. 지붕이 드리워진 家(가)는 고대 문자에서는 모두 묘옥(廟屋) 즉 선조의 사당을 뜻했다. 그 속에 子(자)를 그려둔 것은 씨족원의 자식이 처음으로 조상 신령을 알현하는 일을 말한 것이다. 곧 씨족원은 자식을 낳게 되면 조상 신령에게 보고하고 그 자식을 길러야 할지 말아야 할지 승인을 받는 의례를 거행했다. 字(자)라는 글자는 곧 그 의례를 가리킨다. 이 의례를 거행할 때 씨족원의 자식에게 어릴 적 이름을 붙이게 되는데 그것을 小字(소자)라고 한다. 따라서 字(자)는 곧 어렸을 적 이름이다. 씨족원은 조상 신령에게 보고함으로써 자식을 기르기로 결정하게 된다. 그런 까닭에 字에 '기른다'는 뜻이 있다. 자생(滋生)이란 뜻도 거기에서 생겨난다. 하지만 字의 본의(本義 : 본래 의미)는 어디까지나 '어렸을 적 이름'이다.

名(명)의 윗부분은 제육(祭肉)을 가리킨다. 아랫부분은 조상의 사당에 고하는 '축문'인데 축문을 담는 그릇의 형태인 ㅂ를 가지고 표시하였다. 아이를 길러서 그 아이가 일정한 연령에 달하면 씨족원으로서의 이름을 부여하고 조상 신령에게 보고한다. 이름을 짓는 데도 일정한 규범이 있어서, 조상 신령으로부터 승인을 받아야 했다. 그 의례를 영상적으로 표시한 자형이 바로 名(명)이다. 그래서 名은 그 인격의 실체와 분리될 수 없다고 여겼다. 따라서 실제 이름은 대개 남에게 알리지 않았다. 실제 이름을 경원하는 풍속은 아주 널리 행하였다. 고대 일본에서도 여자가 실제 이름을 밝히는 것은 상대방에게 자신을 허락할 때였다. 이름을 실체 자체라고 생각하였기 때문이다.

이름이 붙은 모든 것은 실체를 지닌다. 이렇게 하여 문자는 실재 세계와 분리될 수 없는 관계로 대응한다. 문자는 언어의 형식이 아니라 바로 언어가 의미하는 실체 자체를 표시한다. 언어에 언어의 영혼이 있듯이 문자도 또한 주술 능력을 지녔다. 書(서)란 그러한 주술 능력을 지닌 문자를 가리켰던 것이다.

09 숨은 기도

書(글 서)란 글씨로 적힌 문자다. 종래 일본 사람들은 書(서)도 史(역사 사)도 文(문)도 모두 '후미(ふみ : 적어서 기록함)'라는 훈(訓 : 풀이)으로 읽어왔다. 그러나 문부성에서 제시한 음훈표(音訓表)[16]를 보면 1973년

의 개정으로 文(문)의 훈만 회복시켰을 뿐 書(서)나 史(사)는 여전히 '후미'라는 훈으로는 읽지 말도록 규정하였다. 참 지독한 일을 했다.

文(문)은 기호의 총체다. 내적인 것이 바깥으로 드러나는 것을 가리킨다. 그것을 더욱 한정하여 사용하는 방식이 문자다. 문자란 언어의 주술 능력을 그 자체에 정착시키므로 적힌 문자는 주술 능력을 지닌다고 간주되었다. 史(사)라는 글자의 형태는 축문을 그릇에 담아 나뭇가지에 걸쳐서 신령에게 바치는 제례를 나타낸다. 이른바 고문(告文)이다. 그것은 본래 사제(史祭)라고 일컫는 제례를 의미하였다.

書(서)는 고문(告文)을 경내의 땅에 묻어 그 주술 능력으로 경내를 지키기 위한 것이었다. 者(놈 자)와 聿(=筆, 붓 율)로 이루어진 회의자다. 聿(율)은 뒷날 첨가된 부분이고 者(자) 자체에 본래의 의미가 있다. 者(자)를 성부라고 보는 것은 오해이다.

者(자)는 曰(왈) 위에 나뭇가지나 흙을 덮어서 그것을 묻어 숨기는 형태다. 曰은 ㅂ 속에 축문을 넣은 것이다. 일본의 절이나 신사에서 사용하는 부적〔札 : 후다〕과 같다고 생각해도 좋다. 옛날에는 부락의 주위를 돋음 흙으로 에워싸고 요소요소에 주문이 적힌 부적을 묻어서 사악한 영의 침입을 막았다. 토루(土壘)처럼 돋운 흙을 堵(담 도)라고 하였다. 도연명(陶淵明)이 〈오류선생전(五柳先生傳)〉[17]에서 '환도가 소연하여 바람과 해를 가리지 못한다〔環堵蕭然 不覆風日〕'라고 말한 것은 적막하기 짝이 없는 작은 방을 묘사한 것인데, 옛날에 堵(도)는 성벽의 벽면을 가리키는 단위였다. 일본에서는 '소령안도(所領安堵 : 다스리는 영지의 안이 평안하다)'라는 표현에 사용하였다. 堵(도)로 에워싸인 邑(고을 읍)이 都(도읍 도)이다. 읍의 둘레에 堵(도)를 둘러친다는 뜻일 것이다.

나라의 都(도)를 京都(경도)라고 한다. 京(서울 경)은 성문을 상징하는

데 그 문은 전몰자의 뼈를 이겨서 만들었다. 즉 전쟁의 승리자는 죽은 적의 뼈를 모아 개선문을 만들어 그것을 도성의 입구에 세웠던 것이다. 이것 또한 숨은 기도이다. 억울하게 죽어 원념(怨念)으로 가득한 망자들의 분노는 주술적 영력이 높으리라고 생각해서 그렇게 한 것이다.

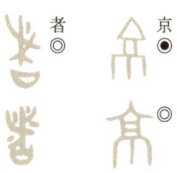

문자는 주술 능력을 지닌다. 목소리를 내어 입으로 외는 기도는 정념(情念)을 고양시키지만 문자 형상 속에 봉해져 있는 주술 능력은 더욱 지속적이고 안정적이다. 서안 반파(半坡)의 토기에 그려져 있는 화상, 도철문양으로 장식된 산꼭대기의 대요, 초기 청동기에 나타난 도상표지의 체계는 모두 신화적인 기호라고 간주할 수 있다. 그 최후에 문자체계가 나타났다. 그것은 언어체계에 대응하므로 언어서기법이라고 불러야 할 것이다. 하지만 이때도 언어에 깃든 주술 능력은 여전히 살아 있었던 것이다.

10 성화聖化 문자

기원전 14세기 후반의 은나라 무정(武丁) 시기에 이르러 갑골문이 처음으로 나타났다. 무정 시기보다 조금 앞선 시기의 갑골문도 약간 발견되

갑골문 : 고방(苦方) 관계의 복사(卜辭)

제1기 갑골문이다. 나진옥(羅振玉)의 《은허서계전편(殷墟書契前編)》 권7 제17엽 제1조각으로, 본래 커다란 판형의 것인데 일부가 떨어져나 갔다. 제1행에 외적이 서방에서부터 침략하리라고 하는 왕의 점사가 있고, 제2행에 왕이 점친 것처럼 고방이 우리 영읍에 침입하였다는 사실, 또 제3행에 왕기(王畿) 가까이 재앙이 닥쳤다는 사실을 기록하였다.

기는 하지만, 그것들은 문자로서는 성숙하지 못한 면이 있다. 무정은 재위기간이 50여 년에 이르렀으며, 뒷날의 문헌에서 고종(高宗)이라고 불리는 현명한 군주였다. 산서(山西) 방면의 이민족인 고방(苦方)을 정벌하러 나가 원정 3년 만에 그 이민족을 이기는 등, 은나라 왕조 가운데 가장 충실한 시기를 맞이하였다. 산서성 안문(雁門) 보덕(保德) 부근에서 은나라 기물이 대량으로 출토되어 그 경영의 자취를 살필 수 있게 되었다. 갑골문도 이 시기의 것이 필세가 씩씩하고 복사(卜辭)의 내용도 가장 풍부하다.

무정 시기의 복사는 점복하는 것을 적은 복문(卜問)의 언사, 그 복조(卜兆)에 왕이 길흉의 판단을 가한 점주(占繇)의 언사, 또 그 결과가 왕의 점주와 맞게 이루어진 사실을 적은 '允(정말로 윤)'으로 시작하는 징험의 언사를 새긴 것이 많다.

본래 점복에는 문자가 반드시 있어야 하는 것은 아니다. 점복할 일을 정하고 뼈를 구워서 복조를 본다면 충분했을 것이다. 또 그 결과까지도 복골(卜骨)에 적는 것은 점복 행위의 목적에서 보면 전혀 쓸데없는 일이라고 하겠다. 하지만 이 시기의 복사에는 복문의 언사, 점주의

갑골문 : 주사(繇辭)와 험사(驗辭)
제1기 갑골문(《은허서계전편》 권7 제40엽 제2조각)으로, 갑오(甲午)일에 점복한 것이다. 오른쪽에서 세 번째 행에 '王, 占曰'(왕이 점을 쳐서 말하길)이라고 하여, 앙화가 있음을 말하였다. 외적의 침략을 뜻한다고 본다. 네 번째 줄의 두 번째 글자에서부터, 3일 병신(丙申)일에 정말로 외적이 침략하였다는 사실을 기록하였다.

언사, 징험의 언사를 모두 새긴 것이 많다. 또 그 각문에는 모두 붉은 색이나 갈색의 안료를 발라두었다. 큰 글자를 새긴 대형 복골 가운데는 지금도 붉은 색을 뚜렷하게 확인할 수 있는 것들이 있다. 점복의 일이 모두 끝난 뒤 글자를 새기고 색을 칠하였던 것이다.

점복이란 왕이 시행할 정치의 길흉을 신에게 미리 묻는 행위다. 점복은 왕의 의지에 전혀 배치할 수가 없었다. 따라서 점복이란 것은 곧 신에게 왕의 의지에 대해 동의하기를 요구하는 의례였다. 왕이 복조를 보고 내린 판단은 신의 이름으로 반드시 실현되어야 했다. 점복이란 요컨대 신의 이름으로 왕의 신성성을 보증하는 일이었다. 그 증명서라고 할 갑골 각문은 붉은 색을 발라서 성화시켜 보존하였다. 갑골문은 왕의 신성성에 봉사해야 했으므로, 점복을 마쳤다고 해서 갑골문의 기능이 모두 끝난 것이 아니었다.

언어학자 가운데는 언어는 전달 과정 속에만 존재한다고 보는 이른바 언어과정설을 주장하거나, 문자를 언어의 모사라고 보는 설을 주장하는 사람들이 있다. 하지만 위에서 우리는 그러한 설들이 얼마나 실상과 동떨어져 있는지 똑똑히 알 수 있었다. 우리가 체험한 사실로 보더라도 언어와 문자는 서로 보완하고 또 서로 매개하면서 각각 자율적으로 운동한다. 고대의 사실을 보면, 말에 영력이 깃들어 있다고 믿었기에 성화문자가 존재하였다. 말에 영력이 깃들어 있다고 보는 관념이 성화문자와 밀접한 관계에 있다는 점을 보면, 언어와 문자가 서로 보완하고 또 서로 매개한다는 사실을 잘 알 수 있을 것이다.

미주

[1] 소쉬르(Horace Benedict de Saussure, 1857~1913)는 스위스 과학자로 쿠셰에서 출생했다. 대학에서 철학을 공부했지만 자연과학을 전문으로 하여 기상학, 광물학, 생물학 등을 연구했다. 1907~1913년에 제네바대학 교수를 지냈다. 등산가로도 저명하다.

[2] 《맹자(孟子)》〈만장(萬章)·상(上)〉에 '《시경(詩經)》의 시를 풀이하는 사람은 한 문자의 표현에 집착하여 한 구 전체의 의미를 해쳐서는 안 되고, 한 구의 표현에 집착하여 시 전체가 말하고자 하는 뜻을 제대로 파악하지 못해서는 안 된다. 자신의 마음을 가지고 작가가 말하고자 한 정신을 맞아들여야 하며, 그렇게 하여야만 비로소 시를 잘 풀이하였다고 할 수 있다〔故說詩者, 不以文害辭, 不以辭害志. 以意逆志, 是爲得之〕'라고 하였다.

[3] 《논어(論語)》〈학이(學而)〉편에 '젊은이들은 가정에 들어가서는 부모에게 효를 행하고, 세간에 나와서는 어른에게 공손하게 행하라. 무슨 일이든 근실하게 행하고 말에 신뢰성이 있도록 하라. 또 사람들을 구별 없이 두루 사랑하되, 특히 덕 있는 사람과 친하게 지내라. 이렇게 실행하여 그래도 여력이 있으면 곧 文(문)을 배워라〔弟子入則孝, 出則弟, 謹而信, 汎愛衆而親仁. 行有餘力, 則以學文〕'라고 하였다.

[4] 《주례(周禮)》〈춘관(春官) 외사(外史)〉에 '사방 사람들이 서명을 잘 알도록 하는 일을 관장한다〔掌達書名于四方〕'라 하였다. 후한 때 정현(鄭玄)은 이 구절에 대해 '옛날에는 名(명)이라고 하였고 지금은 字(자)라고 한다'라는 혹자의 설을 인용하고 '사방 사람들로 하여금 書(서)의 文字(문자)를 알게 해서 능히 읽을 수 있게 한다〔使四方知書之文字, 得能讀之〕'라고 하였다. 정현은 '書(서)'를 '서책'으로 해석한 것이다.

[5] 유럽에서도 프랑스는 인류가 일찍 정착하기 시작한 것으로 알려져 있다. 구석기시대 여러 문화의 명칭(무스티에, 오리냐크, 마들렌 등)은 모두 프랑스 지명에서 유래한다. 아키텐주(州) 도르도뉴현(縣)의 크로마뇽에서는 현생 인류의 인골(人骨)이 발견되었고, 이들 크로마뇽인이 남긴 동굴과 벽화는 남서부(특히 베제르 하곡의 라스코 동굴) 지방에서 많이 발견되었다. 다시 신석기시대에는 다른 인종이 북부 프랑스에 들어왔는데 브르타뉴 지방에 남아 있는 거석 기념물 즉 카르나크의 열석(列石), 바욘의 돌멘, 멘힐, 크롬레크(스톤서클) 등이 그 당시에 만들어진 것이다. 특히 카르나크에는

높이 약 10m에 달하는 거대한 기둥 모양의 멘힐이 열 지어 있다. 크고 작은 돌을 여러 줄로 세워놓았다고 하여 얼라인먼트(alignement)라고도 한다. 만든 동기나 목적은 분명치 않다.

[6] 반파(半坡)는 서안에서 약간 떨어진 섬서성 임동현에 있는 6,000년 전의 신석기 유적지다. 1953년 섬서성 동쪽에서 발전소 건설 공사를 하다가 우연히 유적을 발견하였다. 앙소 문화의 유적이다. 1954년부터 1957년까지 발굴을 하고 울타리를 친 후 지붕을 씌운 체육관처럼 생긴 박물관을 1972년에 완공해 일반인에게 개방했다.

[7] 白川靜,《中國の神話》(東京, 中央公論社, 1975. 9).

[8] Alois Riegl, 《Stilfragen : Grundlegungen zu einer Geschichte der Ornamentik》 (1893) / 長廣敏雄 譯,《美術樣式論》(座右寶, 1942. / 長廣敏雄 譯,《美術樣式論 : 裝飾史の基本問題》(岩崎美術社, 1970. 3.).

[9] 有庳(유비)로도 적는다. 《맹자(孟子)》〈만장(萬章)·상(上)〉에, '상은 지극히 불인하거늘 그를 유비에 책봉하였으니 유비의 사람들이 무슨 죄가 있습니까?〔象至不仁, 封之有庳, 有庳之人, 奚罪焉〕'라고 하였다.

[10] 기원전 2세기경 기타큐슈(北九州)에 벼농사가 전해지면서 일본 서쪽에서 문화가 시작되어 차츰 일본 전 지역으로 확산되었다. 이 시기에 동일본에서 자유로운 곡선으로 구성되어 매우 힘찬 모습을 한 조몬(繩文)토기나 주술적인 토우가 제작되었으며 벼농사가 발달하면서 도구를 만드는 기술도 진보하고 야요이(彌生)토기가 출현하였다. 그리고 다시 금속기가 전해져 일본에서도 청동기나 철기를 만들기 시작하였다. 곧, 중국 무기를 모방해 만든 동검(銅劍), 갈고리창의 일종인 동모(銅矛), 종의 일종인 동탁(銅鐸)도 제작하였다.

[11] 구니미는 지역의 형세를 높은 곳에서 조망하는 일로, 본래 농경의례였다. 아마미는 물고기 떼의 움직임을 땅 위의 높은 곳에서 살피는 일을 뜻한다.

[12] 원문의 자안패(子安貝, 고야스가이)는 권패(卷貝)의 속칭이다. 자패(紫貝)라고 한다. 산부가 이 조개를 쥐고 있으면 안산한다고 하는 속신에서 나온 말이다.

[13] 매 사육에 종사하고 매사냥 때 새 쫓는 사냥개를 사육하는 사람.

[14] 야마토(大和) 조정에서 베 짜는 기술을 세습하였던 직공 집안. 하토리베라는 발음이 바뀌어 지금은 '핫토리'라고 발음한다.

[15] 레비 스트로스(Claude Levi-Strauss, 1908~1991)는 프랑스 문화인류학자다. 파리대학교 법문학부 졸업 후 브라질의 상파울루대학교 사회학과 교수로 초빙되어 브라질 오지(奧地)의 원주민 조사에 종사하였다. 그 후 뉴욕 신사회연구학원(新社會研究學院) 교수, 미국 주재 프랑스 대사관 문화 고문, 파리대학교 고등연구원 지도교수, 콜레주 드 프랑스의 사회인류학과 교수를 지냈다. 구조주의(構造主義)에 입각한 그는, 혼인 규제와 친족체계를 개인 간, 집단 간 커뮤니케이션을 가능케 하는 일련의 과

정으로 간주하였다. 즉 그는 커뮤니케이션의 매체를 '여성'으로 보았다. 또한 아메리카 대륙 원주민의 800개가 넘는 많은 신화를 연구하였다. 남아메리카 원주민의 신화에서는 '날것'으로부터 '불에 익힌 것'으로 추이하는데 비해 북아메리카의 신화에서는 자연으로부터 의류, 장식품의 발명과 물품의 교환으로 추이하였다고 설명하였다. 저서로 《친족의 기본구조》(1946), 《슬픈 열대》(1955), 《구조인류학》(1958) 등이 있다.

16 일본에서는 언어생활에서 사용되어온 방대한 한자와 복잡한 독법을 정리하여 상용한자(常用漢字)의 수를 지정하고 그 한자를 읽는 음훈표(音訓表)를 제정해 교육과 생활에서 사용하도록 권장하고 있다. 현재 상용한자의 수는 1,954자로, 이 한자는 의무교육 과정에서 모두 학습할 수 있게 한다.

17 〈오류선생전(五柳先生傳)〉은 동진 때의 은자 도연명, 즉 도잠(陶潛)이 지은 자전적인 산문이다.

상징의 방법

11 상징에 대하여
12 주술 방법
13 공격과 방어
14 성스러운 기호
15 신에 대한 맹세
16 신의 방문
17 왼쪽左과 오른쪽右
18 여疒의 효용
19 신 사다리의 의례
20 행위와 상징

11
상징에 대하여

아프리카의 바르바 족은 세 가지 이름을 지닌다고 한다. 첫째는 '내적인 이름'이다. 혹은 '생명의 이름'이나 '존재의 이름'이라고도 부른다. 이 이름은 비밀에 붙여진다. 둘째는 통과의례 때에 붙이는 이름이다. 이것은 연령이나 신분을 표시한다. 셋째는 임의로 선택된 호명이다. 이것은 자아의 실체와는 아무런 관계가 없는 이름이다. 죽은 뒤에는 본명이었던 첫째 이름을 사용한다. 그 세 가지 이름은 이른바 名(명), 字(자), 통칭(通稱)에 해당하는 것으로 그 각각은 실체에 관여하는 방식이 서로 다르다. 그 가운데 실명만 실존적인 의미를 지닌다고 간주된다. 실명을 다른 사람이 알게 되면 그 사람에게 인격적인 지배를 받게 되어 자기를 상실하게 된다. 기호와 실체 사이의 이러한 관계를 상징이라고 부를 수 있을 것이다.

한자에서 字(자)는 양육의례 때 붙이는 이름이고 名(명)은 씨족집단에 가입하는 의례 때 붙이는 이름이다. 두 글자의 자형은 통과의례를 상징하는 여러 형체소가 합하여 이루어졌다. 글자의 자형에서 부분은 전체를 표시하고 특수는 일반에 연결된다. 字(자)의 윗부분은 가옥의 형태를 표시하는 것으로 의례가 벌어지는 조상의 사당을 뜻한다. 名(명)의 윗부분에 놓인 肉(육)은 명명의례 때에 사용하는 제육(祭肉)이다. 문자의 형체소는 '내적 존재의 생명'인 名(명)의 통일적 의미에 따라 규정된다. 언어가 문맥에 의해 의미를 획득하는 것과 같다. 따라서 상징의 의미를 이해하지 않는다면 고대 문자가 구축한 세계로 들어가는 문을 열 수가 없다. 고대 문자에서 상형문자는 대체로 상징이다.

나는 《설문신의(說文新義)》[1]라는 책에서 종래의 문자학을 비판하고 새로운 해석을 시도한 바 있다. 그런데 어떤 외국 연구자가 내게 "당신의 책에서 상형자에 관한 종래의 해석을 얼마나 고쳤느냐?"라고 질문하였다. 아마도 그는 상형문자는 '눈으로 식별할 수 있는 것'인데 종래의 해석에 고쳐야 할 내용이 있을 리 없다고 생각하였던 듯하다. 다시 말해, 무얼 가지고 '新義(신의)'라 일컫느냐 하는 뜻으로 질문을 한 것이었다.

나는 그때 한 가지 예로 名(명)이란 글자에 들어 있는 ㅂ의 해석에 대하여 언급하였다.

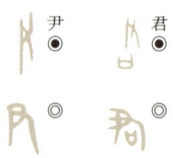

名(명)은 지금까지 '저녁에는 입으로 이름을 말한다'고 풀이해온 글자다. 하지만 갑골문이나 금문의 글자 가운데 ㅂ의 형태를 口(구)로 풀이할 수 있는 예가 하나도 없다. 또 그 자형에서 파생되어 나온 曰(왈)도 言(언)도 音(음)도 모두 口(구)와는 관계가 없다. 기본형인 ㅂ에 대한 종래의 해석이 잘못된 것이었기에 그 계열에 속하는 수십 개의 기본 글자 및 관련 글자들도 모두 재해석하지 않으면 안 된다. 오해가 있게 된 것은 ㅂ를 단순히 口(구)의 상형이라고 풀이하고 그 글자가 문자 영상으로서 지닌 상징적 의미를 제대로 파악하지 못한 점에도 그 원인이 있다.

　상형은 회화가 아니다. 구상(具象)이라기보다 오히려 추상에 가까우며 그런 까닭에 상징성을 지닌다. 이를테면 작은 가지 하나를 손에 든 것이 尹(다스릴 윤)이다. 조릿대를 손에 쥐고 춤추는 미친 여인의 경우에서 알 수 있듯이, 이 작은 가지는 신령이 빙의하는 물건이다. 따라서 尹(윤)이란 성직자를 말한다. 尹(윤)이 ㅂ에 의하여 신탁을 구할 때, 그것이 君(임금 군)이다. 君이란 여무(女巫)이면서 왕이다.

　문자를 구조적으로 이해하려면 각 형체소에 숨어 있는 상징적 표현을 정확하게 파악할 필요가 있다. 무엇이 상징되어 있는지를 제대로 알려면 도형 속에서 그림의 언어를 읽어내야 한다. 마찬가지로 상형문자를 올바로 이해하려면 자형의 의미를 읽어내지 않으면 안 된다. 다시 말해 한자는 고대에 이루어진 상징의 결정체다.

12
주술 방법

주술이란 초자연적인 힘에 대한 상징적 행위다. 모방하여 공감하거나 혹은 추종하여 감응함으로써 사람은 초자연의 힘을 움직여서 위기를 극복할 수 있다고 믿었다. 그 주술적 의례를 문자로 형상화한 것이 한자다. 한자의 배후에는 주술 세계가 있다.

　告(고할 고)의 자형은 소(牛)가 사람에게 무언가를 호소하기 위해 입을 가까이 대고 있는 형태라고 간주되어왔다. 하지만 호소하려는 주체가 과연 소일까? 갑골문이나 금문의 자형을 보면 윗부분은 분명히 작

告◎ 造◎
告◎ 朕◎

은 나뭇가지다. ㅂ는 거기에 묶여 있는 축문 그릇 형태라고 보아야 한다. 그 나뭇가지는 아마도 일본에서 말하는 신목(神木)처럼 신의 제사에 사용했던 것일 게다. 아랫부분의 ㅂ는 지금까지 보아왔듯이 축문을 넣어두는 그릇이다. 따라서 告(고)한다는 것은 신에게 고하여 호소하는 일이다. 은나라 무정(武丁)은 산서 지방의 고방(苦方)을 토벌하러 나가면서 "임오날에 점복하여 원(亘)이 묻는다. 고방을 상갑(上甲 : 선왕의 이름)에게 고할 것인가?"라고 점복하고, 또 "묻는다. 하(河)에게 고방을 고할 것인가?"라고 점복하였다. 조상 신령이나 산천 신들에게 전쟁의 승리를 기도한 내용이다. 이 의례는 산천에 제사지내는 것이었다. 뒷날 造(나아갈 조)라고 일컬었다. 산천의 성소(聖所)에 나아가〔造〕 제사한다는 뜻이다. 造(조)의 갑골문에는 또 사당(廟) 속에 소반(盤)의 형태인 舟(주)를 그려서, 제물을 올리고 고하여 호소하는 형태를 나타낸 것이 있다. 아무리 신(神)이라고 해도 축문만 아뢰어서는 효과가 적다고 여겼기 때문일 것이다.

축문을 넣어두는 그릇인 ㅂ는 또 가늘고 긴 나무에 매달아 바치기도 했다. 그 형태가 史(사)이다. 복사(卜辭)에 보면 '대을(大乙 : 조상 이름)에게 사(史 : 제사)하나니 왕은 그것을 흠향할 것인가?' 와 같은 식으로 나와 있다. 史(사)는 조상 신령을 받드는 제사 이름이었던 것이다. 하지만 산천의 성소로 나아가서 제사지낼 때는 축문 그릇을 커다란 나무에 매달고 수실을 늘어뜨려 장식하고 그것을 받들고 떠났다. 그것이

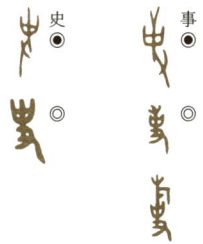

使(심부름꾼 사)와 事(일 사)이다. 산악의 신에게 제사 올리는 사자를 파견할 때에는 '묻는다. 사람을 산악에 사(使: 사신으로 부리다)할 것인가?'라고 하였다. 또 조상의 사당에서 큰 제사를 집행하게 되면 《좌전(左傳)》에서는 '대사(大事)가 있다'라고 하였다.

ㅂ는 신에게 기도하고 조상 신령을 제사지낼 때 쓰는 축문을 봉납하는 그릇의 형태다. 그 사실은 이상에서 살펴본 告(조), 史(사), 事(사)의 예로 보건대 의문의 여지가 없다. 당시 사람들에게는 그 형상이 무엇을 의미하는지 자명했다. 자형의 상징은 상징적 의례를 집행하는 사람들 사이에서는 완전히 동일한 의미를 지녔기 때문이다.

13 공격과 방어

주술의 목적은 공격과 방어에 있다. 공격과 방어 방식은 최초에는 주술적인 언어를 사용하였는데, 그것을 표기 형식으로 정착시킨 것이 문자였다. 공개된 기도는 告(고)이고 은밀한 기도는 書(서)이다. 공격하거나 방어하는 방법은 주술 능력을 기탁하는 축문 그릇인 ㅂ에 공격을

II 상징의 방법 | 57

가하거나 방어 주술을 담는 방법을 썼다.

신에게 기도하는 축문은 주술 능력을 보존하기 위해서 엄중하게 봉함해두지 않으면 안 되었다. 사악한 힘을 물리치는 데는 신성한 병기가 가장 위력을 드러내는 법이다. 그래서 그릇 위에 鉞(도끼 월)이나 盾(방패 순)이나 戈(창 과) 등을 얹어두었다.

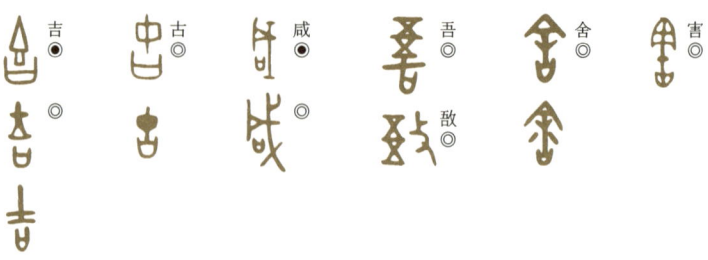

吉(길할 길)은 鉞(도끼 월)을 ㅂ 위에 얹은 모양이다. 古(옛 고)는 盾(방패 순)을, 咸(모두 함)은 戈(과)를 각각 ㅂ 위에 얹은 모양이다. 吉(길)에는 주술 능력을 봉쇄해둔다는 뜻이 있고, 古(고)에는 주술 능력을 영구하게 보존시킨다는 뜻이 있으며, 咸(함)에는 완전하게 끝낸다는 뜻이 있다. 모두가 축문의 주술 능력을 보전하기 위한 방어 방법이다. 대명사로 사용되는 吾(너 오)도 본래는 ㅂ를 커다란 뚜껑으로 덮은 형태로, 敔(지킬 어)의 뜻을 지닌 글자였다. 축문 그릇을 보존하는 것이 곧 주술 능력의 효과를 발휘하게 하는 일이었다.

주술 능력을 분쇄하는 방법은 축문 그릇에 날카로운 칼날이 있는 도구 따위를 가한다는 상징적인 방식으로 행하였다. 舍(버릴 사)와 害(해칠 해)의 윗부분은 둘 다 긴 칼날을 지닌 도구로 그릇을 찔러 칼날을 그릇 안으로 통과시키는 형태다. 그렇게 함으로써 주술 능력을 없앴다고 간주하였던 것이다. 윗부분의 칼날이 ㅂ에까지 이르고 있다. 칼날이 ㅂ까지 도달함으로써 그 그릇을 버리고〔舍〕 해칠〔害〕 수 있었던 것이다. 그러나 지금 일본 상용한자의 새 글자는 그 칼날 끝을 꺾어버리고 말았다. 이런 형태라면 주술 능력이 사라져버려 해칠 수가 없다. 일본의 상용한자는 지금까지 어떠한 자서(字書)에서도 찾아볼 수 없는 기이한 자형을 만들어내고 말았다.

曰(왈)은 그릇 속에 축문을 봉납해둔 형태다. 書(서)처럼 축문 그릇을 흙 속에 감춰두는 경우도 있었지만 告(고)나 史(사)처럼 신간(神桿 : 솟대)에 붙여서 신의 뜻을 묻는 일도 있었다. 그것이 某(꾀할 모)이다. 곧 謀(모)의 처음 글자다. 지금의 해서자 자형은 윗부분을 甘의 형태로 적지만 금문에서의 자형은 분명히 曰로 하였다. 글자의 이미지는 告(고)와 같다고 보아도 좋다.

曰(왈)의 주술 능력을 더럽히려고 거기다 물을 쏟아붓기도 하였다. 沓(겹칠 답)이 그 글자다. 발로 밟는〔踏〕 일도 있었을 것이다. 또 잠(簪 : 비녀)도 주술 도구로 사용할 수 있었다. 참(替 : 비방하다)은 사람을 비방할〔譖〕 때 사용하는 주술 방법이다. 신의 이름으로 맹세할 때에는 曰(왈) 위에 두 사람의 손을 두었으니, 𦉎(우)란 같은 종족의 맹우(盟友)를 가리킨다. 곧 友(벗 우)의 처음 글자다. 지금은 성서에 손을 얹고 맹세하는 형태로 대통령이나 성직자의 취임식에 흔적이 남아 있다.

14
성스러운 기호

사물은 모두 시간과 공간 속에 존재한다. 시간 속에 존재하는 것을 存(있을 존)이라 하고, 공간 속에 있는 것을 在(있을 재)라고 한다. 存과 在는 둘 다 성스러운 기호인 才(재)를 기본으로 하는 글자다.

才(재주 재)의 자형은 십자형의 표목에 ㅂ를 묶어둔 형태다. ㅂ는 축문 그릇을 나타내는데, 부적이라고 보아도 좋다. 곧 표목에 부적을 붙인 것이 才이다. 才는 존재의 표지다. 천지인(天地人)을 삼재(三才)라고 한다. 才란 본래 존재하는 것으로 이른바 재질, 질료를 뜻한다. 신에 의해 존재를 드러내는 것의 성스러운 표지가 才이다. 存(존)은 그 성스러운 표지에 사람의 형태를 더한 것으로 생명의 성화를 의미한다. 또 在(재)는 성스러운 도구인 날 선 기구 士(사)를 더한 것으로 장소를 점유하는 것을 의미한다. 일본어의 '시메유(占標)'[2)]를 표지로 나타낸 것이 才이며 在이다.

存亡(존망)이란 삶과 죽음을 뜻한다. 存(존)하는 것은 생명이다. 在

(재)란 '사물 보기를 분명히 함'³⁾이라는 말이 있듯이 존재하는 것의 위상을 인식하는 일이다. 존재란 말은 본래의 자의(字義)에서 이미 존재 그 자체를 표상하고 있다.

才(재)는 재질(材質)이란 뜻이고 성스러운 기호이며 내적인 것의 드러남으로서의 재덕(才德)이며 모든 사물의 근원이고 시작이다. 자형학(字形學)의 성전(聖典)이라고 일컬어지는 후한 때 허신(許慎)의 《설문해자(說文解字)》⁴⁾에서는 '才(재)는 초목의 처음이다'라고 하였다. 곧, 존재자가 처음으로 형상을 드러내는 것을 才라고 한 것이다.

哉(처음 재)와 載(실을 재)는 모두 '처음'이라는 뜻으로 사용하는 글자들이다. 아마도 성스러운 기호를 붙인 戈(과), 즉 𢦒가 의례를 개시할 때 재액을 떨어내는 기능을 하였을 것이다. 𢦒의 자형에 들어 있는 十은 갑골 복문의 자형에서 알 수 있듯이 ㅂ를 붙여둔 형태다.

哉(재)는 ㅂ를 구성 부분으로 하며 기도의례의 시작을 나타낸다. 裁(마를 재)는 衣(의)를 구성 부분으로 하고 있으니 아마도 신의(神衣)를 재단하기 시작함을 뜻할 것이다. 載(재)는 수레를 처음 움직이는 의례를 뜻하는 듯하다. 아마도 지금 자동차에 그러하듯 수레에 부적을 장식하였을 것이다. ㅂ 대신에 수실을 장식으로 붙이는 일도 있었다. 그것이 幾(기미 기)이다. 幾에도 '조짐, 처음'이란 뜻이 있다. 무형에서부터 형태를 드러내기 시작하는 기미(幾微)의 상태를 가리킨다. 또 기미의 상태를 살펴서 그것에 침기(鍼譏 : 경계하여 비난함)를 가하는 일을 말하기도 한다. 이 수실 장식은 일본의 신사(神事)에서 사용하는 '야후(木棉)'나 '시라카(白香)'⁵⁾에 해당한다. 다시 말해 戈에 붙이는 ㅂ나 糸(사)는 성스러운 기호로, 존재의 심층부에서 신이 그 위상을 드러내는 기호인 것이다.

15 신에 대한 맹세

신에게 고하는 말은 축고(祝告)지만 사람과 사람 사이에 교환되는 말은 언어(言語)다. 그런데 실은 言(말씀 언)은 신에 대한 맹세, 즉 자기 맹세다. 語(어)는 말로 저주를 방어하는 것을 의미한다. 인간 세상의 '금언(金言, 고토와자)'도 모두 신을 매개로 하여 성립한다. 고대의 언어규범은 모두 신이 정한 것이었다.

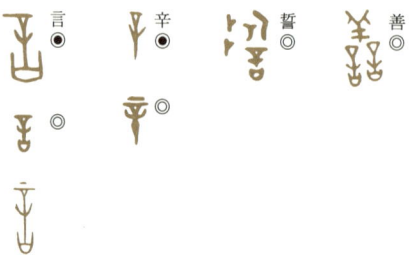

일본의 옛말에 '우케후(うけふ)'라는 말이 있다. 誓(맹세할 서), 誓約(서약), 혹은 禱(빌 도)라는 글자로 적는다. 글자의 원뜻을 근거로 말한

다면 그것은 신에게 스스로 맹세한다는 뜻이며 신에게 자기가 결백하다는 증거를 구하는 일이다. 言(언)은 辛(신)과 ㅂ로 이루어진 글자다. 辛은 문신에 사용하는 침의 모양을 나타내는 것으로, 문신 형벌을 가하는 것을 가리킨다. 즉 言의 자형은 '신에게 맹세하여 기도하는 일에 조금이라도 허위나 불순이 있다면 나는 신이 내린 형벌로써 문신을 당하는 벌을 받을 것이다' 라고 하는 자기 맹세를, 辛과 ㅂ의 두 가지 형체소를 조합해서 표시한 것이다. 형체소가 복합되어 이루어진 글자는 그 형체소들의 의미를 파악해서 뜻을 이해해야 한다.

言에 의한 자기 맹세는 신에게 서약해서 자기의 바람을 실현하려는 것이므로, 적극적이고 공격적인 행위다. 이에 비해, 방어적 성격을 지닌 것이 語(어)이다. 吾(나 오)는 앞서 말하였듯이 ㅂ 위에 성스러운 그릇을 덮어 축문의 기능을 보존한다는 뜻을 지닌 글자다. 그런데 '言語(언어)' 라는 식으로 연결하면 '말' 이란 뜻을 나타낸다. 본래 '언어' 란 문자는 말에 정령이 깃들어 있다고 여겨서 말의 정령 기능에 관계하는 상징적 의례를 형상화한 것이다.

誓(서)는 言 위에 折(꺽을 절)을 더한 것이다. 초목을 베는 행위를 맹세의 표시로 여긴 것이리라. 서약에 화살을 사용하는 일도 있었다. 그래서 矢(화살 시)는 또한 '맹세하다' 라고 풀이된다. 고대의 재판에서는 당사자에게 화살 다발을 바치게 한 뒤에 심리를 시작하였다. 양(羊) 신판(神判)[6]을 할 때에는 신양(神羊)을 등장시켜 당사자에게 선서를 시킨다. 羊(양)의 아래에 言(언)을 둘이나 나란히 둔 것은, 원고와 피고가 자기 맹세를 하는 것을 나타낸다. 그 심판에서 이긴 것을 善(착할 선)이라고 간주한 것이다.

자기 맹세는 신에 대한 행위로서 신령 앞에서 행하였다. 盟(맹세할 맹)은 明(밝을 명)과 血(피 혈)로 이뤄져 있다. 이 明을 성부(聲符)로 보

는 설도 있지만 明은 실은 달빛이 스며드는 창문이다. 반혈(半穴) 형식의 집에 살던 시대에는 달빛을 받는 일이 곧 신명의 강림을 의미하였다. 따라서 盟이란 신명 있는 곳에 盤(반)을 갖추고 자기 맹세를 한다는 뜻이었으리라. 《일본영이기(日本靈異記)·하(下)》[7)]에 '천황께서 맹세의 술을 마시고 서약하였도다'라고 하였다. 또 인베노히로나리(齋部廣成)의 《고어습유(古語拾遺)》[8)]에도 석굴호(石窟戶) 앞에서 후네우케(誓槽)를 두고 맹세한다는 이야기가 있다. 심판의 신(신 내린 무녀)에게는 술과 음식을 제공하였던 것이다.

都路を 遠みか妹が この頃は 得飼飯て寝れど 夢に見え來ぬ。[9)]
《만엽집(萬葉集)》767
도로(쯔지, 교토의 지명)가 멀어져인가 누이(아내)가 이 무렵에는 신에게 기도하고 잠들지만 꿈에도 보이지 않네.

여기서 이른바 '신에게 기도하고 잠들다'라는 것은 꿈으로 점치는 습속을 노래한 것이다. 신에게 기도한다는 뜻의 일본말 '우케히'를 '得飼飯(득사반 : 밥을 잡숫다)'으로 차용해 적는데, 그 차용어 속에 꿈점의 속뜻이 숨겨져 있다. 신이란 바로 상징이다. 그래서 신과 교섭하는 수단도 모두 상징적이지 않으면 안 된다. 그렇기에 문자도 상징적 수단을 형상화하는 방법을 취한 것이다.

16
신의 방문

신은 스스로 고지한다. 신이 그 뜻을 나타낼 때에는 사람에게 빙의하여 사람의 입을 빌리는 것이 항례였다. 신들림을 일본어로 '구치요세(口寄)'라고 하는 것은 이 때문이다. 신이 직접 찾아오는 것을 일본어로는 '소리 낸다' '소리 냄'〔찾아 옴〕이란 뜻을 지닌 '오토나후(おとなふ)'나 '오토즈레(おとづれ)'라고 한다. 이 말들은 모두 신이 나타나는 것을 가리킨다. 신의 방문은 소리로 드러났던 것이다.

앞에서 보았듯이 言(언)은 辛(신)과 口(구)로 이루어진 글자이며 그 Ħ는 축문 그릇이다. 그 그릇 속에 신의 '소리 냄'의 징후가 나타난다고 하는 것이 曰(왈)이다. 曰이란 신이 자신을 말씀으로 드러내는 것이다. 그래서 '曰'을 일본에서는 '고하시길'이라고 읽는다. 그것이 그 글자의 본의다. 신의 방문은 본래 '소리 냄' 즉 音(소리 음)으로 표시하였다. 音이란 글자는 言의 Ħ에 신의 소리 냄이 일어남을 표시한 것이다. 신은 스스로 맹세할 리 없다. 그것은 사람의 기도에 대해 신의 소리 냄 즉 신의 응답이다. 일본의 고대에서 '오토(소리)'란 말이나 자연의 소리를 뜻하고 '오토나히(소리 냄)'란 알 수 없는 것의 방문을 뜻하였다. 《신대기(神代記)·하(下)》에

> 夜は火の如に喧響, 晝は五月蠅如す沸騰.
> 밤은 타오르는 불같이 소리 내고, 한낮은 벌[10]같이 붕붕 끓어오른다.

II 상징의 방법 | 65

라는 식으로 나온다. 신의 방문(訪問)이라는 용례는 고대에는 없었던 것이다.

問 闇 意

신은 으슥하고 어두운 것을 좋아한다. 제사도 대부분 철야로 이루어졌다. 제사 용어의 '숙야(夙夜)'란 이슥한 밤부터 이른 아침까지라는 뜻이다. 闇(어두울 암)한 곳이야말로 신이 거주하는 세계다. 闇이란 글자가 어째서 門(문 문)과 音(소리 음)으로 이루어지는가? 問이란 글자와 闇이란 글자를 나란히 두고 생각해보면 그 이유를 쉽게 알 수 있다. 問은 남의 집 문 앞에서 용건을 묻는다는 글자가 아니다. 門의 앞에 놓여 있는 것은 ㅂ이며 신에게 아뢰는 말이다. 門은 인가(人家) 앞에 세우는 것이 아니라 신이 사는 곳에 세우는 사당 문이었다. "誾誾(은은)"[11]이란 말이 《논어(論語)》에 있어, 조용하게 시비를 논하는 어조를 묘사한다고 간주돼왔다. 하지만 본래 誾(온화할 은)이란 글자도 問과 마찬가지로 신의 뜻을 물어 봄을 의미하였을 것이다. 그 물음에 신이 응답하는 것이 闇(암), 즉 '소리 냄'이다. 따라서 闇은 으슥하고 어둡다는 뜻이라기보다는 '묵묵하다'가 본의였을 것이다. 천자의 상례(喪禮)를 '양암(諒闇)하여 말하지 않음'[12]이라고 하는데 '양암'은 본래 신의 소리 냄을 감득하는 상태다. 곧 무성(無聲)에서 신의 목소리를 듣는 것을 의미한다.

신은 말이 없다. 다만 어렴풋이 소리를 내므로 그 기운이 감지될 따름이다. 신의 뜻은 그 소리 냄에 의하여 추측할 수밖에 없다. 그렇게 추측하는 것을 意(뜻 의)라고 한다. 추측의 뜻을 나타내는 데는 뒷날 億(헤아릴 억)이나 臆(가슴, 생각 억)이라는 글자를 사용하지만 意가 본래 억측의 뜻이고 億과 臆은 거기서부터 갈라져나온 글자들이다.
 言(언), 音(음), 意(의)는 본래 같은 계열의 글자들로, 음의 면에서도 서로 관계가 있다. 만일 단어 가족을 설정해본다면 이렇게 형(形) · 성(聲) · 의(義)가 서로 관계 있는 것들을 추적하여 그 어군(語群)을 구성해볼 수 있을 것이다.

17
왼쪽左과 오른쪽右

 신(神)은 본래 으슥하고 어두운 곳에 모습을 숨기고 있는 존재다. 그 신에게 말을 걸려면 주술적인 방법, 즉 상징적인 수단으로 접근할 수밖에 없다. 사당의 문에 ㅂ를 두고 신의 뜻을 묻는 것도 하나의 방법이었다. 하지만 신은 어디 있는지 도무지 알 수가 없다. 소재를 알 수 없는 신의 거처를 찾기 위해 彭(팽)이라는 제사를 지내기도 하였다. 신이 있는 곳을 찾아 '이곳에서 할 것인가 저곳에서 할 것인가'라고 묻는 제사였다. 彭(팽)이라는 제사는 그러기 위해 북[鼓, 고]이라도 둥둥 친 것이 아니었을까? 그 글자 대신에 사용하는 閉(팽)이라는 글자는 뒷날 형성자로 만들어진 듯하다. 音(음)은 신의 목소리인데 그 신을 부르기 위해서도 音을 사용하였던 것이다.
 또한 주술도구를 가지고 신의 소재를 묻는 방법도 있었다. 왼손과 오른손은 본래 손목의 형태만 그리거늘, 左와 右자처럼 工(공)이나 口(구)를 손에 지니는 것은 신사(神事) 때에 한하였다. 口 즉 ㅂ는 두말할 것 없이 축문을 뜻하고 工은 주술도구다. 아마 왼손과 오른손에 이 주

　술도구를 지니고서 '이곳에서 할 것인가 저곳에서 할 것인가' 라며 제사지내야 할 곳을 물었던 것이리라. 이 左와 右 두 글자를 겹치면 尋(찾을 심)이라는 글자가 된다. 이 글자는 위와 아래의 手(손 수) 가운데 工과 ㅂ를 두었다. 尋은 원래는 사람을 찾는다든가 죄인을 심문한다든가 하는 뜻의 글자가 아니었다. 본래는 숨어계신 신의 소재를 찾는 일을 가리켰다.

　尋(심)은 찾는다는 뜻 말고도 좌우 손을 펼친 길이를 뜻하기도 한다. 그런데 그 자형은 왼손과 오른손을 연결한 형태다. 그 형태로부터도 그 글자의 자의가 무엇에 근거하는지 똑똑히 알 수 있을 것이다. 왼손과 오른손을 펼쳐 소매를 뒤집으면서 춤을 춰 좌우의 소매가 삽삽(颯颯 : 펄렁펄렁함)한 위용이니, 곧 신의 강림을 구하려는 행위였다.
　工(공)이 주술도구라는 사실은 그 자형을 포함하는 巫(무당 무), 隱(숨길 은), 恐(두려울 공) 따위의 자의(字義)로부터도 알 수가 있다. 巫(무)는 工을 좌우의 손으로 바치는 형태다. 무축(巫祝, 무당과 주술사)은 이것을 주술도구로 이용해 신과 접하였던 것이다. 祝(빌 축)도 글자의 처음 형태는 兄(맏 형)이었으니, 그것은 ㅂ를 받드는 사람의 모습이다.

工을 받드는 형태로부터 공경의 뜻이 생겨났다.

　隱(은)은 신의 숨음을 나타내는 글자다. 글자의 좌측 편방 阝(부)는 종전에는 산(山)을 세로로 세운 것으로 阜(언덕 부)를 가리킨다고 간주해왔다. 하지만 한자에서는 가로의 것을 세로로 세우는 법이 없다. 阝는 뒤에도 말하겠지만 신의 사다리다. 신은 그것을 통해서 하늘로 척강(陟降 : 오르내림)한다. 신은 하늘과 땅이 서로 통하는 성스러운 곳에 숨어서 살았다. 사람들은 "나는 숨으리라."라는 신탁을 듣고 그 신을 숨겨두고 제사지냈다. 신을 숨겨두고 제사지내기 위해 주술도구 工을 사용하였다. 신의 뜻이 은미(隱微)하다는 것을 나타내기 위해서 뒷날에 心(마음 심)을 더하였다. 지금 일본의 당용한자(當用漢字)[13]는 隱(은)을 隠(은)이라고 글자체를 정하여 신을 숨기고 제사지낼 때 쓰는 도구인 工을 제거하고 말았다. 이렇게 해서는 몸 숨기는 도롱이[蓑][14]를 탈취당한 꼴이나 마찬가지여서 신은 숨어야 할 곳에 숨어계시기 어렵다. 정신 없는 짓을 하고 만 것이다.

18
여余의 효용

余(나 여)는 대명사로 사용하지만 그것은 가차 즉 표음적 용법이다. 그 글자의 본의는 사실은 긴 바늘이다. 余를 형체소로 하는 글자는 모두 긴 바늘이란 뜻과 관련 있다. 言(신)이나 辛(신)도 긴 바늘의 모습을 형체소로 한다. 고대인은 이렇게 긴 바늘의 도구 모양에서 일종의 상징적인 의미를 인정하였을 것이다. 言에서의 辛은 자기 맹세를 의미한다. 余도 불제(祓除 : 액막이) 기능을 지닌다고 여겼던 듯하다. 형체소가 이러한 의미를 지니므로 그 형체소를 포함하는 문자들은 의미 계열을 형성한다.

余(여)의 실용적 기능은 외과용 메스와 같았다. 은나라 후기는 이미 농경 단계에 들어섰지만 그 이전부터 목축 경험이 풍부했다. 또 후기에는 제사 때 많은 희생물을 이용했다. 이렇게 희생물을 바치는 경험이 누적되면서 고대인은 외과 지식이 상당히 풍부해졌으리라 생각된다. 그래서 곪은 부위를 절제하는 정도의 일은 아주 간단한 치료였을 터이다. 盤(소반 반)을 곁에 두고 긴 바늘(余)을 가지고 환부를 절제하는 일을 兪(점점 유)라고 한다. 盤의 왼쪽은 舟(배 주)의 형태. 긴 바늘은 굽은 칼이며, 뾰족한 부분 가까이에는 절제를 표시하는 곡선이 있다. 환부는 이렇게 절제함으로써 치료했다.

환부를 절제하면 고통이 제거되고 마음이 평화롭게 된다. 그 마음 상태를 愈(나을, 유쾌할 유)라고 한다. 愉(유쾌할 유)도 마찬가지 글자이되, 쓰임이 다르다. 하지만 지금 일본의 당용한자표에는 愈도 없고 愉도 들어 있지 않다.

절제(切除)의 除(제거할 제)는 그 자형에서 알 수 있듯이 신 사다리 앞에 余(여)를 세운 형태다. 신 사다리에 대해서는 갖가지 주술적 물건을 장식하거나 주술 행위를 함으로써 그 신성함을 보호했다. 주술력을

지닌 사안(邪眼 : 흘기는 눈)을 내걸어서 위협하여 금지하는 것이 限(한계 한)이다. 間(사이 간)의 원형은 사안(邪眼)의 아래에 사람이 웅크리고 선 모습이다. 아래쪽이 부풀어 있고 다리가 달려 있는 도기(병)인 鬲(격)을 신 사다리 앞에 주술도구로 두는 것이 隔(격)이다. 일본에서는 산의 능선 따위에 옹기를 두고 경계로 삼고는 옹기 고개(甕の坂)라고 부르는 예가 많다. 옹기는 "재옹(齋甕 : いはひべ, 신에게 바치는 술을 담는 병)을 정결하게 하여 바친다"(《만엽집(萬葉集)》 379)[15]는 말에 나오듯이 재액을 씻는 신주(神酒)를 담는 재옹(齋甕)으로 사용하였다. 그리고 그것을 산의 능선에 두면 신령이 깃든다고 여겼다. 그래서 鬲(격)은 신과 사람 사이를 격리시킨다는 뜻이다.

  신 사다리 앞에 두는 余(여)는 그 글자만으로는 아무 활용도가 없다. 그래서 많은 사람들이 그것을 성부(聲符)라고 해석해왔다. 하지만 그것은 결코 단순한 성부가 아니다. 徐(천천할 서)나 途(길 도) 처럼 余를 형체소로 지닌 글자들을 보면 자의가 일관되어 있다. 徐와 途는 각각 통로[彳]나 발[足, 족]에 余를 더한 것을 나타내는 글자다. 徐(서)가 徐緩(서완 : 느긋함)의 의미를 지니는 것은 통로에 余를 둠으로써 그 길[道途, 도도]의 안전을 보증할 수 있기 때문이다. 途(도)란 글자도, 통로에 주술도구인 余를 둠으로써 저주를 제거해서 안전하게 만든 통로를 가리킨다. 그것은 舍(사)란 글자에서 余가 고축(告祝)의 기능을 무효로 만드는 주술의 힘을 지닌 것과 마찬가지다. 舍(사), 徐(서), 途(도), 除(제), 敘(서) 등 余(여)를 형체소로 삼는 글자들은 음과 뜻에서 하나의 계열을 이룬다.

19

신 사다리의 의례

신이 陟(오를 척)하고 降(내릴 강)하는 신 사다리(神梯)의 앞은 신과 인간이 서로 만나는 곳이다. 하늘과 인간의 만남이라는 뜻의 천인지제(天人之際)란 바로 그 성스러운 곳을 의미한다. 여기에 鬲(격)을 두고 신과 인간의 경계로 삼아 그 둘 사이를 격리시켰다. 이에 대해서는 앞에서 이미 말하였다. 거기에다가 余(여)를 주술도구로 더한 것이 除(제)이다. 이 除라는 글자는 계단이란 뜻의 계제(階除)라는 말에도 사용하고, 액막이란 뜻의 불제(祓除)라는 말에도 사용한다. 하늘에서부터 신 사다리를 통해 신이 내려와서 서는 곳, 그곳이 地(땅 지)이다. 옛날에는 墬(떨어질 추)라고 적었으니 그것이 정자(正字)다.

신이 내려와 서는 곳에서는 토지의 수호신인 지주(地主)를 제사지냈다. 지주는 土(토)의 형태로 나타냈다. 그리고 그 장소를 정화하기 위해서 犬(개 견)의 희생이 필요하였다. 개〔犬〕는 푸닥거리(祓禳 : 불양) 의례 때 희생 짐승으로 많이 사용하였다. 그래서 祓(푸닥거리 불)의 방(旁)이 犬의 형태다. 일반적으로 본래의 상형자들은 뒷날 글자체가 바뀌면서 갖가지 필획이 더해지고는 하였다. 하지만 伏(엎드릴 복), 祓(푸

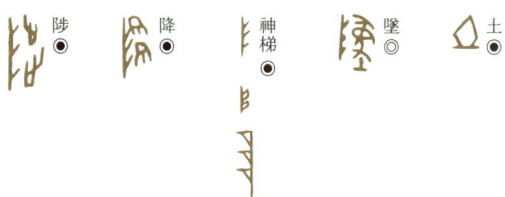

닥거리 불), 家(집 가), 冢(무덤 총), 類(무리 류), 器(그릇 기) 등의 글자는 모두 희생물인 犬(견)을 포함하는 글자들이다.

類(류)는 본디 하늘의 신에 대한 제의(祭儀)로, 개고기를 태워서 냄새를 하늘에 도달하게 하는 의례였다. 然(연)이란 개고기를 태우는 이미지를 나타낸 글자다. 땅 위를 바람과 함께 이동하는 풍고(風蠱)라는 사악한 기운에 대해서는 연말의 대나(大儺 : 귀신 쫓기 의례) 때 성문에서 개의 시체를 매질해서 그 기운을 막았다. 지하에서도 매고(埋蠱)[16]라는 사악한 기운이 침입하므로 개를 희생물로 삼아 지하에 묻었다.

墜(추 = 地)의 아랫길을 隧(길 수)라고 한다. 땅 위만 아니라 땅 아래의 수도(隧道)에도 개의 희생을 사용하였다. 은나라 안양(安陽) 능묘의 묘실에 놓인 관곽(棺槨)의 아래에는 무장 근위병과 함께 희생의 개가 묻혀 있다. 이것을 복예(伏瘞)라고 한다. 伏(복)이란 근위병과 희생된 개를 합한 글자다. 삼복(三伏)이란 것은 여름철 제사에 개 희생을 사용한 사실을 말할 것이다. 瘞(묻을 예)란 땅 밑에 묻는 것을 말한다.

신 사다리가 있는 성스러운 땅은 우선 그 밑의 隧[地]를 정화하고 땅 위에 土 모양의 토주(土主)를 두고서 개를 공양하였다. 그 앞쪽에는 사안(邪眼)을 걸어서 限(한)이라는 경계로 삼고 또 구덩이를 설치하였다. 우외(隅隈 : 구석)에는 외경(畏敬)해야 할 귀신과 도깨비를 두었고 둘레의 퇴토(堆土)에는 書(서)를 묻어 숨겨두어 陼(도)[17]로 삼았다. 모두가 신 사다리의 신성함을 보존하기 위해서였다.

때로는 이민족을 죽여 가로 막대에 걸쳐두는 일도 행했을 것이다. 그것을 제효(祭梟 : 梟首에 의한 제사)라고 한다. 方(방)은 시체를 걸쳐둔 형태다. 신 사다리 앞에 효수(梟首)한 머리를 제사하는 것을 防(막을 방)이라고 한다.

阿(언덕 아)는 물가[水涯, 수애]라고도 할 수 있고 산의 약간 높은 비

탈이라고도 할 수 있다. 거기는 신들이 사는 곳이다. 《초사(楚辭)》 구가(九歌)[18]의 〈산귀(山鬼)〉편에서는 산귀신이 나타나는 것을 두고 "사람이 있는 듯하네. 산 비탈에〔若有人兮山之阿〕"라고 노래하였다. 阿(아)와 隈(외)는 둘 다 '굽이'라고 풀이한다. 阿(아)는 可(가) 소리의 글자라고 간주되어왔지만, 阿는 可와 음이 다르다. 阿는 회의자다. 可는 고축(告祝)을 넣어둔 ㅂ를 나뭇가지로 때리면서 꾸짖어〔呵〕기도가 실현되기를 요구한다는 뜻이다. 그 제례를 행하는 곳을 阿(아)라고 한다. 《회남자(淮南子)》[19]의 〈천문훈(天文訓)〉에 '천아(天阿)[20]란 것은 뭇 신들의 궁궐 문이다〔天阿者, 羣神之闕也〕'라고 하였다. 그 신 사다리는 산 속의 깎아지른 절벽에 있었을 것이다. 일본에서는 하시다테(梯立)라고 한다. 일본의 《고사기(古事記)》 〈인덕기(仁德記)〉에

梯立ての倉橋山を(さが)しみと 岩かきかねて 我が手取らすも、[21]
하시다테의[22] 구라하시야마를, 험준하여 바위에 붙어 오를 수가 없나니, 내 손을 잡구려.

라고 하였다. 그것은 본래 구혼을 위한 가무 모임[23]의 노래였던 듯하다. 신 사다리가 놓인 곳에서 구혼을 위한 가무 모임이 벌어졌던 것이다.

신이 강림하는 신 사다리 앞에는 그 신령함과 위엄을 표시하는 옥(玉)을 놓아두었다. 隙(틈 극)이란 글자에서 오른쪽 부분은 둥근 옥의 위아래로 빛이 쏟아지는 모습을 표시한 것이다. 역시 《고사기》의 〈신

대기(神代記)》에

あな玉はや みたに ふたわたらす.[24]
구멍 뚫린 옥이 두 개의 골짝에 번쩍번쩍 빛나네.

라고 하였다. 신은 번쩍번쩍하는 옥빛에 싸여 등장했을 것이다. 그 모습이 어슴푸레 보이는 것이 隙(극)이란 글자다. 또 신 사다리의 대 위에는 옥을 두었다. 그 옥이 태양 빛에 반사되는 모습을 陽(볕 양)이라고 한다. 玉의 빛을 표시하는 昜(볕 양)이란 글자는 모든 생명의 근원을 나타낸다고도 여겨졌다. 玉은 또한 왕위의 상징으로서 옥좌(玉座) 앞에 놓이는 王, 즉 월두(鉞頭)의 윗부분에도 상감(象嵌)되었다. 현재 그렇게 옥이 상감된 鉞(도끼 월)의 유물이 많이 남아 있다. 옥좌의 鉞(월)은 옥 때문에 휘황찬란한 광휘를 뿜었다. 皇(임금 황)이 그 글자다. 신 사다리의 의식은 왕권의 신성성을 드러내기 위한 것이기도 하였던 것이다.

20 행위와 상징

사물은 문자의 구조를 통해서 상징화된다. 인간의 행위도 문자의 구조를 통해서 상징화된다. 사람이 대상에게 영적인 작용을 가해 그 내부에 침투하고자 할 때, 사람은 주로 보고 듣거나 하는 감각기관에 호소한다. 그러한 행위는 대상의 내적 생명에 직접 간여하는 것이어서 일

상의 행위와 다르다.

見(볼 견)은 커다란 눈을 강조한 글자다. 望(바랄, 멀리 내다볼 망)은 더 멀리 바라보는 눈을 강조해 그렸다. 특정한 경우의 '보는(見)' 일은 곧 주술적인 행위였다. 그 주술의 힘을 강화시키기 위해서 눈 주위에 색칠을 하여 부옇게 만드는 등 고운 장식을 하는 일이 있다. 그렇게 장식한 무녀를 媚(무녀, 아첨할 미)라고 불렀다. 媚(무녀 미)가 주술적 영을 지닌 벌레인 蠱(독 고)의 힘을 사용하는 일도 있었다. 그것을 미고(媚蠱)라고 한다. 무녀들은 전쟁이 일어나면 진두에 서서 북을 치면서 미고를 행했으므로 전쟁에서 이기면 우선 적의 媚(무녀 미)를 죽였다. 그것이 경멸(輕蔑)이라는 단어에 사용하는 蔑(업신여길, 없앨 멸)이다. 蔑을 '없애다'라고 풀이하는 것은 무녀를 죽임으로써 그 주술 능력을 없애기 때문이었다.

望(망)은 망기(望氣)라고 하여 멀리 있는 이민족의 상황 따위를 구름 기운을 보아 살피는 일이다. 갑골 복사에는 은나라 무정(武丁)이 고방(苦方)을 정벌할 때 3,000명의 媚(미)에게 명령해 구름 기운을 살피게 했다는 사실이 적혀 있다. 구름 기운 따위의 자연 현상에도 인간의 일이 반영되어 있다고 믿었던 것이다. 그렇기에 자연의 소리를 듣고 장래를 예측할 수도 있었다. 그렇게 자연의 소리를 듣는 사람이 성인(聖

갑골문 : 미수(媚獸)
제1기 갑골문(호후선(胡厚宣) 편,《전후경진신획갑골집(前後京津新獲甲骨集)》제1919조각)으로 '允(정말로)…… 미고(媚蠱)가 있어야겠다' 라는 문장일 것이다. 媚는 아랫부분을 女의 형태로 적는다. 이 갑골조각에서는 긴 머리카락의 짐승 모습이다. 미녀(媚女)가 부리는 주술적 혼령을 표시하는 글자일 것이다.

人)이었다.

　見(견), 망(望), 문(聞), 성(聖)은 모두 사람[人] 위에 감각기관인 눈이나 귀를 크게 그린 글자들이다. 원래의 모양을 생략한다든가 과장한다든가 위치를 바꾼다든가 하는 것들은 모두 일종의 비유법이며, 상징법이다. 인간의 행위를 표시하는 글자들은 조자법에서 이러한 형식을 취한 것이 많다.

　兄(맏 형)은 친족 관계를 일컫는 명사다. 또한 조상의 사당에서 고축(告祝)을 관장하는 존재다. 즉 兄은 기도하는[祝] 자다. 그의 기도[祝]에 응해 신의 기운이 나타나는 것을 兌(기쁠 태)라고 한다. 悅(기쁠 열)이든 脫(벗을 탈)이든 어느 것이나 모두 엑스터시 상태를 말한다.

　제사 장소를 나타내는 土의 위에서 ㅂ를 머리 위로 높이 쳐드는 것이 呈(바칠 정)이다. 신에게 보이기 위한 행위다. 너무 분수에 넘치는 자의적인 행위는 逞(굳셀 령)이 된다. 程(단위 정)은 옛 용례가 보이지 않는 글자다. 어쩌면 土 위에서 님를 머리 위로 높이 쳐드는 농경의식과 관계된 글자인지 모른다.

농경의례 때는 전신(田神)이나 곡령(穀靈)을 제사지냈다. 允(윤)은 쟁기와 사람의 모습으로 이루어져 있다. 농기구도 의인화해서 제사지냈던 것 같다. 전신(田神)을 田夋(전준)이라고도 한다. 夋(준)은 允(윤)에 손과 발을 붙인 형태다. 농업의 신을 뜻하는 稷(직)이란 글자는 그 자형이 어린 아이의 형태를 닮았다. 아마도 곡령(穀靈)의 재생을 드러내는 곡동(穀童)을 의미했던 것이리라. 곡령으로 분장해서 전무(田舞)를 추는 남자가 年(해 년)이고, 전무를 추는 여자는 委(맡길 위)이다. 이 글자들의 자형은 문자 형성기의 고대인들이 어떠한 농경생활을 하였는지 생생하게 전해준다. 고대인들의 상징 방법을 읽어낼 수 있다면 한자의 형체가 지닌 영상은 고대의 세계를 훌륭하게 재현해줄 것이다.

미주

1 白川靜 著, 《說文新義》(全16册, 白鶴美術館, 1969. 7.~1974. 6.); 〈說文新義〉, 《白川靜著作集》(別卷 8册 影印, 東京 : 平凡社, 2002. 1.~2003. 3.)

2 시메유는 염목면(染木綿)으로 적기도 한다. 염색한 목면(木綿)이란 뜻이다. 《만엽집(萬葉集)》11에 "肥人(고마히토), 額髮(메가가미), 結へるしめゆうの 染(し)みにし心"이라 하였다.

3 《이아(爾雅)》〈사인(舍人)〉주(注)에 보면, '재(在)란 사물을 보는 것을 분명히 함이다〔在, 見物之察也〕'라고 하였다.

4 《설문해자(說文解字)》란 후한의 허신이 약 9,000글자의 각각에 대해 문자의 성립을 설명하고 본의, 문자의 원래의 의미(本義)를 구명하여 '부수법(部首法)'이라는 원칙에 따라 문자를 그룹별로 분류한 자서(字書)다. 서기 100년에 완성되었다. 《설문해자》는 우선 소전(小篆)을 들고 다음으로 그 문자의 본의(本義)와 자형(字形)의 짜임을 설명하였다(이 부분은 처음부터 예서(隸書)로 적혀 있었다). 《설문해자》는 문자의 형(形)·음(音)·의(義) 전반에 걸쳐 고찰한 최초의 문자학 저술이다. 《설문해자》 연구는 경서 연구를 위한 보조적인 것에 그치지 않고 독립된 학문으로서 소학의 연구로 전개되어 설문학의 최고봉이라고 일컬어지는 단옥재(段玉裁)의 《설문해자주(說文解字注)》를 비롯해 왕균(王筠)의 《설문해자구두(說文解字句讀)》, 주준성(朱駿聲)의 《설문해자통훈정성(說文解字通訓定聲)》 등 거질(巨帙)이면서 또한 탁월한 업적이 차례차례 출현하였다. 고증학자의 한사람인 왕명성(王鳴盛)은 진전(陳鱣)의 저서 《설문해자정의(說文解字正義)》에 붙인 서문에서 "문자는 허씨(許氏)를 종(宗)으로 삼아야 할 것이다. 그렇게 하여 반드시 먼저 문자를 궁구하고 그런 뒤에 훈고(訓詁)에 통한다. 그러므로 《설문해자》는 천하 제1종의 책이다. 천하의 책을 아무리 두루 읽는다고 하여도 《설문해자》를 읽지 않으면 여전히 아무것도 읽지 않음과 같다. 《설문해자》에 통하기만 하면 다른 책들을 아직 읽지 않았어도 통유(通儒)가 아니라고 말할 수 없다."라고 말하였다. 《설문해자》에 대하여 절대적이라 할 정도의 권위를 부여하였던 것이다.

5 《만엽집(萬葉集)》 제3권에 수록된 사카노우에노 이라즈메(坂上郞女, さかのうえのいら

つめ)의 노래에 '久堅之 天原從 生來 神之命 奧山乃 賢木之枝爾 白香付 木綿 取付而 齊戶乎 忌穿居……'라고 하였다. 읽기는 'ひさかたの天の原より生(あ)れ 來(きた)る, 神の命, 奧山の賢木(さかき)の枝に, しらか付け, 木綿(ゆふ)取り付 けて, 齋瓮(いはひへ)を, 齋(いは)ひ掘り据(す)ゑ……'로 '하늘의 벌판에서부터 강 림하시는 신령님에게 산의 신나무(榊, さかき) 가지에 시라카(白香)와 유후(木綿)를 매 달아서 병(甁)을 바쳐……'라는 뜻이다. 천평(天平) 겨울 1월에 오토모씨(大伴氏)의 신(神)을 받들 때 음영한 노래라고 한다.

[6] 고대의 신권정치(神權政治)는 신의 뜻을 들음으로써 국사를 결정하였다. 사람이 유 죄인지 무죄인지를 결정할 때 신의 의지에 의해 재판하는 방법을 신판(神判)이라고 한다. 고대부터 중세에 이르기까지 중국이나 일본, 인도, 유럽 등 거의 전세계에 널 리 행해졌다. 인도의 고대 법전인 《마누 법전》이나 《나라다 법전》에 의하면 신판에 는 불 신판, 쌀 신판, 저울 신판, 독 신판, 신수(神水) 신판, 물 신판, 작수(嚼水) 신판, 비유(沸油) 신판, 뽑기(籤) 신판, 독사 신판 등이 있었다. 또 페르시아의 철화(鐵火) 신 판, 베트남의 악어 신판, 작미(嚼米) 신판, 캄보디아의 물 신판, 비유(沸油) 신판, 작미 (嚼米) 신판, 말라이의 물 신판, 비유(沸油) 신판, 결투 신판이나 인도의 신판의 예가 있다. 중국에서도 선진(先秦) 시대에 양(羊) 신판, 청나라 때 뱀 신판, 비유(沸油) 신 판, 배복(杯卜) 신판 등이 있었다고 전한다.

[7] 《일본영이기(日本靈異記)》는 9세기에 씌인 일본에서 가장 오래된 불교 설화집이다. 불교 설화뿐만 아니라 민간 설화도 많이 수록되어 있다.

[8] 《고어습유(古語拾遺)》는 일본 대동(大同) 2년인 8년경에 인노베씨(齋部氏)의 장로(長 老) 인노베히로나리(齋部廣成)가 신대(神代) 이래의 역사와 자기 씨족과의 관계를 정 리한 책이다. 1권뿐이지만 처음에는 별권(別卷)으로 전제축사(殿祭祝詞)와 제궁문축 사(祭宮門祝詞)를 포함하고 있었던 듯하다. 지금 이 축사(祝詞)들은 《연희식(延喜式)》 에 수록되어 있다. 인노베씨는 본래 중신씨(中臣氏)와 함께 조정의 갖가지 제사에 크 게 간여해왔으나 헤이안(平安) 초기에는 후지와라씨(藤原氏)의 동족인 중신씨(中臣氏) 가 인노베를 비롯한 다른 씨족을 억누르고 우위에 있었으므로 인노베히로나리는 이 책에서 씨족의 입장을 주장하며 그 차별적 처우에 대해 울분의 마음을 서술하였다. 이 책은 평성천황(平城天皇)의 소문(召問)에 답하여 인노베씨 가계에 전하는 옛 설을 기록한다는 체제를 취하였다. 천지개벽(天地開闢) 이래의 서술은 기기(記紀)와 비교 할 때 흥미로운 내용을 포함하고 있다. 또 권말(卷末)에는 인노베씨의 입장에서 보면 부당하다고 보는 조항을 11조에 걸쳐서 논하였다. 책 이름 《고어습유》는 본래 붙어 있었던 것인지 어떤지 알 수가 없다. 저자인 인노베히로나리의 약력도 알 수가 없다.

[9] 오토모노야카모치(大伴家持)가 아내인 오토모노사카노우에노 오이라즈메(大伴坂上 大孃, おおとものさかのうえのおおいらつめ)에게 준 노래 2수 가운데 하나다. 사사키 노

부쓰나(佐佐木信綱) 編,《신정신훈만엽집(新訂新訓万葉集)》(岩波書店, 1927년 1쇄, 1954년 개판)에서는 '都路を遠みや妹がこのころは祈誓(うけひ)て宿れど夢(いめ)に見えこぬ'로 표기하였다.

[10] '五月蠅(오월승)'은 'さばえ'라고 읽으며, 파리가 아니라 꿀벌이다.《일본서기(日本書紀)》의 스이코(推古) 35년(627) 조항에 '五月蠅이 모여 십장(十丈)이나 겹쳤다'라고 하였는데, 이때의 '五月蠅'은 꿀벌이다. 붕붕 무리를 이루어 나는 꿀벌을 파리의 무리라고 표현한 것이라고 본다.

[11]《논어》〈향당(鄕黨)〉편에 '조정에서 군주 앞에 나가기 전에 하위의 대부들과 말할 때는 강직하게 말씀하시고 상위의 대부들과 말할 때는 화평하게 시비를 따졌다. 군주가 조정에 나오면 공경의 뜻을 표하고 위의를 적절히 차렸다〔朝與下大夫言, 侃侃如也. 與上大夫言, 誾誾如也. 君在, 踧踖如也, 與與如也〕'라는 말이 있다. 고주(古注)는 '간간여(侃侃如)'를 화평한 모습이라고 보고 '은은여(誾誾如)'를 중정(中正)의 모습이라고 하였으나, 주희(朱熹) 즉 주자는 '간간여'를 강직한 모습이라 보고 '은은여'를 '화열(和悅)하여 시비를 다투는 모습'이라고 하였다. 여기서 '은은여'는 비록 의태어로서 그와 같이 사용되지만, 본래의 자형으로 볼 때 誾(은)은 問(문)과 같은 구조라는 것이다.

[12] 양암불언(諒闇不言):《논어》〈헌문(憲問)〉편에 '고종이 양음에 처하여 3년 동안 말을 하지 않았다〔高宗諒陰, 三年不言〕'라고 하였다.《예기(禮記)》〈상복사제(喪服四制)〉에 '서경에 말하길 고종이 양암하여 3년 동안 말을 하지 않았다고 하였다〔書曰, 高宗諒闇, 三年不言〕'라고 하였다. 곧 '양음(諒陰)'은 '양암(諒闇)'으로도 표기한다. 천자가 상중에 있을 때의 집을 가리킨다고도 하고 상중에 있을 때 신묵(信默)하여 말을 하지 않는다는 뜻이라고도 한다.

[13] 일본은 한자와 그들 고유의 '가나'를 혼용해오다가 1800년대 후반 이래로 개화 정책을 실시하면서 1902년에 표음문자 전용을 국책으로 정하고 국어심의위원회(國語審議委員會)를 설치해 한자를 완전히 배제하고 로마자 혹은 가나를 전용할 경우에 발생할 수 있는 문제를 연구해서 대책을 세웠다. 하지만 식자들의 비판 때문에 로마자화는 철회하고, 가나를 전용하되 과도 조치로 제한된 수의 한자를 혼용한다는 안을 내놓았다. 그러다가 패전 3개월 후인 1945년 11월에 다모시나 고이치(保科孝一)와 마쓰사카 다다노리(松坂忠則)가 주축이 된 국어심의회(國語審議會)가 한자 추방 운동에 나섰다. 일년 뒤인 1946년 11월에 일본 정부는 내각훈령(內閣訓令) 및 고시(告示)로 가나 전용안을 공포하였다. 이때 국어심의회의 문서에 첨부된 것이 이른바 '당용한자표(當用漢字表)'이다. 이 표는 가나를 전용할 때까지 당분간 사용할 한자로 1,850자를 제시했다. 그 뒤 인명 한자를 보태는 등 변동이 있었다. 하지만 일본에서는 오늘날까지 이 당용한자표가 한자 사용의 기준이 되고 있다.

14 가쿠레미노(隱れ蓑)는 그것을 들쓰면 몸을 숨길 수 있다고 하는 도롱이다. 거기서부터 진상을 숨기는 수단이란 뜻으로 쓰이게 되었다.

15 《만엽집(萬葉集)》제3권에 수록되어 있다. 작자는 사카노우에노 이라즈메(坂上郎女, さかのうえのいらつめ)이다. 이 II장의 주6에 나왔다.

16 매고(埋蠱)는 사람을 저주하는 부적 따위를 다른 집의 땅에 묻어 뒷날 그것을 파내어 그 집을 원죄(冤罪)에 빠뜨리는 것을 말한다. 《유양잡조(酉陽雜俎)》〈패편(貝編)〉에 나온다.

17 '階'는 보통 '저'로 읽고 '삼각주'라고 풀이한다. 하지만 이 글자는 堵(도)와 같은 자다.

18 〈구가(九歌)〉는 《초사(楚辭)》의 일부다. 《초사》는 중국 전국시대 초(楚)나라의 굴원(屈原), 송옥(宋玉) 등에 의해 시작된 운문으로 남방 문학을 대표한다. 천지의 구조와 역사에 대한 의문을 제시한 〈천문(天問)〉, 산천의 신들에 대한 제사의 노래인 〈구가(九歌)〉, 몸에서 벗어난 영혼을 불러들이는 〈초혼(招魂)〉 등 종교의례를 반영한 작품들이 생겨났다. 그 기반 위에서, 지상(地上)에 들어오지 못하고 천상이나 신화적인 이역(異域)을 떠도는 주인공의 자서(自敍)를 다룬 〈이소〉가 완성되었다. 〈구가〉는 《초사》 가운데에서 가장 오래되고 어려운 가사로, 동황태일(東皇太一), 운중군(雲中君), 상군(湘君), 상부인(湘夫人), 대사명(大司命), 소사명(少司命), 동군(東君), 하백(河伯), 산귀(山鬼), 국상(國殤), 예혼(禮魂) 등 11편으로 되어 있다.

19 《회남자(淮南子)》는 전한(前漢)의 회남왕 유안(劉安)이 편찬한 책이다. 경제(景帝) 말년 여러 방술가(方術家)들과 함께 만들었다. 원래 내서(內書) 21편, 외서 33편이었으나 지금은 내서 21편만 전한다. 《여씨춘추(呂氏春秋)》의 형식을 따르고 도가(道家) 사상, 법가(法家) 학설, 유가(儒家) 학설을 도입해서 도가 사상으로 체계화시켰다. 후세에 이르러 《도장(道藏)》에도 수록되었다. 주요 주석서로 한나라 고유(高誘)의 《회남홍렬해(淮南鴻烈解)》, 청나라 유태공(劉台拱)의 《회남교보(淮南校補)》 등이 있다.

20 천아(天阿)는 보통 하늘의 성좌(星座) 가운데 하나라고 풀이한다.

21 〈인덕기(仁德記)〉는 《고사기(古事記)》 가운데 성제(聖帝)로서 이름 높은 인덕천황(仁德天皇)의 사적을 적은 부분이다. 《일본서기(日本書紀)》의 〈인덕기(仁德紀)〉에 대응한다. 황후(皇后)인 이와노히메(イハノヒメ)의 질투 이야기가 들어 있다. 천황은 그 아우 하야부사와케노오(速總別王)를 중매로 삼아 서매(庶妹) 메도리노오(女鳥王)를 천침하게 하였으나 메도리노오는 황후의 질투를 두려워해서 하야부사와케노오와 결혼했다. 천황이 군사를 일으켜 그 둘을 죽이려 하자 두 사람은 함께 도망하여 구라하시 야마(倉椅山)에 올랐다. 거기서 하야부사와케노오가 이 노래를 불렀다고 하며 또 다른 노래도 더 부른 것으로 되어 있다. 이 산은 지금의 나라현(奈良縣) 사쿠

라이시(櫻井市)에 있는 오토와산(音羽山)을 말한다. 야마토(大和) 평야의 동북쪽에 높이 솟아 있다. 하야부사와케노오와 메도리노오는 다시 우다(宇陀)의 소코(蘇邇)에 이르러 천황의 군대에게 살해당한다.

[22] '하시다테노'는 노래의 앞에 관용적으로 붙는 마구라고토바(枕詞)라고 보는 설도 있다.

[23] 우타가키(歌垣)란 상고시대에 남녀가 모여서 서로 노래를 부르고 춤을 추며 놀던 행사다. 일종의 구혼 방식이기도 하였다.

[24] 시타테루히메(下照比賣)의 노래 가운데 일부다. 시타테루히메는 아메와카히코(天若日子, あめわかひこ)의 아내다. 아메와카히코가 고황산령신(高皇産靈神)에게 죽임을 당하자 그 아내 시타테루히메의 울음 소리가 바람을 타고 하늘에 이르렀다. 그 소식을 듣고 아메와카히코의 아버지와 가족들이 하늘에서 내려와 장례식을 거행하였다. 그때 친구이자 시타테루히메의 오빠였던 아지시키타카히코네(阿遲志貴高日子根, あぢしきたかひこね) 신도 하늘에서 내려왔는데, 용모가 아메와카히코와 비슷하였으므로 망자의 가족들이 그 신을 줄로 묶었다. 아지시키타카히코네는 그것을 불길하다고 여겨 화를 내고는 칼을 빼어 상옥(喪屋)을 베어 엎고 발로 짓밟고는 하늘로 돌아갔다. 이때 시타테루히메가 오빠의 '이름을 드러내려고 생각하여' 이 노래를 불렀다고 한다. 노래 전체는 이러하다. "天(あめ)なるや 弟棚機(おとたなばた)の うながせる 玉の御統(みすまる) 御統に あな玉(だま)はや み谷 二(ふた)わたらす 阿遲志貴高日子根(あぢしきたかひこね)の神ぞ" 그 뜻은 다음과 같다. "하늘에 있구나 직녀가. 옥의 머리 장식을 하고서. 그 머리 장식의 구멍이 뚫린 옥처럼 빛나고 있구나. 하지만 그렇지 않구나. 골짜기 둘을 빛내면서 건너오시는 아지시키타카히코네 신이로구나!"

고대의 종교

21 바람風과 구름雲
22 새 형태의 신령
23 뱀 형태의 신
24 탄핵彈劾에 대하여
25 때리는 행위
26 족맹族盟의 방법
27 도로의 주술
28 군사軍社의 예법
29 강화講和에 대하여
30 농경의례

21

바람風과 구름雲

문자가 성립된 초기에는 아직 신화적 세계관이 사람들을 지배하고 있었다. 신화적 세계관은 사회 질서를 반영한다. 신화적으로 조직된 자연계의 모습은 그 자체가 바로 왕조의 지배 질서를 반영하기도 했다.

갑골 복사에 의하면 사방(四方)에는 각각 그 구역을 관할하는 방신(方神)이 있었다. 방신은 자기 구역을 다스리기 위해서 바람 따라 나는 새 모양의 신을 거느렸다. 이것은 아마도 지상에 북어사위(北御史衛)라든가 서사소(西史召)[1]라든가 하는 말이 있듯이, 사방에 성직자인 사관(史官)을 두어 왕조의 제사를 대행하게 하였던 지배 질서와 대응하는 것인 듯하다. 새 모양의 신은 풍신(風神)이다. 風(바람 풍)은 새 모양의 신이 방신(方神)의 사자(使者)로서 바람을 타고 왕래하는 날갯짓을 형상화한 것이다. 무릇 자연계에는 그저 현상일 뿐인 것은 존재하지 않았다. 현상은 어떤 실체가 드러나는 것이라고 보아야 한다.

허공을 흘러 떠도는 구름(雲)에도 정령이 있었다. 그것은 용(龍) 모습을 하였다. 雲(구름 운)의 처음 글자는 云(운)인데 云의 자형은 구름

용을 부리는 자
한나라 때 그림벽돌. 중화민국 초기에 나진옥(羅振玉)이 엮은 《고명기도록(古明器圖錄)》 권2에 수록되어 있다. 머리에 쓰고 있는 관(冠)은 마왕퇴(馬王堆) 제1호묘의 흑지채회관개판(黑地彩繪棺蓋板)에서 신령의 승천 세계에 거처하는 신선이 쓴 것과 같다. 《좌전》에서 말하는 환룡씨(豢龍氏)의 모습을 그린 듯하다.

    기운이 감도는 아래에 용이 꼬리를 말고 있는 형태를 나타낸다. 용이 구름 위에 산다고 하는 관념은 어디에서 생겨났는지 알 수가 없다. 어쨌든 정령이 정령답기 위해서는 실체가 없어서는 안 되었다.
    이렇게 현상의 내면에서 실체를 보는 고대인의 사유는 더 나아가 관념의 세계로도 연장되었다. 갑골 복사에서는 열흘을 旬(열흘 순)이라고 하고 旬 끝의 癸(계)의 날에 다음 열흘 간의 길흉을 점복하였다. 이것을 복순(卜旬)이라고 한다. 복순은 은나라 안양(安陽) 시기 내내 행해졌다. 다만 길흉을 점복하는 일은 오히려 부차적이었다. 그러한 의식을 통해서 왕은 재액을 떨어버리고 새 기간 동안의 지배를 시작할 수 있었다. 곧 이렇게 점복 의식을 함으로써 그 다음 열흘 동안을 정화해서 그 기간을 다시 왕의 지배 아래에 두었던 것이다.
    旬(순)도 또한 구름〔雲〕과 마찬가지로 글자 아랫부분에 꼬리를 말고 있는 용의 형상이 있다. 금문의 자형에서는 그 속에 해〔日〕의 모습을 첨가한 것도 있다. 용은 해를 지키는 천상의 신령한 짐승이라고 간주되었다. 그렇지만 실은 旬(순)이란 십일(十日)을 가리키는 말이다. 그것은 시간에 지나지 않는다. 하지만 그것을 추상물이라고 생각하는 것은 뒷날의 사유 방법이다. 고대인에게 시간과 공간은 늘 생명이 충만한 실체였다. 제사와 주술은 모두 그것을 전제로 성립했다. 시간은 어떤 신령한 짐승이 호위하는 실재의 것이었다.

갑골 복사나 금문에는 龍(용 용), 龔(공손할 공), 龕(감실 감) 따위의 글자가 나온다. 아마도 용을 부리는 일을 직책으로 하는 부족이었을 것이다. 《좌전(左傳)》에는 용을 길러서〔豢〕 주술로 부리는 환룡씨(豢龍氏)의 이야기가 나온다. 龍(용)이란 글자의 자형은 辛(신) 모양의 관(冠)을 머리에 쓴 형태다. 辛모양의 관은 앞서의 風(풍)에도, 또 도상(圖象)처럼 기록한 虎(범 호)에도 더해져 있었다. 이것이 뒷날의 청룡(靑龍), 주봉(朱鳳), 백호(白虎) 현무(玄武)를 일컫는 4령(四靈)의 관념으로 발전하였으리라 추측할 수 있다. 4령의 관념이 이 신령한 짐승의 관념에서 기원한다는 사실은 의심할 여지가 없을 듯하다.

22 새 형태의 정령

신화적인 세계관에서 볼 때 새나 짐승은 모두 정령이거나 정령의 화신이다. 새가 나는 모습이나 짐승이 멈춰 있는 모습에도 무언가 계시적인 의미가 포함되어 있었다. 갑골문과 금문을 통틀어 口(구)라고 생각되는 자형이 들어 있는 것은 다만 鳴(울 명)과 唯(오직 유)의 두 글자뿐이다. 그렇다고 해도 그 글자들이 새 울음 소리를 가리키는 것인지 아닌지는 분명하지 않다. 고대에는 鳥(새 조)를 새 형태의 정령으로 여기는 사고방식이 아주 일반적이었기 때문이다. 문자는 현상을 현상 그대로 베껴내는 것이 아니라 현상이 제시하는 의미를 형상화함으로써 성립하였다.

唯(유)는 고대에 여러 가지 많은 형태로 쓰였다. 금문에서는 隹(새 추)의 형태로 사용하였다. 더구나 문장 처음에 '隹元年(유원년)'처럼 쓰이는 것 이외에도 동사의 '있다', 병렬의 '~과'로도 사용하였다. 그리고 '公唯壽(공유수 : 공의 수명)'처럼 소유격을 표시하는 조사로도 사용하고 또 '隹小子(유소자 : 소자라고 하여도)'처럼 雖(수 : ~라고 하여도)의 뜻으로 사용하였다. 그래서 본의를 파악하기 어렵다. 하지만 자형으로 본다면 雖(비록, 벌레 이름 수)라는 글자는 唯의 본의를 푸는 단서가 될 수 있다. 자서를 보면 雖는 도마뱀(蜥蜴, 석척)과 비슷한 커다란 곤충이라고 한다. 하지만 그 글자를 그러한 뜻으로 사용한 예는 없다. 日의 아래에 있는 虫(벌레 충)은 기도할 때의 정령으로 사용한 것이라고 생각된다. '雖는 여탈(與奪 : 주고 뺏음)의 辭(사)이다'라고 일컫듯이 자연의 상태를 바꾸려는 의례를 나타내는 글자일 것이다.

隹(추)는 신의 의사를 전하는 사자다. 進(나아갈 진)이 鳥(조)의 상태

로 앞길을 인도하는 뜻이라고 추측되는 사실과 관련이 있다. 그렇다고 한다면 唯(유), 雖(수), 進(진)은 이른바 조점(鳥占 : 새점)을 표시하는 글자일 것이다.

응답(應答)이라고 할 때의 應(응할 응)은 옛날에는 雁이라고 적었다. 그 글자의 자형에는 여전히 분명치 않은 점이 있지만 그것이 신의 뜻을 묻는 인간의 행위에 대하여 신이 응답하는 뜻을 표시하는 자형임에는 틀림없다. 鳥는 여기서도 신의 사자다. 혹은 조상 신령의 화신일지 모른다.

奪(빼앗을 탈)은 손에 지닌 새〔隹〕를 잃어버린다는 뜻이라고 간주되어왔다. 하지만 새를 손에 지니는 일은 일상생활에 없는 일이다. 금문의 자형에 의하면 옷〔衣〕 속에 隹가 그려져 있다. 이 衣(의)는 아마도 졸의(卒衣), 즉 죽은 이에게 입히는 흰 수의[2]와 같은 부류일 것이다. 哀(슬플 애), 衰(최복 최), 睘(환), 襄(도울 양), 褱(품을 회) 등 사람이 죽었을 때 행하는 상례는 모두 그 옷깃에 주술도구를 첨가한 자형이다. 그렇다면 옷깃에서 새〔隹〕가 탈거(奪去)한다는 것은 그 정령이 새 형태로 되어 육체를 벗어나 날아오르는 것을 표시하는 글자일 수밖에 없다. 그 상태를 脫(벗어날 탈)이라고 한다. 兌(기뻐할 태)는 본래 엑스터시의 상태를 가리키는 글자이니, 奪(빼앗을 탈)과는 발음이나 의미에서 서로 통한다.

새〔鳥〕가 되어 탈거(奪去)한 조상 신령은 일정한 계절이면 고향의 물가로 돌아온다. 무리를 이뤄 시기와 장소를 바꾸지 않고 되돌아오는

III 고대의 종교 | 91

철새들을 고대인들은 조상 신령의 화신이라고 믿었던 것이리라. 거기에 사당을 세우고 물길을 둘러서 성스러운 장소로 삼았다. 그 사당이 명당(明堂)이요 영대(靈臺)이다. 성스러운 곳은 벽옹(璧雝)이라 불렀다. 둥근 옥(玉)인 벽(璧)의 모양으로 주위에 물을 두르고 사당을 지어서 새[隹]가 춤추는 곳이 雝(옹)이다. 《시경》 대아(大雅)의 〈영대(靈臺)〉편[3]을 보면 雝(옹)에는 신령한 사슴이 뛰놀고 흰 새가 날아다녔다. 일본의 《만엽집(萬葉集)》에서 '풀어놓은 새'[4]라 한 것이 그것에 해당한다.

23

뱀 형태의 신

雖(수)의 자형 속에 들어 있는 虫(충)은 새점[鳥占]이다. 신의 뜻을 묻는 의식에서 虫(충) 형태의 정령을 사용하였음을 나타낸다. 虫(충)에는 정령을 지닌 것이 많다. 미고(媚蠱)라는 주술에서는 병 속에 크고 작은 벌레 100마리를 넣어두어 그 가운데 맨 마지막까지 살아남은 것을 사용하였다. 그것이 가장 뛰어난 주술 능력을 지닌다고 여겼기 때문이다.

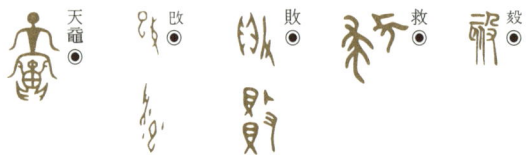

도상표지 가운데 虫형태는 그러한 주술을 전하는 부족의 것이라고 생각된다. 《좌전》에 나오는 환룡씨(豢龍氏)도 그러한 토템 족의 후손일

것이다. 흔히 천원(天黿)이라 부르는 도상도 사람[人] 아래에 거북[龜] 형태의 파충류를 더한 모양이다. 그것도 토템 족이었을 것이다.

뱀[蛇, 사] 형태의 虫(충)을 제사지내는 것이 祀(제사 사)이다. 일본에서 야도(夜刀)⁵⁾의 신이라 부르는 것이다. 야도는 일본어의 '야치' 곧 습지(濕地)를 말한다. 그 방언은 아이치(愛知)현과 시즈오카(靜岡)현 동쪽에 분포하므로 본래는 동북 이민족의 신앙이 아니었나 한다. 중국에서는 남방에 그 습속이 성하였을 것이다. 곧, 虫을 사육해 저주를 행하는 미고(媚蠱)의 풍속은 묘족(苗族) 사이에서 성행했다고 한다. 하지만 미고의 풍속은 은나라 때부터 있었다. 갑골 복사에 그 말이 나온다. 풍고(風蠱)와 매고(埋蠱)도 당시 널리 알려져 있었다. 그 사실은 은나라 왕의 능묘에 복예(伏瘞 : 자신을 제사지낸 제물을 묻는 의식)가 이루어진 사실에서도 추측할 수 있다.

改(고칠 개)라는 것은 새롭게 하는 일이며 다시 태어나는 일이다. 그 글자의 어근은 '있다'라는 뜻의 '生'과 관계가 있을지 모른다. 改라는 것은 죽음으로써 살아나는 일이다. 그 글자는 본래 뱀[蛇] 형태의 정령을 때리는 형태이므로, 글자로서는 攺⁶⁾라고 적는 것이 옳다. 그것을 改란 형태로 바꾼 것은 己(기)가 그 글자의 음과 가까운 데다가 그 글자를 형성자로 파악하였기 때문일 것이다.

하지만 글자의 방(旁)에 攴(칠, 때릴 복)이 붙는 글자들은 무언가를 때리는 이미지를 표시하므로 본래 회의자이어야 한다. 敗(깨뜨릴 패)는 貝(조개 패)를 때려서 그 주술 능력을 해치는 일이었다. 敘(차례 서)는 余(여)를 때려서 그 주술 능력을 강화시키는 일이었을 것이다. 寇(도둑 구)는 사당 안에서 포로의 머리를 때려서 적을 저주하는 일이다. 救(구)는 짐승 가죽인 裘(가죽옷 구)가 붙어 있는 짐승을 때려서 저주를 떨어내리고 하였던 주술이다. 이 글자들은 주술 능력이 있는 것을 때려서 그 주술 능력을 이용하려는 공감 주술(共感呪術)을 나타내는 자형들이다.

蛇(사) 형태의 정령을 때리는 일을 攺라고 한 것은 뱀의 탈피(脫皮)에서 그것과 흡사한 탈피의 의미를 인정했기 때문인지 모른다. 이 원생동물인 파충류가 지닌 오싹한 느낌은 그것만으로도 주술 능력을 충분히 연상케 하는데다가 그 기이한 생태가 더욱 신비감을 더하게 한다.

그리고 털이 부숭부숭한 짐승들도 무시무시한 주술 능력이 있는 것처럼 느끼게 했을 것이다. 殺攺(해개)라는 것은 사악한 기운을 떨어버리는 부적인데 殺(해)란 바로 털 많은 짐승을 때리는 의례였다.

24
탄핵彈劾에 대하여

탄핵(彈劾)의 劾은 殺라고 적어야 할 글자다. 탄핵도 본래 殺攺(해개)와 같은 의미의 주술 행위였기 때문이다. 탄핵이란 사악한 기운을 떨어버리는 일이다. 彈(칠, 털 탄)은 弓(활 궁)을 사용하고 劾(핵)은 정령이 깃든 짐승을 사용했다. 사악한 기운을 떨어버리기 위해 활시위〔弓弦〕를 잡아당겨서 울리는 명현(鳴弦)의례가 곧 彈(탄)이다. 중요한 의례를 행할 때 식장을 정화하기 위해 명현의례를 행하였다. 또, 한밤에 사악한 기운을 떨어버리기 위해 활의 고자(弓弭, 궁미)를 울린다든가 하였다. 활을 신사(神事)에 이용해 활쏘기라든가 기사(騎射 : 말을 달리면서 활쏘기)[7]를 행한 기원은 아주 오래되었다. 활쏘기는 이미 서주 중기의 금문에 나타난다. 활쏘기를 좌우 두 반으로 나누어 행한 것은 맹세나 점복(占卜)의 의미에서였을 듯하다.

殺(해)는 악령을 몰아내고 제거하기 위해 행하는 공감 주술이다. 정령을 지닌 동물은 사람을 저주하는 데 사용했다. 저주받은 자는 꼭 같은 동물에게 같은 식의 저주 방법을 가함으로써 저주를 물리치고 저주로부터 벗어날 수 있었다. 祟(수)란 빌미를 제공하는 동물 정령이다. 그 동물 정령의 주술 능력에 의해 나에게 가해진 저주는 그 동물을 구타함으로써 벗어날 수 있었다. 그것을 殺(죽일 살)이라고 한다. 그 저주를 감쇄(減殺)하여 피해를 약하게 한 것이다.

같은 방법으로 사람을 사용하는 일도 있었다. 사람의 시체를 걸쳐 둔 형태가 方(방)이고, 그 시체를 구타하는 것을 放(놓을 방)이라고 하였다. 방축(放逐)한다는 말의 放이다. 백골로 변한 뼈다귀를 구타하는 일도 있었다. 그것이 敎(교)이고 殻(두드릴 각)이다. 사람의 둔부(臀部)를 구타하는 것을 殿(큰 집 전)이라고 한다. 둔부를 때리는 일은 민속으로서 널리 행하였다. 일본의 둔부 때리기 축제[8]는 아예 행사로 굳어졌다.

해(殺)에 사용하는 동물은 자형으로 보면 亥(해), 즉 猪(저)이지만 아마도 털북숭이 짐승이었을 것이다. 정령을 지닌 그 짐승은 豕(시) 위에 辛(신) 형태의 모자 장식을 가하는 일도 있었으니, 그것을 구타한다는 뜻의 글자가 毅(의)다. 해(殺)와 毅(의)는 발음과 의미 면에서 서로 관계가 있다고 본다. 劇(극)이나 거(遽) 글자에 들어 있는 豦(거) 같은 것인지 모른다. 그렇다면 그것은 虎(호)와 머리 모양이 비슷한 짐승이었을 것이다. 어쨌든 虎와는 두음(頭音)이 비슷한 말이었다고 생각한다.

殺攺(해개)는 또한 강묘(剛卯)라고도 부르는 부적이다. 한나라 때에는 흉악하고 사악한 기운을 떨쳐버리는 부적으로 정월의 묘(卯)일에 복숭아나무로 길이 3촌, 폭 5푼의 사각형 판을 만들고 거기에 4언구의 주문을 기록해 그것을 허리춤에 끈으로 묶어 늘어뜨렸다. 도가(道家)에서는 해귀부(殺鬼符)라고 하여 사악한 귀신을 제거하는 데 사용하였다. 일본에 묘장(卯杖, 우즈에)[9]이나 묘퇴(卯槌, 우즈치)[10]의 습속이 있는 것도 그 근원을 탐색하면 이 강묘에서 나온 것이며 더 소급하면 殺攺(해개)에서 나온 것이다. 攺(개)의 갑골문은 虫을 구타해 피가 뚝뚝 떨어지게 만드는 험악한 모습이다. 그것은 애니미즘 시대의 주술이었다.

국회의사당의 단상에서 정치가나 관리의 불법 혹은 오직을 고발하는 것을 彈劾(탄핵)이라고 한다. 옳게는 彈殺(탄해)라고 해야 한다. 이 두 글자는 모두 사악한 귀신을 쫓는 방법이다. 말의 본래 의미로 보아 그 용어는 아주 적절하다고 하겠다.

25
때리는 행위

때릴 毆(구)의 행위는 정령에게 영향을 끼치는 가장 유효한 수단이었던 듯하다. 그것은 공격에도 방어에도 모두 사용되었다. 때림으로써 주술 능력이 자극되고 고무되었다. 그중에서도 사람을 때리는 행위가 가장 혹독했다. 임신한 사람을 때린다는 뜻의 殷(성할 은)은 '주은(朱殷)'이라는 숙어로 사용했다. 주은이란 붉은 피로 범벅된 것을 말한다.

단, 그렇게 임신한 사람을 때리는 행위의 주술적 목적이 무엇이었는지는 확실하지 않다. 고대 왕조인 상(商)나라를 은(殷)이라고도 하는 것은 그들을 멸시하여 부른 칭호였다고 생각된다.

微(작을 미)란 긴 머리칼을 지닌 사람을 길에서 때리는 모습이다. 긴 머리칼을 지닌 사람은 아마도 미녀(媚女 : 무녀)일 것이다. 저주를 행하는 미녀를 구타함으로써 그 힘을 미약(微弱)하게 하고 무효로 만들고자 한 것이다. 殺(살)이나 蔑(멸)과 통하는 면이 있다. 微(미)도 殺(살)이나 蔑(멸)과 마찬가지로 '없다'라고 풀이한다. 徵(부를 징)도 또한 같은 이미지의 글자다. 이 徵(징)은 적극적으로 요구를 실현하려 하는 일, 즉 징구(徵求)의 뜻이며 또 징벌(懲罰)을 의미하기도 한다. 微(미)와 徵(징)의 글자에 들어 있는 山 모습은 긴 머리칼의 형상이다.

그러한 구타에도 굴하지 않는 것을 敖(놀 오), 傲(거만할 오)라고 한다. 긴 머리칼을 지닌 사람은 때로는 장로(長老)이기도 하고 또 무축(巫祝)이기도 하였다. 傲(오)는 아마도 장로였을 것이다. 장로인 사람이 서로 말로 다투는 것을 嗷(시끄러울 오)라고 한다. 오유(嗷遊)라고 하면 본래 적을 업신여겨 시위 행동을 하는 것을 말한다.

제사(祭祀)를 할 때 일 거드는 부인은 머리를 묶어 위로 올리고 동곳이나 비녀를 꽂았다. 妻(아내 처), 毒(독 독), 齊(가지런할 제) 등의 글자는 모두 머리에 비녀 장식을 더한 형태다. 머리를 몇 겹이나 묶어올린 형태가 婁(거듭 루)이다. 그렇게 머리를 묶어올린 부인을 때리는 일도 주술 행위였던 듯하다. 數(셀 수)는 그렇게 구타당해 부인의 머리칼이 가닥가닥 흩어진 모습을 가리키는 글자인데, 또한 책구(責求 : 꾸짖어 요구함)의 뜻으로도 사용한다. 부인을 때리는 형태인 것을 보면 '꾸짖는다' 가 이 글자의 원래 뜻이었음을 알 수 있다.

주술 효과를 얻으려고 때리는 일은 짐승이나 사람에게만 행한 것이 아니었다. 신에게도 위력을 행사하는 경우가 있었다. 앞서 말했듯이 ㅂ 는 신에 대한 기도를 표시하는 축문 그릇이다. 그런데 신에 대한 기도를 실현하려고 축문 그릇을 나뭇가지로 때리기도 하였다. 즉 채찍을 가하는 일과 마찬가지였다. 그 글자가 可(옳을 가)이다. 가(呵 : 위협)하여 신의 허가(許可)를 요구함으로써 기도했던 일들이 실현되게 만들었다. 그 외쳐대는 소리가 呵(꾸짖을 가)인데 그것이 訶(꾸짖을 가)로 되고 歌(노래 가)로 변했다. 억양을 붙이고 리듬을 맞추자 축문을 외듯 저절로 성조(聲調)를 이루었던 것이리라.

기도는 대개 감추어진[匸, 닉] 장소에서 비밀스럽게 행했다. 區(구)란 많은 ㅂ들을 감춰둔 특정한 장소다. 거기서 可와 마찬가지로 그 많은 축문들에 대해 주술 능력을 꾸짖는 가책(呵責) 행위를 했다. 그것이 毆(때릴 구)다. 그리고 그때 주문을 외는 것을 謳(노래할 구)라고 하였다. 구가(謳歌)란 본래 태평 세월을 노래하는 평화롭기 짝이 없는 노래가 아니었다. 신에게 기도의 실현을 요구하며 꾸짖어대는 분노의 소리였다. 그렇기에 歌(가)의 어원을 '호소한다[訴]' 라는 뜻으로 보는 설도 있다. 歌(가)와 謳(구)는 바로 그 어원에 부합하는 글자들이다.

病(병)의 경우도 무병처럼 원인을 알 수 없는 것은 주술로 떨어버릴 수밖에 없었다. 醫(의원 의)의 가장 오래된 자형은 医(의원 의)이다. 이것은 區(지경 구)처럼 은닉된 장소에다가 주술도구인 화살을 두고 그 주술 능력으로 사악한 기운을 떨어버린다는 이미지를 지녔다. 또 주술 능력을 자극하기 위해서 그 화살을 때리기도 하였다. 그것이 殹(예)이다. 殹는 신음하듯 기분 나쁜 소리를 말한다고 풀이되지만, 실은 기도할 때 웅얼거리는 소리라고 보아야 한다. 의술(醫術)은 당시 주술사나 무의(巫醫)가 맡아 했으므로 殹의 아래에 巫(무)를 붙여서 毉(의원 의)로 하였다. 뒷날 술을 백약의 으뜸이라고 여기게 되어 아래 글자를 주(酒 : 술)로 바꿔 醫(의)라는 글자가 나왔다. 지금 일본의 당용한자는 巫도 없애고 酒도 없애고 구타한다는 뜻의 부분도 없앴다. 태고적 주술의 모습으로 돌아간 셈이다.

26
족맹族盟의 방법

고대사회는 씨족 제도를 기반으로 했다. 씨족은 조상 신령을 중심으로 하는 영적 결합체이기에 씨족 조직은 모든 질서의 근본이었다. 그래서 조상 제사는 씨족을 결합시키는 가장 중요한 의례였다. 씨족 사이의 유대를 굳히기 위한 갖가지 의례는 모두 조상을 제사할 때 행했고, 혹은 조상 신령 앞에서 행했다.

氏(각시 씨)는 굽은 칼의 형태다. 칼날 부분인 刃(칼날 인)은 가늘고 굽어 있어서, 고기를 발라내는 데 적합하다. 이런 형태의 글자가 혈연체 氏를 의미하는 이유는 아마도 씨족이 함께 식사할 때 이 氏라는 굽은 칼을 사용했기 때문일 것이다. 굽은 칼을 박아서 세워둔 형태가 氐(근본 저)이다. 곧 근저(根底)를 뜻하는 글자다.

族(겨레 족)은 깃발 드림[11]이 드리워진 깃발의 아랫부분에 화살을 그려둔 모습이다. 즉, 깃발 드림과 화살 따위의 형체소들을 모아 만든 회의자다. 속설에 따르면 전투할 때 화살이 군진의 깃발 쪽으로 모여들기 때문에 族이란 글자에 모여든다는 뜻이 있다고 한다. 하지만 族은 氏族(씨족)의 휘호(徽號)이며 矢(화살 시)는 그 깃발 아래서 하는 족맹(族盟)을 의미한다. 氏도 族도 둘 다, 씨족의 혈연적 유대를 굳히기 위한 의식인 씨족의 공찬(共餐)이나 족맹을 자형으로 나타냈다고 보아야 할 것이다.

旗(깃발 기)에 관계된 글자는 거의가 형성자다. 즉 旂(기), 旗(기), 旌(정), 旐(조) 등은 모두 '깃발'을 뜻하는 말로, 형성의 짜임이다. 하지만 族(족), 㫃(깃발 유), 旅(군사, 여행 려) 등 갑골문이나 금문에 용례가 있는 글자들은 모두 회의자다. 즉 이 글자들은 깃발이 지닌 기능을 표시하였다.

斿(유)는 遊(놀 유)의 본래 글자로, 깃발을 지닌 사람의 모습을 형상화한 것이다. 그 깃발은 씨족의 표지를 그린 족휘(族徽)였다. 고대인들은 자기 고향을 떠날 때, 다시 말해 부족의 수호 정령이 수호하는 범위의 바깥으로 나갈 때에는 부족의 수호 정령을 옮겨둔 씨족의 깃발을 들고 나갔다. 遊(유)란 고향을 떠나는 것, 旅(여행 려)에 나서는 것을 의미한다. 旅(여)에 나설 때는 그 깃발을 받들었던 것이다. 깃발에는 재계한 뒤 씨족의 수호 정령을 모셔다가 깃들여 두었다. 그러므로 씨족 집단이 출행할 때는 깃발 아래에서 서약을 하는 군례(軍禮)를 행했다. 그것이 族(족)이다. 즉 族이란 군사적 공동체였다.

글자의 형상으로 보면 氏(씨)는 씨족이 함께 식사하는 의식과 관계가 있고, 族(족)은 군사적 맹세를 하는 의식과 관계가 있다. 다시 말해 氏는 조상 제사를 중심으로 하는 씨족원의 혈연적 질서와 관계하고, 族은 군단 조직의 질서와 관계한다고 말할 수 있다. 뒷날의 용례로 더라도 氏는 제사 행위에 쓰이고 族은 군사 행동에 쓰이는 경향이 있다. 그 두 글자는 각각 '집안'과 '무리'에 해당한다고 생각해도 좋다.

형제(兄弟)와 붕우(朋友)란 같은 씨족 안에서 연령 계층상 같은 항렬에 놓이는 사람들을 말한다. 朋(벗 붕)은 앞뒤에서 걸머지는 조개 묶음을 가리키는 말로, 그 모습을 상형한 글자다. 友(벗 우)의 처음 글자는 ꮺ이다. 앞서 말했듯이 맹세의 글자인 曰(왈) 위에 두 사람의 손을 얹어서 씨족 간의 맹세를 행하는 것을 가리킨다. 씨족원으로서 삶과 죽음을 함께 하겠다는 맹약을 한 사이를 붕우(朋友)라고 했다. '형제에게 우의 있기를〔兄弟に友に〕'[12]이라는 용법이 본래의 의미다. 뜻을 같이 하는 동지(同志)를 友라고 한다고 하는 《논어(論語)》의 용법[13]은 훨씬 후대의 의미로 사용한 예다.

27

도로의 주술

도로는 외부 세계와 이어지는 가장 위험한 장소였다. 그래서 그 요소마다 도조신(道祖神)[14]을 제사지내고 도로의 갈림목에는 岐(갈림길 기)의 신을 두었으며 또 경계에 해당하는 곳에는 塞(변방 새)의 신을 두었다. 그 신은 님녀 두 신으로 석신(石神)의 모습을 취했다. 그 신 앞에서 정령을 떠나보내거나[15] 벌레를 떠나보냈다.[16] 塞(새)는 주술도구인 工(공)을 파묻어둔 형태다. 무병을 가져다주는 역병신(疫病神)도 여기서부터는 더 안으로 들어갈 수가 없다. 그곳은 일본에서 말하는 '사야리마스(塞坐)' 신이 있는 곳이다.

도로에서는 정말로 많은 주술을 행했다. 術(큰거리 술)은 행로에서 동물 정령을 사용해서 상대방에게 저주를 행하는 것이다. 朮(출)은 그 동물의 모습이다. 저주의 행위에는 저주의 말로 하는 것도 있었다. 그것을 衎(현)이라고 불렀다. 시라카(白香)[17] 같은 실 묶음을 사용하는 일도 있었다. 그래서 도로를 뜻하는 글자 표시에 실 묶음의 형태인 玄(검을 현)을 더하여 衒(필 현)이라고도 하였다. 그렇게 도로에 대해 저주를 행하는 행위를 요현(妖衒)이라고 했다. 衒은 또한 幻(환)과 소리와 뜻이 비슷하다. 환술(幻術)은 본래 도로에서 행하는 요현(妖衒)의 방법이었다.

상징의 방법으로 余(여)를 사용하는 일도 있었다. 이에 대해서는 앞서 설명하였다. 바늘 침 모양의 도구인 余를 땅에 꽂아 땅 밑에 숨어 있는 저주의 영들을 떨어버리는 방법이었다. 그렇게 해서 저주의 영들이 떨어져나가 정화된 것이 途(길 도)이다. 除(섬돌 제), 徐(천천할 서), 敍(차례 서) 등도 모두 동일한 계열의 글자들이다.

道(길 도)는 정말 무서운 글자다. 이민족의 머리를 끼고 가는 것을 의미하기 때문이다. 금문에서 道는 導(이끌 도)의 형태로 적는다. 이민족의 머리를 손에 지닌 형상이다. 그것은 전쟁 등의 일로 적지(敵地)로 가는 군대를 선도(先導)할 때 사용했다. 그때 이민족의 머리를 주술도구로 삼은 것이리라. 목 베기[18] 풍속을 행했던 것도 다른 부족의 목을 그러한 주술 행위에 사용할 필요가 있었기 때문이었다. 묘족(苗族)의 것이라고 추정되는 동고(銅鼓)의 쇠북 겉면에는 머리에 긴 깃털을 장식한 전사들이 산 사람의 목을 손에 들고 배에 올라타서 동고를 울리면서 전진하는 문양이 있다. 江(강 : 양자강)과 淮(회 : 회수) 지역에서는 그렇게 적의 목을 효수하는 풍속이 있었던 것이리라.

변경(邊境)으로 악신이 들어오는 것을 막는 가금(呵禁 : 꾸짖어 금함)을 행할 때는 주로 적의 목을 효수하는 풍속을 행했다. 이미 설명했듯

이 放(방)은 시체를 걸어두고 그것을 때리는 放逐(방축)의례였다. 그 放에 두개골을 갖추고 있는 형태가 敫(노래할 교)이다. 이 글자에서 白(흰 백)이 곧 두개골의 형상이다. 그 백골을 道에 두는 곳이 徼(구할 요)이다. 변요(邊徼)란 변새(邊塞)를 의미한다. 그렇게 백골로 변한 시체를 때리는 것은 그 백골을 激(격 : 격하게 만듦)하여 그 주술 정령을 맞아서〔邀〕주술적 가금(呵禁)의 효과를 구하기(徼) 위해서였다. 말라버린 두개골은 색을 잃는다. 그것을 교백(皦白)이라고 하였다. 말라버린 두개골을 두드리면 교연(曒然)한 소리가 나는데 그것은 내부가 공규(空竅 : 텅 빔)로 되있기 때문이다. 백골을 격(激)하게 하는 내용을 글로 적은 것이 檄(격문 격)이다. 放(방)이나 敫(교)를 구성 부분으로 하는 글자들은 모두 효수 풍속과 관련이 있다.

邀(맞을 요)는 '맞선다' 라고도 풀이한다. 곧 적에 맞서 주술적으로 대항하는 일을 말한다. 그때 효수한 머리를 뒤집어서 코〔鼻〕를 위로 향하게 한 형태가 邊(변)이다. 여기서 自(자)는 코의 형태로 鼻의 처음 글자다. 효수한 머리를 뒤집어 코를 위로 향하게 함으로써 변요(邊邀)에서의 주술적 가금(呵禁)으로 삼았던 것이다. 목 베기 풍속은 뒷날 동남아시아의 여러 섬에서 찾아볼 수 있다. 문자의 형성기에는 중국의 주변부에서도 목 베기 풍속을 행했을 것이다.

28

군사軍社 예법

𠂤를《설문해자(說文解字)》에서는 堆(언덕 퇴)와 같은 발음으로 읽고 퇴토(堆土)의 형태라고 풀이했다. 지금까지는 거의 모두 그 해석을 따랐다. 아마도 自(阜, 부)를 땅덩이[陸]의 상형으로 간주해서 그렇게 여겨왔을 것이다. 하지만 둘 다 오해이다. 이미 19장에서 말하였듯이 自는 신이 오르내리는[陟降] 신 사다리의 형상이다. 自도 퇴토(堆土)와 관계 없다. 그것은 커다란 고기 조각을 나타낸다. 군대가 출진할 때는 사당이나 군사(軍社)에서 제사를 지내 전승을 기원했다. 그 뒤 제사에 쓴 고기 조각을 받들면서 군대가 전진했다. 自는 그러한 제사 때 사용한 제육인 㲃(고깃점 자)를 상형한 글자다. 㲃의 옛날 자형은 肉(육) 부분을 自의 형태로 적었다.

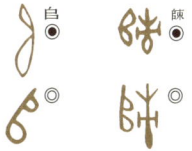

갑골문이나 금문에서 自는 군단(軍團)을 가리키고, 또 군사의 우두머리를 의미하였다. 군의 주둔지에는 군사(軍社)를 쌓고 그 앞에 自를 두었다. 㩴가 그 글자다. 土(토) 위에 나무를 세웠는데, 그 나무는 신간(神桿 : 솟대)이다. 제육 自에는 군대의 수호정령이 머문다고 생각했다. 그래서 건물 속에 그것을 안치하기도 했다. 그것이 官(벼슬 관)이다. 館(객사 관)의 처음 글자다. 官은 또 군관(軍官)을 의미하기도 하였다.

敵(원수 적)을 추격할 때 파견되는 군대도 이 제육을 받들고 출발하였다. 그것이 追(쫓을 추)이다. 한편 짐승을 쫓을 때에는 逐(쫓을 축)이란 글자로 표현하였다. 곧, 追와 逐은 행동의 대상이 달랐다. 군대의 파견을 의미하는 遣(보낼 견)은 이 제육을 지니고 출발하는 것을 표시하는 글자다.

III 고대의 종교 | 105

　군사의 우두머리는 수호정령이 깃든 제육을 취급할 수 있는 권한을 지녔다. 고기를 분할하기 위해서는 가느다랗게 칼날이 선 굽은 칼을 사용했다. 師(스승 사)는 𠂤에 굽은 칼을 가하고 있는 형태다. 또 '다스린다' 라고 풀이하는 辥(설)이란 글자는 肉(사육)을 위에서 묶어두고 그것에 손잡이가 달린 커다란 굽은 칼을 가하고 있는 형태다. 다시 말해 師란 글자와 의미 표현의 방식이 같다. 이렇게 𠂤肉(사육)을 할절(割截)하는 것은 전선의 작전 때 제육이 필요하므로 병력을 파견하면서 제육을 가지고 가게 하려고 그랬을 것이다.

　𨸏(그루터기 얼)은 잘려나간 나무 밑둥에서 다시 새로운 싹이 나오는 것을 말한다. 孼(서자 얼)은 재앙이라고 풀이되는 글자로, 요얼(妖孼)이란 숙어로 사용된다. 그런데 𨸏(얼)은 '고기 나눔'이란 뜻에서 파생되어 나온 듯하다. 孼(얼)은 제육에 해를 입히는 것을 뜻하는 글자인 것 같다. 그 글자들은, 군대를 보호하는 정령이 깃든 제육을 취급하는 일에서 그러한 뜻을 획득하였다고 생각된다. 금문에는 辥(설)에 乂(벨 예)를 더해 '다스린다' 라고 읽는 용법이 있다. 乂(예)도 '다스린다' 라고 풀이하는 글자인데, 본래 칼날이 달린 가위 형태의 기구를 가리켰을 것이다.

　군사 행동이 끝나서 개선(凱旋)할 때에도 이 제육을 받들고 돌아와,

녹두각사(鹿頭刻辭) : 제사의 희생(犧牲)
은나라 제5기 갑골문이다. 안양(安陽)의 발굴보고서인 《소둔(小屯)》 갑편 제3940 조각에 실려 있다. 은나라 왕조 최후의 왕인 제신(帝辛), 즉 주(紂)가 동쪽의 이방(夷方)으로 원정하러가는 도중에 사냥하여 얻은 큰 사슴을 가지고 조부 문무정(文武丁)을 제사지낸 사실을 기록하였다. 이것처럼 짐승의 머리에 글을 새긴 갑골문이 현재 여럿 남아 있다.

그것을 조상 사당이나 군사(軍社)에 보고하는 의례를 거행했다. 제육은 脤(제육 신)이라고도 부른다. 그래서, 개선해서 보고하는 의례를 귀신(歸脤) 예식이라고 한다. 출행할 때 받아갔던 제육을 다시 봉납한 것이다. 이때 사당 안은 속모(束茅)라 불리는 빗자루[帚, 추] 모양의 것에 술을 뿌려서 제단을 정화하고 𠂤肉(사육)을 안치하였다. 歸(귀)란 귀신(歸脤)의 예식이란 뜻이 본의(本義 : 글자의 본래 뜻)다. 歸(귀)는 곧 𠂤와 帚로 이루어져 있으며, 뒷날 止를 덧붙였다. 귀가(歸嫁 : 시집 감)란 말에서 알 수 있듯이 歸에 '시집간다'는 뜻이 있지만, 그러한 뜻이 생겨난 것은 뒷날의 일이다. 이상에서 보았듯이, 𠂤를 종래의 속설처럼 쌓인 흙의 형태라고 간주해버리면 𠂤계열의 글자들이 지닌 자의를 설명하기 어렵게 된다.

29 강화講和에 대하여

講和(강화)는 媾和(구화)로도 적는다. 媾(화친할 구)에는 화호(和好 : 서로 조화하여 잘 지냄)라는 뜻이 있다. 글자 모양만 봐도 그 글자는 아주 화호(和好)의 기상이 넘쳐난다. 하지만 그 글자의 본의는 반드시 그렇지만은 않다.

和(화할 화)는 휴전 조약, 그것도 군문(軍門)에서 항복을 조인(調印)하는 것을 의미하는 글자다. 禾(벼 화)는 곡물의 벼가 아니다. 和에서 禾는 군문을 뜻한다. 그것은 윗부분에 갈대 나무들을 붙인 높다란 신간(神桿 : 솟대)이다. 중국에는 도시의 큰 길에 화표(華表 : 일본의 도리이와 비슷하면서 장식을 한 기둥)들이 잔뜩 늘어서 있었다. 바로 이 신간의 흔적이 남아 있는 모습이었다. 옛날에는 환표(桓表), 또는 화표(和表)라고도 불렀다. 상고시대에는 성스러운 왕이 백성의 호소를 받아들이는 상자를 그 기둥에 붙여두었다고도 한다. 그런 신간을 군문에 세운 것은, 그 신간이 바로 신이 강림하는 신목이었기 때문이다. 그래서 좌우의 두 禾를 군문으로 삼았다. 금문의 도상에도 그런 형태의 것이 있다. 때로는 성문 위 높은 곳에 표목(標木)을 세우기도 하였다.

休(쉴 휴)의 오래된 자형도 역시 이 禾의 모습을 지녔다. 곽말약(郭沫若)[19]은 군사 행동을 할 때 농작물 위에서라도 군대를 쉬게 하였으

므로 이런 자형이 생겨났다고 해석했다. 休를 휴식의 뜻으로 본 것이다. 하지만 休의 본의는 군공(軍功)으로 정표(旌表)를 받는다는 뜻이다. 천자로부터 공적에 대해 상을 받고 그 은총에 감사하는 일을, '천자의 휴(休 : 은사품)에 대해 대양한다〔對揚王休〕'[20]라고 한다.

군공을 정표하는 일은 군문의 두 禾(화) 앞에서 행하였다. 군공을 厤(책력 역)이라고도 한다. 두 禾를 세워둔 군문 앞에 曰(왈)을 둔 형태다. 군공을 신에게 고했기 때문이다. 적의 진두에 있던 무녀〔媚, 미〕는 살해했다. 그 글자가 蔑(멸)이다. 그 蔑에 禾를 더한 형태의 글자가 있다. 역시 군문이란 뜻이다. 蔑厤(멸력)이라는 말은 군공을 정표(旌表 : 깃발을 세워 표시함)한다는 뜻으로 사용한다.

군사 관계의 중요한 의례는 늘 이 두 개의 禾를 세운 군문 앞에서 거행했다. 媾和(구화)의 일도 물론 그런 예다. 곧, 군문의 禾 앞에서 신에게 맹세하는 축문을 두고 자기 맹세를 거행했다. 그것은 패자가 행하는 일이었다. 그것이 和(화)라는 글자다. 다시 말해 和라는 것은 곧 항복의례였던 것이다.

구화(媾和)라는 말은 오래된 문헌에서는 쉽게 찾아볼 수 없다. 하지만 이 말에는 항복한 자의 고뇌에 찬 탄식이 깃들어 있는 듯하다. 서주 금문에서 통혼(通婚)을 혼구(婚媾)라고 하였는데, 媾(구)란 여인을 증여하는 것을 말한다. 冓(구)라는 글자는 직물(織物)의 양 끝이 중앙에 연결되어 있는 모습이다. 직물의 한 가운데를 다시 되짜는 것을 再(거듭 재)라고 한다. 또 직물에 사용하는 실의 수를 삼십 칭(三十稱), 오십 칭(五十稱)이라는 식으로 부른다. 稱의 오른쪽 부분 冓은 방추(紡錘)를 늘어뜨린 모양이고, 그것을 연결하는 것이 冓(짤 구)이다. 그래서 遘(만날 구)나, 媾(구)란 쌍방으로부터 서로 접한다는 뜻이다. 그리고 결혼을 축복하는 장식은 끈을 묶어 연결하였다. 그것을 《시경》에서는 '결리(結縭)'[21]라고 하였다. 일본의 《만엽집(萬葉集)》에서도 남녀가 맹약을 할 때 아래 끈을 서로 묶었다. 따라서 媾는 결혼을 의미한다. 그런데 媾和(구화)라는 것은 화의(和議)의 징표로 부인을 건네주는 일이 있었기 때문인 듯하다. 사형학의 관점에서 보자면, 문자는 잃어버린 인간생활의 역사를 생생하게 재현해준다고 하겠다.

30

농경의례

농경사회에서는 계절 따라 행하는 농경의례가 생활의 중심을 이루었다. 생활의 기초가 전적으로 농작의 풍흉(豊凶)에 달려 있었기 때문이다. 갑골 복사에는 '풍년이 들 것인가〔有年〕'라고 묻는 점복이 매우 많이 나온다. 그런데 풍년을 결정짓는 것은 하늘의 기후와 병충해 발생 여부에 달려 있었다. 이 가운데 기후를 순조롭게 하는 문제는 신에게 기도하는 이외에 달리 방도가 없었다. 이에 비해 병충해의 경우는 아마 경작 도구에 숨어 있는 사악한 기운이 일으킨다고 여겼던 듯하다. 그래서 농토(農土)나 종자〔種籾, 종인〕따위는 물론 호미〔鋤, 서〕, 가래〔鍬, 초〕따위에 대해서도 정화의례를 행했다. 농기구를 정화시키는 일을 嘉(아름다울 가)라고 한다. 가곡(嘉穀)이란 말이 있듯이, 嘉는 정화된 농작물을 가리킨다.

嘉는 加(더할 가)에서 나온 글자다. 그 글자 속의 力(력)은 호미를 나타낸다. 그것에 기도한다는 뜻의 ㅂ를 첨부한 것이 加란 글자이므로, 加란 호미를 정화시키는 의례를 말한다. 금문의 도상에는 호미에 冊(책 책)을 더한 자형이 있다. 冊(책)은 희생 짐승을 기르는 곳의 문짝을 나타내는 것으로, 희생물을 사용한다는 의미이다. 농기구에 더러움이 있으면 가을철에 병충해를 일으키므로 경작할 때 농기구를 정화해두었던 것이다.

加에 북[鼓, 고]의 형태를 첨부한 것이 嘉(가)이다. 농기구에 깃드는 사악한 정령을 쫓기 위해서는 북을 계속해서 울리는 것이 효과가 있다고 믿었다. 엄청난 진동음을 낼수록 효과가 높다고 좋아했던 것이다.

그밖에도 여러 가지 주술 방법이 있었다. 이를테면 단청(丹靑)을 칠해서 신성하게 만들기도 하였다. 그것이 靜(고요할 정)이다. 호미에 ㅂ를 가하고 단청을 칠하면 사악한 기운이 접근하기 어려웠다. 《시경》에 '변두(籩豆: 곡물을 담는 그릇)가 정가(靜嘉)하다.'라는 구절이 있다. 정가(靜嘉)란 신에게 바치는 자성(粢盛: 봉헌하는 곡물)이 정화되어 맑은 것을 가리킨다. 본래 정(靜)과 가(嘉)의 두 글자는 농기구인 호미를 정화해서 재액을 떨어버린다는 의미였다.

台(이)도 쟁기를 정화해서 재액을 떨어버린다는 뜻이 본의다. 이 글자는 일찌감치 대명사인 '나'로 사용되어 본의가 상실되었다. 하지만

治(다스릴 치), 始(처음 시), 怡(기쁠 이) 등의 글자에 여전히 그 처음 뜻을 남기고 있다.

畿(경기 기)는 전토(田土)에 대해 정화의례를 행하는 뜻이었을 것이다. 幾(기)는 戈(과)에 주술 장식을 더해 사악한 기운을 떨어버리는 일이다. 그렇게 함으로써 전토를 정화한 것이다. 譏(나무랄 기)도 그렇게 함으로써 사악한 영을 쫓아버리는 일이다. 근기(近畿)란 그렇게 재액을 떨어버려 정화해서 사악한 정령과 기괴한 신들이 살 수 없게 만든 곳을 가리킨다.

속설에 力(력)을 근력(筋力)이라고 보는데, 잘못이다. 그 설이 잘못이란 사실은 加(가), 嘉(가), 靜(정)의 자형에서도 알 수 있다. 또 劦(협)은 협력(協力) 즉 공동 작업을 말한다. 농기구를 의인화한 형태가 夋(준), 畩(윤), 畟(측)이다. 이 점은 앞서 말하였다. 속설에서는 男(사내 남)이란 글자를 '밭(田)에서 힘쓰는 일을 하는 자'라고 설명하지만, 잘못이다. 男은 농지 관리자를 말한다.

호미를 들고 경작하는 것을 動(움직일 동)이라고 한다. 動은 童(동)과 力(력)의 회의자다. 童은 머리카락을 묶지 않은 더펄머리의 노예다. 勞動(노동)이란 본래 경작하는 일을 가리킨다. 勞(노)의 옛날 자형은 찾을 수 없으나 그 글자는 두 火를 교차시킨 아래에 쟁기를 둔 모습이다. 台(이)와 마찬가지로 농기구를 정화하는 의례였든가, 아니면 경작을 마치고 농기구를 신성한 창고에 거둬들일 때 성스러운 불을 가하는 의례였을 것이다. 후자의 경우였다면, 그 글자에서 '위로한다'는 뜻이

나왔을 것이다. 어느 나라 말이든 농업은 거친 노동을 의미하는 말과 같다고 한다. 노동(勞動)이라는 말도 쟁기 형태를 포함하고 있어서, 농경을 의미하는 말이었다.

미주

1 서사소(西史召)는 은나라로부터 서방의 제사권을 위임받은 나라로 소방(召方)이라고도 하였다. 주나라 때 소공(召公) 석(奭)이 이곳에 책봉되었다.

2 원문의 교가타비라(經帷子)는 불교식 장례에서 사용하는 흰 수의(壽衣). 삼베나 무명이나 종이 따위로 만들며 거기에 경문을 적는다.

3 《시경》 대아(大雅)의 〈영대(靈臺)〉편을 보면 "영대를 재기 시작하여, 재면서 또 표하니, 많은 사람들이 지어서, 하루도 안 되어 이루었네. 재어짓기 시작하자 서두루지 말게 하셨으나, 많은 사람들이 아들처럼 와서 도왔네. 왕이 영유에 계시니, 사슴들이 그곳에 가만히 엎드려 있도다. 사슴들은 탁탁(濯濯)하고 흰 새는 학학(鶴鶴)하도다. 왕이 영소에 계시니, 아! 못에 가득 물고기가 뛰놀도다(經始靈臺, 經之營之, 庶民攻之, 不日成之. 經始勿亟, 庶民子來. 王在靈囿, 麀鹿攸伏. 麀鹿濯濯, 白鳥鶴鶴. 王在靈沼, 於牣魚躍)."라고 하였다.

4 '放ち鳥'는 《만엽집(萬葉集)》 170번째 노래에 나온다. 원문은 "嶋宮 勾乃池之 放鳥 人目二戀而 池二不潛."이고 읽기는 "島の宮 勾の池の 放ち鳥 人目に戀いて 池に潛かず."로 한다. 시마노미야(島の宮)는 천무천황(天武天皇)과 지통황후(持統皇后)의 황자(皇子)인 히나미시노미코(日並皇子, ひなみしのみこ, 草壁皇子)가 죽은 곳이다. 가키노모토노 히토마로(柿本人麻呂)가 황자를 애도하여 노래한 만가(挽歌)의 한 수다.

5 일본 이바라기현(茨城縣) 行方郡 玉造町 天龍甲에 야도신사(夜刀神社)가 있다. 그곳에는 야도신(夜刀神)의 전설이 있다. 몸체가 뱀이고 머리에 뿔이 달린 야도신이 골짜기를 지배했으나 미부(壬生連麿呂)가 그 신을 대지(台地)로 추방하고 아시하라(葦原: 갈대밭)를 좋은 밭으로 바꾸었으므로 사람들이 신사를 세워 야도신을 제사하고 벼농사를 시작하는 것을 선언하였다고 한다. 《상륙국풍토기(常陸國風土記)》에 관련 기록이 있다.

6 현재 음은 '이' 다. 귀신을 쫓는다는 뜻으로 사용한다.

7 야부사메(流鏑馬)는 기사(騎射)의 하나로 말을 달리면서 우는 살을 쏘아 과녁을 맞히는 무예다.

8 원문은 시리우치 마쓰리(尻打祭)이다. 도야마(富山)의 우가이사카 신사(鵜飼坂神社)에서 제삿날인 5월 16일에 신주(神主)가 축문을 외고는 그 마을의 부녀에게 그 해에

관계한 남성의 수를 말하게 하여 신목의 지팡이로 그 수만큼 여성의 엉덩이를 때리는 행사다.

9 우즈에(卯杖)는 정월 상묘(上卯) 날에 사악한 귀신을 몰아내는 주술도구인 지팡이다. 궁중에서는 위부(衛府)가 조정에 바쳤다. 복숭아, 매화, 가래나무(椿)를 5척 3촌의 길이로 잘라 다발로 묶는다. 신사에서도 행했다.

10 우즈치(卯槌)는 정월 상묘(上卯) 날에 사악한 귀신을 쫓기 위해 사용한 작은 뭉치다. 헤이안 시대에 있었던 우즈에와 마찬가지다. 사소(糸所)가 우즈치를 다이리(內裏)에 봉헌하면, 히오마시(晝御座)의 서남쪽 기둥에 걸었다. 민간에서도 사용했다. 옥, 물소뿔, 상아 또는 복숭아, 매화, 가래나무 등을 4각으로 자른 길이 3촌, 폭 1촌 정도의 것으로 수직으로 구멍을 뚫고 오색 실타래를 늘어뜨렸다.

11 원문의 후끼나가시(吹き流し)는 군진에서 여러 개의 조붓하고 긴 헝겊을 반달 모양의 고리에 매어 장대 끝에 달아 바람에 나부끼게 한 것이다. '깃발 드림'이라고 번역한다.

12 일본의 메이지(明治) 23년 곧 1890년 10월 30일에 공포된 '교육칙어(敎育勅語)'에 나오는 말이다 "爾なんで臣民父母に孝に兄弟に友に夫婦相和し朋友合信し恭儉己おのれを持し博愛衆に及ぼし······."라고 했다.

13 《논어(論語)》〈학이(學而)〉편에, "벗이 멀리서 오니 기쁘지 아니한가〔有朋自遠方來, 不亦樂乎〕."에 대한 주석에서 朋(붕)은 스승을 같이 하는 친구인데 비해 友(우)는 뜻을 같이 하는 친구라는 풀이가 있다.

14 도조신(道祖神)은 일본 민간신앙에 남아 있다. 일본에서는 취락지 도로의 갈림길에 석신을 세우는데, 사형(祠形)이나 환석(丸石), 남자 성기[陽石], 여자 성기[陰石], 남녀 결합의 형태 등이 있다. 일반적으로 사이노가미(さいの神) 혹은 세이노가미(せいの神)라고 부르며, '塞の神, 幸神, 妻神, 齊神, 才神, 性神' 등의 한자를 사용한다. 이자나미노미코토(伊並尊, いざなみのみこと)가 불의 신을 낳고 그 때문에 죽어 황천 나라로 갔는데 이자나기노미코토가 만나러 뒤를 쫓아갔다가 추한 시체를 보고는 놀라 도망했다. 그때 뒤쫓아온 이자나기노미코토를 막으려고 요모쓰히라사카(黃泉比良坂, よもつひらさか)에 커다란 돌을 두고 길을 막았다. 이 큰 돌을 사야리마스요미도노오카미(塞坐黃泉戶大神, さやりますよみどのおおかみ)라고 했으니 이것이 곧 사이노가미(塞の神, 道祖神)이다. 일반적으로 마을 경계인 고개, 십자로의 다리 부근에 설치해 외부에서 마을로 악역(惡疫)이나 악신(惡神)이 침입하는 것을 막았다. 또 천손강림(天孫降臨) 때에 만난 아메노우즈메노미코토(天宇受賣命, あめのうずめのみこと)와 사루타히코노미코토(猿田彦命, さるたひこのみこと)가 결혼한 뒤 둘이 함께 도조신이 되었다고 전한다.

15 쇼료 오쿠리(精靈送り)는 우란분(盂蘭盆) 다마 마쓰리(魂祭)의 마지막 날에 정령이

유계(幽界)로 돌아가는 것을 전송하는 일을 말한다.

16 무시 오쿠리(虫送り)는 작물 따위의 해충을 제거하기 위해 마을 사람들이 한데 모여 관솔불을 밝히고 종이나 북을 울리면서 마을 바깥까지 벼 해충을 본떠 만든 형상물을 전송하는 행사다.

17 백향(白香)은 일본어로 시라카라고 한다. 삼이나 닥나무 따위를 잘게 찢어서 백발처럼 한 것으로 신사(神事)에 사용한다. 앞에 나왔다.

18 구비기리(首狩り)는 일본에서 다른 부족이나 부락을 습격하여 사람의 목을 베어 종교적 의례를 행하는 풍습이었다.

19 곽말약(郭沫若, 1892~1978)의 본명은 곽개정(郭開貞)으로 사천성(四川省)에서 출생했다. 1914년 일본으로 건너가 제1고등학교 예과(豫科), 제6고등학교를 거쳐 1918년 규슈제국대학(九州帝國大學)에서 의학을 공부했다. 졸업 후 상해(上海) 대학 등의 교수를 지냈다. 5·4운동 이후 사회 혁명에 동조하면서 혁명 문학을 제창하는 한편, 1926년에는 국민 혁명의 근거지 광주(廣州)로 부임해 1927년에 북벌혁명군에 참가했다. 남창(南昌) 봉기에 참가했으나 실패해 1928년에 일본으로 망명했다. 그 뒤 1937년까지 지바현(千葉縣)에 살면서 중국고대사와 갑골·금문을 연구하였다. 1937년 중일전쟁 개시 직후에 귀국하였고, 1948년에는 동북해방구에 참가했으며, 인민공화국 성립 무렵 무당파(無黨派) 민주인민대표·대회당무위원 등을 지냈다. 문화대혁명 초기에는 격렬한 자기비판을 행했고, 만년에는 과학원 고고연구소에서 활동했다. 시집 《여신(女神)》(1921) 역사극 《왕소군(王昭君)》(1925) 《굴원(屈原)》(1942) 《채문희(蔡文姬)》(1959) 《측천무후(則天武后)》(1960) 자서전 《유년시대》(1928) 《창조 10년》(1931) 번역물 《파우스트》 등이 있다. 고고 역사학 저서로는 유물사관에 의한 《중국고대사회연구》(1931)와 갑골금문연구서 《십비판서(十批判書)》 등이 널리 알려져 있다.

20 《시경》 대아(大雅) 〈강한(江漢)〉편에, "소호는 업드려 조아리며 천자님의 뜻을 천하에 드러내도다[虎拜稽首, 對揚王休]."라고 하였다. 대양(對揚)은 군주의 명에 답해 그 뜻을 천하에 드러낸다고 풀이하거나 군주의 만세를 빈다고 풀이한다.

21 결리(結縭)는 여자가 시집갈 때 어머니가 세건(帨巾)을 딸의 허리 끈에 묶어주는 것을 말한다. 《시경》 빈풍(豳風) 〈동산(東山)〉편에, "그 어머니가 그녀 허리에 수건을 매주었네[親結其縭]."라고 하였다. 그 뒤 여인이 시집가는 것을 결리라고 하게 되었다.

신령의 행방

31 생生과 명命
32 옥의玉衣
33 신령의 흔듦
34 신령의 초치
35 약若과 여如
36 죽음의 예식
37 노잔老殘한 사람
38 친親과 자子
39 비명의 죽음
40 영원의 세계

31
생生과 명命

모든 존재는 생명의 연속 속에 살아간다. 그 연속의 과정을 얼마나 충실하게 거쳐나가느냐에 따라 삶의 의미가 달라진다고 말할 수 있다.

生(날 생)이란 자연적인 生이다. 세포가 활동함으로써 목숨을 지탱하는 것이 모두 生이다. 그래서 生이란 글자는 풀이 무성하게 자라는 형태로 표시한다. 하나의 시기를 지나 결절점(結節點 : 매듭의 점)이 가해지면 世(대 세)로 된다. 인간의 世(세)가 옆으로 확장한 것이 姓(성 성)이다. 다시 말해 姓이란 혈연집단을 말한다.

자연적인 生의 한가운데서는 살아감의 의미를 묻지 않는다. 그런데 그 의미를 묻는 것이 바로 命(목숨, 명령 명)이다. 命은 처음에 令(영 령)이라고 적었다. 예관(禮冠)을 머리에 쓴 사람이 무릎을 꿇고 조용히 신의 계시를 받고 있는 모습이다. 아마도 성직에 있는 사람일 것이다. 계시란 신이 그 사람을 통해서 실현하려고 하는 신의 뜻이다.

뒷날 令에 ㅂ가 더해진 형태가 命(명)이다. 사람의 기도에 대하여 신이 내리는 뜻이 곧 命이다. 살아가는 것의 의미는 이 命을 자각함으로써 깨닫게 된다. 이른바 천명(天命)이다. 《논어》에서 "命(명)을 모른

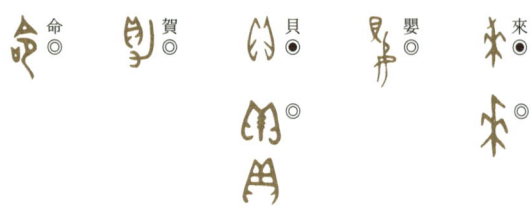

다면 군자라고 할 수가 없다."[1]고 한 것이 바로 그 뜻이다. 당위(當爲)로 주어져 있는 命을 자각하고 그 命을 위해 헌신해야 한다는 뜻이 글자의 형상 속에 이미 존재하는 것이다.

加(가)는 앞서 말했듯이 농경의례에 관계된 글자인데, 갑골 복사에서는 그 글자를 남자의 출생이라는 의미로 사용하였다. 현재 사용하는 글자로 말하면 嘉(가)에 해당한다. 그래서 '嘉(가)할까'라고 점복하는 것은 득남, '嘉(가)하지 않을까'라고 점복하는 것은 득녀를 묻는 일이었다. 당시는 분명히 부계(父系) 사회였던 것이다.

賀(하례할 하)도 加(가) 계열의 글자다. 글자 아래쪽에 붙어 있는 貝(패)는 아마도 자패[紫貝, 일본어로는 子安貝 즉 고야스가이]일 것이다. 따라서 賀(하)는 남자 아이가 출생하길 기도하며 복을 비는 의미였다. 여기에서 자패는 성적 상징의 의미를 지닌 주술도구다. 貝는 생명을 상징하기도 했다. 특히 여자는 머리장식으로 貝를 꿰어 엮은 끈을 걸쳤다. 嬰(걸릴 영)과 纓(가슴걸이 영)이 그 글자들이다. 일본에서는 '목에 걸친다'는 뜻으로 읽는다. 《만엽집(萬葉集)》과 《신대기(神代記)》에 다음과 같은 노래들이 있다.

> わが頸げる 玉の七條と-《만엽집》 3875의 일부
> 내가 목에 걸치고 있는 많은 옥의 줄과.

> 濱菜摘む 海人處女らが うなげる 領巾も 照るがに 手に卷ける 玉も

ゆららに(《만엽집》 3243의 일부)
바닷가 물풀을 따는 어촌의 처녀들이 목에 걸친 영건(히레)도 빛날 정도로 손에 감고 있는 옥을 울려.

天なるや 弟たなばたの うながせる 玉のみすまる(《신대기》에 나오는 노래의 일부)[2]
천상에 있는 직녀의 목에 걸치고 있는 장식의 옥처럼.

纓(가슴걸이 영)은 본래는 貝를 사용했을 것이다. 또 貝의 형태를 옥으로 만든 것도 있었다.

농경의례는 생식의례와 관련이 깊었다. 加(가)의 자형이 嘉(가)와 賀(하)로 전개된 것도 그러한 관념이 작용했기 때문이다.

하늘로부터 주어지는 은혜를 賚(하사할 뢰)라고 한다. 그 글자의 윗부분에 있는 來(래)는 내맥(來麥 : 보리)이라는 농작물이고 아랫부분에 있는 貝(패)는 자패(紫貝)일 것이다. 貝를 재보(財寶)의 뜻으로 간주한 것은 자패의 주술 능력을 종족 번영의 기초로 여겨 존중했기 때문이다. 대를 이어 생명을 유지하기 위해서는 농작물과 재보로서의 자패가 가장 중요했다. 그런 까닭에 賚(줄 뢰)는 하늘의 은총을 의미했다.

32
옥의 玉衣

옥의(玉衣)는 혼의(魂衣 : 수의)이다. 고대의 옥의는 한나라 때의 옥의

IV 신령의 행방 | 121

와는 달랐다. 한나라 때는 귀족이 죽으면 금실과 은실로 옥을 꿰맨 옷을 입혔다. 하지만 고대인들은 상징주의자였으므로 한 줄의 가슴걸이에도 생명의 신비를 가탁했던 것이다.

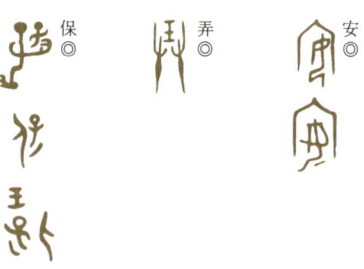

保(지킬 보)는 지난날 최고의 성직자였다. 태보(太保)는 태사(太師), 태부(太傅)와 함께 주나라 삼공 가운데 한 사람으로 간주된다. 하지만 은나라와 주나라 때는 태보만 나온다. 태보는 즉위계체(卽位繼體)의 예식을 관장했다.《서경(書經)》〈고명(顧命)〉편은 태보가 사회를 보는 즉위계체 의례의 절차를 기록해두었다. 주나라 왕조의 창업을 보필한 것은 주공(周公)과 소공(召公)이라고 하는데, 주공의 집안은 뒷날 명보(明保)라고 일컫고 소공의 집안은 뒷날 태보라고 불렀다. 태보를 도상적으로 기록한 예도 있다. 즉 특별한 직무를 지닌 성직자 집안이라고 간주하였던 것이다.

保(보)의 자형은 사람이 자식을 업고 있는 모습이다. 자식은 한 손은 위로 올리고 한 손은 아래로 내리고 있다. 왕자의 신분임을 드러내는 것이다. 머리 위에는 옥을 쓰고 있다. 옥(玉)은 일본어에서 혼(魂)과 음이 통하는데, 뜻도 비슷해서 둘다 영혼이란 관념을 지녔다. 따라서 保의 자형은 갓 태어난 자식의 수령(受靈 : 조상 신령을 이어받음) 의식을 나타낸다는 사실을 알 수 있다. 자식의 옷깃 부분에 조그맣게 첨가되어 있는 빗금이 곧 옥의(玉衣)이다. 실제 의례에서는 갓 태어난 자식을 옥의로 감쌌을 것이다. 일본의 마토코 오후스마(眞床覆衾)³⁾와 비슷했을 것이다. 그 속에서 수령(受靈)을 행했던 것이다.

衣(의)는 혼(魂)을 감싸는 옥의(玉衣)였다. 일본의 대상회(大嘗會)⁴⁾의 비의(秘儀)에서도 의금(衣衾)을 사용한다. 그것을 합체(合體)나 수령(受靈)의 상징적 방법으로 간주하였던 것이다. 《서경》〈고명〉편의 의례에서는 선왕(先王)의 옷을 새 왕에게 전하는 형식을 취하였다. 일본에서 '고로모(衣)'라는 말은 본래 피부에 직접 닿는 속옷을 가리키는 말이었던 듯하다.

사람이 태어나면 머리에 문신을 새겼다. 그래서 産(낳을 산)의 윗부분에 문신을 뜻하는 文을 더했다. 금문에서는 産의 生 부분 대신에 初(처음 초)를 사용한 글자가 있다. 이것이 産衣(산의 : 배냇옷)이며, 또 이른바 옥의(玉衣)일 것이다.

珠衣のさゐさゐしづみ(《만엽집》 503)
구슬 매단 옷이 사각사각 소리내고

에서 말하는 비단옷 스치는 소리는 곧 혼령이 접근한다는 표시였다.

고대에는 대개 玉(옥)에 영적인 것이 스며 있다고 인정하였다. 그래서 태어난 아들에게는 즉각 玉을 쥐게 했다. 좋은 영(靈)을 인도하기 위해서 손에 쥐게 하는 것이 완롱(玩弄)이다. 玩(희롱할 완)은 형성자다. 그런데 편방의 玉은 어쩌면 保의 자형에서 머리 위에 보이는 옥인지도 모른다. 弄(희롱할 롱)은 양 손에 옥을 쥔 것을 나타내는 글자다.

여자 아이에게는 조개를 꿴 끈인 纓(영)을 쥐게 했을 것이다. 또 安(안)이란 글자는 保라는 글자와 마찬가지로 女 부분 아래에 옥의(玉衣)

를 첨부했다. 《시경》〈사간(斯干)〉편은 새 집을 장만한 것을 축하하는 노래[5]인데, 남자 아이에게는 옥을 지니게 하여 침상에 두고 여자 아이에게는 토기(土器)를 갖게 하여 땅에 엎어둔다고 하였다. 엄격하게 남녀의 존비(尊卑)를 구분했다고 여길지 모른다. 실은 토기나 태지는 여자 아이에게 음의 기운을 받게 하려고 하는 주술적 목적을 지녔다. 음과 양의 이원론적 자연관이 그 배경에 있다. 한편, 옥은 본래 양의 상징이었다.

33

신령의 흔듦

고대에 신령이 어떠한 형태로 존재하였는가? 또 신령으로 존재하는 것을 어떤 이름으로 불렀는가? 이 점은 분명하지 않다. 이미 말했듯이 조상 신령의 경우에는 새 형태의 영으로 존재했다. 그 사실은 鳴(명), 唯(유), 雁(안) 등 신호 및 응답을 표시하는 말을 통해서 추측할 수 있다. 하지만 신령 그 자체를 가리키는 명사가 어떤 것인지는 아직 단정할 수 없을 듯하다.

주공탁종명(邾公鈺鐘銘) : 육종(陸終)의 자손
춘추시대 이후의 청동기 명문에, 신화적 전승을 과시하는 것이 여럿 나타나게 된다. 이 청동기에서는 육종(陸終)이라고 일컬었다. 제나라 숙이종(叔夷鐘)에서는 당(唐 즉 湯, 은나라 시조)을 일컫고, 전제(田齊)의 진후(陳侯) 대(敦)에서는 고조황제(高祖黃帝)를 일컬었다. 육종은 신화적인 옛 제왕의 이름으로, 그 뒤 여섯 성으로 나뉘었다. 주(邾)는 그 가운데 하나인 조(曹) 성의 나라다. 주공탁은 아마 주(邾)의 선공(宣公)인 듯하다. 그렇다면 춘추중기의 청동기이다.

神(귀신 신)은 본래 전광(電光)의 형상으로, 申(신)이 본래 글자다. 즉 자연의 영적 위엄을 표시하는 것이니, 곧 자연신을 말한다. 靈(신령 령)도 또한 영혼의 의미가 아니라 기우제를 뜻하는 글자였다. 비[雨] 아래에 세 개의 ㅂ를 배열하였는데, ㅂ는 기우제의 축문을 넣어두는 그릇이다. 뒷날 그 아래에 巫(무당 무)를 더했다. 그 글자가 이윽고 자연의 영적 위엄을 의미하게 되었다. 춘추시대의 금문에 '영명(靈命)이 늙지 않기를'이라고 기도하는 말이 있었다. '만수무강(萬壽無疆)하시길'이란 말과 같은 뜻이었다.

춘추시대 중기 주(邾)나라의 그릇에 주공탁종(邾公鈺鐘)이라는 청동기가 있는데, 거기에 다음과 같은 명(銘)이 새겨져 있다.

육종(陸終 : 고대 신화에 나오는 신)의 손자 주공탁이 화종(和鐘)을 만들었다. 그로써 맹사(盟祀)를 정성스럽고 공경스럽게 하여, 연한이 미수(眉壽 : 장수)에 이르게 되기를 기도한다. 그로써 우리 가빈(嘉賓 : 훌륭한 손님)

과 우리 정경(正卿 : 집정하는 사람)을 즐겁게 하고, 군주의 영(靈)에 답하
노라. 군주는 이로써 만년토록 사시기를.

"군주의 영(靈)에 답한다."는 뜻의 '양군령(揚君靈)'이란 말은 "혼령
의 내림을 받는다."는 말에 해당하지 않을까 한다. 일본의 《만엽집(萬
葉集)》에

我が主の 御靈賜ひて 春さらば 奈良の都に召さげ給はね(《만엽집》
882)
우리 군주의 혼령이 내리심을 받들어, 봄이 되면 나라의 도읍에 부르시리

라는 노래가 있다. 이 노래는 오쿠라(憶良)[6]가 신에게 청하여 도읍으
로 소환되는 것을 도와달라고 부탁하는 내용이다. "혼령의 내림을 받
는다."는 말은 본래 혼을 수여받는다는 뜻일 것이다. 그것은 또한 '신
령의 흔듦'이라고도 하여 분령(分靈 : 한 신사에서 제사지내는 신의 혼령
을 나누어 다른 신사에서 제사지내는 일)[7]에 참여한다는 뜻이다.

분령(分靈)에는 玉(옥)을 사용했다. "군주의 영에 답한다."고 할 때
의 '대양(對揚)'이란 말에서 揚(오를 양)이란 글자는 혼령의 흔들어대
는 행위를 말하는 듯하다. 玉을 높이 쳐들고 있는 그 자형은 신령의
비양(飛揚 : 날아오르며 흔들어댐)하는 모습을 표시하는 것 같다. 昜(볕
양)은 양광(陽光)이 빛나는 모습인데, 그것을 신령의 빛이라고 생각했
던 것이다. 신 사다리 앞에 옥을 둔 형태가 陽(볕 양)이다. 그것은 또한
신령의 드러남이기도 하였다.

《초사》의 〈구가(九歌)〉는 초나라 무녀 사이에 전승된 제사 가요로,
주로 자연신을 노래했다. 이를테면 구름 신이라고 여겨지는 운중군(雲

中君)은

    靈連蜷兮旣留　신령이 옆으로 누워(무녀에게 깃들어) 이미 머물러
    爛昭昭兮未央　찬란하게 밝고 밝아서 언제까지고 끝나지 않네

라는 식으로, 빛을 발하면서 등장하였다. 그래서 그 운중군에 대해

    將憺兮壽宮　아아, 수궁(壽宮: 신을 제사지내는 궁)에 쉬고자 하여
    與日月兮齊光　일월과 빛을 같이 하네

라고 노래했다. 또 상강(湘江)의 수신인 상군(湘君)도 '큰 강에 빗겨 누워 신령의 빛을 흔들면서〔橫大江兮揚靈〕' 나타난다. 靈(영)도 神(신)과 마찬가지로 빛을 뿜는다고 보았던 것이다. "일월과 빛을 같이 한다."라는 말은 뒷날 굴원(屈原)의 작품을 평가하는 말[8]로 사용되었다. 하지만, 그것은 본래 신령의 찬란한 빛을 가리키는 말이었다.

34
신령의 초치

신령의 존재는 〈구가(九歌)〉의 신들처럼 스스로 빛을 내어 흔들어 그 모습을 드러냄으로써 사람들이 알게 된다. 혹은 신령의 존재는 신령을 불러 초빙함으로써 확인할 수 있었다. 신령은 제사올리는 자의 신호를 받아서 그것에 응답할 수 있는 존재였다.

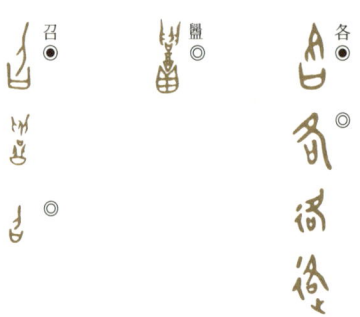

　신을 부르는 일을 召(부를 소)라고 한다. 신에 대한 신호는 축문을 담은 그릇 ㅂ이다. 召(소) 글자의 사람 모습은 아마도 축문 그릇에 내려오는 신령을 표시하였을 것이다. 태보(太保) 벼슬을 계승한 소공(昭公)의 집안은 신령 초빙의 일을 맡아보는 성직자 집안이었다. 그 집안의 호(號)인 召(소)는, 아랫부분에 술동이를 두고 위에서 두 손을 뻗고 있는 복잡한 글자체로 적은 것이 많다.

　아득한 하늘로부터 내려오는 신은 하강하는 발〔足〕의 형상으로 표시했다. 신의 강림은 축문 그릇 ㅂ의 초빙에 응하였다. 各(각각 각)은 '이른다〔格, 격〕'로 풀이하는 글자다. 신령이 제사하는 자의 초빙에 응해 하늘에서 내려오는 것을 소격(昭格)이라고 하는데, 召各(소각)이라 쓰는 것이 그 본래 글자다.

　일본에서도 제사지낼 때는 신을 초빙하여 신이 강림할 수 있도록 갖가지 의례를 행했을 것이다. 그 가운데 '아메노노리고토'[9]라는 것은 신이 강림할 때 왜금(倭琴)을 두고 왜금 머리에 신이 강림하는 판을 세우고는, 판 아래에 신이 임하는 물을 두어, 그 물을 판에 부어서 왜금을 울리게 하였다. 그렇게 하면 신의 그림자가 판의 물그림자에 비치고 왜금 소리가 나면서 신탁(神託)을 하였던 것이다. 신공황후(神功皇后)[10]가 구마소(熊襲)를 정벌[11]할 때도 이 의례를 거행하였다. 뒷날

재궁(梓弓 : 가래나무로 만든 활)을 울려 영혼을 불러와 공수를 하는 아즈사미코(梓巫)[12]는 그 유풍이다.

옛날 중국에서는 신을 강림하게 할 때에 일본의 울림판[13] 같은 것을 사용하였던 듯하다. 乎(어조사 호)는 울림판의 형태이니, 그것을 흔들어 울려서 신을 부른[呼] 것이리라. 乎는 금문에서는 부른다[呼]는 뜻과 함께 사역(使役)의 뜻도 아울러 지녔던 것 같다. 왕이 신하에게 조칙을 내릴 때, "왕이 사곡생(史虢生)을 불러[乎] 송(頌)에 책명(冊命 : 임명의 말을 알림)을 하게 하였다."라는 식으로 말했다. 옛날에는 신을 부르기 위해 그런 울림판을 사용하였던 듯하다. 呼(호)란 신을 위해 축문을 연주하며 울림판을 흔들어 울리는 것을 말한다.

축문 연주로 부름을 받은 신령은 강림해서 사당(묘)에 나타난다. 그것이 客(손님 객)이다. 客이란 객신(客神)을 말한다. 왕조의 제사에는 지난 왕조의 3대 자손까지를 客(객)으로 영접하였는데, 그것을 삼각(三恪)이라고 했다. 그것은 반드시 이민족의 신을 가리킨 것은 아니었다. 붕우빈객(朋友賓客)이란 말은 백성혼구(百姓婚媾 : 동성의 일족과 인척)에 대해 사용했으니, 사당 안에 초빙된 신이나 사람을 모두 객이라고 일컬었던 것이다.

客　容　頌　公

영접을 받은 조상 신령들은, 방불(彷佛 : 흐릿하여 분별키 어려운 모습)하게 그 모습[容]을 드러낸다. 容(용)은 사당 안에 谷(곡)이라고 적는 것이 본래 글자다. 谷(곡)은 계곡(溪谷)의 谷과는 달리, 축고(祝告)의 그릇인 ㅂ 위에 방불(髣髴)하게 조상 신령들이 등장하는 모습이다. 그렇기에 이 容이란 글자는 용모(容貌), 용의(容儀)라는 뜻으로 사용했다. 이미 금문에도 "너의 용모를 정돈해 다스리라〔整辭爾容〕."라는 예가 있다. 본래는 사당 안에 나타난 조상 신령의 모습이다. 그 조상 신령을 제사지내는 노래를 頌(기릴 송)이라고 했다. 또 씨족의 곤란한 문제를 조상 신령에게 호소하는 것을 訟(송사할 송)이라고 했다. 頌과 訟 두 글자의 자형에 포함되어 있는 公은 제사 장소를 그린 것이다. 즉 신령을 제사지내고 씨족의 곤란한 문제를 호소하는 일은 모두 조상 신령 앞에서 거행했던 것이다.

35 약若과 여如

신령의 빙의는 대개 젊은 무녀가 담당했다. 머리를 풀어헤치고 두 손을 위로 쳐들고 광란하는 그 모습은 엑스터시에 빠져 있는 무녀의 모습을 표시한 것이리라. 그 앞에 축문 그릇 ㅂ를 둔 자형이 若(같을 약)이다. 若은 신에게 기도하면서 춤추는 광란하는 무녀다.

이 글자를 2인칭 대명사로 사용하는 것은 가차의 용법이다. 단, 갑골 복사와 금문에는 그렇게 사용한 예가 아직 없었다. 갑골 복사에서는 다음과 같이 사용했다.

묻는다. 왕은 읍을 만들 때, 제(帝)는 좋다〔若=諾〕고 하는가.

왕이 점을 쳐서 말하길, 길하다. 제(帝)는 좋다〔若〕고 한다.

이것이 가장 오래된 용례다. 곧, 若(약/낙)이란 신이 승낙의 뜻을 표시하는 것을 말한다. 뒷날의 諾(대답할 낙)이란 글자에 해당한다. 신탁을 받는 무녀의 모습을 그린 글자가 그대로 신탁 결과를 가리키는 글자로 간주된 것이다.

若에는 또한 따르다, 미치다, 같다, 만일, 어찌하랴 따위의 뜻이 있고, 한편으로는 젊다, 약하다 따위의 뜻도 있다. 이러한 여러 의미들은 글자의 본래 뜻인 신탁이란 의미에서 연역해나올 수도 있고 또 신탁을 받는 무녀의 상태에서 연역해나올 수도 있다.

如(같을 여)는 문자 구조를 보면 若과 같은 형체소로 이뤄진 글자다. 그 글자는 소리와 뜻에서도 若과 서로 통하는 면이 많다. 곧 如에도 따르다, 미치다, 같다, 만일, 어찌하랴 따위의 뜻이 있고, 자약(自若), 자여(自如), 돌여(突如) 같은 형용어를 만드는 조사로도 사용할 수 있다. 이 점은 若과 같다. 몇 가지 용례가 다르기는 하지만, 그것은 오히려 뒷날의 관습에 따른 것이다. 본래 두 글자는 같았다고 보아도 좋다. 《시경》은 서주 후기인 기원전 9세기 무렵에 씌어진 시편들을 모은 것인데, 현재 표기된 글자들의 용례가 본래의 것 그대로라고 한다면, 若과 如 두 글자가 그 시기에 이미 의미에 따라 변별적으로 사용되었음을 알 수 있다. 금문에서 若(약)은 '왕이 이렇게 말하길〔王若曰〕'이라든가 '공경하여 따르다〔若敬〕.' '허락하는지 안하는지〔若否=諾否〕' 또

"신령의 힘이 호랑이와 같다〔靈力若虎〕."라는 식으로 사용했다. 이에 비해 如는 열국의 청동기에서 '만일〔如〕'이라는 가정의 뜻으로 사용된 예가 있을 따름이다.

若(약)이 젊은 무녀의 엑스터시 상태를 표시하는 글자라는 사실은, 이를테면 匿(숨을 닉)과 같은 글자에서도 생각해볼 수 있다. 그리스 무녀들은 지하의 샘물이 끓어오르는 어둡고 으슥한 곳에서 신탁을 받았다고 하는데, 그러한 무녀들의 모습을 이 匿(닉)이란 글자의 모양에서 추측할 수 있다. 그것은 아마도 동굴 속에서 몰래 행하는 주술 의례였을 것이다.

茹(삶을 여)는 보통 '삶다'라고 풀이하는 글자인데, 별도로 '헤아리다'로도 풀이한다. 초두(艹頭)의 모양이 위에 있지만, 풀과는 전혀 관계 없다. 이 글자는 무녀를 상징하는 若을 초두(艹頭) 형태로 그린 것과 마찬가지인 듯하다. 若의 초두는 본래 무녀가 헝클어진 머리칼을 날리며 춤추는 형태를 선으로 펴서 그릴 때 잘못 그린 것이다. 茹(먹을 여)도 옛날에는 若의 원형과 같은 형태였지만 그것이 현재의 茹의 형태로 바뀌게 된 듯하다. 그런 의미에서 惹(이끌 야)와 恕(용서할 서)도, 若(약)과 如(여)의 관계와 같은 연장선상에 있다고 생각된다. 본래 어원이 같았지만 따로따로 갈려져나온 글자의 예라고 말할 수 있다.

36
죽음의 예식

고대인도 죽음을 슬퍼했을 것이다. 하지만 그들에게는 죽음을 운명으

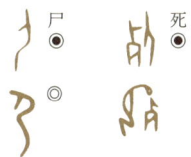

로 달게 받아들이는 일종의 체관(諦觀)이 있었던 것이 아닌가 한다. 상징주의자들이었던 고대인들은 의외로 尸(주검 시)나 死(죽을 사)라는 글자를 특별히 피하려고 하지 않았다. 서주시대의 금문에 보면 관직을 임명하는 조정의 예식 때 관직에 취임하는 것을 "시(尸 : 맡아봄)하라."라든가 "사사(死司: 맡아봄)하라."와 같은 말로 표현했다. 尸(시)나 死(사) 같은 글자를 기피하지 않고 사용한 것이다.

하지만 그 당시는 생명 감정이 풍부한 시대였으므로 죽음을 애석하게 여기고 비통해하는 감정은 지금보다 오히려 더 선명하고 강렬했다. 병이 위독해지기라도 하면 신들림의 모든 방법을 썼고, 숨이 끊어진 뒤에도 신령 부르기(초혼) 의례를 계속 거행했다. 사람이 태어나면 수령(受靈)의례를 옷이나 옥을 가지고 거행했던 것과 마찬가지로, 사람이 죽으면 옷깃 사이에 옥을 넣고 신령을 부르는 예식을 행했다.

眼(눈 안)은 생명의 증좌다. 옷깃 사이에 環(환 : 둥근 옥)을 넣고 눈빛이 회복되길 기다렸다. 그것이 還(돌아올 환)이다. 環(고리 환)은 바로 눈빛이 돌아오도록 하기 위해 사용한 것이다. 과일도 또한 제철따라 생명을 지닌다. 그것을 옷깃 사이에 넣는 것이 裹(쌀 과)이다. 裹란 본래 신이 흔들며 오도록 하기 위한 것이었다. 끝내 목숨이 끊어졌음을 알게 되면 가슴팍에 주술도구인 工(공)을 채워넣었다. 네 개의 工을 채워넣은 것이 展(펼 전)이니, 이것은 곧 죽은 사람의 옷이라. 시체를 염해 바꾸는 것도 展이라고 한다. 네 개의 工에다 다시 두 개를 더한 형태가 襄(도울, 액막이 양)의 첫 형태다. 襄은 액막이(祓禳) 의례를 가

Ⅳ 신령의 행방 | 133

리키는 글자다. 축문 그릇 ㅂ를 더한 것은 哀(슬플 애)이니, 애곡(哀哭) 의례이다. 옷깃 부근에 눈물(氺)을 흘려서 죽음을 슬퍼하는 것이 褱(품을 회)이니, 懷(품을 회)의 처음 글자다.

시의(屍衣)의 가슴팍은 꿰매므로 다시 열리는 법이 없다. 그것이 卒(군사 졸)이다. 죽은 사람에게는 가슴팍에 옥을 붙이고, 아마 짚신도 쥐여줬을 것이다. 袁(긴옷 원)은 머리에 짚신, 가슴에 옥을 두어, 죽은 사람을 전송하는 글자다. 상복 입는 사람도 가슴에 麻(마)로 된 주술 장식을 붙였다. 그것이 衰(상복 최)로, 상복을 말한다. 상례들은 모두 옷의 옷깃 부근에 주술도구를 두는 형태로 표시했다.

尸(시)는 사람이 옆으로 누워 있는 형태로, 곧 屍(주검 시)와 같은 글자다. 屋(집 옥)은 尸를 구성 부분으로 지닌다. 지금까지는 흔히, 가실(家室)은 사람이 머물러야 할 곳이어서 室(집 실)의 아랫부분 至(지)는 머무른다는 뜻이라고 풀이해왔다. 하지만 屋은 시체를 두는 곳이지 않으면 안 된다. 至는 화살이 이르는 곳이다. 室(실), 屋(옥), 臺(돈대 대) 등의 글자들은 모두 至를 형체소로 하되 글자의 음은 모두 다르다. 즉 그 글자들은 至를 구성요소로 하는 형성자가 아니라 회의자들이다. 고대에는 땅을 점복으로 가릴 때 화살을 사용했다. 화살을 쏴서 그것이 떨어진 곳을 선택하는 방법이었을 것이다. 室(실)은 조상 신령을 제사지내는 곳이고, 臺(대)는 신명(神明)을 제사지내는 곳이었다. 그렇다면 屋(옥)은 시체를 두는 곳이지 않으면 안 된다.

《시경》의 진풍(秦風) 〈소융(小戎)〉편은 아직까지 그 뜻을 잘 알 수 없는 시편 가운데 하나다. 전체 내용은 무사의 눈부신 장식을 묘사하는 부분이 길게 이어지다가, 시편 끝에서

言念君子 　군자를 생각하나니
溫其如玉 　온화함이 옥과 같아라.
在其板屋 　판옥에 있어서
亂我心曲 　내 마음을 혼란시키네.

라고 하였다. 끝부분을 보면 이 시편은 분명히 만가(輓歌)이다. 판옥(板屋)이란 빈궁(殯宮)을 말한다. 생전의 뛰어난 풍모를 칭송하는 이 노래의 구성은 일본의 가키노모토노 히토마로(柿本人麻呂, かきのもとのひとまろ)[14]가 다케치노미코(高市皇子)를 조문하는 만가(《만엽집》 199)와 같은 구성이다. 장송(葬送)을 한 뒤에는 실(室) 안에 나무 장막인 楃(나무 장막 악)을 두고 신령을 영접하였다. 그 나무 장막을 또한 신암(神盦)이라고도 하였다. 판옥(板屋), 악(楃), 실(室)은 모두 신령을 안치하는 곳이었다.

37

노잔老殘한 사람

나이가 젊어 죽는 것을 殀(일찍 죽을 요)라고 하고, 앙화를 입어서 죽는

것을 殃(재앙 앙)이라고 한다. 妖(요)나 殃(앙)이나 모두 死(사)와 마찬가지로 歹(부서진 뼈 알)의 형태를 구성 부분으로 한다. 歹은 부서진 뼈를 형상화한 것이다. 남은 뼈〔殘骨〕의 상반부는 咼(과)인데, 아래쪽에 더해져 있는 ㅂ는 저주(詛呪)의 의미다. 죽은 혼령에게 기도하여 화(禍)를 가져오게 하였던 것이리라.

환과(鰥寡 : 홀아비와 과부)에 속하는 사람은 妖(요)나 殃(앙)을 모면하고 나이를 먹은 사람들이다. 하지만 나이가 들어서 배우자를 잃어버리는 것은 한층 더 쓸쓸한 일이다. 늙어서 아내가 없는 것을 鰥(홀아비 환)이라 하고, 늙어서 남편이 없는 것을 寡(적을, 과부 과)라고 한다. 고대의 성왕 때에는 환과고독(鰥寡孤獨)의 사람들을 천하의 궁민(窮民)[15]이라고 여겨 복지정책의 첫 대상으로 삼았다. 물론 그것은 고대 세계를 이상화한 이야기에 지나지 않는다. 그렇다고는 해도 고대 사회는 연령을 계급에 반영시켰으므로 그런 사회에서 노인들은 일정하게 존경받을 수 있었을 것이다. 맹자가 양혜왕을 만났을 때 양혜왕은 연장자인 맹자를 '叟(수)' 즉 '노선생'이라고 불렀다. 叟는 옛날 글자로는 𠬛라고 적었다. 사당 안에 불을 들고 있는 사람의 형상이다. 로마의 가부장(家父長)을 연상시키는 자형이다. 중국에서도 사제(司祭)를 일컫는 말이었을지 모른다.

장로(長老)를 耆(늙은이 기)라고 한다. 그 글자의 아랫부분에 있는 日은 기도를 잘해 신의 뜻을 아는 사람을 가리키는 듯하다. 신의 뜻을 점치는 易(역)은 천지(天地)의 수로 蓍(비수리 시)를 사용하는데, 이 蓍란 글자도 耉와 관계 있다. 고대에는 천자가 천하의 장로인 삼로(三老)를 예우하여 경로의 의례를 대대적으로 행했다고 《예기(禮記)》에 기록되어 있다. 이것은 실은 현실에서는 충족되지 않았기에 그러하길 기대하는 마음을 반영한 기록일지 모른다.

鰥(환)은 魚(고기 어)와 眔(눈물 라)로 이루어진 회의자다. 眔는 涙(눈물 루)의 상형자다. 앞서 말했듯이 褢(회 = 懷)는 사별(死別)하여 옷깃에 눈물을 흘리는 모양을 그린 글자다. 늙어서 아내를 잃은 남자를 어째서 魚와 眔의 회의자로 표시하였는지는 알 수 없다. 하지만 거기에 고대인의 상징적 사유가 발동했을 것임에는 틀림없다. 魚(어)는 고대인의 사유 세계에서 여성을 상징한다. 《시경》의 시편 가운데 결혼을 축하하는 노래는 늘 물고기 이름을 열거하였고, 또 고기를 낚는다는 표현으로 남녀의 결합을 표시하였다. 여자가 시집 갈 때 지참하던 잉기(媵器)로 사용하던 청동기 쟁반에도 물고기 문양을 그려넣는 것이 항례였다. 제2차 세계대전 직후 국민당 특무(요원)에게 암살당한 문일다(聞一多)는 생전에 쓴 〈물고기에 대해 논함(說魚)〉이라는 논문에서, 물고기를 성적 표현으로 삼은 중국문학의 예들을 풍부하게 수집해두었다. 鰥(환)은 그 물고기 표상을 앞에 두고 눈물 흘리는 늙은 지아비를 표시한 글자다.

寡(과)는 사당 안에서 수심에 잠겨 있는 사람의 모습이다. 비통하게 울부짖으며 호소하는 상대방은, 두말할 것도 없이 나를 남기고 먼저 떠난 지아비다. 憂(근심할 우)는 그렇게 울부짖는 사람의 모습에 心(심)을 더한 글자다. 그렇게 수심에 잠긴 모습을 優(얌전할 우)라고 한다. 수심에 잠겨 혼란 상태에 있는 것을 擾(어지러울 요)라고 한다. 부인은 물고기 모습으로 표상한 데 비해 남자는 일반적으로 새 형태의 정령으로 표상했다. 사당 안에서 비통하게 울부짖는 사람의 뒤에 가만히 隹(추)를 더한 자형이다. 그림자 속에 서 있는 망자가 울부짖는 사람의 등 뒤로 살짝 다가서듯이 표시한 것이라고 생각된다. 그렇다고 한다면 고대인이 글자를 만든 감각에 대해 새삼 깊이 탄복하지 않을 수 없다.

38
친親과 자子

親(친할 친)의 원래 뜻은 '부모'다. 그것은 새로〔新〕 제사되는 부모를 말한다. 보고 있는 것은 그 아들이다. 편방은 新(새로울 신)과 자형이 같다. 따라서 親은 新과 관계가 있다.

新(신)은 새로운 나무다. 도끼〔斤, 근〕로 잘라낸 나무인데, 그 나무 위에는 바늘〔辛〕을 박아두었다. 아마 잘라내는 나무를 정해두려고 바늘을 꽂아 표시하였던 듯하다. 신사(神事)에 사용하는 입목(立木 : 솟대)을 고를 때 바늘을 꽂아두는 방법을 사용한 것이리라. 일본의 경우를 보면, 정월의 첫 입산 때 산신으로 설정한 나무에 공물을 바치고 새에게도 먹이를 주었다. 새를 신의 사자라고 생각한 것이다. 또 벌목하기 하루 전날에는 베어낼 나무 앞에 작은 도끼를 세워두고, 다음날 그 작은 도끼가 넘어져 있을 때에는 벌목을 중지했다. 이상이 없어야 산신이 허락한 것이라고 간주하는 습관이 있었던 것이다. 옛날 중국에서는 이 작은 도끼를 베어낼 나무 곁에 세우는 대신, 바늘을 그 베어낼 나무에 꽂았던 것이리라. 또 栔(결)이라고 하여, 이른바 나무 표시를 붙이는 일도 있었을 것이다. 어쨌든 나무에 바늘을 꽂아두는 일은 신사(神事)에 관한 것이었다. 薪(땔나무 신)도 한 해의 첫 입산 때 베어낸 나무다. 그것으로 문 장식이나 풍흉 점복이나, 그밖의 갖가지 민속에 사용했다.

親(친)은 이 신목(新木)을 보고 있는 형상이다. 見(견)은 단지 시각적으로 보는 것만이 아니다. 절을 하는 행위나, 대상의 내면과 교감하는 관계를 의미한다. 금문을 보면 親의 자형 가운데는 사당 안에 親을 적은 형태가 있다. 따라서 그것이 사당 안에서 행해진 의례였음을 알 수 있다.

親의 자형에 들어 있는 신목(新木)은 아마도 새 신위를 만들 나무일 것이다. 즉, 고대인들은 그렇게 선택한 나무로 위패를 만들었을 것이다. 이 위패를 정면으로 마주하고 있는 사람은 親(어버이 친)을 잃고서 제사를 지내는 자식일 터이다. 子(자)는 親에 대해 순자(順子)라고 일컬었다. 금문에 '그 순(順)한 아들'이라든가 '내 순손(順孫)'이라든가 하는 식으로 말한 예가 있다. 順(순할 순)은 水(수) 앞에다 頁(머리 혈)을 적는다. 이때 頁은 특히 의례에 임하는 모습을 말한다. 頁(혈)이 들어 있는 頌(기릴 송), 類(무리 류), 顯(나타날 현), 顧(돌아볼 고)는 모두 제사나 신사(神事)에 관계된 글자들이다. 또 顔(얼굴 안)은 성인식의 문신(文身) 의례를 표시하는 글자다. 이러한 예들로 볼 때 順(순)도 물에서 무언가

의례를 행하는 것을 상징한 글자인 듯하다. 금문에서는 涉(건널 섭)과 頁(혈)을 합한 瀕(물가 빈)의 자형으로 표시한 것이 있다. 주나라 초기의 주공(周公) 가문과 관계된 청동기라고 추정되는 영기(燓殷)에는 "절하여 머리를 조아려, 천자가 이루어주신 순복(順福)을 즐거움(魯)으로 삼는다."라고 하는 글이 있다. 이때 順(순)을 涉과 頁로 이루어진 瀕(빈)의 자형으로 적었다. 頻(자주 빈)이란 본래 수심에 젖어 탄식한다는 뜻이므로, 그것은 물가에서 행하는 애곡(哀哭)의례였는지 모른다.《시경》의 소아(小雅)〈고종(鼓鍾)〉편은, 물가에서 숙인군자(淑人君子)를 조문하는 일을 노래하였다. 그 예식은 順(순)이나 瀕(빈)과 관계가 있었을 터이다. 그러한 옛날 의례는 지금은 알 수 없는 것이 많다.

　죽은 사람을 애도하기 위해서는 옥에 흰 무명 따위를 걸쳐서 혼령이 평안하도록 기도하였다. 顯(드러날 현)은 본래 옥에 수실 장식을 붙인 것을 걸치고서 절하고 있는 형태다. 그렇게 하면 죽은 사람의 모습도 그림자 속에 나타났던 것이리라.

39

비명의 죽음

빈핍(貧乏)이란 그저 가난하여 힘들다는 뜻을 나타내는 것이 아니다. 가난의 고통 끝에 죽을 곳마저 제대로 못 얻고 죽어서 썩어버린다는 뜻이 빈핍이라는 글자의 본의다.

　乏(가난할 핍)은 시체를 말한다. 그 시체는 강에 띄워 흘러가게도 했을 것이다. 泛(뜰 범)이란 글자가 바로 그것을 의미했다. 또 길가의 구

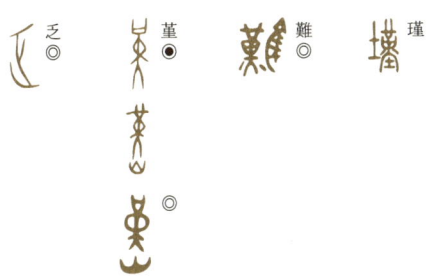

멍에 흙으로 덮어 묻기도 하였으리라. 窆(묻을 폄)이란 바로 그것을 의미했다. 또 砭(폄)은 '경계하다', 貶(떨어뜨릴 폄)은 '(평가를) 낮추다'라고 풀이한다. 그 글자들은 모두 시체를 사용해 주술의례를 행한 것과 관계 있다고 생각된다.

고대사회는 농경사회라고는 해도 생산성이 낮았기 때문에 모든 것을 자연 조건에 내맡겨두었다. 효과적인 구황책이 없었으므로 흉작이 심하게 닥치면 천리에 생명의 빛이 꺼지고 기아 상태가 되었다. 간난(艱難)과 같이 사람을 괴롭힌다는 뜻의 글자들에서 형체소로 사용하는 堇(간)과 堇(근)은 본래 기근(饑饉)을 의미하는 글자였다.

고대에는 한발(旱魃 : 가뭄)이 계속되면 서둘러 기우제를 거행했다. 靈(신령 령)은 그 기우제를 거행하는 무녀를 표시하는 글자다. 일본 《고사기(古事記)》의 〈신대기(神代記)〉에서 '대일영귀(大日孁貴 : 오히루메노무치)'라는 말에 孁이란 글자를 배당한 것도 孁이 무녀라는 뜻에서 비롯된 것이다. 기우제의 효과가 없으면 무녀를 태워서 비를 청했다. 이른바 무녀 태워 죽이기 풍속이다. 프레이져의 《금지편(金枝篇)》[16]이 말하듯이 옛날에는 왕이 '살해되는 왕'이었으나 뒷날에는 무녀가 불에 태워졌던 것이다. 堇(간)은 무녀가 기도 올리는 축문 그릇을 받들고 불에 타 죽어가는 형태다. 마녀(魔女)의 최후와 같은 그런 참혹한 광경이다. 菓이나 菫(근) 계통의 글자들은 모두 기근(饑饉)과 무녀의 풍속을 표시하며, 그 두 글자의 소리와 뜻을 계승한다. 難(어려울 난)도 자형과 자의에서 그 글자들과 관계가 있다.

기근 때문에 고향을 떠나 떠돌다가 길에서 목숨을 잃는 비명(非命)의 사람들이 많았다. 그것을 도근(道殣)이라고 했다. 즉, 길가다 쓰러져 죽는 것이다. 그렇게 원통하게 죽은 사람들을 방치하면 그 땅에 재앙이 일어날 우려가 있었다. 그래서 일단 시신들을 가매장해서 원령을 위로했다. 일본의 히토마로(人麻呂)가 부른 노래에는 사누키(讚岐) 사미네노시마(狹嶺島)의 해변가, 야마토(大和)의 가구야마(香具山), 혹은 요시노가와(吉野川)의 언저리에서 행려 사망자들을 장송하는 노래가 있다. 그것은 아마도 히토마로가 속한 집단이 그러한 직무를 맡아 했기 때문일 것이다. 殣(근)은 '파묻는다'고 풀이하는데, 행려 사망자를 흙으로 꼭꼭 덮어버린다는 뜻이리라. 塗(길 도)에서 余(여)는 길의 재액을 떨어버리는 주술도구인데, 塗가 그러한 주술도구를 형체소로 하고 있다는 사실도 역시 그 나름의 의미가 있었을 것이다. 京(경)이 전쟁터의 버려진 시체를 발라서 만든 문(門)이었던 사실과 비슷한 면이 있다.

亡(망할 망)은 乏(핍)과 성의(聲義 : 소리가 지닌 뜻)가 가까운 글자로, 몸을 구부리고 죽어 있는 사람의 형상이다. 巟(망할 황)은 죽은 자의 머리칼이 서너 가닥만 겨우 남은 모양이다. 그러한 주검이 널려 있는 들판을 荒(거칠 황)이라고 한다. 정말로 황량(荒凉)한 글자다. 잔해가 겹

겹이 포개어져 있는 것을 匃(빌 개)라고 한다. 匃에는 개구(匃求)라고 복합어로 만들어 쓰는 용법이 있다. 儌(요)와 마찬가지로, 시신을 이용해 저주하는 의례에서 그런 뜻을 얻었을 것이다. 匃에 축문의 日(왈)을 더하면 曷(어찌 갈)이 된다. '어찌〔曷〕'라는 것은 엄중하게 호소하는 말이다. 그렇게 엄중하게 호소하는 소리를 뜻하는 喝(꾸짖을 갈)이나 愒(으를 할)은 귀신이라도 움직일 힘을 지녔다. 너무 소리를 지르다가 잠시 목이 잠기는 것을 歇(쉴 헐)이라고 한다. 목소리가 다하는 것은 竭(다할 갈)이라고 한다. 한편 謁(아뢸 알)은 주술의 말을 가지고 귀신에게 맞서는 일을 뜻했을 것이다. 이 글자들은 모두, 죽은 영혼의 세계에서 성립한 것이다.

40

영원의 세계

영생불멸은 예나 지금이나 사람들이 갈망하는 바다. 하지만 그 바람은 결코 실현된 적이 없으며, 또 앞으로도 실현될 수 없을 것이다. 영원한 세계는 죽음에 의해서만 비로소 획득할 수 있는 세계이기 때문이다.

久(오랠 구)란 글자는 주검〔尸 = 屍〕을 뒤에서 지탱하고 있는 형태다. 주검을 들여넣는 곳이 柩(널 구)이다. 遠(멀 원)은 상례의 袁(원)이란 의례에서 나왔다. 고대인들은 영원의 길로 떠나가는 죽은 사람에게 도 길 떠나는 차림을 시켰다. 베개 맡에 止(지) 즉 짚신을 두고 가슴팍에 둥근 옥(玉)을 두었다. 그것이 袁이다. 袁은 영원을 향해 길 떠나는 사람의 모습이었다.

구원(久遠)이란 실은 죽음의 세계다. 실상은 죽음을 뜻하는 글자에 '구원하다(영원하다)'라는 의미를 부여한 것은 아마도 변증법적 사유를 즐겼던 전국시대의 사제(司祭)들이었을 것이다. 그들은 죽음을 두려워하지 않고 오히려 죽음에서 진리의 인식에 도달하고자 했다. 장주(莊周, 장자)는 아내가 죽었을 때 둥근 병 모양의 질장구〔缶, 부〕를 두드리면서 영원의 세계에 대한 찬미가를 노래했다고 한다. 장주(장자)를 따르는 무리가 아마도 그러한 사상의 실천자였을 것이다.

그러한 사상가들이 불변의 세계라고 간주한 眞(참 진)도 또한 본래는 변사자의 모습이었다. 그들의 사유는 현상을 존재의 세계로 전환시켜 현상에서 존재를 보았다. 그로써 상대(相對)는 절대(絶對)가 되었다. 眞이란 자빠져 죽은 사람의 모습이다. 윗부분은 化(화)이니, 이미 化(화)했음을 뜻한다. 그 아래의 県(현)은 거꾸로 매달린 머리다. 머리카락이 아래로 늘어져 흔들리고 있으니, 곧 죽은 사람의 머리다. 顚倒(전도)에서 顚(정수리 전)이란 글자는 그렇게 길가에 널브러져 있는 변사자를 가리키며, 행려 사망자의 시신 眞을 임시로 조문하는 것을 표시한다.

일본의 《만엽집》에는 히토마로(人麻呂)가 부른 만가가 다음과 같이 실려 있다.

草枕 旅の宿りに 誰が夫か 國忘れたる 家待たまくに(《만엽집》 426)
풀을 베고 누었구나, 여행의 숙박소에. 누구의 아내인가, 도성을 잊어버린 그대를 집에서 기다리고 있거늘.

八雲さす 出雲の子らが 黑髮は 吉野の川の 沖になづさふ(《만엽집》 430)
여덟 구름이 비치는 이즈모의 자식들이여, 검은 머리칼이 요시노의 강에 버려져 있다니.

억울하게 죽은 사람의 혼령은 종종 진에(瞋恚 : 성냄)의 마음을 드러낸다. 그래서 시신을 묻어서〔塡〕가매장하지만, 그것만으로 원령을 진정〔鎭〕시키기란 쉽지가 않다. 적당한 제사 장소를 설치해 그 시신을 둠〔寘〕으로써 혼령은 가까스로 평안함을 얻었던 것이다. 혹은 玉(옥)을 가지고 그 혼령을 진정시키려고〔塡〕했을 것이다. 하지만 자기에게 죄가 없다고 억울함을 끝없이 호소하여 울근불근하는 자는 때로는 마치 북소리를 울리듯 전연(闐然)한 소리를 내어 사람을 놀라게 할 것이다. 앞서 보았듯이, 音(음)이라든가 闇(암)이라든가 하는 글자는 신이 강림하는 기척을 가리키는 말이다.

이러한 글자들은 眞(진)을 형체소로 지닌다. 그런데 종래에는 그 글자들을 모두 형성의 짜임이라고 설명해왔다. 그런 설명은 眞이라는 가치 개념이 어떤 사유과정에 의해 획득되었는지 몰랐기 때문이었다. 즉, 고대인의 변증법적 사유 방법을 전혀 깨닫지 못해서, 그 놀라운 가치 전환을 이해할 수 없었던 것이다. 고대인들이 자형의 표현에서 시도하였던 상징 수법이나 개념 구성 방법은, 기원전 14세기에 문자가 성립한 이후 전국시대에 사상가들이 활약하게 되기까지 약 1,000년 사이에 정신사적으로 발전했다. 따라서 문자를 연구하는 일은 또한 정신사적 과제를 제기하는 것이기도 하다.

미주

[1] 《논어(論語)》〈요왈(堯曰)〉편에 나오는 말이다. "공자께서 말씀하셨다. 명을 모른다면 군자일 수 없다. 예법을 모른다면 자신을 확립할 수 없다. 남의 말을 옳게 판단할 수 없다면 남을 알 수 없다〔子曰, 不知命, 無以爲君子也. 不知禮, 無以立也. 知言, 無以知人也〕."

[2] 《고사기(古事記)》〈신대기(神代記)〉에 나오는 노래로, 원문은 "天なるや 弟織女の 頸がせる 玉の御統の 穴玉はやみ谷 二渡らす 味耜高彦根"이며, "あめなるや おとたなばたの うながせる たまのみすまるの あなたまはや みたに ふたわたらす あぢすきたかひこね"라고 읽는다. 의미는 다음과 같다. "천상의 직녀가 걸치고 있는 머리 장식의 옥처럼, 두 개의 골짜기 사이를 건너고 있는 사람은 나의 형(오라버니) 味耜高彦根."

[3] 마토코 오후스마(眞床覆衾)는 《고사기(古事記)》〈신대기(神代記)〉에 나온다. 마토코(眞床)는 침상의 미칭이다. 오후스마(覆衾)는 追衾(추금)으로 적는다.

[4] 교토 북부 히라노미야모토초(平野宮本町)에는 히라노 신사(平野神社)라는 큰 사당이 있다. 히라노 신사는 백제인 환무천황(桓武天皇)이 8세기부터 그의 백제 조상을 모시고 궁중제사를 지내온 유서 깊은 터전이다. 지금도 일본 천황가는 새 천황 즉위식 때 이곳에서 대상제(大嘗祭)라는 의식을 거행한다. 신대(神代)로부터 현대에 이르기까지 이어져 오는 이 의식은 천황 즉위 직후 유기국(悠紀國)과 주기국(主基國)의 첫 수확한 벼를 천황이 왕조신(王朝神)을 비롯해서 천조대신과 천신지기신(天神地祇神)에게 제를 지내고 나서 이들 조상신들과 함께 먹는 축제이다. 유기국과 주기국은 궁중에서 종자를 수확하는 농사를 짓는 어전(御田)이 있는 땅이다. 기기신화(記紀神話)에 따르면, 천조대신이 보식신(保食神)으로부터 오곡의 종자를 받아 어전에서 키워 수확한다. 수확한 것을 지상에 강림해 천손(天孫)인 니니기존 즉 천조대신의 손자에게 주어 백성들이 먹고 살게 한다. 천황이 왕조신에게 감사함으로써 천황의 덕이 증가한다고 믿는다. 대상제를 거행하기 전에는 궁중에서 한신제(韓神祭, 가라카미노 마쓰리)를 지낸다. 한신제는 2월 축일(丑日)에 올리는 춘일제(春日祭)를 지낸 뒤, 그리고 11월 축일의 신상제를 거행하기 전에 지낸다.

5 무로호기(室壽)는 새로운 집을 여는 것을 축하하는 일을 말한다.
6 야마노우에노오쿠라(山上憶良, 660~733경)는 나라(奈良)시대의 인물로, 《만엽집(萬葉集)》의 대표적 가인(歌人) 가운데 한 사람이다. 견당사(遣唐使)에 포함되어 중국에 건너갔고, 귀국한 뒤 호오키(伯耆, ほうき)의 국사(國司)를 지냈다. 721년에는 오히토노오지(首皇太子, おひとのおうじ)를 보필하는 관리가 되었다. 《만엽집》에는 70수에 이르는 그의 노래가 실려 있다. 대표작으로는 〈빈궁문답가(貧窮問答歌)〉가 유명하다. 그 노래는 앞서 인용하였다.
7 분령(分靈)이란 현재는 한 신사(神社)에서 다른 신사로 영(靈)을 나눠주는 일을 가리킨다. 앞에 나왔다.
8 《사기(史記)》 〈굴원열전(屈原列傳)〉의 색은술찬(索隱述贊)에, "옥과 같이 결백하고 일월과 빛을 다툰다〔瑾瑜比決, 日月爭光〕."라고 하였다.
9 일본의 《고사기(古事記)》에 보면, 스사노오(スサノヲ)는 딸 스세리비메(スセリビメ)와 오호나무지(オホナムヂ)의 결혼에 소극적이었다. 딸을 빼앗긴 스사노오가 오호나무지를 불러 호통을 친다. 하지만 스사노오는 결국 생태도(生太刀), 생궁시(生弓矢), 하늘의 아메노노리고토(詔琴)를 오호나무지에게 양도했다. 위원중국(葦原中國)의 통치자로서 오호나무지를 인정한 것이다. 그 세 가지는 아마테라스(アマテラス) 계의 3종의 신기(神器)에 필적할 만한 것이다.
10 《일본서기(日本書紀)》 저자는 신공황후(神功皇后)가 사망한 247년부터 응신천황(應神天皇)이 즉위한 390년까지 142년 동안의 천황 공백기를 감추고 천황의 연속성을 가장하기 위해 신공황후의 사망년도를 실제연도(247년)보다 22년 늦춰 269년에 죽은 것처럼 적고, 응신천황의 즉위연도를 실제연도(390년)보다 120년 앞당겨 270년에 즉위한 것처럼 적어놓았다. 즉 신공황후 사망 후부터 응신천황 즉위 사이에 천황공백기 142년이 없었던 것처럼 왜곡해놓았다. 신공황후 사망(247년) 후부터 응신천황 즉위(390년) 사이 천황 공백기 142년(248년~389년)은 백제왕이 일본 열도의 소국들을 직할통치한 기간이라고 한다. 그런데 그 동안에 일어난 백제왕에 관한 사실 중 일부 연도를 120년 인상하여 신공황후기 55년조(일본서기연도 255년, 실제연도 375년)부터 65년조(일본서기연도 265년, 실제연도 385년) 사이에 적어놓았다. 신공황후 48년 ~ 69년은 실제 재위연도가 아니고 신공황후의 사망연도를 실제보다 22년 늦추기 위해 적어놓은 가공연도다.
11 실제로는 경행천황(景行天皇) 27년(97년)에 일본무존(日本武尊)이 구마소(熊襲, 九州 熊本)를 토벌하고 서주(西州, 九州)를 평정했다. 이때부터 103년 사이에 구주의 가야계(변한계) 무리가 주축이 되어 일본 열도에 소국연맹인 야마대연맹(邪馬臺聯盟)을 세웠다.
12 일본의 옛 자서인 《물류칭호(物類稱呼)》에 보면, '梓巫(재무)'를 'あづさみこ'라고

IV 신령의 행방 | 147

읽고, "동국(東國)에서는 降巫(いちこ) 혹은 口よせ라고 한다. 하리마(播磨)에서는 たたきみこ라고 한다."고 하였다.

[13] 나루코 이타(鳴子板)는 곧 나루코(鳴子)이다. 밭을 망치는 새를 겁주어 쫓기 위해 사용하기도 하였다. 작은 판에 가는 죽관(竹管)을 실로 걸쳐 연결한 것을 끈으로 팽팽하게 해 잡아당기면 죽관이 판에 닿아서 소리를 내었다.

[14] 가키노모토노 히토마로(柿本人麻呂, かきのもとのひとまろ)는 《만엽집》의 대표적 가인(歌人)의 한 사람으로 출생연도는 알 수 없다. 《만엽집》 제2권에는 이와미(石見, いわみ) 국에서 죽어가면서 읊은 노래가 있고, 그 노래 바로 다음에 '寧樂宮 和銅四年……'의 제사(題詞)가 있으므로 그 이전에 죽지 않았나 한다. 《만엽집》에는 히토마로의 작이라고 간주되는 노래와, 《かきのもとのひとまろかしゅう》(柿本人麻呂歌集)에 실려 있었다고 보이는 노래가 있다.

[15] 궁민(窮民)은 의지할 데 없는 불쌍한 백성이란 뜻이다. 《맹자》 〈양혜왕(梁惠王)〉·상(上)편에 나온다. 궁민이란 즉 늙어서 부인이 없는 환[老而無妻曰鰥], 늙어서 남편이 없는 과[老而無夫曰寡], 늙어서 자식이 없는 독[老而無子曰獨], 어려서 아비가 없는 고[幼而無父曰孤] 등이다.

[16] James George Frazer Sir(1854~1941) 著, 永橋卓介 譯, 《金枝篇(The Golden Bough)》(岩波文庫 5冊, 東京 : 岩波書店, 1951~1952 ; Sabine G. MacCormack 編集, 內田昭一郎, 吉岡晶子 譯, 《圖說金枝篇(The illustrated Golden Bough)》(東京 : 東京書籍, 1994. 10.). 축약본의 국내 번역본으로 장병길 옮김, 《황금가지 1·2》(삼성출판사, 1990)가 있다.

자형학의 문제

- **41** 한정부호
- **42** 회의의 짜임
- **43** 수手의 용법
- **44** 족足의 세 모습
- **45** 인人의 회의자
- **46** 신들림
- **47** 문자 계열
- **48** 형체소
- **49** 동형이자
- **50** 생략과 중복

41
한정부호

고대 문자의 구조는 형상의 상징성을 가장 효과적으로 사용했다. 즉 최소한으로 필요한 의미 요소인 형체소를 적절히 이용해서 명확한 표현을 완수했다. 이 사실은 앞서 몇몇 글자들의 구조를 설명한 내용을 통해 쉽게 이해할 수 있을 것이다. 문자는 더 이상 생략이 곤란하다고 여겨지는 한계에 이르렀을 때 성립하였다. 그렇게 하여 한 점, 한 획 속에 글자의 형의(形義 : 글자의 형태가 지닌 뜻)가 기탁된 것이다.

한자의 자형에서 획이 많아진 이유는 여러 가지 원인이 있을 수 있다. 문자를 만든 사람들이 애초부터 복잡한 표현을 즐겼을 리는 없다. 획이 늘어난 최대 원인은 글자가 다의(多義 : 여러가지 뜻)를 지니게 되었기 때문일 것이다. 이를테면 申(신)은 전광, 번개, 빛의 형상으로 본래 神(신)을 의미했다. 하지만 그 글자가 연역(演繹)에 의해서 신전(伸展 : 뻗어나감)이란 뜻을 지니게 되자, 그 분화된 뜻을 표시하기 위해서 伸(신)을 만들고, 본래의 神(신)이란 의미로는 제단(祭壇)을 의미하는 示(시)를 첨가해 神(신)이란 글자를 사용하게 되었을 것이다. 그리고

종주(宗周) 종명(鐘銘) : 황상제백신(皇上帝百神)
주나라 종으로서는 가장 이른 시기의 것으로, 지금 타이페이 고궁박물원에 소장되어 있다. 명문은 정면의 정[鉦] 사이에 네 줄, 북 부분의 왼쪽에 여덟 줄, 뒷면에서 북의 오른쪽 부분에 다섯 줄이다. 그림은 북 왼쪽의 문장이다. 세 번째 줄부터 "황상제백신이 나의 소자(小子)를 보호하여, 짐이 계책을 완성하매 다투는 일 없네. 나는 황천왕(皇天王)을 제사지내어, 대답하여 종주의 보배스런 종을 만들었다."라고 하였다. 주나라 소왕(昭王)에 의하여 나라를 보존할 수 있었던 보후(甫侯)가, 소왕(昭王)을 황천왕으로 제사지낸 것을 말한다. 神이란 글자에 示(보일 시)변이 붙어 있다.

원래 글자인 申(신)은 십이지(十二支)의 하나를 뜻하는 글자로 사용되었다. 神(신)이란 글자 형태는 서주시대 중기에 만들어진 종주종(宗周鐘)에 처음 나타난다. 종주종은 남쪽으로 정벌에 나섰다가 한수(漢水)에서 죽은 소왕(昭王)을 조문하기 위해서 만든 것이다.

갑골문에서 示(시) 편방을 붙이는 글자는 祝(빌 축), 福(복 복), 祀(제사 사) 등 아무래도 제단의 형태를 나타낼 필요가 있는 몇몇 글자밖에 없었다. 갑골문에서 祭(제)는 그저 제육을 손에 들고 바치는 형태였다. 祖(조상 조)도 조두(俎豆)의 俎(조)를 의미하는 且(차) 형태 그대로였다. 어느 경우에도 示를 더하지 않았다. 중국의 곽말약(郭沫若)은 且를 남근의 형태로 보아, 그 문자들이 부계(父系)시대에 성립했다고 주장하였다. 하지만 실은 且는 제육을 바치는 도마인 俎(조)의 상형자다. 도마[且] 위에 고기를 두는 형태가 宜(의)이다. 준조(障且)라고 하면 향연(饗宴)을 의미한다. 제육을 도마[且]의 곁에 첨가한 형태가 俎이다. 그런데 이 且도 뒷날 여러 가지 뜻으로 쓰이게 되었다. 즉 租(구실 조), 組(끈 조), 叡(및 차)의 뜻으로도 사용하게 되자, 각각 禾(화)나 糸(사) 등, 그 말이 속하는 범주를 나타내는 한정부호를 더한 글자들이 성립했다. 마찬가지로 祖(조)라는 글자도 만들어졌다. 본래의 글자는 '또'라고 풀이하는 용법만 남았을 뿐이다.

갑골문에서 한정부호를 사용한 것은 거의 고유명사에 한하였다. 씨족의 이름에는 姘(경)이나 嬘(조)처럼 女 변을 붙이는 것이 많았고, 강물의 이름에는 洹(원)이나 滴(상)처럼 水 변을 더하였다.

이 점에서도 알 수 있듯이 한정부호는 그 말이 속하는 범주를 표시하는 것이지, 의미상의 형태소로 어의(語義)의 구조에 참여하는 것이 아니다. 즉 회의의 짜임으로 기능하는 것이 아니라 江河(강하)처럼 형성의 짜임에서 기호로서의 역할을 하는데 그친다. 부수로 보면 산수초목(山水草木), 조수충어(鳥獸蟲魚) 등의 부에 속하는 글자들이 대체로 형성자다. 즉 한정부호와 성부(聲符)로 구성된 글자로, 말하자면 표음문자다.

문자의 가장 기본은 상형자다. 그것에다가 지사기호(指事記號)를 사용하는 지사자, 상형자들을 복합해 만든 회의자를 합치면, 그것들을 기본 한자라고 말할 수 있다. 이 기본 한자들의 수는 《설문해자》에 약 1,400자로 나온다. 나머지 한자들은 모두 형성의 짜임이니, 글자를 표음적으로 사용한 용법의 한자들이다. 즉 2차적으로 성립한 한자들이다. 자형학에서는 한정부호와 성부로 이루어진 형성자를, 유의적 형체소가 복합하여 이루어진 회의자와 분명하게 구별해야 한다.

42
회의의 짜임

형성자는 한정부호를 지니지만, 회의자는 형체소의 복합으로 이뤄진다. 따라서 형성자와 회의자는 그 구조를 비교하면 조자(造字) 의식면에서 차이가 난다. 한정부호는 어디까지나 부호로 기능하므로, 다른 형체소와 구조적 관계를 맺지 않는다. 하지만 같은 글자가 한정부호로 기능하지 않고 형체소로 쓰일 때는 사정이 달라진다.

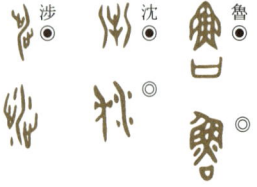

이를테면 水(수)는 한정부호로 많이 쓰이지만, 그것이 물을 건너는 행위와 관련을 가지게 되면 한정부호의 일반적인 위치에 놓이지 않게 된다. 이를테면 水와 步(보)가 서로 교차하는 구조를 취하게 되면 涉(건널 섭)의 갑골문 글자에서와 같은 형태를 취한다. 또 沈(가라앉을 침)은 갑골문에 보면 희생물인 소[牛]를 물속에 던지는 형태로 되어 있다. 沈이라는 현재의 글꼴은 뒷날 형성의 짜임으로 만들어진 것이다.

부수자가 행위상의 의미를 지닌 글자일 때, 그 부수자가 들어 있는 글자는 형성자가 아니라 회의자인 경우가 많다. 이를테면 手(손 수)와 손으로 물건을 잡는 攴(=攵, 복)이나 又(수), 의례에 관계하는 見(견)이나 頁(혈), 왕래에 관계하는 彳(척), 行(행), 辵(착), 走(주) 등이 그러한 예다. 또, 사용하는 기물이 형체소로서 자형 속에 들어가면 행위, 기능, 상태를 나타내는 형체소와 유기적인 관계로 복합한다.

告(알릴 고), 古(옛 고), 吉(길할 길), 咅(나 오), 舍(집 사), 害(해칠 해) 등은 주술 그릇인 ㅂ과 그것에 부가되는 기물로 구성되어 있다. 곧, 그 두 형체소가 조합하는 방식을 통해서 주술 그릇에 대해 가하는 행위의 의미를 각각 다르게 나타낸다.

또 改(고칠 개), 救(건질 구), 牧(칠 목), 敔(막을 어), 敍(베풀 서)나 殺(죽일 살), 殹(때릴 의), 毆(때릴 구)는 攴(복)이나 殳(수)를 각각의 대상에 가하는 행위를 나타내고, 나아가 각각 주술적 행위로서의 의미를 나타낸다.

또 阜(부)는 신 사다리 앞에서 벌어지는 제의적 행위를 문자로 형상화한 것이다. 따라서 일단 제의적 의미를 지닌 글자로 파악해야 한다. 즉 阜는 단순한 한정부호가 아니라 행위의 장소를 표시하는 형체소다.

이렇게 특정한 장면을 설정하는 의미를 지닌 것으로는 宀(면), 广(엄), 門(문) 등 건물에 관계된 것, 彳(척), 辵(착), 行(행) 등 도로에 관한 것들을 첨가할 수 있다. 그리고 問(물을 문), 聞(들을 문), 闇(어두울 암), 閉(닫을 폐) 등의 글자에 들어 있는 門(문)은 신령이 있는 사당의 문(廟門)이라는 의미를 지닌다. 閉에서 門 안에 들어 있는 才(재)는 잡인의 진입을 거절한다는 신성기호이다.

한자를 자형학적으로 이해하려면 기본적으로 한정부호와 형체소를 엄밀하게 구별해야 한다. 이를테면 魚(어) 부수의 글자는 대부분 魚를 한정부호로 사용한다. 魚는 단지 분류상의 범주를 표시할 뿐이다. 따라서 魚 부에 속하는 글자는 모두 형성자로, 물고기의 이름을 음으로 나타내는 데 불과하다. 그러나 鰥(환)이란 글자는 眔(라)의 소리가 아

석고문(石鼓文) : 어부(魚部)의 글자
춘추시대 초기, 진(秦)나라 양공(襄公)의 사냥을 기념하는 시이다. 북 형태의 돌에 새긴 것으로 석고문이라고 한다. 《시경》과 같은 4자구 형식의 시이다. 물고기의 이름을 많이 볼 수 있는데 그것들은 제사에 사용한 것들이다. 물고기의 이름은 모두 형성(形聲)의 글자다. 글자 모양은 대전(大篆)의 글자체이다. 대전은 진전(秦篆)이라 불리며, 소전(小篆)의 기초가 되었다. 또한 첫 줄 두 번째 글자에 盜(도)가 포함되어 있다. 盜(도)에 대해서는 Ⅴ-47에서 설명하였다.

니다. 이 글자는 회의의 짜임인 것이다. 또 蘇(소)나 魯(로)도 형성의 짜임이 아니다. 이 글자들은 물고기를 제사에 이용하는 의례를 나타내는 듯하다.

　隹(추)나 鳥(조)를 부수로 삼는 글자들도 거의 형성의 짜임이다. 그래서 거꾸로, 형성의 짜임이 아닌 글자는 회의의 짜임이라고 해석할 수 있다. 예를 들어 唯(오직 유), 鳴(울 명), 奪(빼앗을 탈), 奮(떨칠 분) 등의 글자는 隹(추)를 성부로 보기 어려운 구조다. 唯(유)에 虫(충)을 더한 雖(비록 수), 벽옹(璧雝 : 주나라의 성소)의 제도를 문자로 나타낸 雕(할미새, 벽옹 옹), 이 雕(옹)과 형의(形義)의 관계를 지닌 雁(응) 등의 문자 구조를 통해 문자를 형체학적으로 연구하는 방법을 모색할 수 있다. 문자의 구조는 본래 체계적이므로, 문자를 연구하려면 그 체계를 이해하려고 시도해야 할 것이다.

43 수手의 용법

手(수)는 상형자다. 하지만 손을 상하좌우 어떻게 사용하느냐에 따라 手의 형태가 여러가지로 바뀐다. 又(우)가 가장 일반적인 형태다. 좌우를 표시할 때는 그 글자를 왼쪽이나 오른쪽으로 향하게 적는다. 그런데 손 안에 아무것도 지니지 않는 법이란 없다. 左(좌)라든가 右(우)라든가 하는 글자는 주술도구인 ㅂ나 工을 손에 지닌 것으로, 주술적 행위와 관계 있다.

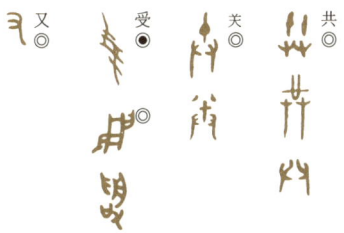

受(받을 수)는 위에서 손으로 주고 아래에서 손으로 받는 형태다. 그래서 주고받는 授受(수수)의 두 가지 뜻으로 모두 사용했다. 授受(수수)하는 물건은 舟(배 주) 형태의 그릇 속에 들어 있다. 그 그릇이 盤(반)이다. 尋(심)이나 隱(은)은 좌우의 손을 겹친 형태다. 이에 대해서는 이미 앞서 말했다. 손을 쓰는 방법에 따라 글자도 갖가지로 바뀌는 것이다.

두 손을 위로 떠받들면 奐(관), 共(함께 공), 廾(두 손으로 받을 공)이 된다. 또 위에서 두 손을 더하는 것은 臼(절구 구)이다. 送(보낼 송)은 아

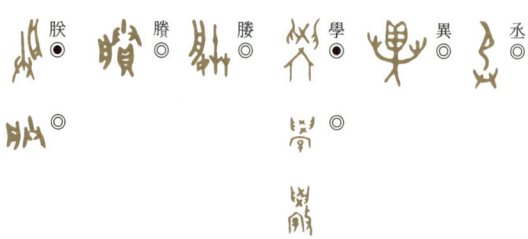

마도 玉 따위의 축복하는 물건을 바쳐 올리는 형태이리라. 盤(반) 속에 넣어 선물로 바치는 것이 朕(나 짐)이다. 그리고 무엇을 바치는가에 따라 媵(보낼 잉), 勝(이길 승) 등의 글자로 된다.

臼(구)를 구성부분으로 하는 글자로는 臿(소, 召)와 學(배울 학)이 있다. 두 글자는 모두, 신령의 도움을 받는 의미를 지니는 듯하다.

共(공) 형태의 것에는 異(다를 이/받들 익)가 있다. 도와서 떠받든다는 익대(翼戴)의 뜻이다. 異의 윗부분 田은 귀신의 머리를 나타낸 것이다.

承(받들 승)이나 丞(도울 승)은 사람을 떠받들고 있는 형태다. 둘 다 윗분을 도와준다는 뜻이다. 廾(공) 형태의 것에는 弄(롱)이 있다. 혼을 부르는 玉(옥)을 지닌 형태다.

글자 옆에 편방으로 붙은 형태로는, 두 손을 올려 工(공)이나 玉(옥)을 바치는 형태를 표시하는 玒(바칠 공)과 敭(올릴 양)이 있다.

執(잡을 집)은 두 손에 차꼬를 물린 형태다. 幸(차꼬, 다행 행)은 차꼬의 상형자다.

爲(할 위)는 《설문해자》에 보면, 엄마 원숭이의 상형으로 되어 있으나, 실은 코끼리〔象〕를 부리는 형태다. 갑골 복사에 보면 궁실을 만들 때 코끼리를 사용했다. 또 코끼리를 수렵의 대상으로 삼아 점을 쳤다는 용례도 있다. 따라서 은나라 때에는 수렵지에 코끼리가 서식하고 있었을 것이다. 또 궁묘를 세울 때 코끼리를 부림으로써 얼마쯤 종교적 의미를 부여했을지 모른다.

소〔牛〕를 끄는 것을 牽(끌 견)이라고 한다. 牽(견)은 그 자체가 소를 끄는〔牽牛〕 모양이다. 갑골 복사의 정인(貞人 : 점치는 사람) 가운데 그런 이름이 있는데, 많은 사람들이 그 글자를 爭(다툴 쟁)이라고 해석해왔다. 爭(쟁)이라면 위의 손과 아래의 손이 물건을 다투는 형태이지 않으면 안 된다. 위의 손과 아래의 손 안에 지팡이가 있을 때는 爰(끌 원)이다. 그 지팡이를 당겨서 도와주는 것을 나타낸 글자다.

사람 위에 손(手)을 얹은 孚(미쁠 부)는 俘(포로 부)의 처음 글자다. 더 나아가 사람을 무릎 꿇린 형태가 𠬝(복)이다. 지금의 글자 형태로는 手(又)가 아래에 첨가되어 있어서 及(미칠 급)과 구별되지 않는다. 及이란 그 자취를 뒤쫓아서 옷자락을 잡은 형태다. 옷자락이 잡히지 않을까 서두르는 심정을 나타낸 글자가 及과 心으로 이루어진 急(급할 급)이다.

배계(拜啓)[1]의 拜(절할 배)는 본래 풀꽃을 잡아뽑는 형태였다. 주나라 소백(召伯)은 영내의 주민을 재판할 때 당수(棠樹 : 팥배나무) 아래서 하였는데, 백성들은 그가 공평하게 재판하는 것을 기뻐하였다. 그래서 재판을 뒷날 당음(棠陰)이라고 한다. 《시경》 소남(召南) 〈감당(甘棠)〉편에 보면, 소백의 덕을 칭송하여 팥배나무 감당을 "베지 말라, 뽑지 말라(勿伐勿拜)."라고 노래했다. 후한 때 정현(鄭玄)은 "拜(배)는 拔(발)이다."라고 주석하되, 자형학적으로 설명하지는 않았다. 청나라 말기의 금문 연구가 오대징(吳大澂)[2]이 《자설(字說)》에서 처음으로 금문의 자형을 근거로 그 자의를 설명했다. 《자설》은 아주 작은 책이지만, 근대 문자학의 길을 개척한 책이다.

44
족足의 세 모습

발목에서부터 그 앞쪽은 발자국 형태인 止(지)로 쓰고, 무릎 관절부터 그 아래로는 足(족)이라 쓴다. 또 두 다리의 동작을 나타낼 때는 夂(천천히 걸을 쇠), 혹은 舛(어그러질 천)을 사용한다. 모두 상형자다.

止(지)는 休止(휴지)란 말로 사용한다. 한 걸음 나아갈 때는 발뒤꿈치의 형태인 出(출)이 되고, 왼발과 오른발로 걸음을 옮기면 步(보)가 된다. 步武(보무)의 武(무)는 戈(창)을 들고 나아간다는 뜻이다.

군대에서 선발대로 가는 것을 先(먼저 선)이라 한다. 선발로 가서 목적지에 닿으면 곧바로 발을 씻었다(洗). 더러운 발에는 사악한 영이 숨어들었기 때문이다. 洗(세)는 옛날에는 歬(전)이라고 적었다. 그 글자 속의 舟(주)는 盤(반)이다. 곧 쟁반의 물로 발을 씻는다는 뜻이다. 歬(전)은 前(전)의 처음 글자다. 이 前은 발을 씻고 나서 발톱을 깎는 일로, 刀(도)를 더했다. 오늘날에는 발톱 자르는 일을 剪(자를 전)이란 글자로 적는다. 그리고 湔(전)을 씻는다는 뜻으로 풀이하고, 揃(전)을 자른다, 정돈한다는 뜻으로 풀이한다. 前이 이미 씻는다는 뜻이며 잘라서 정돈한다는 뜻이므로, 剪(전), 湔(전), 揃(전)은 모두 중복 자형이다.

도로나 보행에 관한 글자들은 대부분 彳(척), 辵(착), 行(행)의 부수에 속한다. 足(족)은 오히려 한정부호로 사용하는 일이 많았다. 이미 말했듯이 足을 한정부호로 사용하는 글자들은 거의가 형성의 짜임이다. 이를테면 跣(맨발 선), 跨(타넘을 과), 踞(웅크릴 거)는 각각 先(선), 夸(과), 居(거)가 그 처음 글자이고, 뒷날 足(족)을 한정부호로 더한 글자들이다. 이처럼 처음 글자에 다시 足(족)을 한정부호로 더한 글자도 있다.

　足(족)에는 옛날에 胥(서)라는 음이 있어서, 보서(補胥)라는 뜻으로 사용한 것 같다. 금문에서는 정장(正長 : 최고 우두머리)의 관리를 보좌하도록 명령할 때 '左足(좌서)하라'라고 적었다. 左足(좌서)는 곧 佐胥(좌서)와 같은 뜻이다.

　疋(발 필)은 어쩌면 足(족)과 전후좌우의 관계를 이루는 것인지 모른다. 旋(돌 선)이나 疑(의심할 의)가 疋(필)을 구성 부분으로 하는 것은 되돌아선다고 하는 행위를 나타내려고 한 것 같다.

　글자의 아랫부분에 夊(쇠)를 적는 문자들은 서 있는 사람의 옆 모습을 나타내기 위한 것이다. 이미 말했듯이 憂(근심할 우)는 사당 안의 사람을 향해 탄식하는 모양이다. 愛(사랑 애)는 미련이 남아서 뒤돌아보면서 탄식하는 모습이다. 愛의 윗부분은, 배불리 먹고 뒤돌아보는 모습을 나타내는 旣(이미 기)란 글자에서 편방의 旡(개)를 가져와 뒤쪽으로 향하게 한 모양이다. 반대로, 앞을 향해 입을 벌리고 있는 모습은 欠(하품 흠)이다. 次(버금 차)는 숨을 내쉬는 것을 말하고, 姿(맵시 자)는 탄식하는[咨] 여인의 형상이다.

　두 발을 좌우로 벌린 형태가 舛(천)이다. 서로 어긋나 있는 상태를 뜻한다. 舞(춤출 무)는 본래 無(무)로 적었다. 無는 춤추는 모습이니, 소매에 장식을 붙였다. 그 글자를 오로지 有無(유무)의 無(무)로만 사용하게 되자, 無에 舛을 더해 舞(무)라는 글자를 만들었다. 중복 글자다.

夏(여름 하)도 춤추는 모습을 가리킨다. 아마 음악 소리에 맞춰 사당 안에서 무악(舞樂)을 추는 모습을 표현한 것이리라. 그래서 고대의 악장에는 구하(九夏)나 소하(韶夏)처럼 夏란 글자가 들어 있는 이름이 많다. 그 춤추는 모습은 위의(威儀)가 당당(堂堂)하였던 듯하다. 그래서 夏(하)에는 또 크다는[大] 뜻이 있다. 夏冬(하동)에서처럼 '여름'을 뜻하는 夏로 된 것은 상당히 뒷날의 일이다.

夏(하)가 춤추는 모습을 나타내는 글자라는 사실은 그 글자와 夔(조심할 기)와의 관계에서 살필 수 있다. 夔(기)는 음악의 조상이라고 하는데, 외다리로 춤을 추는 신이었다. 夔(기)가 음악을 연주하여 석경을 두드리자 온갖 짐승들이 모두 일어나[起] 춤을 추었다고 한다. 미개 사회에서 벌어지는 수렵 축제의 광경이 연상된다. 夔(기)도 또한 사슴뿔 장식을 머리에 쓴 신이었던 듯하다. 정말로 영상적인 자형이다.

45

人의 회의자

人(인) 부수의 글자들은 대개 형성의 짜임이지만, 신체를 표현하는 글자에는 상형자와 회의자가 많다. 人 부 가운데는 位(자리 위), 僮(아이 동), 僊(신선 선), 俊(준걸 준)처럼 뒷날 한정부호를 붙여 형성의 짜임으로 만든 것도 있고, 伏(엎드릴 복), 伐(칠 벌)처럼 회의의 짜임을 지닌 것도 있다. 仇(원수 구)나 偉(훌륭할 위)에서 九(구)와 韋(위)는 자의에 관계하지 않고 성부로 쓰이므로 그 글자들은 형성의 짜임이다. 하지만 伏(복)과 伐(벌)에서 犬(견)과 戈(과)는 소리를 표시하지 않으므로 그 글자들은 회의의 짜임이다.

伏(복)은 사람[人]과 개[犬]를 복예(伏瘞 : 순장물)로서 묻고 희생물로 삼는 일이다. 伐(벌)은 사람[人]에 창[戈]을 가하여 베는 일이다. 흔히 信(신)은 사람과 사람 사이의 약속이라고 풀이되어왔지만, 言(언)은 신에게 고하는 자기 맹세이므로 信은 곧 신에 대한 맹세이다. 사람과의 약속인 경우에는 정말로 信(신)이라 하기 어렵다.

옆으로 선 사람의 복부가 커다란 모양을 나타낸 글자가 身(몸 신)으로, 아이를 밴다는 뜻이다. 殷(성할 은)은 그렇게 복부가 커다란 사람을 때리는 형태다. 그 주술적 행위의 목적이 무엇인지는 알 수 없다. 殷은 검붉은 빛 '안'이라고도 읽는데, 피가 철철 흐르는 모습을 말한다. 孕(아이 밸 잉)은 복부에 아들(子)을 더한 형태다.

두 사람이 나란히 서 있는 것은 竝(아우를 병), 두 사람이 앞으로 향한 것은 從(쫓을 종), 두 사람이 뒤로 향한 것은 比(견줄 비)라고 한다. 比(비)는 '나란히 서다'라고도 풀이한다. 두 사람이 서로 등을 돌린 것은 北(달아날 배), 세 사람이 마을에 모이는 것은 衆(무리 중)이라고 한다.

囗(위)는 읍의 구역이다. 邑(고을 읍)은 그 囗(위)의 아래에 사람이 평안하게 거처하는 형태를 그렸다. 卬(우러를, 앙)은 사람이 위 아래에서 다투는 형태다. 아래에서는 쳐다보고[仰] 위에서는 누르는[抑] 것이다. 뒤에서 껴안아서 교접하는 것을 色(빛 색)이라고 한다. 《시경》에서는 그것을 '반복(反覆)'이라고 불렀다. 교접에도 여러 가지 방법이 있었던 것이리라.

女(녀) 부에도 형성자가 많지만, 형성의 짜임과 관계 없는 것은 역시 회의자라고 볼 수 있다. 奴(종 노)는 여자 노예다. 포로나 노예를 가리키는 𠬝(복)이나 孚(부)라는 글자와 의미 설정의 방식이 같다. 姬(성 희)는 유방이 커다란 여자이니, 성년에 이른 여자를 말한다. 妻(아내 처)는 혼례의식 때 잘 차려 입은 부인의 모습이다. 婦(며느리 부)는 사당에서 속모(束茅 : 띠풀묶음)인 帚(빗자루 추)를 들고 정화하는 부인이다. 부인은 종묘의 제사에 봉사하도록 규정되어 있었다. 委(맡길 위)는 기년(祈年 : 풍년을 빎) 제사 때 곡령(穀靈)으로 분장해 춤을 추는 처녀일 것이다. 마찬가지로 곡령으로 분장하는 남자를 年(년)이라고 한다. 이렇게

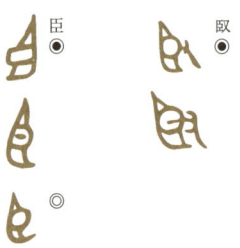

164 | 漢字, 백 가지 이야기

벼의 혼령으로 분장한 남자와 여자가 추는 춤이 농경의례의 전무(田舞)다.

妾(첩 첩)은 여자의 이마에 辛(신), 즉 입묵(入墨)하는 바늘을 그려넣은 형상이다. 노예가 된 여인을 말하는 것이다. 하지만 본래는 신에게 희생제물로 바쳐진 여자를 말한다. 입묵은 일종의 성스러운 기호였던 듯하다. 남자의 경우에는 童(동)이라고 한다. 갑골문의 童(동)자를 보면 눈 위에 입묵 표시를 붙였음을 알 수 있다. 童(동)글자의 아랫부분은 東(동)으로, 성부(聲符)이다.

신에게 바치는 희생을 또한 臣(신하 신)이라고 하였다. 臣은 커다란 눈의 형상인데, 그 한 눈에 상처를 입은 모양이다. 그 눈 위에 손[手]을 더한 글자가 臤(견)으로, 賢(어질 현)의 처음 글자다. 고대의 현자(賢者)는 노예 출신의 사람들이 많았다. 竪(더벅머리, 내시 수)도 또한 그 형태를 구성 부분으로 하고 있다. 군주를 가까이 모시는 노예를 말한다.

大(클 대)는 사람이 정면을 향해 서 있는 모습이다. 夫(지아비 부)는 머리 부분에 머리카락을 묶어서 동곳이나 비녀를 꽂은 형태다. 夫妻(부처)라는 글자는 곧 남녀가 혼례의식을 치룰 때의 모습을 나타낸다.

赤(붉을 적)은 사람[人]에 불[火]을 가하는 형태다. 그것은 어쩌면 성화시키는 방법이었을 것이다.

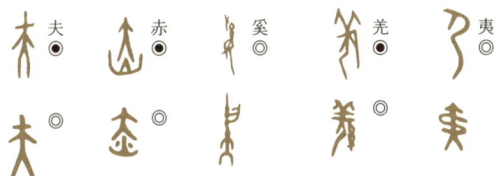

奚(어찌 해)의 윗부분은 변발(辮髮)을 한 모습이라고도 볼 수 있다. 변발은 고대 중국의 서북부 민족들 사이에 행해진 풍습이다. 강족(姜族)에게도 그러한 풍속이 있었다. 그 사실은 갑골복사의 羌(굳셀 강) 형태에서 알 수 있다. 夷(오랑캐 이)는 큰 활을 사용하는 종족을 가리키며 그 글자는 大와 弓을 합한 형태라고 간주되어왔다. 하지만 실은 夷의 처음 글자는 尸(시)의 형태다. 단, 이 글자의 尸(시)는 죽은 사람이 아니라 허리를 꺾어 웅크리고 있는 형태를 그린 듯하다. 중국 동쪽 연해의 여러 민족들 사이에는 일본의 옛 풍속과 비슷한 면이 있었던 것 같다.

46

신들림

吳(오)는 夨(속), 즉 머리 숙인 사람이 커다란 소리를 내는 것이라고 풀이되어왔다. 하지만 娛(즐거울 오)나 娛(기쁠 오)의 자의를 생각하면, 그 글자는 몹시 즐거워하는 모습을 나타낸 것이라고 생각된다. 그러나 또 誤(그르칠 오) 같은 글자와 비교하면 그 글자에는 상대를 내가 마음먹은 대로 부린다고 하는 의미도 있었던 듯하다.

《시경》 패풍(邶風) 〈간혜(簡兮)〉편은 멸망한 은나라의 유민이 주나라 지배자에게 소집되어 만무(萬舞)를 헌정하는 일을 노래하였다. 거기에, "석인(훌륭한 남자)이 오오하게 조정 뜰에서 만무를 추네(碩人俣俣, 萬舞公庭)."라고 하였다. '俣俣(오오)'란 한껏 기세 좋게 추는 춤사위를 말한다. 아마도 머리를 흔들면서 춤을 춘 것이리라.

虞(헤아릴 우)는 호랑이 머리를 흔들면서 추는 춤이다. 즉, 사자무(獅

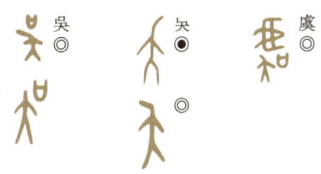

子舞)와 비슷한 것이었다.

吳(오), 俁(오), 虞(우)에는 모두 口 즉 ㅂ가 들어 있다. 그 글자는 두말할 것도 없이 신에 대한 기도를 상징한다. 신목(神木) 가지에 축문을 묶어두고 춤을 추었다고 보아도 좋다. 따라서 그 춤은 바로 신을 즐겁게 하는 춤이었다. 태평성대에는 신을 즐겁게 하는 춤이 사람도 즐겁게 했다. 춤추는 사람은 대개 젊은 무희였을 것이다. 고대의 신사(神事)가 쇠퇴하자, 춤은 마침내 유곽의 예능으로 변질되었다. 또한 사교로 흘러가기도 했을 것이다. 吳(오)를 형체소로 지닌 글자들에는 그러한 역사적 배경을 생각하게 하는 면이 있다.

젊은 여자는 더할 나위 없이 매력적이어서 요사스러움마저 느끼게 한다. 무희가 춤추는 모습을 妖(아리따울 요)라고 하는 것은 무술(巫術)이 종종 사도(邪道)를 위해 행해졌기 때문이리라. 夭(요)는 젊어서 죽는다는 뜻이지만, 본래는 우아한 자태를 표시하는 글자였다. 若(약)이 젊은 샤먼이듯이, 妖(요)도 나이 어린 무희였다. 그 춤은 요악(妖惡)을 불러온다고 간주되었다. 그 요악한 말이 訞(요사할 요)다. 교묘한 말로 속이는 것을 의미한다. 若(약)은 신탁을 받는 무녀의 모습인데 비해 妖(요)는 미고(媚蠱) 따위를 행하는 사교의 무리다.

笑(웃을 소)의 자형에 대하여는 우스꽝스러운 설이 통설로 받아들여져 왔다. 즉, 사람의 웃는 모습이 바람에 흔들리는 대나무 모습과 비슷해서 그렇게 적는다든가, 개에게 대바구니를 씌워서 개가 낑낑거리는 기이함을 묘사해서 그렇게 적는다든가 하는 설이 그것이다. 모두 속설이다. 笑(소)의 본래 글자는 㗛(요)였다. 그 글자의 윗부분에는 초두(艹頭)가 붙어 있는데, 그것은 若(약)의 처음 글자 윗부분이 초두의 형태로 되어 있는 것과 같다. 㗛(요)에서는 그 모양이 초두로 되고 笑(소)에서는 竹 머리로 된 것이다. 둘 다 뒷날 필기체로 고칠 때 바뀐 것이다. 필기체는 진(秦)·한(漢)의 예서(隸書)에서 시작되었는데, 문자를 곧은 선으로 고치기 위해서 본래의 짜임에서 벗어나는 일이 많았다. 《한서(漢書)》에서는 咲(소)나 关(소) 따위의 글자를 笑로 사용하였는데, 그것들이 옛날 글자체였을 것이다. 《설문해자》에는 笑란 글자가 없다. 당나라 이양빙(李陽冰)[3]은 《설문해자》를 함부로 개정해서 거기에 笑(소)를 끼워넣고, 대나무가 바람에 흔들리는 모습과 비슷하다는 억설(臆說 : 제멋대로 추정한 설)을 부기했다.

笑(소)라고 하면, 일본에서는 우선 아메노우즈메(天鈿女)가 이와야(窟屋)의 문 앞에서 춤을 추었다는 일이 생각난다.[4] 아마테라스[日神]가 이와야에 숨어서 천지가 컴컴하게 되었을 때 아메노우즈메는 가구야마(香山) 밑자락의 마사카기(眞賢木) 가지에 갖가지 주문을 걸어, 한 손에는 타구사(手草)를 쥐고 다른 한 손에는 마나기(鐸)를 매단 창(矛)을 쥐고서, 앞길을 트면서 우케후네(誓槽)를 밟아대어 소리를 울리면서 춤을 추었다. 《고어습유(古語拾遺)》에서는 그것을 배우(俳優)의 행동이라고 하였다. 笑(소)란 기이함을 추구하여 俳(광대 배)에 가까운 행위이고, 優(배우 우)는 탄식하며 호소하는 일이었다. 비희극(悲喜劇)이라는 이상한 말이 배우란 말의 원래 뜻에 가장 가깝다.

47
문자 계열

한정부호를 지닌 문자는 일단 그 한정부호의 계열에 속한다. 하지만 한정부호는 본래 범주적인 것이므로 자의(字義)의 계열화에까지 영향을 미치는 것은 아니다. 자의의 계열은 형체소인 의부(義符)를 탐색해야만 엮을 수가 있다. 그렇게 계열을 엮음으로써 자형론·의미론·어휘론 따위로 전개시켜 나갈 수가 있다.

고대 문자에서 가장 커다란 계열을 이루는 것은 ㅂ를 기본으로 삼는 글자들이다. 거기서부터 많은 문자 계열이 분화했다. 부수자로 보면 曰(왈), 言(언), 音(음)이 그 계열에 속한다. 이에 대해서는 앞에서 이미 말하였다. 또 古(고), 吉(길), 舍(사), 吾(오) 따위도 각각 ㅂ를 형체소로 지니는 문자 계열을 이룬다. ㅂ를 기본으로 삼는 글자들은 전체적으로 보면 수백 글자에 이를 것이다. 그 전체 계열의 글자들은 ㅂ의 본래 뜻을 분명히 하지 않고서는 정확하게 이해할 수 없다.

ㅂ는 축문 그릇이다. 그 설은 내가 〈재서관계자설(載書關係字說)〉(《갑골금문학논총》 제2집, 1960)을 비롯한 여러 글에서 계통적으로 논한 바 있다. 또 그 《갑골금문학논총》에 수록한 〈文 풀이(釋文)와 師 풀이(釋師)〉와 같은 논문에서도 각 형체소를 계열적으로 파악했다.

형체소를 파악하여 문자 계열을 엮어나가는 일은 고대 문자를 연구할 때 매우 요긴한 방법일 뿐만 아니라, 한자의 문제를 생각할 때 늘 기초적으로 고려하여야 할 문제다. 이렇게 종합적으로 인식하는 장(場)이 있으면, 글자체를 사분오열로 찢어지게 만드는 일을 피할 수 있으리라

V 자형학의 문제 | 169

생각한다.

이제까지 문자계열의 예로 才(Ⅱ-14), 余(Ⅱ-18), 方(Ⅲ-24), 自(Ⅲ-28), 力(Ⅲ-30), 至(Ⅳ-36), 莫(Ⅳ-39), 眞(Ⅳ-40), 天(Ⅴ-46) 등을 거론했다. 여기서 다시 한두 가지 예를 들기로 한다.

구설(口舌)의 舌(설)과 사활(死活)의 活(활)은 음계가 다르므로 쉽게 변별할 수 있다. 舌 부에는 舐(핥을 지)와 甜(달 첨) 등의 글자가 있다. 活의 방(旁)은 본래 昏(괄)로 적으니, 굽은 칼로 ㅂ를 깎아낸다는〔刮〕뜻이다. 割(벨 할)과 마찬가지로 축문 그릇을 해쳐서〔害〕 그 주술 능력을 제거하는 것을 말한다. 乱(亂의 약자)과 辞(辭의 약자)에 들어 있는 舌은 후대의 약자로, 舌(혀 설)과 모양이 같지만 전혀 다른 글자다.

次(버금 차)는 숨쉬는 모습이다. 咨(물을 자)·恣(방자할 자)·諮(물을 자) 등은 次의 소리와 뜻을 이어받았다. 그런데 盜(훔칠 도)의 윗부분은 羨(남을 연/부러할 선)의 아랫부분과 같다. 羨(연)은 제사 때 남은 고기를 가리킨다. 盜(도)는 접시 속의 남은 고기를 훔치려고 하는 작은 도둑이 아니다. 盜(도)는 나라를 도적질하는 자이다. 그 글자에서 皿(그릇 명)의 모양은 본래는 피(血)로, 동족 간의 혈맹(血盟)을 의미한다. 곧, 盜(도)란 족맹(族盟)의 그릇에 물을 끼얹어, 맹약을 매도하여 더럽히는 행위를 가리킨다. 그것은 씨족을 배반하는 행위였다. 이 盜를 盜 의 자형으로 적으면 그 의미를 나타낼 수가 없다. 盜(도)란 족맹으로 결속한 공동체를 버리고 자유롭게 행동하는 반체제 인물이었다. 춘추말기의 큰 도둑으로 이름이 높았던 도척(盜跖)은 부하가 수천 명이나 되고, 천하에 횡행해 제후를 두렵게 만들었다. 《시경》의 시편에 나타나는 盜는 모두 반란을 꾀한 사람들이다.

盜(도)는 고대의 씨족사회가 붕괴할 때 체제로부터 이탈한 자로서 등장했다. 《좌전(左傳)》에 나오는 盜(도)는 대개 암살자 집단이다. 만일 일본의 당용한자처럼 글자의 윗부분을 次(차)로 고친다면, 부엌 그릇에 남은 음식을 향해 한숨 쉬는 불쌍한 도둑으로 바뀌고 말 것이다. 작은 점 하나가 있고 없고의 문제로 끝날 일이 아니다.

48
형체소

표음문자에서 음을 나타내는 요소를 음소(音素)라고 하듯이, 표의문자에서 뜻을 나타내는 부분을 형체소라고 부를 수 있다. 형체소에는 음계를 이루는 경우와, 음에 꼭 관여하지는 않는 경우가 있다.

해석(解釋)의 釋(풀 석)은 약자(일본의 당용한자)에서는 釈으로 적는데, 이렇게 되면 釋(석)의 본래 뜻을 알 수가 없다. 이 약자는 불교 서적에서 석가(釋迦)를 석가(尺迦)로도 적는 데서 유래한다고 여겨진다. 실은 釋(석)은 맹수가 발톱으로 짐승의 시체를 찢는 것을 말한다. 짐승의 손바닥을 番(손바닥, 갈마들 번)이라고 하며, 뒷날 膰(제사고기 번)으로 적게 되었다. 웅장(熊掌 : 곰발바닥)은 특히 맛있다고 한다. 다시 말하지만 番(번)은 짐승의 발톱과 손바닥을 말한다. 睪(역)은 짐승의 시체다. 짐승 시체를 취하는 것을 擇(가릴 택)이라고 한다. 睪(역)에서 윗부분은 짐승시체의 머리, 아랫부분은 몸뚱이로, 짐승이 이미 갈갈이 찢겨진 상태다. 殬(찢을 탁), 斁(찢을, 싫어할 두)란 갈가리 찢긴 시체를 말한다. 그 시체는 풀어냄으로써 갈가리 찢긴[釋] 것이다. 따라서 풀어내는 것을 繹(풀어낼 역)이라고 한다. 연역(演繹)이란 그런 뜻이다. 또 차례를 따라 쫓아간다는 뜻에서부터 교대로 전하는 것을 驛(역참 역)이라고 하였다. 말(언어)을 교대로 전하는 것이 譯(통변할 역)이다. 서로 미치는[及] 것 가운데서 선택을 하는 것이 擇(택)이다.

睪(역)의 음계에는 譯(역), 繹(역), 驛(역)의 계통과 擇(택), 澤(택), 鐸(탁), 斁(섞을 두)의 계통이 있다. 여기에 釋(석)을 합하면 세 가지 음이 된다. 이 음들은 고대에도 마찬가지였을 것이다. 睪(역)은 유모(喩母)라고 불리는 후두음(喉頭音)의 [i]에 속한다. 그 성모(聲母)에 속하는 것에 甬(용), 昜(양), 延(연), 也(야), 台(이), 俞(유) 등이 있다. 그것들을 형체소로 하는 글자에도 [t]계열의 글자가 있다. 그러므로 이 글자들은 모두, 고대에는 그 어두에 [t]음을 포함하고 있었다고 생각된다. 즉 睪(역)을 구성 부분으로 하는 글자들의 경우, 澤(택)이나 鐸(탁) 같이 성의(聲義)의 관계를 인정할 수 없는 것을 제외한다면, 다른 글자들에서는 모두 睪(역)이 글자의 표의적 형체소로 쓰이면서 동시에 그 소리도 계승되었다. 그것을 '또한 소리이기도 함(亦聲)'이라고 한다.

'또한 소리이기도 한' 경우에는 약자체를 사용한다는 점에 주목할 필요가 있다. 尺(척)은 본래 釋(석)이란 음을 나타냈다. 그 글자를 일본에서 譯(역)과 擇(택)의 약자인 訳과 択에 사용하는 것은 약자로서는

기(殷) : 음식물을 담는 그릇
기(殷)는 문헌에서 말하는 궤(簋 : 제기 이름)에 해당한다. 조상을 제사할 때 서직(黍稷) 따위를 담는 식기다. 청동기시대에 가장 널리 사용된 것이다. 이 기의 위에 뚜껑을 가한 것이 식(食)이니, 卽(즉)·旣(기)·卿(경) 등이 모두 이 그릇과 사람의 형태로 이루어진 글자들이다. 그림은 주공기(周公殷)라 부르는 것으로, 혹은 영기(燮殷)·형후기(邢侯殷)라고도 부른다. 주나라 초기 주공(周公)의 아들이 천자로부터 은상(恩賞)을 받아 주공을 제사지내기 위해서 만든 그릇이다. 그릇의 배 부분에 화려한 코끼리 무늬를 장식하였다. 대영박물관(大英博物館)에 소장되어 있다.

변칙이다. 佛(부처 불)은 붓다(Buddha)를 음역(音譯)한 글자인데, 그 속자인 仏(불)을 만드는 방식을 拂(떨칠 불)에 적용해 일본에서 払이라는 약자를 만들었다. 이것도 기이하다. 똑같이 弗(불)을 구성 부분으로 하는 沸(비)는 弗 모양 그대로 사용하면서 말이다.

하나의 형체소를 중심으로 글자가 파행적으로 만들어지는 일도 있다. 𣪘(기)는 청동기인 殷(기)라고 일컫는 음식 담는 그릇이다. 殷(기)는 그 그릇 속의 것을 국자로 푸는 모양이다. 𣪘(기)에 덮개를 한 것은 皀(벽)이고, 뚜껑을 덮은 형태가 食(식)이다. 殷(기)를 앞에 둔 자리에 착석하는 것을 卽(나아갈 즉)이라고 한다. 만일 𣪘(기)를 사이에 두고 두 사람이 마주 앉게 되면 卿(벼슬 경)이 된다. 공경(公卿)이란 궁정의 향연 의례 때 그러한 자리를 부여받는 고관 귀족을 가리킨다. 그 향연 자리를 饗(잔치할 향)이라고 한다. 卿(경)과 鄕(시골 향)

은 본래 같은 글자다. 그런데 卿(경)이 공경 벼슬의 뜻으로 사용되자, 향연을 나타내는 글자에는 鄕(향)에다가 다시 食(밥 식)을 더했다. 따라서 饗(향)은 이른바 중복 글자다. 마주 앉는 것을 鄕(향)이라고 하므로, 嚮(마주할 향)도 또한 중복 글자다.

이미 다 먹어버린 것을 표시하는 것이 旣(이미 기)다. 旡(개)는 머리를 옆으로 틀어서 이미 염족(厭足 = 滿足) 상태에 있음을 표시하는 것이다. 다 먹고 나서 입을 헹구는 것을 漑(헹굴, 댈 개)라고 하고, 숨을 뱉어서 쉬는 것을 嘅(숨쉴, 탄식할 개)라고 한다. 嘅(개)는 또한 탄식할〔慨〕 때에도 쓴다. 그렇게 다 먹고 배불러서 씩씩거리며 있는 자세를 개탄스럽다(慨)고 말한 것이리라. 皀(기)에 대해 어떻게 행동하느냐에 따라서 卽(즉), 卿(경), 旣(기) 등의 글자가 파생했다. 鄕(향)과 旣(기)는 또 그 음계의 글자를 파생시켜나갔다.

49
동형이자

문자가 본래 형상 그대로 사용될 때는 동형이자(同形異字)라는 것이 없었다. 아무리 미묘한 구별이라 하여도 필의(筆意)로 나타낼 수 있었기 때문이다. 하지만 문자가 선조(線條)로 바뀌어 일정한 구조법에 따라 통일되자, 종래의 구별이 사라지게 되었다. 형체소가 같은데도 성의(聲義)가 현저하게 차이 나는 일이 있을 때는 그러한 문제가 발생했다고 보아도 좋다.

口(구)에는 세 계열의 글자가 있다. 口耳(구이)의 口(구), 축문 그릇의 ᗃ, 또 일정한 구역을 표시하는 ㅁ(위)이다. 口耳의 口로 사용되는 글자는 갑골문과 금문에는 그 예가 없다. 다만 舌(설)처럼 혀의 형태까지도 포함해서 입 전체를 형상하는 글자가 있었을 뿐이다. 갑골 복사에는 혀를 앓고 있어서 점복을 한 예가 있다. 그때의 글자는 口舌(구설)의 형태라고 볼 수 있는데, 그 경우 혀끝이 뱀처럼 갈라져 있었다. 축문 그릇 ᗃ에 대해서는 이미 여러 번 말했다. 고대의 제사의례는 신에 대한 고축을 주로 행했다. 따라서 고대 문자에 그 형태가 압도적으로 많이 나오는 것은 어쩌면 당연한 일이다.

口(위)는 구역을 표시한다. 사람 사는 곳을 邑(읍)이라고 한다. 邑(읍)을 정벌[征]하는 것을 正(정)이라고 하였다. 정복에 의한 지배를 정당하다고 보았던 것이다. 邑(읍)에 모이는[聚] 사람들을 衆(중)이라고 한다. 뒷날 윗부분이 目(목) 모양으로 바뀌었다. 그것은 고대에 자형이 바뀐 매우 드문 예 가운데 하나다. 만일 그 目이 臣(신)과 마찬가지 뜻을 지닌다고 한다면, 그것은 신(神)을 섬기는 것을 의미한다. 그렇다면 중인(衆人)이 농사지은 것은 신전(神田)을 경작하는 일이었다. 그것이 중인(대중)의 본래 존재 양식이었을지 모른다. 고대의 노예에 속하는 사람들은 모두 신사(神事)에 관여하였던 데서 기원하였던 것 같다.

國(국)은 或(혹 혹)을 구성 부분으로 한다. 이 或(혹)이 國(국)의 처음 글자다. 或(혹)은 거주지의 읍을 창[戈]을 가지고 방위한다는 뜻으로, 뒷날 바깥쪽에 다시 에운 담〔囗〕을 더했다. 囗은 성벽으로 보아도 좋다. 일본의 당용한자에서는 國을 적을 때 에운 담 안에 玉 자를 써서 国이라고 쓴다. 어째서 王을 넣지 않았는지 모르겠다. 주권재민(主權在民)의 헌법 규정을 고려한 것일까? 아니면 玉이라 하든 王이라 하든 같다고 여긴 것일까? 후자의 경우라면 장기(將棋) 말을 어떻게 쓰느냐 하는 것과 같은 차원에서 국가의 한자 문제를 생각하였던 셈이다. 한심하기 짝이 없는 일이다.

谷(골 곡)의 형태를 지닌 글자에 容(얼굴 용), 欲(하고자 할 욕), 浴(목욕할 욕), 俗(풍속 속), 卻(물리칠 각) 등 음계가 서로 다른 것들이 있다. 실은 본래의 글자들의 형상이 반드시 같지는 않았다. 容은 금문에서는 기도〔ㅂ〕에 응답하여 묘(廟) 안에 제사받는 사람이 방불하게 나타나는 것을 말하였다. 혹은 제사받는 사람의 모습이 드러나는 것을 가리켰다. 사당에서 부르는 노래를 뜻하는 頌(송), 조상 신령에게 호소하는 訟(송)의 글자들은 모두 公(공)을 구성 부분으로 한다. 公(공)이란 公宮(공궁)을 평면에 그려둔 형태다.

欲(욕)과 浴(욕)은 容(용)과 계통이 같다. 그 글자는 ㅂ 위에 좌우로 두 개의 빗금을 더한 형태다. 신령한 기운이 나타나는 형상이다. 欲(욕)은 신령한 기운에 대해 기도하고 호소하는 뜻이고, 浴(욕)은 목욕하여 신령한 기운을 받아들이는 재계(齋戒)를 가리킨다. 이렇게 하여 신에게 접하는 의례가 일상화된 것을 俗(속)이라고 한다. 俗(속)은 금문에서 欲(욕)의 뜻으로 사용했다. 이 글자들은 계곡(溪谷)의 谷(곡) 자와는 아무런 관계가 없다.

卻(각)은 또 却(물리칠 각)이라고도 적는다. 却이라 적을 때의 去(갈

거)는 소송(訴訟)에서 져서 퇴거(退去)당한다는 뜻이다. 卻이라 적을 때의 산골짜기 谷은 골짝 어구의 제사지내는 곳을 가리킨다. 이것도 별도 계통의 글자다.

50 생략과 중복

글자 뜻이 분화하면서 자형도 바뀌게 되었다. 그럴 때 원뜻을 해치지 않는 범위 안에서 자형을 덜거나 줄이는 일이 이미 갑골 복사와 금문의 시대에 일어났다.

이를테면 수령(受靈)의 의례인 保(보)에서는 머리 위의 玉(옥)과 옷자락의 衣(의)가 필수적인 요소인데, 옥을 생략한 글자꼴이 많았다.

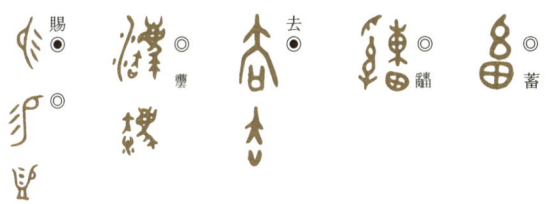

賜與(사여)를 뜻하는 易(바꿀 역)은 무엇을 의미하는 자형인지 오랫동안 의문으로 있었다. 그러다가 근래 상해박물관이 수집한 덕정(德鼎)의 명(銘)에 그 글자의 온전한 형태가 있어서, 술을 하사하는 형태라는 사실이 알려지게 되었다. 종래에 볼 수 있었던 금문에서는 모두 생략된 꼴로 적혀 있었던 것이다.

이렇게 한자에는 애초부터 줄임 꼴이 있었다. 그것을 보면 성립 당시의 한자가 이미 고도로 추상화되어 있었음을 알 수 있다. 한자 가운데 자형 해석이 어려운 것들은 대개 추상화된 표상이 어떤 실체를 표시한 것이지 파악하기 어렵기 때문이다. ㅂ(구), 自(사), 阜(부) 따위가 모두 그러한 예들이다.

너무 생략되어 있어서 자형만 보면 의미가 명확하지 않은 것도 있다. 예를 들어 法(법 법)의 처음 글자는 灋이었다. 고대법에서는 해치(獬廌)라고 일컫는 羊(양)을 사용하여 신판(神判)을 행하고, 패소한 자를 해치와 함께 물에 흘려보내는 일이 있었다. 바로 이 글자가 그러한 고대법의 존재를 알려준다. 去(거)는 大(대)와 厶(사)로 구성되는데, 大는 패소자, 厶는 ㅂ의 뚜껑을 파기한 것이다. 즉, 신판에서 행한 자기 맹세가 거짓으로 판정된 패소자가 신을 모독했다고 해서 버려지고 재액이 떨어내버려지는〔祛〕 일이다. 灋은 그 모든 요소를 지닌다.

또 해치만 가죽 주머니에 싸서 버리는 형태의 글자도 있다. 그 가죽 주머니를 치이(鴟夷)라고 불렀다. 월나라 왕 구천(句踐)을 섬기던 범려(范蠡)가 망명하면서 이름을 치이자피(鴟夷子皮)라고 고친 것은 자기 추방의 형식을 취한 것이다. 지금의 法(법)이란 글자에는 고대의 양 신판(羊神判)의 흔적이 전혀 없다.

형태 요소를 중복한 글자도 많다. 앞서 이미 예를 여럿 들었다. 舞(무)는 처음 글자가 無(무)인데, 거기에 다시 舛(천)을 더해 舞로 하였다. 然(연)은 개고기를 태워 하늘의 신을 제사지내는 모습인데, 거기에 다시 한정부호 火를 가하여 燃(연)이라고 하였다. 前(전)은 발톱을 깎는다는 뜻인데, 거기에 다시 刀를 가하여 剪(전)으로 하였다. 모두 본래의 글자가 제 뜻을 잃어버리자, 본래의 뜻을 나타낼 수 있는 글자를 다시 만든 예들이다.

덕정명(德鼎銘) : 사(賜)의 자형
서주(西周) 초기의 청동기이다. 덕(德)의 여러 청동기는 출토 사정을 알 수가 없다. 제2차 세계대전 뒤에 상해박물관에 수장(收藏)된 것이다. 그 가운데 숙덕기(叔德殷)와 덕정(德鼎)의 두 번째 글자에 賜(사) 글자의 원형이 보인다. 賜(사)란 술잔을 내린다는 것을 표시하는 자형이라는 사실을 알 수 있게 되었다. 금문에서 賜(사)로서 사용되는 易(역)은 그 일부분의 형태다. 한자의 조형에 오랜 옛날부터 간략화의 지향이 있었음을 알 수 있다.

　　중복이란 말에 쓰이는 重(무거울 중)자는 본래 무게를 뜻하는 글자다. 따라서 중복이라고 할 때의 중에는 緟(중)이란 글자를 써야 한다. 금문의 자형에서는 그것을 䰱이라고 적었다. 그 글자의 왼쪽 부분인 爾(란)은 실타래의 위와 아래에 손을 가하고 있는 형태다. 글자 오른쪽의 東은 橐(주머니 탁)이니, 염색하기 위한 실을 넣어둔 주머니다. 그 아래의 田은 실을 염색하는 염료를 넣어둔 노구솥[鍋]이다. 蓄(축)이라는 글자도 이 염료 노구솥[鍋]에 실타래를 적시는 형태였다. 그러므로 䰱이란 염색하려고 실을 노구솥에 적시는 뜻이다. 실을 노구솥에 한 번 넣고 두 번 넣고, 혹은 세 번 넣고 다섯 번 넣어서, 차츰 색깔을 진하게 만들어갔다. 그래서 중복한다는 의미가 생겨났다. 重複(중복)이란 곧 䰱複이며, 뒷날의 글자로는 緟複(중복)이다. 緟은 䰱을 간략히 한 글자인데, 緟(중)을 더 줄여서 重(중)으로 하였다. 그러나 이 重이란 글자만 보면 중복한다는 뜻이 왜 있는지 알 수가 없다. 《주례(周禮)》에 보면 염색을 맡는 관리를 '종씨(鍾氏)'라고 하였는데, 그 鍾은

龖의 잘못이다. 이것을 보면 《주례》의 기록이 서주 시기에서 전승된 것이 아님을 알 수 있다.[5] 이렇게 자형학은 고대의 문헌을 비판하는 길도 열어주는 것이다.

미주

1 배계(拜啓)란 편지를 쓸 때 맨 윗 줄에 쓰는 상투어다. 특히 일본인의 편지에는 반드시 이 관용구를 사용한다.

2 오대징(吳大澂)의 자는 청경(淸卿), 호는 항헌(恒軒)·각재(愙齋)이다. 강소성(江蘇省) 오현(吳縣)에서 출생했다. 조선의 동학농민운동과 길림(吉林)의 경계선 의정(議定)에 간여하고 호남순무(湖南巡撫)가 되었고, 청일전쟁 때 1군 장이 되었으나 산해관(山海關)에서 패해 실각했다. 벼슬에서 물러나서는 용문서원(龍門書院)의 주강(主講)이 되었다. 문학에 능했으며, 특히 수십 년에 걸쳐 대전(大篆)을 배워 육서(六書)의 연구에 힘썼다. 금석학에 관한 저술이 많아, 《설문고주보(說文古籀補)》《항헌길금록(恒軒吉金錄)》《고옥도고(古玉圖考)》 등은 업적으로 칭송된다. 그밖의 저술에 《자설(字說)》《권형도량실험고(權衡度量實驗攷)》《주진양한명인인고(周秦兩漢名人印攷)》 등이 있다.

3 이양빙(李陽冰)은 당나라 때 인물로, 이백(李白)의 친척이다. 그는 소전체(小篆體)를 고안했다고 하는 진나라 이사(李斯)의 직접 후계자가 자신이라고 호언했다. 《설문해자(說文解字)》의 소전(小篆)을 전부 교정했는데, 독단적인 해석으로 《설문해자》의 소전체(小篆體)를 바꿔적었다고 한다. 그 이후 《설문해자》는 고난의 역사를 겪게 되었다.

4 야오요로즈(八百만)의 신들이 상담해 다카미무스히노미코토(高皇産靈尊, タカミムスヒノミコト)의 아들 오모이카네노카미(思兼神, オモイカネノカミ)의 발안에 의해 새벽을 알리는 나가나키도리(ナガナキドリ)를 모아, 사카키의 가지에 옥 장식이나 마(麻), 닥나무 거울을 걸어두고, 아메노이와야도(天の岩屋戶) 앞에서 제사를 올리기 시작했다. 아메노우즈메노미코토(天鈿女命, アメノウズメノミコト)가 발가벗고 춤을 추고 많은 신들이 떠들어대자, 아마테라스오미카미(アマテラスオオミカミ)는 무슨 일이 있나 보려고 문을 열었다. 그때 아메노타지카라오노카미(天手力雄神, アメノタヂカラオノカミ)가 아마테라스를 끌어내고 이와야도를 주련승(注連繩, しめなわ)을 펼쳐 막았다. 아마테라스가 이와야도를 나온 순간 천지에 다시 광명이 찾아왔다. 스사노오미코토(須佐之男命)는 수염이 잘리고 손톱 발톱이 뽑혀 다카마가하라(高天原)에서 추방되었다.

5 《주례(周禮)》는 주나라의 관제를 천(天)·지(地)·춘(春)·하(夏)·추(秋)·동(冬)의 6상(象)에 따라 6부로 나누고 각각의 아래에 60개 관직을 두어(모두 360관직), 상위 관직과 하위 관직을 유기적으로 연계시켜 해설했다. 《당육전(唐六典)》을 비롯한 후대의 예제(禮制)는 모두 이 책에 근거한다. 조선시대 6조 체제도 이것에 의한다. 본래 '주관(周官)'이라 하였으나, 한나라 때 유흠(劉歆)이 '주례'라고 개칭하였다. '주관경(周官經)'이라고도 한다. 한나라 정현(鄭玄)의 주(注)와 당나라 가공언(賈公彦)의 소(疏)가 대표적인 주석이다. 주공(周公)이 저술했다고 전하지만, 그 내용이 주나라 정치 제도와 부합되지 않는다. 전국시대 사람이 이상적 정치 제도를 구상해서 만든 듯하다. 한나라 때 정권을 찬탈한 왕망(王莽)이 신(新)을 세울 때 이 책의 제도를 모방한다고 선언하였으므로, 왕망 때 나온 위서(僞書)라는 설도 있다. 북송 때 신법을 내세운 왕안석(王安石)이 이 《주례》의 제도를 많이 참고했다고 한다. 《주례》의 〈동관(冬官)〉 부분은 진작에 없어지고, 그 대신에 〈고공기(考工記)〉가 들어 있다. 〈고공기〉는 수공업 생산기술에 관한 자료를 많이 보존하고 있을 뿐 아니라 생산 관리 제도, 기물(器物) 제도, 도시건설 제도, 정전 구혁(井田溝洫) 제도 등에 관한 기록도 실어두었다. 서한 말기에 세상에 나온 이후로 역대 학자들은 이 책을 매우 중시하였다.

자음과 자의

- **51** 음소에 대하여
- **52** 음의 계열
- **53** 역성亦聲에 대하여
- **54** 전주轉注
- **55** 형성자와 음
- **56** 음의설音義說
- **57** 어군語群의 구성
- **58** 단어 가족
- **59** 오호嗚呼에 대하여
- **60** 의성어

51
음소에 대하여

문자 구조상 음을 표시하는 부분이라고 여겨지는 것을 음소(音素)라 부르기로 하자. 의미를 표시하는 형체소와 상대되는 개념이다. 한자는 본래 표음문자가 아니다. 표음의 기능은 가차(假借)나 형성(形聲)에서 비로소 나타났다. 하지만 가차자나 형성자도 그 자체가 표음적인 것이 아니다. 상형자나 회의자의 음을 차용할 따름이다. 따라서 엄밀히 말해서 한자에는 음소라 할 만한 것이 없다. 그것은 유추나 혹은 귀납하여 얻은 음(音)이라고 해야 할 것이다.

대명사에 사용하는 我(나 아)는 본래 鋸(톱 거)의 상형자다. 제물로 바치는 짐승을 베는 일을 뜻하는 義(옳을 의)라는 글자에 그 형의(形義)를 남기고 있다. 我를 '아'라고 읽는 음은 俄(갑자기 아)·娥(예쁠 아)·峨(높을 아)·蛾(나방 아)·鵝(거위 아) 등으로부터 귀납해서 확정한 것이다. 義(의)도 옛날에는 我(아)와 음이 같았다. 그 사실은 음운의 역사에서 알 수 있다.

부정을 나타내는 부사인 不(부/불)의 경우도 같은 계통의 丕(비)나 否(부)와 지금은 동성동음(同聲同音)이라고 부를 수 없게 되었다. 하지만 서주 금문에서는 不을 丕나 否와 통용하였으므로, 옛날에는 그것들이 동성동음이었다고 생각할 수 있다.

음소로 사용하는 글자의 음은 그 음소를 포함하는 글자의 음을 근거로 귀납적으로 유추할 수밖에 없다. 이것이 고대 글자의 음을 따질 때 당면하는 문제다. 그런데 그럴 때에도 자형을 정확하게 알고 있어야 한다. 이를테면 谷(곡), 容(용), 裕(유), 欲(욕), 俗(속), 卻(각) 등의 글자 속에 있는 谷에 대해 모두 형의(形義)가 같다고 여겨서 그 글자들의 음을 귀납하려고 해서는 안 된다. 谷을 포함한 그 글자들은 계열이 서로 다르므로 같은 계열로 귀결시키기란 애당초 불가능하다. 자음을 바르게 확정하기 위해서라도, 우선 자형을 바르게 확인하고, 그러고 나서 글자의 형의(形義)를 파악하는 일부터 시작해야 할 것이다.

또 자형의 올바른 형태를 파악했다고 해도 그것이 성부(聲符)인지 의부(義符)인지, 즉 음소인지 형체소인지를 잘 살펴야 한다.

彡(터럭 삼)은 아름답게 반짝임을 표시하는 지사적 글자다. 그것을 포함하는 글자에 形(모양 형), 彤(붉을 동), 彦(선비 언), 修(닦을 수), 彫(새길 조), 彰(밝을 창), 影(그림자 영), 彩(무늬 채), 彬(빛날 빈) 등이 있다. 그러나 그것들은 전부 彡(삼) 소리의 글자가 아니다. 이때의 彡(삼)은 상태를 나타내는 부가적 요소로 덧붙어 있는 데 불과하다. 형체소로서의 독립성이 없다. 자서(字書) 가운데는 이를테면 參(석 삼/간여할 참)을 彡 소리의 글자로 간주한 것도 있기는 하다. 하지만 이 글자에서만 그 소리를 인정하는 것은 잘못이다. 參(삼)은 부인의 머리 장식물로, 글자를 처음 세울 때의 뜻은 齊(가지런할 제)와 같았다. 비녀머리에 옥(玉)을 장식해 그것을 나란히 머리에 꽂은 것이 齊(제), 좌우로 비스듬히 기울여 중앙에 모아 꽂은 것이 參(삼)이다. 곧 齊(제)나 參(삼)이나 둘 다 머리의 비녀 장식이다. 參(삼)에도 본래는 簪(비녀 잠)이란 글자의 음과 가까운 음이 있었다. 參(삼)을 三(삼)이란 뜻으로 사용하게 되자, 三(삼)

의 음에 가깝게 되었는지 모른다. 빛나는 성좌(星座)의 이름은 參, 세 필의 말을 앞에 끌게 하는 마차는 驂(곁말 참)이다. 공자의 제자 증삼(曾參)은 자(字)가 자여(子輿)인데, 증삼의 參(삼)은 실은 驂(참)의 약자다. 驂(참)과 輿(수레 여)는 의미상 관련이 있으므로 각각 이름과 자(字)에 사용한 것이다. 《시경》 노송(魯頌) 〈비궁(閟宮)〉에 장수(長壽)라는 뜻의 '삼수(參壽)'라는 말이 있는데, 전국시대의 금문에서는 그것은 '三壽(삼수)'라고 적었다.

형의(形義)가 가깝기에 음도 가까운 글자들도 있다. 覇(패)는 覇(으뜸 패)의 처음 글자인데, 비를 흠뻑 맞아서 색이 바랜 짐승 가죽이다. 暴(폭)은 햇빛에 말린 짐승 가죽이다. 둘 다 희다〔白〕는 뜻이 있으며, 입술소리〔p〕와〔b〕를 어두(語頭)에 지닌다.

52
음의 계열

한자 가운데는 음소가 일정한 성의(聲義)를 지니고 있고 나아가 한정 부호를 취하여 형성자를 구성하는 것이 있다. 음 계열로서 가장 안정된 것이며 문자로서도 가장 발전한 형태라고 하겠다.

중화민국 초기의 유사배(劉師培)[1]는 젊어서 북경 대학 교수가 되어 새 교과서들을 많이 편찬하였는데, 문자학 방면에 《중국문학교과서》 제1책을 남겼다. 유사배는 음 계열의 예로서,

工(공), 可(가), 中(중), 蒙(몽), 句(구), 介(개), 享(향), 單(단), 者(자), 廷(정), 巠(경), 申(신), 侖(륜), 戔(잔), 繺(란/련), 音(음), 兼(겸), 賁(분), 需(수), 俞(유), 寺(사)

등을 성부(聲符)로 하는 글자를 들고, 그 기본 뜻을 규정하였다. 이를테면 句(구)를 성부로 하는 글자인 枸(호깨나무 구), 拘(잡을 구), 笱(통발 구), 鉤(갈고리 구), 劬(수고로울 구) 등의 다섯 글자에 모두 구곡(句曲 : 굽어 이어짐)의 뜻이 있다고 보았다. 또 巠(경)을 성부로 하는 글자인 莖(줄기 경), 脛(정강이 경), 勁(굳셀 경), 輕(가벼울 경) 등의 여덟 글자에 모두 則(기본 측)의 뜻이 있다고 하였다. 繺(란/련)을 성부로 하는 글자로 變(달라질 변), 欒(가름대 란), 彎(굽을 만) 세 글자를 들고, 모두 更(바꿀 경)과 屈(굽을 굴)의 뜻이 있다고 하였다. 그리고 俞(유)를 성부로 하는 글자로 逾(넘을 유), 喻(깨우칠 유), 愈(나을 유) 세 글자를 들어, 모두 지나침〔過〕의 뜻이 있다고 하였다.

이렇게 성의(聲義)를 규정하려면 음소로 간주할 글자의 형의(形義)에 대해 충분한 지식을 가지고 있어야 하고, 계열자들이 또한 그 해석을 지지할 수 있어야만 한다. 句(구)가 어째서 구곡(句曲 : 굽어 이어짐)이라는 기본 뜻을 가지는가? 句는 시신을 구부려 장사 지내는 형태를 표시하고, 局(국)은 그 가운데 가장 심한 모습을 표시한다. 이 사실로부터 비로소 句가 구곡(句曲)이라는 기본 뜻을 지님을 확인할 수 있다. 구곡(句曲)이란 뜻은 인체의 등이 굽은 것을 표시하는 佝(꼽추 구), 耇

(늙은이 구) 등에 句를 음소로 사용하는 용법이 있기에 그것에서부터 연역하여 다른 글자로 파급한 것이다.

巠(경)은 경위(經緯 : 날줄과 씨줄)의 經(날 경)으로, 본래 뜻은 직물의 날실이다. 곧 巠(경)은 날실을 베틀에 걸친 형태다. 즉 수직으로 기축(機軸)을 이루는 실을 말한다. 이렇게 이 글자는 본래 베틀의 옷감 짜는 일에 사용한 글자였다. 그런데 이 글자를 인체에 적용하여 頸(목 경)과 脛(정강이 경)처럼 사용하였다. 그리고 다시 莖(작은 가지 경)과 輕(가벼울 경) 따위로 파급하였다. 이것은 기본뜻으로부터 연역되어 나온 것이다.

유사배는 絲(란/련)을 성의(聲義) 글자로 정의하고 그것과 관련된 글자로 變(변할 변), 欒(가름대 란), 彎(굽을 만)의 셋을 들었다. 그리고 그는 變(변)에서 변경(變更)의 뜻을, 彎(만)에서 만굴(彎屈)의 뜻을 이끌어냈다. 하지만 그 글자들은 음 계열을 이루지 않으며, 성의(聲義)에 일관성이 없다. 실은 絲(란/련)은 자기 맹세를 의미하는 言(신)의 좌우에 실 장식을 붙인 것이다. 실 장식은 幾(기)에 붙였던 끈목〔機組 : 기조〕과 마찬가지로 저주의 장식이다. 그렇게 장식을 붙여 言의 주술 능력을 강화시키려 했던 것이리라. 變(변)은 그 글자의 아래쪽에다 攴(복)을 가한 것이다. 攴(복)이란 때리는 모습을 말한다. 즉 주술의 효용을 변경하기 위해서 행하는 주술 행위를 나타낸다. 更(고칠 경)도 丙(병) 형태의 주술 그릇에 아래로부터 攴(복 : 매질)을 가하여 주술 능력을 변경하는 행위이다. 즉 變(변)이나 更(경)이나 모두 주술 그릇을 때리는〔攴〕 일을 표시한 회의의 짜임이다.

欒(란)과 彎(만)도 음이 달라서 음 계열을 이루지 않는다. 뿐만 아니라 형성의 짜임으로 보기도 어렵다. 絲(란/련)은 금문에서는 만하(蠻夏 : 오랑캐와 중국)의 蠻(오랑캐 만)이란 글자로 이용되었다. 蠻(만)의 아랫부분에 있는 虫(충)은 사방 오랑캐를 짐승의 부류로 간주하는 중화사상에 따라 뒷날 더해졌다. 한나라가 왜노국왕(委奴國王)이나 전왕(滇王)에게 내린 금인(金印)은 뱀 형태의 손잡이를 붙인 사뉴인(蛇鈕印)이었다.[2] 오랑캐를 짐승의 부류로 멸시했던 사상이 여기에 잘 나타나 있다.

俞(유)에 대해서는 이미 말하였다(70쪽). 피고름이나 상처를 수술 칼로 제거하고 그것을 소반 속에 옮기는 모습을 나타낸 글자다. 愈(나을 유), 愉(즐거울 유), 癒(병 나을 유) 등은 모두 그 계열의 글자다. 또 逾(넘을 유), 踰(지나갈 유), 輸(나를 수)도 모두 피고름이나 상처를 제거해 다른 곳으로 옮기는 일과 관련 있다고 할 수 있다.

이렇게 한 글자가 성의(聲義)의 계열을 그대로 유지한다면, 다른 요소가 한정부호로서 기능한다고 하더라도 여전히 그 본래의 글자는 '또한 소리를 나타낸다'고 풀이하는 역성(亦聲)의 글자로 보아도 좋다.

53
역성亦聲에 대하여

형성의 짜임에서 성부(聲符)가 동일 계열의 글자들에서 보편 개념으로 사용된다면, 그 성부를 역성(亦聲)이라고 한다.

이를테면 巠(경)은 본래 베틀의 날실을 표시하는데, 그 글자가 구체적 의미 범주를 벗어나서 수직으로 전체를 지탱하는 것이라는 의미로 추상화되어 사용된다. 그것이 역성(亦聲)이다. 莖(경)은 꽃받침을 지탱하는 것, 徑(경)은 직선상의 근거리다. 하지만 그 두 글자에서 巠(경)은

날실의 經(경)이라는 의미를 유지하지 않고 다만 보편 개념으로 연역되어 사용된다. 따라서 그 두 글자들은 회의의 짜임이 아니다. 그렇다고 그 두 글자들에서 巠(경)이 단순한 성부는 아니다. 형성의 짜임에서 성부가 이렇게 일관된 의미를 지니고 있을 때, 그것을 역성(亦聲)이라고 한다.

韋(무두질한 가죽 위)에는 무두질한 가죽[皮韋, 피위]이란 글자와 어떤 주위를 에두름[韋違, 위위]이란 두 계열의 글자가 있다. 무두질한 가죽의 경우는 상형이고, 주위를 에두름의 경우는 '口(=邑)를 두른다'는 의미를 지닌다. 緯(씨줄 위), 違(어길 위), 衛(지킬 위)는 후자 계열에 속하는 글자들이다. 곧 이 글자들에서 韋(위)는 역성(亦聲)이다. 이에 비해 偉(훌륭할 위)와 葦(갈대 위)는 韋와 의미상 연관이 없으므로 형성의 짜임이다.

巽(공손할 손)은 두 사람이 나란히 신 앞에서 춤추는 형태로, 신에게 공헌하는 것을 말한다. 僎(갖출 선)과 選(가려뽑을 선)은 모두 춤추는 모습이다. 饌(반찬 찬)은 공헌하는 음식이다. 두 경우 모두 신사(神事)에 관련이 있다. 따라서 그 글자들 속의 巽(손)은 역성(亦聲)의 글자다.

周(주)는 네모꼴 방패인 干(간)에 촘촘한 문양을 그린 글자로, 때로는 그 앞에 축문 그릇 ㅂ를 첨가한다. 촘촘한 문양이란 뜻을 지니므로, 이 형태를 포함하는 彫(새길 조)와 畫(그릴 화)는 회의의 짜임이다. 啁

(비웃을 조), 稠(빽빽할 조), 綢(얽힐 주), 週(돌 주), 調(조절할 조) 등의 글자에서 周(주)는 역성(亦聲)이다. 이에 비해 周(주)의 본래 뜻과 아무 관계없는 凋(시들 조)와 惆(서글플 추)는 형성의 짜임이다. 이렇게 회의·역성·형성을 구별할 때도 글자의 처음 꼴과 처음 뜻을 알지 못하고서는 변별 기준을 찾기 어렵다.

周(주)를 성부로 포함하는 글자는 대개 형성자로 간주된다. 그런데 형성자도 본래 역성(亦聲)으로서의 성의(聲義)와 관계시켜 성부를 고르는 일이 많았지, 임의의 글자를 사용하는 법이 없었다. 다만 조수초목(鳥獸草木)의 이름은 공통된 뜻에 따라 명명하는 법이 없었으므로, 특정 개념을 지닌 성부를 사용하는 일이 거의 없었던 셈이다.

성부로 많이 사용하는 글자라 하여도, 다른 여러 글자들 속에 사용되었을 때 그 공통된 뜻을 쉽게 찾을 수 없는 경우가 있다.

이를테면 其(기)는 箕(키 기)의 상형자다. 그 글자를 포함하는 것은 基(바탕 기), 期(만날 기), 碁(바둑 기), 欺(속일 기), 琪(옥 기), 旗(깃발 기), 綥(연두색 비단 기), 顊(추할 기), 騏(털총이 기), 麒(기린 기) 등 대단히 많다. 《설문해자》에는 21개 글자나 실렸다. 그러나 그 글자들 사이에는 공통 뜻으로 삼을 만한 것이 없다.

또 帝(임금 제)는 본래 신을 제사지내는 제사상의 모양이다. 그래서 제사상을 차려 제사 지내는 대상을 帝(제)라 하고, 그 제사 의례를 禘(체 : 종묘제사)라고 하였다. 諦(살필 체)는 신의 뜻을 묻는 심체(審諦)라는 뜻이다. 그러므로 이 글자들의 帝(제)는 역성(亦聲)이다. 하지만 그 帝(제)를 掃(비칠 체), 締(맺을 체), 蹄(발굽 제)에 사용하는 것은 형성의 짜임이라고 보아야 할 것이다.

중국의 자음 수는 지금의 북경어에서 411개이다. 악센트의 구별을 고려하면 1,344개라고 한다. 《설문해자》에서 성부(聲符)로 사용한 문자의 수는, 청나라 단옥재(段玉裁)[3]의 《설문해자주(說文解字注)》에 따르면 1,521개이다. 청나라 묘기(苗夔)[4]가 쓴 《설문성독표(說文聲讀表)》에 의하면 1,774개나 된다. 즉 자음 수의 약 네 배나 되는 성부를 사용하는 셈이다. 그것은 표음이 아닌 상형자, 지사자, 회의자도 모두 표음 글자로 사용한다는 사실을 의미한다. 한자가 혼란스러운 것은 이 표음자, 다시 말해 형성자에 주된 원인이 있다.

54
전주轉注

한자의 짜임에서 상형·지사·회의·형성·전주·가차를 아울러 육서(六書)라고 한다. 앞의 셋은 표의(表意)의 짜임, 뒤의 셋은 표음(表音) 방법이라고 하겠다.

이 가운데 전주에 대해서는 종래 정설이 없었다. 《일본고전전집》 속에 들어 있는 가리야 에키사이(狩谷棭齋, 1775~1835)의 〈전주설(轉注說)〉을 해제한 글로 요사노 히로시(与謝野寬)의 〈전주설대개(轉注說大概)〉가 있다. 요사노 히로시는 종래의 전주설로 수십 가지를 거론했다.[5] 하지만 그 어느 설도 수긍할 수 없다.

전주라는 것은 허신(許愼)의 〈설문해자서(說文解字叙)〉에 의하면, "부류마다 하나의 부를 세워, 같은 의미의 글자를 서로 이어받는다(建類一首, 同意相承)."라고 풀이된다.[6] 이 규정을, 하나의 형체소가 성의(聲義)의 면에서 계열을 이루는 것이라고 해석할 수 있다면, 앞서 거론한 역성(亦聲)의 글자가 이것에 해당한다. 다만 〈설문해자서〉는 전주

侖 婁 曾 庶

의 예로 "孝(효)와 老(로)가 이것이다."라고, 소리가 다른 두 글자를 거론했으므로 문제가 된다. 그런데 이 부분은 뒷사람이 부가한 것이라는 설이 있다. 문자의 구성에서 보더라도, 부수 계열은 편(偏)을 중심으로 삼지만, 전주는 방(旁)을 중심으로 계열을 이룬다. 따라서 자형학상 원리적인 통일을 얻었다.

역성(亦聲)의 글자에 대해서는 두서너 가지 예를 이미 든 바 있다. 이 역성 관계에 있는 글자들은 매우 많다.

侖(둥글 륜)은 에둘러 친 목책의 형태로, 전체 모습은 서로 대립하는 것의 통일에 의한 질서를 나타낸다. 倫(인륜 륜), 淪(잔물결 륜), 輪(바퀴 륜)은 모두 서로 상대하는 것들이 이루는 질서를 말하고, 論(말할 론)은 마주하여 따지는 일이다.

婁(루)는 여자의 머리카락을 높이 포개어 묶은 형태로, 높은 것, 속이 투명한 것, 내실이 쇠퇴하여 혼란스런 것을 의미한다. 樓(누대 루), 僂(구부릴 루), 瘻(부스럼 루), 縷(실가닥 루), 螻(땅강아지 루), 髏(해골 루) 등은 모두 그런 뜻을 이었다.

하지만 역성 관계는 성부가 같은 것들 사이에 늘 존재하는 것은 아니다. 曾(증)은 甑(시루 증)의 처음 형태다. 음식을 찌는 그릇이므로, 포갠다는 뜻을 지닌다. 層(층 층), 增(더할 증) 등의 글자는 그 의미를 이은 것이다. 하지만 똑같이 曾(증)을 성부로 하는 僧(승려 승), 憎(미워할 증), 噌(웅성거릴 쟁), 矰(주살 증), 贈(선물할 증) 등은 반드시 그 의미를 이은 것이 아니다. 이 경우에는 임의적으로 그 성부의 글자를 선택한 데 불과하다.

성부의 글자를 임의적으로 선택할 수 있다는 사실은 상황을 음성으로 표기하는 의태어에서 두드러진다. 逍遙(소요 : 이리저리 거넒)를 招搖(초요)로 적거나, 相羊(상양 : 어슬렁거림)을 襄羊(양양)·尙羊(상양) 등으로 적거나 하는 식으로 같은 말을 다른 글자로 바꿔 적는 것들이 그 예다. 문자의 짜임에서도 음을 임의로 선택할 수 있어서, 같은 소리의 다른 글자로 대체하는 일이 일어났던 것이다.

煮(자)는 '끓이다'라는 뜻을 지닌 글자다. 하지만 者(자)는 書(서)의 처음 글자이며, 者위에 聿(=筆, 붓)을 가한 것이 書이다. 따라서 煮(자)라는 글자를 두고, 者(자)를 불 위에 놓고 끓이는 일이라고 풀이할 수가 없다. 煮(자)의 본래 글자는 사실은 庶(여러 서)였다. 庶(서)는 노구솥을 불에 걸쳐둔 형태다. 者(자)와 庶(서)의 음이 같았기 때문에, 者(자)에 火(화)를 더하여 자비(煮沸 : 끓이다)의 뜻을 지닌 글자로 삼은 것이다.

者(자)와 庶(서)가 서로 교체되었다는 사실은 庶(서)와 諸(모두 제)의 관계나 遮(막을 차)와 堵(담 도)의 관계에서처럼 庶(서)와 遮(차)가 諸(제)와 堵(도)의 뜻을 획득한 점에서도 살필 수 있다. 庶(서)는 본래 庶羞(서수 : 신에게 바치는 희생)란 뜻인데, 지금은 그런 뜻이 없다. 庶(서)는 서주 시대의 금문에서 이미 서인(庶人), 서민(庶民), 서사(庶士)라는 말에 쓰였다. 그리고 또 《맹자》에 나오듯이 '부디 바라건대'의 뜻인 서기(庶幾)라는 말에 쓰였다.[7] 이것들은 모두 가차의 용법에 불과하다. 글자들을 성의(聲義)에 따라 계열화할 때는 이러한 교체 현상도 있었다는 사실에 주의해야 할 것이다.

55 형성자와 음

동일한 성부(聲符)를 지닌 형성자의 음은 동일해야 할 터이다. 하지만 성부가 같은 글자라도 음이 다른 것이 있기에, 성부가 지니는 음가를 정할 때 문제가 있다. 이를테면 者(자)를 성부로 지닌 글자들은 한국어에서는 자·제·도, 일본어에서는 샤·쇼·쵸·토의 음이 있다. 그것들 가운데는 그 동족어라고 간주해야 할 회의자도 있다. 하지만 단순히 형성자들만 보아도 상이한 음 계열이 어떤 법칙성을 지니고 있음을 알 수 있다. 이것을 보면, 거기에는 고대 음운에 문제가 있으리라고 추측하게 된다. 지금 몇 가지 다른 예들을 들어보기로 한다.

[各(각)] 客(객), 格(격), 恪(각) / 絡(락), 洛(락), 落(락), 酪(락) / 略(략) / 路(로), 賂(뢰), 輅(로)

[京(경)] 景(경), 剠(경), 勍(경), 黥(경), 鯨(경) / 凉(량), 諒(량) / 掠(략)

[柬(간)] 揀(간), 諫(간) / 闌(란) / 練(련), 鍊(련)

[兼(겸)] 溓(렴), 謙(겸), 歉(겸) / 嗛(겸) / 廉(렴), 賺(렴, 잠), 簾(렴)

[監(감)] 艦(함), 鑑(감) / 濫(람), 藍(람)

이상의 성부가 들어 있는 문자들은 한국 한자음을 기준으로 보면 두음이 [k-], [h-]와 [l-]의 두 음계로 나뉜다. 일본 한자음을 기준으로 보면 두음이 [k-]와 [l-]의 두 음계로 나뉜다. 스웨덴의 중국어학자 칼그렌(Karlgren)[8]이 주장하였듯이, 본래 그 두음이 하나의 자음이 아니었다. 곧, 두음이 여러 자음의 집합체인 자음군으로 이루어져 있다가 자음이 분화함에 따라 각각 달리 구현되었다고 생각된다.

두음의 자음이 분화하는 현상은 두음에 모음을 지닌 후두음에서도 살필 수 있다. 후두음은 〔I-〕와 〔i-〕의 두 종류가 있는데, 그 가운데 자음으로 전화한 것이 있다.

〔也(야)〕　他(타) / 池(지), 地(지), 馳(치)
〔台(이/태)〕　怡(이), 詒(이), 貽(이) / 怠(태), 苔(태), 殆(태) / 治(치)
〔炎(염)〕　琰(염) / 剡(섬) / 淡(담) / 啖(담), 談(담), 痰(담), 毯(담)
〔易(역)〕　蜴(척) / 剔(척) / 惕(척) / 逷(적) / 錫(석)
〔勻(윤/균)〕　筠(윤), 韵(운) / 均(균), 鈞(균)
〔員(원)〕　隕(운), 殞(운), 韻(운) / 塤(훈), 勛(훈)
〔于(우)〕　宇(우), 迂(우), 紆(우) / 吁(우), 盱(우), 訏(우)
〔延(연)〕　涎(연), 筵(연), 挻(연), 蜒(연) / 誕(탄)
〔爰(원)〕　援(원), 猨(원), 媛(원) / 煖(난), 諼(훤), 緩(완)
〔憂(우)〕　優(우), 懮(우), 檴(우) / 擾(요)

두음에 이러한 문제가 있을 뿐만 아니라, 음절의 모음 부분에도 시대적 변화가 있었다. 일본의 추고(推古) 시기의 유문(遺文)에서 볼 수 있는 다음과 같은 음들은 중국 고대음의 흔적을 보존하고 있다고 생각된다. 오야 도루(大矢透) 박사가 《가나원류고(仮名源流考)》[9]에서 말한 그대로이다.

宜〔ガ〕　巷宜名伊奈米大臣〈露盤銘〉
奇〔ガ〕　巷奇名伊奈米大臣〈丈六銘〉

奇〔カ〕　止與美擧奇斯岐移比彌天皇〈丈六銘〉

移〔ヤ〕　等已彌居加斯支移比彌乃彌己等〈繡帳銘〉

侈〔タ〕　久波侈女王〈上宮記系譜〉

　또 《시경》에는 皮(피)와 蛇(사), 河(하)와 儀(의), 羅(라)와 爲(위), 阿(아)와 池(지), 左(좌)와 宜(의), 多(다)와 馳(치), 猗(의)와 何(하)를 압운한 예가 많다.

　고대음을 복원할 때는 음운 변화의 법칙성을 찾기 위해 형성자의 음계와 압운을 연구하게 된다. 본디 표음 방법을 결여한 한자를 대상으로 그런 작업을 하기란 극히 어려운 일이라고 생각된다. 칼그렌이 고운(古韻) 연구의 단초를 연 이후로 중국이나 일본의 학자가 연구를 해오고 있지만 문제점이 끝도 없다.

　이를테면 斤(근)과 旂(기), 軍(군)과 輝(휘), 難(난)과 儺(나), 番(번)과 蟠(파)에는 각각 〔-n〕 탈락 현상이 있다. 하지만 耑(단)과 揣(췌), 瑞(서)의 형태를 취하는 예도 있으므로, 거기서 어떤 법칙성을 구할 수 있을지 의문이다.

　일본 글자의 일부가 된 한자에 대해서는 한음(漢音)과 오음(吳音)[10]을 논하기 이전에, 형성자에서의 음에 관한 지식을 정리할 필요가 있다고 본다.

56
음의설 音義說

같은 음계의 말들은 같은 의미를 지닌다고 보는 어원설을 음의설(音義說)이라고 한다. 같은 음계의 말이 동일한 개념을 포함한다는 사실은, 이를테면 뱀이란 뜻의 일본 고어인 헤미(헤비)가 히모(끈), 하모(뱀장어)의 어형과 유사하다는 점을 가지고 설명할 수 있다. 하지만 중국어는 단음절이 많고 따라서 동음어가 아주 많으므로, 함부로 음의설을 취할 수 없다. 《설문해자》는 문자학 책으로서는 체계가 탁월하지만, 자설에 음의설이 많다는 점이 최대의 결점이다. 그것은 당시 널리 통용되던 천인상관(天人相關)의 자연관을 배경으로, 글자의 음을 뜻과 의미상으로 결합시켜 체계를 구하는 소박한 방식으로 어원을 찾았기 때문이다.

《설문해자》에는 같은 음을 가지고 글자를 풀이를 가한 예가 많다. "日(일)은 實(열매 실)이다." "月(월)은 闕(빠질 궐)이다."라고 풀이한 것이 그 어원설의 대표적인 예다. 태양은 늘 차 있고 달은 차고 기움을 반복한다는 현상을 두고, 즉 하나는 실(實)하고 하나는 결(缺)하다는 현상을 근거로 삼아, 日과 月이라고 이름 붙였다고 본 것이다. "天(천)은 顚(꼭대기 전)이다."라고 풀이한 것도, 자형으로서의 天은 사람의 머리를 의미하지만, 음의설의 관점에서 天은 자연물의 최상에 위치한다고 간주한 결과다. 천인상관설의 자연관에 뿌리를 두는 어원설은 존재도 현상도 일체가 모두 사람의 인식과 감각을 통해서 이름이 붙었다고 여긴다. 그래서 《설문해자》의 글자 풀이에는 음의 관계를 설명하는 것이 많다. 즉, 日, 月, 天의 예처럼 같은 어두음을 지닌 말, 다시 말해 쌍성(雙聲)을 가지고 설명하는 것과, 같은 어미음을 지닌 말, 다시 말해 첩운(疊韻)을 가지고 설명하는 것이 아주 많다. 두음은 후음 〔i〕/〔i〕 이외에는 대개 자음이다. 어미음은 운(韻)이라고도 부르며, 모음 이하의 음절을 말한다. "旁(방)은 溥(보)이다."에서 旁(방)과 溥(보)는 둘 다 '두루, 넓다'의 뜻을 지닌 글자로, 둘은 쌍성 관계다. "王(왕)은 천하가 歸往(귀왕 : 돌아감)하는 바이다."라고 한 것은 전한 시대 동중서(董仲舒)[11]의 삼재설(三才說)에 근거한 해석이다. 이때 往(왕)은 王(왕)과 첩운 관계에 있다. 쌍성이나 첩운의 풀이는 음의설의 어원설을 전제로 성립하였던 것이다.

이 경향은 같은 후한 시대 유희(劉熙)의 《석명(釋名)》[12]에 이르러 한층 더 심해졌다. "日(일)은 實(실)이다. 광명(光明)이 성미(盛美)함이다." "月(월)은 缺(결)이다. 차면 곧 기욺이다."라고 한 것은 《설문해자》의 해설을 부연한 것이다. 하지만 다음의 예들은 음의(音義)의 관계가 반드시 절실하지는 못하다.

星(성)은 散(산)이다. 자리에 늘어서서 두루 흩어짐이다.
暑(서)는 煮(자)이다. 뜨겁기가 물건을 끓이듯 함이다.
雨(우)는 羽(우)이다. 새 날개가 움직이면 흩어지는 것과 같다.
地(지)라는 것은 底(저: 바닥)이다.
土(토)는 吐(토)이다. 만물을 토해 냄이다.
山(산)은 産(산: 낳다)이다.
霜(상)은 喪(상: 잃다)이다.
室(실)은 實(실: 차다)이다.
城(성)은 盛(성: 담다)이다.

또 다음과 같이 신체발부에 이르기까지 모두 동음어나 의성어의 세계를 구축한 것은 기이하기까지 하다.

人(인)은 仁(인)이다.
身(신)은 伸(신: 뻗다)이다.
骨(골)은 滑(활: 매끄럽다)이다.
髮(발)은 拔(발: 뽑다, 뽑히다)이다.
眉(미)는 媚(미: 아양떨다)이다.
目(목)은 默(묵: 침묵하다)이다.
口(구)는 空(공: 비다)이다.

"目(목)은 默(침묵 묵)이다."라고 하는 것은 자서(字書)의 설명이라고는 하기 어렵다. 《석명》에는 이런 식의 서술이 적지 않다.

그런데 청나라 말기의 유사배(劉師培)도 그러한 설을 좋아했다. 그에 따르면 山(산)은 봉우리가 세 개인 산을 나타내고, 水(수)와 火(화)는 각각 물소리와 불소리를 나타내며, 羊(양), 牛(우), 雀(작), 鵲(작), 蛙(와)는 각각 그 짐승의 우는 소리를 나타낸다고 하였다. 또 木(목), 竹(죽), 銅(동), 板(판), 滴(적), 擊(격)은 모두 그것들을 때렸을 때 나는 소리의 의성이고, 流(유)는 급한 물이 아래로 쏟아지는 소리의 의성이라고 하였다. 그 설은 유사배가 한때 자신에게 큰 영향을 주었던 장병린(章炳麟)[13]의 문자학에서 배워온 것인 듯하다.

57 어군語群의 구성

한자는 형체소 계열과 음소 계열로 나눠볼 수 있다. 하지만 동음(同音), 쌍성(雙聲), 첩운(疊韻) 관계로 통용하는 것도 많다. 따라서 어군(語群)을 구성할 때는 통용에 따른 가차 관계까지도 포함하여 체계화할 필요가 있다. 그 점에 주목한 업적으로는 청나라 건륭·가경 연간의 왕념손(王念孫)[14]이나 주준성(朱駿聲)[15] 등의 연구가 있다. 그런데 그 방법을 가장 대담하게 어원설에 적용한 사람은 민국시대 초기의 장병린(章炳麟)이다. 장병린은 "기원을 분명히 밝히고 유파(전개)를 끝까지 파고들어(道原窮流) 한 가지 형태를 가지고 수십 가지로 부연하였으므로 너무나도 은미하다."라고 하였다. 곧, 어원설을 자신의 독창이라고 말한 것이다. 그리하여 457조에 걸친 어군의 계통을 논한 것이 《문시(文始)》이다. 그 가운데 한 조항의 요지를 소개하기로 한다.

《설문해자》에 疋(발 소)는 足(족)이라고 하였다. 疋(소)는 또 《대아(大雅)》의 疋(아)에 사용하였으니, 또한 기록한다는 뜻도 있다. 疋의 소리가 전화(轉化)하여 迹(자취 적)으로 되었다. 창힐(倉頡: 문자의 제작자)[16]이 새 짐승의 자취를 보고서 글자를 만들었으므로, 疋는 또한 서기(書記)의 뜻도 가지게 되었다. 疋는 疏(트일 소)라고도 적는다. 雅(아)는 새인데, 이것을 아송(雅頌)의 뜻에 사용한다. 疋에 서기(書記)의 뜻이 있는 것은, 雅(아)도 疏(소)도 모두 신명(神明)에게 고하는 것이기 때문이다. 疋에 또한 서계(書契)와 마찬가지로 刻(새길 각)의 뜻이 있어, 아로새긴 창문을 소창

(疏窓)이라고 한다. 황제가 거처하는 곳의 군문(君門)을 瑣(가루 쇄)라고 하는 것은 疏의 소리와 뜻을 차용한 것이다. 한나라 때에는 瑣(쇄)를 또한 서기(書記)의 뜻으로 사용하였다. 疏(소)의 소리가 전변하여 匠(장인 장)으로 되고 組(끈 조)로 되었다. 匠(장)은 새기거나 그리거나 하는 일을 일삼았으며, 組(조)는 組紐(조뉴 : 끈의 매듭)를 말한다. 또 변하여 索(줄 삭)으로 되었다. 소통(疏通)의 도구는 梳(빗 소), 재능과 지혜가 있는 것은 諝(슬기 서)라고 한다. 疏(소)는 疎라고도 적는다. 爽(상)도 그 소리가 변한 것이다. 요컨대 이 어군은 소통(疏通)시켜 상명(爽明 : 밝고 밝음)하다는 뜻을 기본뜻으로 지닌다.

정말로 재주를 과신한 무리한 설명이다. 하지만 당시 중국 안팎의 사람들은 이 현란하고 자유자재한 논설에 완전히 매료되었다.

그러나 疋(소)는 금문에서는 발[足]의 형태로 그렸고, 보좌(補佐)의 뜻으로 사용하였으므로 곧 胥(도울, 서로 서)의 뜻이었다. 후세에 서기(書記)를 서리(胥吏)라고 했다. 疋를 大雅(대아)의 雅(아)로 사용하는 것은 夏(하)의 가차이다. 夏(하)는 악곡의 이름이다. 옛날에는 頭(하)로 표시했으니, 이때의 疋(아)는 頭 의 축약 형태다. 疏(소), 匠(장), 組(조), 索(삭)을 한 계열이라고 본 것은 무단(武斷)이 너무 심하다. 또 爽(상)은 상례에서 시신을 성화하려고 문신을 새기는 방법이다. 곧, 爽(상)은 奭(석)과 마찬가지로 문신의 아름다움을 가리키는 말이다.

장병린의 어원설은 '그 음이 변하여' 라든가 '다시 전변하여' 라든가 하는 식으로 어음군 사이의 전이 현상을 대전(對轉)과 방전(旁轉)이라는 말로 부르고, 그 개념들을 거의 무제한으로 사용했다. 그 방법을 무제한으로 사용하다보면 단음절어인 중국어의 어음은 서너 음으로 귀결되고 말 것이다. 하지만 두말할 것도 없이 음운의 변화는 일정한 조건 아래서만 일어나는 법이다. 따라서 어군을 구성할 때 장병린이 사용한 방법을 적용해서는 안 된다.

문자는 형체소를 기준으로 형의(形義)를 계열화하고 음소를 기준으로 성의(聲義)를 계열화한 뒤, 명백히 통용 관계에 있는 것들 사이에 음 관계를 설정하는 방법을 취해야 한다. 특히 단음절어에서는 음이 같아도 의미 계열이 다른 것이 많다. 그러므로 그것들이 같은 의미 계열인지를 검증하기 위해서는 자형학을 기초로 삼아야 한다. 장병린은 갑골 복사와 금문을 위작이라고 간주해서 공부하지 않았다. 그러고 보면 그의 학문에 한계가 있었던 것은 어쩌면 당연한 일일지도 모른다.

58
단어 가족

장병린의 어군설은 파탄에 가득하였다. 그런데 그의 어군설은 의외로 추종자가 많았다. 유사배도 그 한 사람이다. 일본에서도 그의 설을 조술하는 사람이 있다. 도도 아키야스(藤堂明保, 1915~1985)의 《한자어원사전(漢字語源辭典)》[17]은 그 방법을 따른 대표적인 책이다. 이 사전은 칼그렌의 음운 연구에 근거하고 장병린이 시도한 것을 재편한 것인데, 기본적으로는 장병린의 그것과 다를 바 없는 소박한 어원설에 근거하고 있다.

그 책은 어군을 단어 가족이라고 이름 지어 223족을 설정하고, 각 어군의 기본 뜻을 정했다. 지금 그 서너 가지 예를 소개하기로 한다. 각 예의 뒤에 나의 견해를 첨가해둔다.

士(사), 事(사), 史(사)는 '서다, 세우다'를 기본 뜻으로 한다. 士는 남자의 성기를 세운 형태를 표시하는 상형자이고, 事는 깃발을 세우거나 물건을 땅속에 꽂는 것을 말한다. 史는 죽통에 넣은 죽찰(竹札)이나 깃발을 손에 든 형태라고 본다(《한자어원사전》 104쪽).

士(사)는 王이나 父와 마찬가지로 신분을 표시하는 의식 기구로, 鉞(도끼 월)의 칼날 부분을 아래로 해둔 형태다. 在(재)는 이것에 성스러운 기호를 더한 것이다. 史(사)와 事(사)는 둘 다 ㅂ를 솟대[神桿]에 붙여서 신에게 제사지내는 것이다. 어느 것이나 모두 '세우다'와는 아무 관계도 없다.

古(고), 各(각), 京(경)은 '딱딱하다, 곧바로'를 기본 뜻으로 한다. 古는 말라버린 두개골의 상형이고, 各은 발을 질질 끌면서 딱딱한 것을 움직이려고 애쓰는 일이다. 客은 그 딱딱한 것에 걸려서 멈추는 것이다. 京(경)은 高(고)와 마찬가지로 높은 누각을 형상한다(《한자어원사전》 385쪽).

古(고)는 吉(길)이나 吾(오)와 마찬가지로 축문 그릇 ㅂ에 성스러운 도구를 두어 지킨다는 뜻이다. 各은 초빙되어 강림하는 신령으로, 사당 안에 이르는[格] 것이 客(객)이다. 京(경)은 개선문을 상형화한 것이다. 이 세 글자는 모두 어두의 자음 구성이 다르다.

微(미), 媚(미), 文(문), 民(민)은 '작다, 잘 보이지 않는다, 미묘한'을 기본 뜻으로 한다. 散는 가느다란 머리칼의 털이다. 微는 미행(微行 : 몰래 걷는다)한다는 의미다. 媚는 가늘고 작다는 뜻이다. 文은 紋(무늬 문)의 원래 글자로 사물의 소리에서 전변된 것이다. 民은 장님을 나타내는 글자로, 무지(無知)함을 뜻한다(《한자어원사전》 731쪽).

媚(미)는 무녀를 표시하는 글자다. 微(미)는 장발의 무녀를 때리는 주술적 행위를 표시하여, 그 주술 능력을 미약하게 한다는 뜻이다. 文(문)은 문신이다. 民(민)은 臣(신)과 마찬가지로 신(神)에게 바쳐진 노예다. 微(미)와 媚(미)는 동일 계열이기는 하지만, 그것들 모두를 관통하는 기본 뜻은 어디에도 없다.

壬(임), 男(남), 南(남)은 '안에다 집어넣어 감싸다'를 기본 뜻으로 지닌다. 壬은 안에 잔뜩 집어넣음이니, 妊(아기밸 임)의 뜻이다. 男은 안에 집어넣는 것으로, 데릴사위다. 南은 식물을 감싸서 따뜻하게 만드는 형태여서 남쪽〔南〕의 뜻이 된다. 南은 창고인 납옥(納屋)을 상형하였다(《한자어원사전》 804쪽).

壬(임)은 감임(堪任 : 타작 대)이라는 도구다. 男은 농지의 관리자다. 南은 남인(南人)이 사용한 동고(銅鼓)의 형태로, 그것을 두드리는 형태의 글자도 있다.

이러한 예들을 보면, 도도 아키야스의 《한자어원사전》은 어군으로서의 음 계열도 체계를 이루지 못하였고, 한자의 구조를 해석하는 자형학도 체계를 이루지 못하였음을 알 수 있다. 이렇게 음의(音義)를 중시하는 음의파(音義派)의 어원설은 정말 소박하기 짝이 없는 속설로 가득하다. 일본에서 말하면, 쥐란 뜻의 '네즈미'란 말을 '밤에 잠자지 않고〔네즈〕 보기〔미〕 때문에 '네즈미'라고 풀이하는 것과 마찬가지다. 이러한 속설이 성행하도록 내버려 둔다면 한자를 올바로 이해할 길은 점점 사라지고 말 것이다.

59

오호嗚呼에 대하여

글자의 본의가 상실되고 음이 통용되는 뜻으로만 사용되는 것을 가차(假借)라 하고 그 글자를 가차자(假借字)라 한다. 글자에 본의의 용법이 남아 있으면서 가차의 방식으로 다른 뜻으로도 사용될 때 그 다른 뜻을 가차의(假借義)라고 부르기로 한다. 감탄사는 본래 의성어 같은 것이라고 간주되어왔지만, 烏乎(오호), 嗚呼(오호), 於(오)는 가차의의 용법이라고 생각된다.

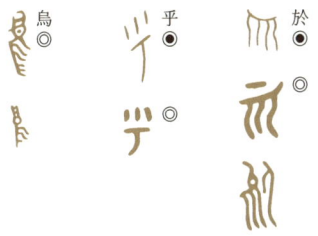

烏(까마귀 오)는 상형자인데, 기이하게 생기를 잃은 형태이다. 곧 글자의 아랫부분이 힘없이 늘어져 무언가에 묶여 있는 모습이다. 사실, 까마귀를 효성스런 새라고 보는 설은 후세에 만들어진 것이다. 검은

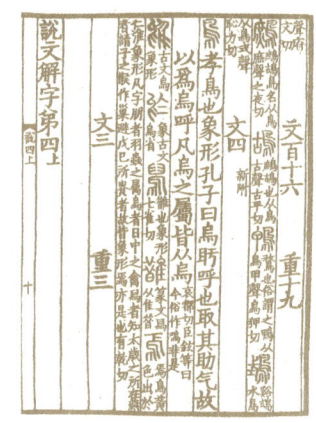

烏: 고문 於
《설문해자》 권4상 부분이다. 송(宋)나라 초기의 서현(徐鉉)의 교정본이다. 일본 도쿄의 정가당문고(靜嘉堂文庫)에 소장된 송판(宋版)에 의한다. 烏의 고문 於는 정전(正篆)의 글자와는 상당히 다르다. 금문 자료에 의하여 비로소 그 근거하는 바가 무엇인지 알 수 있다.

색인데다가 거리낌없이 탐욕을 부리는 이 새는 옛날부터 악조(惡鳥)로 간주되어왔음에 틀림없다. 《시경》에서도 "누가 까마귀의 암수를 알랴〔誰知烏之雌雄〕."[18]라고 노래했는데, 까마귀를 이름 높은 폭군에 비유한 것이었다. 지금도 농작지에서 종종 그렇게 하듯이, 작물을 해치는 까마귀는 철 되면 죽여서 나뭇가지나 줄에 꿰어 까마귀 쫓는 데 사용했을 것이다. 금문에 보이는 烏(오)는 아무리 보아도 나쁜 까마귀가 널브러져 있는 모습이다.

乎(호)는 새 쫓는 울림판의 모양이다. 본디 신을 부를 때 사용한 것이었으리라. 즉, 박자판과 같은 역할을 하였던 것이다. 烏와 乎 둘을 합하여 烏乎(오호)라는 감탄사를 만든 것은 그 글자들의 음을 사용한 것일 터이다. 그런데 뒷날 영탄의 뉘앙스를 더하려는 의미에서 嗚呼(오호)라고 표기하게 되었다. 이렇게 하여 형태는 더 갖추어졌다. 하지만 嗚(오)라는 형태로 되었다고 해서, 줄에 꿰여 있는 까마귀가 울어댈 리 만무하다.[19]

《설문해자》는 烏의 표제자 아래에, 기이한 글자 둘을 고문(古文: 육국시대의 옛 글자)이라고 기록해두었다. 첫 번째 고문은 깃털만 넷이다.

두 번째 것은 그 축약형이라고 설명하였는데, 글자 형태는 於에 가깝다. 그런데 이 두 번째 고문의 자형에 가까운 것이 주나라 초기 강왕(康王) 23년의 대우정(大盂鼎)에 보인다. 거기서는 於(오)라는 감탄사로 사용되었다. 만일 이것이 《설문해자》에서 제시한 두 번째 고문이라고 한다면, 그것은 烏의 이체자다. 금문에서는 烏虖(오호)가 먼저 나타났다가, 이윽고 대우정에서 於만 단독으로 사용한 예가 나왔다. 열국(列國)의 예를 보면 서국(徐國)의 종명(鐘銘)에 於虖(오호)라는 글자가 나온다. 이렇게 於는 烏와 달라서 본의로 사용된 일이 없었다. 그것을 '~에서'라고 풀이하는 것은 차용의 용법이다.

'~에서'의 於(어)는 개사(介詞) 즉 전치사의 용법이다. 금문에서는 제(齊)나라의 청동기에만 나타나므로, 제나라 방언이었을지 모른다.

於와 같은 용법의 개사에 于(우)가 있다. 《좌전(左傳)》에서는 於(어)와 于(우)를 엄밀하게 구별해 사용하여 혼란이 없다. 칼그렌은 그 사실을 근거로, 고문헌을 회의하였던 의고파(疑古派)[20] 연구자들이 《좌전》을 위작이라고 주장한 설을 부정하였다. 일본에서 고대의 가나(假名)를 갑과 을의 두 종류로 구별하는 것처럼, 於와 于의 구별에 중요한 의미를 인정한 것이다.

하지만 금문에서는 제나라의 청동기에

用追孝於我皇毁
그로써 우리 皇舅(황구)에게 추효(追孝)하라〔毁는 舅와 같다〕.

台享台孝于大宗皇且皇妣
대종황조황비(大宗皇祖皇妣)에게 그로써 흠향하고 그로써 효도하라.

라고 하는 서로 비슷한 구문이 있다. 앞의 것은 於를 사용하고, 뒤의 것은 于를 사용했다. 그 둘이 음이 가까왔으므로 통용했다고 생각된다. 따라서 《좌전》에서 於와 于를 구별해서 사용한 것은 각각 작자(기록자)의 글자 사용법에 따랐기 때문이라고 보아야 한다. 그 두 글자가 본래 문법적으로 구별된 것은 아니었다.

60
의성어

뜰 앞의 풀숲에서 우는 벌레 소리를 서양인은 사물의 소리로 듣지만, 일본인은 언어 기능을 맡은 두뇌 영역으로 듣는다고 한다. 아시아의 다른 민족들도 일본인과 마찬가지로 듣는 것이 아닐까 한다. 중국에도 의성어가 많다. 그렇다고 하면 음의설(音義說)이란 것도 아무 근거가 없는 것은 아니다. 하지만 의성어는 대개 상태를 나타내는 말에 한정되어 있다. 금문을 보면 서주시대 중기의 종명(鐘銘)에 종소리를 형용하는 소리 말을 적어둔 것이 있다.

의성어는 연독(連讀 : 윗글자와 같은 글자를 나란히 이어서 읽음)하는 점을 붙여 표시하는 일이 많다. 종소리는 '鄴ミ彙ミ(풍풍경경)'과 같은 식으로 표기했다. 그 두 글자는 고대에는 강한 입술소리였을 것이다. 갓난아이가 처음 내는 소리와 같았다 금문의 穆(목)이란 글자에도 연독하는 점 같은 것이 붙어 있다. 그래서 주나라 목왕의 이름을 '穆穆王(목목왕)'이라고 읽는 사람도 있다. 왕의 칭호에 의성어를 배당했다고는 생각할 수 없다. 연독점처럼 보이는 것은 실은 자형의 일부라고 간주하여야 할 것이다.

穆(목)은 내면의 덕이 아름다움을 가리키는 말이다. 穆穆(목목)이란 말은 그 뜻이다. 그 밖의 인격이 깊은 상태를 나타내는 말인 穆如(목여)나 穆焉(목언)처럼 如(여)나 焉(언) 따위의 접미어를 붙여 상태어로 사용하는 일도 있다. 본래 穆(목)의 음은 과실이나 곡식의 열매가 익어서 격하게 튀는 소리를 나타냈다. 그런 까닭에 내면의 덕이 충실한 상태를 가리키게 된 것이다. 그 열매가 빠져나간 흔적을 禿(대머리 독)이라고 한다. 싹〔苗, 묘〕에 이삭〔穗, 수〕이 나온 것을 秀(빼어날 수)라고 하니, 꽃을 붙인 모습이다. 익어서 穆(목)이 되고, 열매가 빠져 禿(독)이 된다.

물건을 때리는 것을 撲(칠 박)이라고 한다. 금문에서 외적을 치는 것을 박벌(戮伐)이라고 하였다. 業(박)은 業(업)이라고 부르는, 판축(版築 : 흙 다지는 판으로 성벽 따위를 쌓는 일)에 쓰는 커다란 판을 두드려서 때린다는 뜻이다. 業(박)계열의 글자에는 모두 '때린다, 빈틈없이 때린다'고 하는 뜻이 있다. 僕僕(복복)이란 바쁜 상태다. 금문에서는 戮伐(박벌)을 또 戮伐이라고도 적었다. 尃(박)은 縛(묶을 박)의 처음 글자로, 주머니 橐(탁)에 넣은 것을 두드려서 꽁꽁 묶는다는 뜻이다. 穆(목), 撲(박), 縛(박)등 입술 소리 계통의 글자들에는, 안으로 충실하다는 공통된 어감이 있다.

옛 경전의 주석을 모은 가장 오래된 자서(字書)가 《이아(爾雅)》[21]이다. 이 책은 첩어(疊語)의 풀이를 모은 제3권 석훈(釋訓)에,

戰戰(전전)과 蹌蹌(창창)은 動(동 : 마음이 두근거림)이다.
悄悄(초초)와 慘慘(참참)은 慍(원망할 온)이다.

라는 예들을 모아두었다. 〔s〕와 〔ts〕 계열의 음에는 쓸쓸한 느낌을 지닌 말이 많다. 일본에서도 가키노모토노 히토마로(柿本人麻呂)는

小竹之葉者 三山毛淸爾亂友 吾者妹思 別來禮婆(《만엽집》133).
〔읽기〕 小竹(ささ)の葉は、み山もさやにさやげども、われは妹(いも)思ふ、別れ來ぬれば.
〔번역〕 작은 대나무 잎이 바람에 살랑거리며 쏴아쏴아 울고 있어도, 나는 그 사람의 일을 생각하지 않아요. 이별하고 떠나온 그 사람의 일을.

라고 하였다. 최근의 노래를 보면, 시마자키 도손(島崎藤村)[22]은 〈센교쿠가와 여정의 노래(千曲川旅情の歌)〉의 한 절에서

小諸なる古城のほとり 雲白く遊子悲しむ.
소저라는 옛 성 부근, 구름 희고 나그네 마음 서글프네.

라고 하였다. 일본에서도 《만엽집》의 옛 노래로부터 최근의 노래에 이르기까지, 사(サ)행의 음으로 쓸쓸한 느낌을 강조해왔음을 알 수 있다. 이것은 민족이 지닌 음 감각과 뇌 기능에 중대한 변화가 일어나지 않는 한 변함이 없을지 모른다.

한자에서는 〔s〕와 〔ts〕 계열의 음 말고도 〔l〕음이 서글프고 원망스러우며 염려하는 느낌을 나타낸다. 어두에 〔l〕음을 지니는 어휘가 없는 일본에서는 조금 어감이 다른 듯하다.

《시경》 국풍 가운데 의성어를 가장 교묘하게 사용한 시편은 진풍(陳風) 〈월출(月出)〉이라는 시다. 음감을 알아보기 위해서 본래의 자음을 붙여둔다.

| 月出皎兮(월출교혜) | 달이 나와 비추니 |
| 佼人僚兮(교인료혜) | 아름다운 님의 얼굴 밝으시도다. |

| 舒窈糾兮(서요규혜) | 아아, 아릿다우셔라. |
| 勞心悄兮(노심초혜) | 시름하여 마음이 무겁구나. |

月出皓兮(월출호혜)	달이 나와 맑으니
佼人懰兮(교인류혜)	아름다운 님의 얼굴 빛나시도다.
舒憂受兮(서우수혜)	아아, 얌전하셔라.
勞心慅兮(노심장혜)	시름하여 마음 아득하구나.

月出照兮(월출조혜)	달이 나와 비추누니
佼人燎兮(교인료혜)	아름다운 님의 얼굴 찬란하도다.
舒夭紹兮(서요소혜)	아아, 부드러우셔라.
勞心慘兮(노심조혜)	시름하여 마음 불안하구나.

쌍성과 첩운의 어휘를 섞어, 음절이 부드럽고 성조(聲調)가 우아하다. 달 밝은 밤에 무도(舞蹈)할 때 부른 노래다.

미주

1 유사배(劉師培, 1884~1919)는 청나라 말기, 민국 초기를 대표하는 유학자이자 국학자다. 민족주의와 무정부주의에 기초한 정치 혁명을 주장한 인물이기도 하다.

2 '漢委奴國王(한왜노국왕)'이라고 새겨진 금인(金印)은 1784년(天明 4년)에 후쿠오카시(福岡市) 시가시마(志賀島)에서 발굴된 것으로, 현재는 후쿠오카시 박물관에 소장되어 있다. 일본의 국보다. 에도 시대 학자는 '漢の委奴の國王'이라 읽고, 《위지(魏志)》〈왜인전(倭人傳)〉에서 말하는 이토코쿠(伊都國 福岡縣 島半島에 있던 나라)의 왕의 인(印)이라고 여겼다. 1892년(明治 25년)에 미자네요네요시(三宅米吉) 박사는 '漢の倭の奴國王'이라고 읽고, 《위지》〈왜인전〉에 있는 나코쿠(奴國:博多 부근에 있던 나라) 왕의 인이라고 보는 설을 제출했다. 《후한서(後漢書)》〈동이전(東夷傳)〉에, "建武中元 2年(57년), 왜(倭)의 노국(奴國)이 봉공(奉貢) 조하(朝賀)하다…… 광무(光武)가 인수(印綬)를 하사하다."라는 기록이 있다. 이 금인은 당시의 것이라고 생각된다. 다만 금인자수(金印紫綬)는 최고의 지위에 주는 것이므로 외만(外蠻)의 왜국왕에게 줄 리가 없다고 의문을 제기하는 설도 있다. 또한 운남성(雲南省) 후한시대 유적에서 '신왕지인(愼王之印)'이 발굴되었다. 중국의 역대 왕조는 인(印)을 수여하는 상대에 따라 인뉴에 조각하는 동물을 달리하였다. 곧, 남방의 왕에게는 낙타, 북방의 왕에게는 양, 중국의 벼슬아치에게는 거북을 새겼다. '漢委奴國王'과 '愼王之印'의 두 금인에는 뱀이 새겨져 있다.

3 단옥재(段玉裁, 1735~1815)는 중국 청나라 때 학자로 자는 약응(若膺), 호는 무당(懋堂)이다. 강소성(江蘇省)에서 출생했다. 1760년의 거인(擧人)으로 사천성(四川省) 무산(巫山)현의 지현(知縣)이 되었으나, 곧 그만두고 학문에 전념했다. 대진(戴震)을 만나 그 제자가 되었고, 소학(小學)과 음운(音韻)에 정통하였다. 저서로 《설문해자주》외에 《고문상서찬이(古文尙書撰異)》《모시고훈전(毛詩故訓傳)》《시경소학(詩經小學)》이 있다.

4 묘기(苗夔, 1783~1857)는 중국 청나라 때 학자로, 자는 선록(先麓)이며, 직례성(直隸省) 숙녕(肅寧) 사람이다. 《설문해자》를 연구하였다. 뒤에 고염무(顧炎武)의 《음학오서(音學五書)》에서 영향을 받아 《모시운정(毛詩韻訂)》을 엮고, 다시 《광주(廣籒)》를

편찬했다. 익경 서원(翼經書院)에서 가르치다가, 도광(道光) 연간에 우공생(優貢生)에 천거되었다. 편수(編修) 왕진기(汪振基)가 산우(山右)에 문형을 잡았을 때 보좌하다가, 강소학사(江蘇學使) 기준조(祁寯藻)의 막부에 들어갔다. 준조가 북경으로 돌아와, 자금을 내어 그의 《설문성정(說文聲訂)》 2권, 《설문성독표(說文聲讀表)》 7권, 《모시운정》 10권, 《건수자독(建首字讀)》 1권을 간행해주었다. 그밖에 《설문성독고(說文聲讀考)》 《집운경존운보정(集韻經存韻補正)》 《경운구침(經韻鉤沉)》 등이 미간인 채로 있다.

5 狩谷棭齋 著, 《轉注說 扶桑略記校 每條千金》(轉注說, 扶桑略記校, 正宗敦夫 外 編纂校訂 ; 每條千金, 岡本保孝編, 正宗敦夫 外 編纂校訂) ; 與謝野寬 外 編纂校訂, 《日本古典全集》第1回 狩谷棭齋全集(東京 : 日本古典全集刊行會, 1926. 6.).

6 《설문해자》 15상-a 〈설문해자서(說文解字敍)〉, "五日轉注. 轉注者, 建類一首, 同意相受. 考老是也."

7 《맹자》〈양혜왕(梁惠王)·하〉편에, "今王鼓樂於此, 百姓聞王鐘鼓之聲, 管籥之音, 舉欣然有喜色而相告曰: '吾王庶幾無疾病與, 何以能鼓樂也?' 今王田獵於此, 百姓聞王車馬之音, 見羽旄之美, 舉欣然有喜色而相告曰: '吾王庶幾無疾病與, 何以能田獵也?' 此無他, 與民同樂也."라고 하였다. "지금 왕께서 음악을 하고 있습니다. 백성이 왕의 종 소리와 북 소리 그리고 피리 소리를 듣고 즐거운 표정으로 서로 이렇게 말합니다. '우리 왕께서는 요즈음도 병이 없이 무사하신 모양이군. 어찌 저리도 음악에 능하실까?' 지금 왕이 사냥을 한다고 합시다. 백성이 왕의 마차와 말의 소리를 듣고, 깃발이 아름답게 나부끼는 것을 보며 모두 즐거운 표정으로 서로 이렇게 말합니다. '왕께서는 요즈음도 병이 없이 무사하신 모양이군. 어쩌면 저렇게 사냥에 능하실까?' 이것은 다름 아니라 백성과 함께 즐기기 때문입니다."라는 뜻이다. 또한 같은 곳에 "孟子曰: 王之好樂甚, 則齊國其庶幾乎!"라는 말이 있다. "왕이 진실로 음악을 좋아하신다면, 제나라를 위하여 좋은 일입니다."라는 뜻이다.

8 칼그렌(K. Bernhard J. Karlgren, 1889~1978)은 스웨덴의 언어학자로 욘코핑에서 출생했다. 중국어 음운(音韻)을 연구하였으며, 중국 역사, 문헌학, 고대 미술 등 여러 방면에서 많은 업적을 남겼다. 특히 서북 방언의 조사(助詞)와 고음학(古音學)을 결부시켜 중국 문헌학, 고대학 연구에 초석을 마련했다. 《중국음운학(음성학)연구》(1915~2726)를 저술, 수(隋)·당(唐)의 중고한어(中古漢語)의 음계(音系)를 복원했다. 또한 상고의 음계(音系)를 연구해서, 《해석자전(解析字典)》 《해성조례(諧聲條例)》 《티베트어와 한어》 《시경연구(詩經研究)》 등을 저술했다. 1939년까지 예테보리대학 극동어 교수, 1939~59년에는 스톡홀름 극동고고학박물관장을 맡았고, 그 뒤 왕립문사고물(王立文史古物) 아카데미 원장, 스웨덴 인문과학재단장을 지냈다. 말년에는

청동기시대의 문자와 갑골문자를 연구했으며, 사전 《중국의 문자》(1940)를 완성했다. 이밖의 저서로 《언어학과 고대중국》(1926) 《중국어》(1949) 등이 있다.

9 大矢透 著, 《假名源流考》(國定教科書共同販賣所, 明治44年); 大矢透 著, 國語調査委員會(文部省內)編, 《仮名源流考及証本寫眞》(東京 : 勉誠社, 1970. 5., 國定教科書共同販賣所, 明治 44年의 복제 · 합본).

10 한자는 5~6세기경 한반도의 백제를 거쳐서 일본에 전래되기도 하고 중국에서 직접 일본으로 전래되기도 하였다. 이때 일본은 중국 남방의 육조 문화와 접촉했으므로 전래된 한자음도 육조음 즉 남조음(南朝音)이었다. 초기의 견수사(遣隋使)나 유학승(留學僧)이 중국에 가서 배워온 중국어도 이와 별 차이가 없었을 것으로 추정된다. 따라서 나라조(奈良朝)에 이르기까지 일본 한자음은 육조음 일색이었으며, 이 한자음을 오음(吳音)이라고 부른다. 그러다가 7세기 말에서 8세기경에 걸쳐 견당사 및 유학승에 의해 당나라의 장안음(長安音)이 전해졌다. 장안음으로 발음하는 일본 한자음을 한음(漢音)이라고 부른다. 또 가마쿠라시대(鎌倉時代, 1185~1573)에는 중국의 송(宋)·원(元)·명(明)조에 내왕하던 선종 승려들이 당송음을 전했다. 당송음의 모체는 14세기경의 항주 발음이라고 한다.

11 동중서(董仲舒, BC170경~BC 120경)는 한나라 무제(武帝) 때의 유학자로 하북성(河北省) 광주현(廣州縣) 사람이다. 유교로 사상을 통일시키려 하였다. 어려서 《춘추공양전(春秋公羊傳)》을 익히고, 경제(景帝) 때에는 박사가 되었다. 그의 저서 《춘추번로(春秋繁露)》는 공양사상(公羊思想)으로 《춘추(春秋)》를 해석한 것으로, 전한시대 금문학(今文學) 사상을 엿보게 한다. 인간과 하늘(혹은 자연)이 서로 상관을 맺는다는 사상을 전개해 행정 조직을 포함한 모든 정치 사상을 그러한 사상을 근거로 설명했다. 경제 정책으로 한전(限田)과 노예해방을 주장하여 국가권력의 집중화를 꾀했으나 제대로 실시되지는 않았다. 《동자문집(董子文集)》 등의 저서가 있다.

12 《석명(釋名)》은 중국 후한 말에 유희(劉熙)가 만든 사전으로 모두 27편이었다. 지금은 보통 8권으로 나눈다. 《이아(爾雅)》 형식의 훈고서로, 석천(釋天), 석지(釋地) 이하 해설을 곁들인 분류어휘집의 형식을 취하였다. 석천(釋天)의 "월(月)은 궐(厥)이니, 만월(滿月)이 되면 궐(厥)한다." 석수(釋水)의 "하(河)는 하(下)이니, 땅의 낮은 곳을 따라 통류(通流)가 된다."는 식으로, 음이 같거나 유사한 음을 가진 다른 글자의 뜻으로 문제된 말을 해석하는 방법을 취했다. 이와 같이 자음의 유사성을 이용한 훈고법을 음훈(音訓) 또는 성훈(聲訓)이라고 한다. 곧, 《석명》은 음훈을 이용한 자전(字典)이다. 그 책에 대한 주석으로는 청나라 필원(畢沅)의 《석명소증(釋名疏證)》과 왕선겸(王先謙)의 《석명소증보(釋名疏證補)》가 있다.

13 장병린(章炳麟, 1869~1936)의 처음 이름은 학승(學乘), 자는 매숙(枚叔)인데 뒤에 이름을 강(絳)이라 고치고 호를 태염(太炎)이라 하였다. 절강성(折江省) 여항(余杭) 사

람이다. 근대 자산계급 혁명가의 한 사람이다. 유월(俞樾), 황이주(黃以周), 담헌(譚獻)에게서 경학을 배운 뒤 강유위(康有爲)의 강학회(强學會)에 들어가 유신운동에 참여했다. 1897년에 상해에 이르러 《시무보(時務報)》의 찬술을 맡았다. 1903년에 〈강유위의 논혁명서를 반박함(駁康有爲論革命書)〉을 발표해 유신운동에 반대하고 혁명을 주장했다. 그해 6월, 노보안(勞報案) 사건으로 감옥에 갇혀 3년 간 있다가, 뒤에 일본으로 망명해 손중산(孫中山)의 동맹회(同盟會)에 참여하여 개량파와 논쟁을 벌였다. 1910년에 광복회(光復會) 회장이 되었다. 신해혁명 뒤에 귀국해서는 남경임시정부 고문을 맡았고, 원세개(袁世凱)의 복벽(復辟)에 반대했다. 만년에는 경학을 연구하여, 언어문자학 방면에서 성과를 내었다. 저술로 《추서(訄書)》《문시(文始)》《국고논형(國故論衡)》《태염문록(太炎文錄)》 등이 있다. 뒷사람이 《장씨총서(章氏叢書)》를 엮었다. 1982년 상해인민출판사에서 《장태염전집(章太炎全集)》이 나왔다.

14 청나라 때에는 경학 연구에서 철저한 고증에 따라 경의(經義)를 밝히고 문자와 그 뜻을 분명하게 가려내고자 하는 훈고학파가 대두했다. 또 문자는 언어와 서로 밀접한 관계에 있으므로 먼저 언어를 이해하지 않고서는 그 문자를 충분히 이해할 수 없다고 보는 음운학파(音韻學派)가 나타났는데 이를 청대소학(淸代小學)이라고 한다. 대표적인 학자는 대진(戴震), 단옥재(段玉裁), 왕염손(王念孫), 왕인지(王引之) 등이다. 그들의 연구결과는 주준성(朱駿聲)의 《설문통훈정성(說文通訓定聲)》에 집대성되었다. 아울러 한나라 이후의 학서(學書)가 모두 미흡한 것이라고 주장하는 금석학파(金石學派)와 현재 전해진 경서가 수없이 탈오 · 착간(錯簡)되어 믿을 수 없는 점이 있다고 보는 교감파(校勘派)와 집일파(輯佚派) 등도 나왔다.

15 주준성(朱駿聲)은 청나라 고증학자 중 음운학파의 대표적 학자로, 1833년에 《설문통훈정성(說文通訓定聲)》 18권을 완성해 1870년에 간행했다. 허신(許愼)이 《설문해자(說文解字)》에서 편방(偏旁) 분류에 따라 수록한 9,000여 한자를 고음(古音)을 기준으로 다시 고쳐 이것을 18부로 나누고, 각 부에 성부(聲符)가 같은 형성문자(形聲文字)를 정리해 배열해놓았다. 이것이 책 이름에서 말하는 정성(定聲)에 해당된다. 각 글자 밑에는 《설문해자》의 주해(註解)를 이용해 그 글자의 본뜻을 표기하고, 아울러 본뜻에서 파생된 인신의(引申義: 이것을 轉注라 하였음) 및 가차(假借) 용법을 고전을 인용해서 풍부하고 상세하게 실었다. 이것이 책 이름에서 말하는 통훈(通訓)이다.

16 창힐(倉頡)은 또 '창힐(蒼頡)'로도 적는다. 한자를 처음 만들었다고 하는 문화 영웅의 이름이다. 전설에 의하면, 태고의 제왕인 황제(黃帝)의 사관(史官 : 기록관)이었던 창힐은 새나 짐승의 발자국을 관찰해 '부류를 달리하는 것은 각각 형태도 달리한다.'는 사실을 알아, 문자를 만들었다고 한다. 후한의 왕충(王充, 27~110경)이 저술

한 《논형(論衡)》의 〈골상(骨相)〉편에 따르면, 창힐은 눈이 네 개였다고 전한다. 한자를 창조할 정도의 인물이므로 보통 사람처럼 두 눈의 범용한 관찰력으로는 충분치 않다고 생각되어서 그러한 전설이 만들어졌을 것이다. 1956년에 산동성 기남(沂南)에서 발굴된 후한의 묘에 그려져 있는 창힐의 그림에는 실제로 눈이 네 개 있었다. 하지만 창힐 조자의 이야기는 중국에 전하는 수많은 성인 창조 전설의 하나라고 생각해야 할 것이다.

[17] 藤堂明保, 《漢字語源辭典》(東京 : 學燈社, 1965. 9.). 영어명은 《Etymological dictionary of Chinese characters》이며 875~887쪽에 〈상고-중고의 음운대조표(上古-中古の韻音對照表)〉가 있다.

[18] 《시경》 소아(小雅)〈정월(正月)〉편 제5장에, "산을 낮다고 하지 마라, 뫼가 되고 언덕이 된다. 백성의 거짓된 말을, 어찌하여 막지 못하는가? 저 옛 늙은이를 불러, 꿈을 점쳐 물으니, 모두 내가 성인이라 한다면, 누가 까마귀의 암수를 알랴."라고 하였다. 산을 보고 낮다고 억지소리를 하는 사람이 있지만, 뫼와 언덕이 평지보다 높은 것만은 변함이 없는 사실이다. 지금 모든 사람들이 이런 거짓된 말들을 하고 있는데, 그것으로 어째서 못하게 막을 생각을 하지 않는가. 나이 많은 안다는 늙은이들을 불러다가 꿈을 점치게 하면, 서로 제가 위대하다고 자랑들을 하겠지만, 까마귀의 수컷 암컷을 알 수 없듯이 누가 위대한지 알 사람이 누구이겠는가. 대개 이런 뜻이다. 그게 그것 같아 구별할 수 없는 것을 가리켜 '까마귀의 암컷 수컷'이라 말하게 되었다.

[19] 嗚(오)를 두고, 까마귀가 운다는 뜻에서 빌려와 감탄사로 사용하게 되었다고 보는 것은 잘못이라는 말이다.

[20] 민국 초기에 백화 운동, 문학혁명, 민중교육 운동이 일어날 때, 청대의 고증학풍에서 탈피해 서양의 실증주의적 학풍을 받아들인 일군의 학자들이 종래에 신성시해 왔던 중국고대사의 실체를 밝히고 유교의 허구성을 폭로했다. 고힐강(顧頡剛)이 편찬한 《고사변(古史辨)》에 논문을 게재한 학자들이 그들이다. 그런데 《고사변》은 7권으로 종료되었고, 차츰 의고보다는 실증이 대세를 점하게 되었다. 나진옥(羅振玉)과 왕국유(王國維)의 갑골학, 호적(胡適)의 《중국철학사대강(中國哲學史大綱)》 등 근대적 학문이 그것을 극복했다고 말할 수 있다.

[21] 《이아(爾雅)》는 경전의 어휘를 풀이하려는 목적으로 만들어졌다. 십삼경(十三經)의 하나로 꼽힌다. 석고(釋詁), 석언(釋言), 석훈(釋訓) 등 일반 단어를 풀이한 3편과 석친(釋親) 이하 관(官), 기(器), 악(樂), 천(天), 지(地), 구(丘), 산(山), 수(水), 초(草), 목(木), 충(蟲), 어(魚), 조(鳥), 수(獸), 축(畜) 등 물명의 훈고를 밝힌 13편으로 이뤄져 있다. 그 뒤 진(晉)나라 곽박(郭璞)의 주(注), 송나라 형병(邢昺)의 소(疏)로 이뤄진 《이아주소(爾雅注疏)》가 나왔고, 청나라 소진함(邵晉涵)의 《이아정의(爾雅正義)》, 학의

행(郝懿行)의 《이아의소(爾雅義疏)》가 나왔다. 〈석고〉는 동의어를 해석했는데, 고금의 방언과 속어를 망라했다. 여러 단어들을 늘어놓은 뒤 하나의 단어로 해석하는 형태로 되어 있다. 단, 해석에는 총석(總釋), 호석(互釋), 체석(遞釋)의 방법이 섞여 있으므로 자의 해석이 분명하지 않은 것이 많다.

[22] 도손(藤村) 시마자키 하루키(島崎春樹)는 미노고쿠(信濃國) 지쿠마군(筑摩郡)에서 여관과 도매상, 17대째 마을 대표를 하던 명문가의 막내로 태어났다. 메이지 유신 후 집안이 몰락하자, 10세 때 상경해 도쿄의 소학교에 입학했다. 공립학교를 거쳐 메이지학원(明治學院)에 입학해 셰익스피어, 바이런, 워즈워스 등의 원서와 일본고전을 탐독했다. 그 뒤 잡화점 일을 하는 한편 문학 잡지에 번역문과 시문을 발표했다. 메이지여학원(明治女學院) 영어 교사를 거쳐 동북학원(東北學院) 작문교사로 부임했다. 그 뒤 25세에 시집 《약채집(若菜集)》을 간행해 시인으로 인정받았다. 5년 뒤 《낙매집(落梅集)》을 내고서 시 짓기를 그만두고 소설가로 변신했다.

한자의 진보

61 갑골문과 금문
62 히에라틱 hieratic
63 노예의 글자
64 《설문해자說文解字》
65 자서《옥편玉篇》
66 정자正字
67 미美의 양식
68 문자학의 쇠퇴
69 한자의 수
70 한자의 미래

61 갑골문과 금문

갑골문이 사용된 시기는 은나라 무정(武丁) 때부터 은나라 말기까지다. 갑골문의 시대 구분 연구를 완성하였던 동작빈(董作賓)의 《은력보(殷曆譜)》[1]에 의하면 227년 간이다. 또 서주 시기는 은주 혁명으로부터 주나라의 동천(東遷)에 이르기까지, 역대 각 왕의 재위 연수와 편년을 기초로, 300년 전후의 기간이었다고 계산할 수가 있다. 이 두 기간을 합하고 거기에 춘추 전기 7, 80년을 합해서 약 600년에 이르는 시기가 갑골문 · 금문 시대다. 이 시대는 곧 문자가 본래의 형상과 표기의식을 잃지 않고 전승되던 시기였다고 볼 수 있다. 이 시기에 비록 자형의 구조는 필기자에 따라 상당히 자유롭게 변화하였더라도, 자형이 표시하는 본래의 표상은 정확하게 파악되었고 또 표현되었다.

자형에 변화가 많다는 것은 문자로서 성숙하지 못했거나 안정되지 않았음을 의미하는 것이 아니다. 오히려 구조적 의미가 충분히 이해되었기 때문에 자유로운 표기가 이루어진 것이라고 볼 수 있다. 이를테면 중국과학원이 편찬한 《갑골문편(甲骨文編)》[2], 중산대학의 용경(容庚, 1894~1983)이 편찬한 《금문편(金文編)》[3]에 기록된 자형들을 보면, 춘추 후기 이후에 속하는 금문의 자형을 제외하고는, 글자 본래의 입의(立意)에 위배된다고 간주할 만한 것이 거의 없다. 이것은 당시의 표기자인 사관(史官)들이 문자 형상의 본래 의미를 충분히 이해하고 정확하게 전승하였기 때문이다. 따라서 그들이 문자를 단순한 기호로 그저 모방하는 데 급급하지 않았음을 알 수 있다. 그렇지 않고서는 그렇게 복잡한 구성을 지닌 글자의 필획을, 입의를 그르치는 일 없이, 그것도 자유자재로 필의(筆意)를 변화시키면서까지 표기할 수는 없었을 것이다.

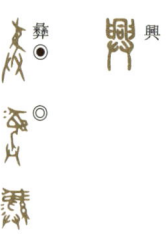

彝(떳떳할 이)는 갑골문에서도 사용되고 금문에서도 사용된 글자다. 곧 제기(祭器)를 이기(彝器)라고 하였다. 그릇을 만들 때는 "보준이(寶障彝)를 만들다."라는 식으로 적었다. 갑골문의 글자는 선각(線刻)이라서 간략히 한 것이 많고, 심지어 필의조차 표시하기 어려운 면이 있었다. 따라서 자형으로부터 글자의 형상이 나타내는 의미를 파악하기 어려운 것이 있다. 하지만 금문의 글자는 빈약하게 적거나 풍성하게 적거나 한다든가 점을 찍는다든가 휘게 한다든가 하여 글자의 형상을 충분하게 베껴내었으므로, 그것을 보면 글자의 의상(意象)을 잘 알 수가 있다.

彝(이)의 자형은 닭 날개를 서로 엇갈리게 꺾어서 피를 토하게 만들고 있는 형태다. 닭 입의 언저리에는 서너 점의 핏방울 모습을 찍어 두었다. 제기를 만들면 우선 그것을 정화시키는 釁(피칠할 흔)이라는 의례를 행하였는데, 그것에 닭 피를 사용하였던 것이다. 釁(흔)은 정화의 례였다. 글자의 아랫부분 반쪽은 寡(과)와 마찬가지로 사당 안에서 의례를 거행하는 사람의 모습이다. 釁(흔)은 사당 안에서 의례를 행하는 사람의 머리 위에서부터 술그릇을 엎어 술을 쏟아부어 祼(강신제 관)이

진공기(秦公簋)의 명(銘) : 진(秦)나라 전문(篆文)
진공기의 명문 가운데 전반부이다. 청동기는 진나라 애공(哀公) 32년(기원전 505년) 무렵의 것으로 추정된다. 앞에 나온 석고문(石鼓文)보다 약 270~280년 뒤, 또 시황제의 각석(刻石)보다 앞서길 270~280년의 일이다. 이 계열 가운데 춘추전국 시기의 가장 정통적인 자형이 어떻게 전개했는지를 볼 수가 있다. 기(簋)의 명은 자형(字型)을 주물 틀로 뜬 것이어서, 동일한 문자는 모두 같은 형태다.

라는 정화의례를 거행하는 모습을 나타내는 글자다. 그 글자에서 아랫부분의 사람 모습 부분이 없는 글자가 興(일어날 흥)이다. 이것은 의례에 앞서 식장의 한 구석 성토(盛土)에 술을 쏟는 의례였다. 지령(地靈)을 제사지내기 위한 뜻에서였다. 지신을 불러서 일으키려는[興] 의미였다고 생각된다. 그러한 의례를 사람에게 가하는 것을 釁(흔)이라 하고, 그릇에 가하여 제기로 삼는 그 그릇을 이기(彝器)라고 하였다.

彝(이)의 자형은 본래 닭의 피를 사용하는 모습이다. 하지만 뒷날에는 米(미)와 糸(사)가 들어 있다고 간주되었다. 《설문해자》도 자형을 그렇게 보고 해설하였다. 하지만 그것은 이미 본래의 자형이 아니다. 그러한 붕괴는 서주 후기부터 일어나기 시작하였다. 자형의 붕괴가 가장 결정적으로 나타난 것은 춘추 중기, 진나라 경공(景公) 원년(기원전 575년 무렵)의 진공기(秦公簋)일 것이다. 진공기의 글자 모습은 뒷날에 성립한 이른바 진전(秦篆)의 조형(祖型)을 이룬다고 생각된다.

62
히에라틱hieratic

춘추 중엽부터 각국의 청동기 명문(銘文)의 글자체에 각각 지역적으로 현저한 차이가 나타남으로써 문자의 분열 상태가 심화되어갔다. 서주가 멸망하자 역사는 동방 열국(列國)의 동향에 좌우되고, 대국의 수도가 각 지역 문화의 중심을 형성하는 열국 시대로 접어들었다. 옛 질서가 붕괴되어 자유가 생겨나는 한편 분열이 발생하여 문화의 양상이 극심하게 동요하였다.

문자 양식이 가장 크게 변한 것은 남방에서였다. 남방의 초(楚)나라는 스스로 "우리는 만이(蠻夷)다."[4]라고 일컬으며 주 왕조에 극렬하게 대항하였다. 그 무렵에 제작된 초나라 청동기의 문자에는, 열국의 왕조가 사용하던 우아한 글자 모양과 달리, 웅혼한 기백을 느끼게 하는 면이 있다.

오(吳)나라와 월(越)나라는 춘추 말기에 남방에서 일어나 초나라에 이어 한때 천하를 호령하다가 극히 짧은 기간 동안 흥망을 반복했다. 두 나라의 청동기에는 그 지방에서 산출하는 양질의 재료를 사용한 병기가 많다. 그 청동기 명문은 대개 금을 아로새긴 조전(鳥篆: 글자의 필획에 새 모양의 장식을 붙인 전서체)의 글자체다. 청동기 제작은 극도로 정밀하고 우수하며, 금색의 문자가 아주 화려한 장식체로 새겨져 있다. 조전은 해독하기 어려운 것도 있을 정도로 지나치게 장식을 하였다. 그 문자는 오나라・월나라와 함께 멸망하여 뒷날에는 고작 인새(印璽: 도장과 옥새)의 한 글자체로 남았다

전국시대에 들어서자 진(秦)·초(楚)·제(齊)의 세 강국이 정립(鼎立: 세 발 달린 솥처럼 세나라가 세력 균형을 이루고 대치함)하였다. 제나라는 환공(桓公)을 보좌한 관중(管仲)이 중농부국(重農富國) 정책을 폈는데, 전국시기에 들어와 전씨(田氏)가 나라를 빼앗은 뒤로는 곡식의 양을 재는 도량형 기구가 아주 많이 만들어졌다. 도량형 기구는 요소요소에 배치하여 지방의 세금을 잘 걷을 수 있도록, 명문을 새긴 청동기로 준비하였던 것이다. 그러한 청동기는 조상을 제사하는 데 쓰는 제기가 아닌데다가, 오나라·월나라의 칼처럼 의례에 쓰는 기구도 아니었다. 이른바 행정 목적의 실용적인 기물이었다. 본래 청동기는 주로 신사(神事)에 쓰려고 만들어 명문을 새겼던 것인데, 전국시대에는 이렇게 경제상의 행정 집행을 위해 도량형 기구를 제작하고 명문을 새기게 되었다. 이 시기에 이르러 문자는 실용 목적을 지니게 된 것이다.

전국시대는 열국의 분열과 격변 속에서 고대 문화가 탈바꿈하던 시대였다. 열국은 서로 극한으로 대립하여 대규모의 전쟁을 거듭하였으며 정세가 아주 빠르게 바뀌었다. 은·주 때와 달리 성각(聖刻)문자의 전려(典麗)한 글자체가 더 이상 유지될 수 없게 되었다. 이때 진(秦)나라를 제외한 여섯 나라에서 사용한 문자는 고문(古文)이라고 일컬어졌다. 《설문해자》에도 그 몇몇 글자가 수록되어 있다. 고문은 한자가 처음 만들어 질 때의 의도에서 완전히 벗어나 필기체 풍으로 단순한 꼴로 된 것이 많다.

진나라 시황은 천하를 통일한 뒤, 여섯 나라의 문자를 폐기하고 진전(秦篆) 즉 소전(小篆)으로 문자를 통일하였다. 진전의 모양은 앞서 말한 진공기(秦公殷)의 글자 모양과 거의 같다. 그것은 종래의 히에로그리프〔성각문자(聖刻文字)〕[5]에 대한 히에라틱〔신관문자(神官文字)〕에 해당한다고 보아도 좋다. 그런데 실은 진전은 시황제 때 처음 만들어

조전(鳥篆)
이른바 조서(鳥書). 월(越)나라 청동기에 많이 보인다. 필획 중 대부분 권필(圈筆)에다가 극단적으로 장식을 붙인 것이다. 과(戈)·모(矛)·검(劍)의 명(銘)에 사용되었다. 명문에 "子䵎之用戈"라고 씌어 있는데, '子䵎'은 누구인지 알 수 없다. 이것은 월나라 말기의 것인 듯하다.

진 것이 아니다. 그 글자 모양은 진공기 시기에 이미 완성되어 있었다. 진공기의 명문은 글자를 눌러 찍었기 때문에, 같은 글자들끼리 모양이 완전히 똑같다. 기계적인 방법을 적용한 것이다. 이것은 문자 의식이 크게 바뀐 사실을 반영한다. 흔히 문자 개혁을 진시황의 위업이라고 말하고 그것을 중국에서 벌어진 문자 개혁의 선구라고 현창한다. 하지만 그것은 문화 창조를 한 사람의 공로로 돌리려는 저 우민정책의 한 예에 불과하다.

63 노예의 글자

진공기(秦公殷)의 문자는 말하자면 히에로그리프로부터 히에라틱으로 이행한 것이라고 할 수 있다. 한편 전국시대라는 동란기에는 필기체 양식의 글자가 태어났다. 이 글자체는 데모틱(demotic : 이집트의 일상 사용 문자, 대중문자)에로의 이행 양상을 드러냈다고 말할 수 있다. 이로써 신성문자의 전통은 완전히 사라지고, 문자는 행정 서리가 취급하는 것으로 상용 범위가 줄어들어 차츰 간략하게 변해갔다. 그것이 이른바 고문(古文)이다.

고문에는 자형이 무너진 것이 많다. 청동기 가운데 음식 담는 그릇인 殷(기)는 지금 자형으로는 簋(제기 궤)라고 적지만 금문에서는 모두 殷로 적었다. 그런데 《설문해자》는 簋(궤)의 고문으로, 匚(방) 속에 飢(주릴 기)를 더한 것, 匚(방) 속에 軌(굴대 궤)를 더한 것, 匚(방) 속에 朹(아가위나무 궤)를 더한 것 등 세 글자체를 들었다.

첫째 글자는 금문에 나오는 廄(마구간 구)의 잘못이다. 殷를 飢로 잘못 쓴 것이다. 둘째 글자는 더욱 잘못되어, 匚(방) 속의 것을 음부(音符)로 보아 軌로 적은 것이다. 세 번째 글자는 殷를 나무로 만들어 명기(明器)로 삼는 일이 있었기 때문에 朹로 적은 것인 듯하다. 朹(궤)는 훨씬 뒷날에 나온 글자다. 그릇의 몸체를 대나무로 만들게 되자, 역시 대나무로 몸체를 만들었던 簠(보 : 바닥이 얕은 장방형의 곡물 상자)와 같이 竹(죽) 부에 소속시킨 것이다.

글자체의 간략화는 문자가 본래 지녔던 이미지를 차단하는 법이다. 일단 간자체가 만들어지면 자형은 그때부터 급속하게 붕괴

기(箕) : 고문(古文) 세 글자
《설문해자》 권4하. 서개(徐鍇)의 교정본 《설문계전통석(說文繫傳通釋)》의 부분이다. 서개는 서현(徐鉉)의 아우로, 전자(篆字)의 명가로 알려져 있다.

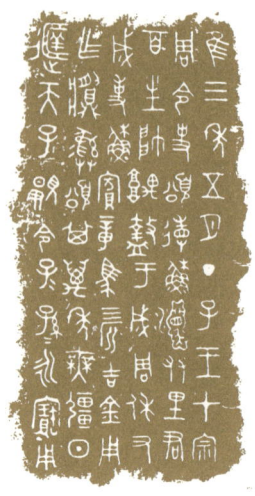

사송기(史頌設) 명문 : 서주 시기의 전체(篆體)
서주 후기의 금문. 이왕조(夷王朝) 무렵, 동방 경영의 근거지로서 성주(成周)의 중요성이 고조되었던 당시, 사송(史頌)이 임명되어 그 지방을 시찰한 일을 기록하였다. 문자가 종횡으로 잘 정돈되고 선형으로 되어 현저하게 전체(篆體)에 접근하였다. 다섯째 줄의 세 번째 글자 彝(이)는 본래 닭의 날개를 교차하여 꺾어서 피를 취하는 형태인데, 이 자형에서는 그 글자의 원뜻이 상실되었다.

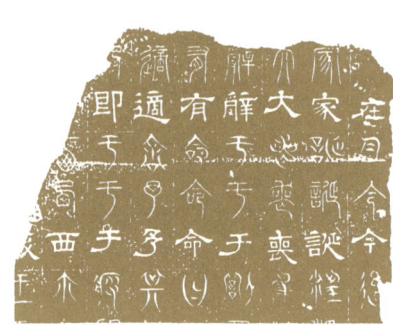

삼체 석경(三體石經) : 자체의 전형
위(魏)나라 정시(正始) 연간에 만든 것으로, 위석경(魏石經), 정시석경(正始石經)이라고도 한다. 후한의 희평(熹平) 연간에 만든 희평석경은 한예(漢隷)의 글자체뿐이지만, 이 위석경은 전문(篆文)·고문(古文)도 첨부하였다. 고문의 자형에는 이미 의심스러운 것이 많다. 소전은 당시 그 명가로 알려진 한단순(邯鄲淳)의 필적이라고 알려져 있다. 뒷날의 당사본(唐寫本)《설문해자》의 글자 모양과 비슷한 면이 있다. 이 시기에는 행(行)·초(草)의 자체도 이미 유행하였지만, 석경의 삼체가 자체의 전형으로 인정되었던 듯하다.

되고 만다. 간자체는 오랫동안 관습적으로 사용하는 가운데 자연스레 형성되어야지, 원칙 없이 자형을 뜯어고쳐서는 안 된다.

《설문해자》는 箕(키 기)에도 고문으로 세 글자를 들었다. 첫째는 ᄇ, 둘째는 其(기), 셋째는 그 이체자다. 첫 번째 글자가 본래의 箕이다. 그 글자체는 서주 후기 이후에 나타났다. 箕는 재질 때문에 竹(죽) 부에 소속시킨 것이다. 본래는 첫 번째 고문과 같은 상형자였다.

진전(秦篆)은 진나라 통일 이후 표준자로 되었지만, 그것은 이미 서주 후기 송기(頌器)의 명문에 쓰였다. 석고문(石鼓文)⁶⁾은 춘추 초기의 글자체라고 생각되는데, 뒷날의 진전 즉 이른바 소전과 비교하여 필획이 더 많다. 곧 《설문해자》가 대전(大篆)이라 말한 것에 가깝다. 대전은 서주 금문의 글자 모양과 별도의 것은 아닌 듯하다. 전(篆)이란 필의에 비척(肥瘠 : 두텁게 하거나 여위게 함)과 점발(點撥 : 점을 찍거나 삐침)을 가하지 않은 글자 모양을 가리킨 것이다. 하지만 대전이나 소전은 둘 다 아직 필기용의 글자체가 아니었다.

필기용 글자는 오히려 육국(六國)의 고문 계통에 속한다. 목간(木簡)이나 백서(帛書), 화폐 따위의 글자가 그 계열의 것이다. 그 글자체가 말하자면 데모틱이다. 전하는 말에 진나라의 관리 정막(程邈)이 노예가 사용하도록 예서(隷書)를 만들었다고 하지만, 그 전설은 문자 자료에서 드러나는 사실과 부합하지 않는다. 예서 가운데 초기의 것으로서 고례(古隷)라 불리는 글자체가 있다. 이것은 소전(小篆)을 더욱 직선화한 간편한 필기체. 진공기의 그릇 뚜껑에는, 그 그릇이 뒷날 도량기로 사용될 때 가해졌다고 생각되는 용량(容量)을 표시한 각문(刻文)이 있다. 아마도 전국 시기에 들어와서 추가로 새겨진 듯하다.

64
《설문해자 說文解字》

한자가 성립 당시의 이미지를 보존하고 있었던 갑골문·금문 시대에는, 문자가 본래의 자형에 대한 공통 이해를 바탕으로 유통되었다고 생각된다. 하지만 그것이 히에라틱(hieratic : 이집트의 일상적 행정·상업

문자, 신관문자)에서 데모틱(대중문자)로 바뀌는 시기에 이르러 글자의 본래 이미지는 알 수 없게 되었다. 문자는 자형이 무너지고 음의 약속만으로 유통되었다. 그래서 음이 가까운 것 사이에 통용과 가차가 있게 되고, 때로는 혼용도 일어났다. 말(어휘) 하나를 한 글자로 나타낸다는 한자의 원칙에서 보면, 이러한 가차나 혼용은 결국 자의(字義)의 혼란을 초래하기 마련이었다.

전한(前漢) 때 무제(武帝)는 유교를 정치적 지배 이데올로기로 채용하여, 오경박사(五經博士)를 두고 오로지 유학만을 존중하는 정책을 취하였다. 이어서 후한의 광무제(光武帝)는 경학을 장려하여 인재등용의 문을 열었다. 이에 따라 고전을 주석하고 연구하는 학풍이 일어났다. 하지만 고전의 학문은 거의 훈고학(訓詁學)이었다. 訓(훈)이란 자의에 통하는 일이고, 詁(고)란 고금의 어의(語義)를 고찰하는 일이다. 훈(訓)은 언어의 공시적 연구에 관계하고, 고(詁)는 통시적 연구에 관계한다고 할 수 있다. 훈고학의 집대성으로서 허신의 《설문해자》가 나왔다.

경서 가운데 《서경(書經)》에는 주나라 초기의 문헌도 들어 있는 듯하며, 《시경(詩經)》은 서주 후기를 중심으로 하는 시편의 총집(總集)이다. 《시경》 시편의 시대라고 할 기원전 9세기 전후는, 허신이 《설문해자》를 엮은 서기 100년의 시대로부터 거의 1,000년이나 멀리 떨어져 있다. 일본의 고전을 예로 들면, 《만엽집》과 계충(契沖, 게이츄)[7] 및 진연(眞淵, 마부치)[8] 사이만큼 시간상 거리가 있다.

허신은 경학 연구가 자의를 분명하게 하는 일로부터 출발해야 하며, 자의를 밝히기 위해서는 문자의 자형학적 연구 방법을 확립할 필요가 있다고 생각하였다. 그래서 문자에서 기본으로 삼아야 할 형체소를 골라 540부로 하고, 그 부에 속하는 글자들을 따로따로 모아, 모두

《설문해자(說文解字)》 당사본(唐寫本)의 목부(木部)

《설문해자》의 옛 사본으로서는 당사본이라 불리는 구부(口部) 잔지(殘紙) 두 조각과, 목부(木部) 여섯장 188자가 남아있을 따름이다. 둘 다 일본에 있다. 목부의 잔지는 청나라 동치(同治) 연간에 막우지(莫友芝)가 세상에 소개한 것으로, 뒷날 나토고난(內藤湖南)의 소유가 되었다가, 지금은 어떤 제약회사가 비장하고 있다. 설해(說解)의 형식은 금본(今本)과 다르다. 아마 그 옛 방식을 보존하는 듯하다. 바늘을 세운 듯한 소전(小篆)의 글자체가 특히 멋지다.

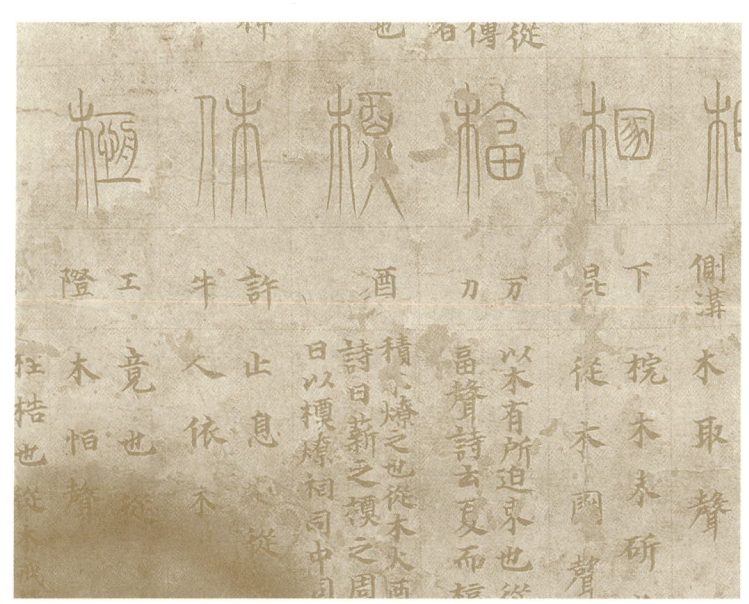

VII 한자의 진보 | 233

9,353자에 대해 자형학적으로 해설하였다. 허신 이후의 자형 해석은 거의 이 《설문해자》의 해설을 답습하였다. 《설문해자》와 다른 해석은 대개 자의적인 억설에 불과하다고 간주되었다.

허신의 문자학에서 가장 치명적인 것은, 그가 문자 성립기의 가장 오래된 문자 자료인 갑골문과 금문을 전혀 몰랐다는 사실이다. 그 자료들은 아직 지하에 묻혀 있었다. 금문은 그나마 송나라 때 이르러 서너 부의 저록(著錄)이 나왔다. 하지만 갑골문이 처음 출토된 것은 지금부터 아직 80년도 채 되지 않는다(이 책의 중공신서본 초판이 나올 때까지 80년이 되었다. 현재는 100년이 되었다.—역자 주). 그 출토 자료를 연구하는 일이 학문 영역의 하나가 된 것도 마찬가지다. 갑골문이나 금문을 자료로 삼는 문자학 연구는 청나라 말의 오대징(吳大澂), 손이양(孫詒讓), 민국의 왕국유(王國維) 등에 의해 시작되었다. 이전까지는 《설문해자》가 문자학의 성전으로서 최고의 권위를 지녔다. 《설문해자》의 주석서 가운데 가장 뛰어나다고 일컬어지는 단옥재의 《설문해자주(說文解子註)》도 《설문해자》의 자설을 거의 고치지 않고 그 자설을 부연하려고 노력하였다.

앞서 말했듯이 禿(독)은 화곡(禾穀 : 벼 등의 곡식)의 열매가 떨어져나간 형태다. 그런데 《설문해자》는 "머리카락 없음(無髮)이다."라고 풀이하고는, 문자의 창시자 창힐이 벼가 무성한 속에서 대머리 사람을 발견하고 禾와 人을 합하여 이 글자를 만들었다고 하는 왕육(王育)의 설을 인용하였다. 단옥재의 《설문해자주》('단주'라고 부른다)는, "일시적인 일로 1,000년토록 사용하는 글자를 정했을 리 없다."고 하여 이 설을 부정하였지만, 결국 《설문해자》를 변호해서 '머리카락 없음(無髮)이란' 벼가 윤기 나는 것을 뜻한다고 하였다. 단옥재는 그 주에서 전혀 금문을 자료로 사용하지 않았다. 그러나 갑골문과 금문이 없이는

《설문해자》의 학문을 뛰어넘을 수가 없다.

65

자서 《옥편玉篇》

육조 시대 양나라의 고야왕(顧野王)이 만든 《옥편(玉篇)》은 훈고를 위주로 하였던 자서(字書)이다. 중국의 학술은 우선 훈고를 기초로 하는 것이므로, 문자훈고의 학을 소학(小學)[9]이라고 한다. 그 소학의 기초를 확립한 것이 이 《옥편》이다. 그것은 《설문해자》를 증보하는 형식을 취하였으나, 《설문해자》와는 두 가지 점에서 달랐다. 첫째는 《설문해자》가 글자의 올바른 형태라고 제시하였던 소전(小篆)을 제거한 점이다. 둘째는 《설문해자》가 자형을 설명하는 자형학 책이었던 데 비하여 《옥편》은 자의를 증명할 경서 등 고전이나 그 주를 많이 모은 훈고의 자서(字書)였다고 하는 점이다.

《옥편》이 소전을 제거하고 해서체 글자를 정자로 삼은 것은 문자학의 목적이 자형학에서 벗어나 자의 중심의 훈고학으로 이행하였음을 의미한다. 고야왕은 허신보다 약 400년 뒤의 사람이다. 육조시대에는 불교가 성행하여 불전이 많이 번역되었다. 그러한 외적 자극도 있고 하여, 문자의 성의(聲義)를 연구하는 일이 크게 발전하였다. 사성(四聲)이라 불리는 중국어 악센트 가운데 거성(去聲)이 일어난 것도 그 무렵이다. 그래서 악센트도 연구하게 되었다.

《옥편》에 수록된 문자의 수는 《설문해자》보다 약 80퍼센트 정도 더 늘었다. 《설문해자》 이후로 위(魏)나라 이등(李登)의 《성류(聲類)》 10권

《옥편(玉篇)》: 당사본(唐寫本) 잔권 품부(品部)

《옥편》은 육조 시대 말기의 고야왕(顧野王)이 엮은 자서이다. 부를 세운 것은 대개 《설문해자》에 근거하였다. 많은 용례를 첨가한 본격적인 자서이다. 자체는 해서의 한 글자체뿐이다. 그 원본은 일찌감치 없어지고, 당사본 잔권이 일본에 전해졌다. 구카이(空海)의 《전예만상명의(篆隷萬象名義)》를 비롯하여, 일본의 옛 자서에 많이 인용되어 있다. 《옥편》 계통의 《당운(唐韻)》·《광운(廣韻)》 등은 증익본(增益本)이라기보다도 오히려 절략본(節略本)이란 사실이 이 잔권에 의하여 밝혀졌다.

이 1만 1,520자, 송(宋)나라 여침(呂忱)의 《자림(字林)》 7권이 1만 2,824자, 후위(後魏) 양승경(楊承慶)의 《자통(字統)》 20권이 1만 3,743자였다. 그런데 고야왕의 이 《옥편》은 30권으로 1만 6,917자다. 《옥편》의 완본(完本 : 완전한 텍스트)은 전하지 않지만, 일본에 그 잔권(殘卷)이 서너 부 보존되어 있다. 또 일본 승려 구카이(空海)의 《전예만상명의(篆隷萬象名義)》 30권, 창주(昌住)의 《신찬자경(新撰字鏡)》 12권, 미나모토노시타가우(源順)의 《왜명유취초(倭名類聚抄)》 등에도 채록되어 있다. 따라서 원본의 양상을 추측할 수가 있다.

《옥편》은 훈고에 중점을 두었다. 자형에 대해서는 가끔 《설문해자》의 글을 인용하였을 뿐이다. 그런데 때로는 《설문해자》의 해설을 고친 곳도 있다. 이를테면 '器(기)'는 《설문해자》에 "그릇(皿)이다. 그릇의 입을 모양으로 본떴다. 犬(견)은 그것을 지키는 것이다."라고 하였다. 하지만 《옥편》에서는 "器(기)는 네 개의 입이 달린 그릇이다."라고 하였고, 그 속에 있는 犬의 형태를 무시하였다. 아마도 犬 부분은 그릇의 네 개 입에 연결된 그릇 몸체라고 본 듯하다. 이미 전자(篆字) 형태를 버린 《옥편》으로서는 자형이 보여주는 자의보다 고전의 용례 쪽이 더 중요했던 것이리라.

그런데 실은 器(기)는 제기(祭器)를 뜻하는 글자였다. 犬은 제기를 지키는 짐승이 아니라 제기를 정화하는 희생 짐승이었다. 제기를 만들 때는 많은 축문을 나열하고 제물로 바친 개로 정화할 필요가 있었다. 곧 器(기)란 아마 상례 때의 명기(明器)였을 것이다. 그래서 두 개의 ㅂ에 犬을 첨가한 것이 哭(울 곡) 이다. 애곡(哀哭)의 의례를 말한다. 家(가)의 안이나 墓(묘)의 안이나 모두 제물로 바친 개로 정화하였던 것이다.

《옥편》은 《전예만상명의》를 비롯한 일본의 옛 자서에 커다란 영향을 주었다. 고야왕의 저서로는 《수서(隋書)》〈경적지(經籍志)〉에 《옥편》 말고, 《여지지(輿地志)》 30권, 《고야왕집》 19권이 더 있었다고 기록되어 있는 데 불과하다. 하지만 《수서》와 거의 같은 시대의 기록인 《일본국현재서목(日本國見在書目)》[10]에는 《여지지》 및 《부서도(符瑞圖)》 10권이 목록에 더 올라 있다. 그 그림도 일본에 전래되었던 듯하다. 《옥편》도 일부가 일본에만 전해졌다. 뒷날 일본의 자서는 그것을 모방하여, 《왜옥편(倭玉篇)》이라고 칭하였다. 자획에 의한 부수별 자서는 명(明)나라 매응조(梅膺祚)의 《자휘(字彙)》[11]에서 시작하게 된다. 그때까지의 자서는 모두 《옥편》의 부수와 배열을 기준으로 하였던 것이다.

66
정자 正字

고대의 문자가 고문이나 예서와 같이 간략화한 글꼴이나 선조(線條) 형태의 자형으로 바뀌면서, 본래 형상에 따라 구불구불하던 것이 직선으로 바뀌었다. 또 그에 따라 글자의 본래 이미지는 어쩔 수 없이 상실되고 말았다. 그 때문에 새로운 자형은 아주 불안정하였으며, 필획도 갖가지로 차이를 낳았다. 《한서(漢書)》〈예문지〉에 올라 있는 《별자(別字)》 13편은 그러한 글자들을 등록한 것인 듯하다. 그렇게 구조가 달라진 글자를 이체자(異體字)라 부르기로 한다.

송(宋)나라 홍괄(洪适, 1117~1184)이 엮은 《예석(隸釋)》은 한나라 비석 189종을 등록하고 원래 비명(碑銘) 글자의 필획을 그대로 베껴두었다. 그 속에는 이체자가 대단히 많다. 우치노 구마이치로(內野熊一郞)가 엮은 색인[12]에 따르면, 이체자가 7개 이상 되는 글자가 79자나 된다. 이체자가 많은 글자를 보면, 侯(후)와 懿(의)가 각각 18자, 垂(수) 17

《오경문자(五經文字)》: 정서(正書)의 글자
당나라 장삼(張參)의 《오경문자》는 당시의 관리임용 시험제도인 과거를 위해서 글자체를 표준화할 필요에서 만든 것이다. 당나라 초기 안사고(顏師古)의 《자양(字樣)》은 전하지 않지만, 뒷날 대력(大曆) 연간에 안원손(顏元孫)이 《간록자서(干祿字書)》를 만들어 속(俗)·통(通)·정(正)의 세 글자체를 정하였다. 《오경문자》는 표준자인 정(正)의 한 글자체를 교정한 것으로, 당석경(唐石經)과 함께 장안(長安)의 태학에 석각(石刻)하여 세웠다고 한다. 장식 글자인 활자체를 표준자로 삼는 오늘날과는 사정이 크게 다르다.

자, 殷(은) 16자, 華(화)와 虛(허)가 각각 15자, 懷(회), 世(세), 魏(위)가 각각 14자, 郵(우)와 致(치)가 각각 12자, 聖(성), 年(년), 戱(희), 柔(유)가 각각 11자, 焉(언)과 明(명)이 각각 10자다. 비에 새긴 글자이므로 약체나 속체를 함부로 사용하였을 리 없다. 자형 해석이 불안정하였기 때문에 이체자가 많아지게 되었다고 생각한다.

수·당 시대에 이르러서는 과거제를 실시해서 경서 해석이나 문자 능력을 측정하는 시험으로 관리를 등용하였다. 이때 경서를 텍스트로 만들어 자형을 통일하려고 하였다. 초당 때 해서(楷書)의 명가가 배출된 것도 그러한 사정과 관련이 있다.

서법가로 널리 알려진 안진경(顔眞卿)의 5세 선조에 해당하는 안사고(顔師古)는 《한서》의 주석으로도 저명하다. 그는 당나라 태종의 정관(貞觀) 연간에 비서감(秘書監 : 도서료의 장관)으로 있었다. 사람들은 경적(經籍)의 문자에 의심이 있으면 안사고에게 질문하였고, 그러면 안사고는 글자 모양을 해서로 제시하였다. 그것을 '안씨자양(顔氏字樣)'이라고 일컬어, 정자로 삼았다고 한다. 성당 때의 안원손(顔元孫)이 엮은 《간록자서(干祿字書)》[13]는 속(俗)·통(通)·정(正)의 세 글자체를 가지고 표준의 정자를 제시하였다. 그 글자들을 붓으로 적은 사람은 그의 친족인 안진경이었다. 경서에는 정자를 사용하지만, 세간의 필기체로는 통(通)과 속(俗)의 두 글자체를 사용하여도 좋다고 인정한다는 태도였다.

하지만 대력(大曆) 때 장삼(張參)의 《오경문자(五經文字)》, 태화(太和)·개성(開成) 연간 당현도(唐玄度)의 《구경자양(九經字樣)》에 이르러서는 통과 속을 인정하지 않고 정자만을 정확한 글자체라 하여 정체(定體)라고 일컬었다. 그리고 당현도는 칙지를 받아 정체로 《개성석경(開成石經)》[14]을 적었다. 말하자면 정체는 국정의 표준 글꼴이었다.

송나라 때 이르러 목판 기술이 성행하여 이제까지 서사(書寫)에 의존하였던 것도 간본(刊本)으로 보급되기에 이르렀다. 그 판하(版下 : 판목에 새기기 위해 그 저본을 써둔 것)의 글자는 안진경이나 당현도의 글꼴을 모범으로 삼은 당당한 해서체였다. 하지만 목판의 글꼴은 글자를 새기기 편하게 하기 위해서 차츰 직선이 많은 장식체인 명조체[15]를 사용하게 되었다. 이로써 문자는 일정한 틀에 맞게 필획을 갖추는 것이 고작인 형태로 되었다.

그리고 오늘날에 이르러서는 문자 구조가 지닌 긴장된 통일감이 아예 상실되고 말았다. 일본에서는 女(여)의 오른쪽에서 비껴 내려오는 필획이 一의 위로 나오지 않고, 幸(행)의 네 번째 가로 획은 세 번째 획보다 짧지 않으면 안 된다는 식으로, 어리석기 짝이 없는 일을 문제 삼고 있다. 일본인이라면 쇼와(昭和)시대의 명예를 위해서도 이러한 일을 후세 사람이 알게 해서는 안 될 것이다.

당나라 때 정자가 규정된 것은 구양순(歐陽詢), 우세남(虞世南), 저수량(褚遂良), 안진경(顏眞卿), 육간지(陸柬之), 서호(徐浩) 등 서법가를 배출한 시대 풍조와 무관한 것이 아니다. 이 점은 새삼 생각해둘 필요가 있다.

67
미美의 양식

한자는 전체 역사에 걸쳐 단순히 문자 기호로서만 기능한 것이 아니었다. 그것은 문자 기호인 동시에 미 양식의 실현장이기도 하였다. 따라서 한자를 통해 미의식이 드러날 수 있었다. 이른바 칼리그라피[16]와는 결정적으로 다른 점이 있다.

서법을 양식화하는 일은 갑골문·금문 시대에 이미 두드러지게 나타났다. 미의 양식화에 대한 지향을 드러낸 것이다. 갑골문은 무정(武丁) 시기부터 다섯 시기로 나뉘는데, 그것은 갑골복사의 내용이나 형식 때문에 구분되는 것이 아니다. 각 시기의 글꼴이 현저하게 다르기 때문에 양식적 측면에서 시기를 구분할 수 있는 것이다. 동작빈(董作賓)은 그 양식을 각각 다음과 같이 구분하였다.

제1기 : 웅위(雄偉 : 힘차다)
제2기 : 근칙(謹飭 : 잘 마무리지었다)
제3기 : 퇴미(頹靡 : 무너져 변화하였다)
제4기 : 경초(勁峭 : 강하고 격하다)
제5기 : 엄정(嚴整 : 잘 정돈되었다)

이러한 양식상의 분류는 은(殷)나라 금문에서도 확인할 수 있다. 다

제1기 갑골문 : 逐豕(축시)
《소둔(小屯)》 갑편 제3339 조각. 오른쪽은 '신유의 날에 점복하여, 위(韋 : 점복하는 사람)가 묻는다. 오늘 밤, 그 ······하지 말 것인가.' 왼쪽은 '신미일에 점복하여 원(㠯 : 점복하는 사람)이 묻는다. 가서 돼지를 쫓으면, 획득할까.' 豕(시)는 야생의 돼지이리라. 제1기 갑골문에는 씩씩하고 우람한 글자체가 많다. 이 갑골문의 문장은 칼질한 흔적을 남긴 혼후한 글자체로 적혀 있다.

제4기 갑골문 : 燎(료)와 宜(의)
곽말약(郭沫若)의 《은계수편(殷契粹編)》 제68조각. 정사(丁巳)일에 점복하여, 경신(庚申)일의 제사에 두 양을 태워(燎) 죽이고 소를 죽이는(宜) 일의 길흉을 물었다. 갑골문의 제3기, 제4기의 글자 모양은 상당히 무너진 절정(折釘) 스타일로, 제1기의 양식과는 상당히 다르다. 점복에 사용하는 신성한 글자에도 또한 쇠퇴가 있게 된 것이리라.

만, 은나라 금문의 문자 양식이 갑골문의 그것과 시기적으로 대응하는지 어떤지는 분명하지 않다. 오히려 은나라 금문에 나타나는 방직(方直 : 바르고 곧음), 고아(高雅 : 고상하고 우아함), 유미(柔媚 : 부드럽고 아름다움)의 여러 글자체는 서로 나란히 유행했을지 모른다. 이에 비해 갑골문의 양식이 각 시기마다 통일성을 지녔다는 사실은 갑골 복사를 취급하는 집단의 특성과 관계가 있었다고 생각된다. 그리고 갑골문과 금문에서는 글자체에서 그 지향하는 방식이 서로 달랐을 것이다.

서주 시기의 금문에도 시기에 따라 풍조가 확연히 달랐다. 초기에는 아건(雅健 : 우아아고 씩씩함)한 글자체가 많고, 중기에는 긴주(緊湊 : 꽉 조임)하면서 정칙(整飭 : 정돈되고 규격화함)하다. 후기에는 전자(篆字) 글꼴의 풍이 풍부한 균정(均整 : 바르고 정돈됨)한 글자체나, 혹은 퇴방(頹放 : 자유로워 걸림이 없음)한 글자체로 기울었다. 이렇게 금문에도 시기를 대표하는 양식이라고 할 만한 것이 있다.

서주 시기에는 청동기의 제작지가 동광(銅鑛)이 소재한 곳이나 기술

은나라 금문(金文) : 자미(子媚)
자미작(子媚爵)의 명문으로, 상당히 도상적인 글자다. 명(名)은 작(爵)의 손잡이 아래 그릇 몸체에, 좌우의 도철 무늬에 의해 에워싸인 속에 새겨져 있다. 子(자)는 은나라 왕자의 칭호다. 미(媚) 땅을 거느린 자일 것이다. 자미의 이름은 제1기 무정(武丁) 시기의 갑골문에서도 볼 수 있다. 미(媚)는 미식(媚飾)을 가한 부녀의 형태다. 77쪽의 그림에서 볼 수 있었던 미(媚)는 그러한 무녀가 사용한 주술적 짐승을 표시하는 것이라고 생각된다.

조건이 적합한 곳을 중심으로 서너 곳에 분산되어 있었으리라고 생각된다. 그런 여러 지역에서 만들어진 청동기의 글꼴이 시기를 대표할 만한 양식을 공통적으로 지녔다고 한다면, 그것은 문자를 미 양식의 실현장으로 보는 공통 의식이 그 기반에 있었기 때문이라고 말할 수 있겠다.

이러한 사실은 히에로그리프(성각문자) 시기에만 그런 것이 아니었다. 히에라틱(신관문자) 시기에도 데모틱(대중문자) 시대에도 여전히 그러하였다. 전국시대 이후 진·한의 백서(帛書), 목간(木簡), 한비(漢碑), 육조 시대 이후의 비첩(碑帖) 따위를 보면, 문자는 늘 시대적 미 양식이나 개인적 미 양식을 지향하였다. 즉 문자로서의 서(書)는 늘 의미의 집성체인 문화의 내용을 이루어왔으며, 정신사적인 운동을 드러내왔다.

미의 실현 수단이란 관점에서 보면, 서(書)는 회화와 같은 차원에 있는 '먹의 예술'이라고 말할 수 있다. 묵법(墨法) 속에는 서와 화 그 둘에 공통된 심원한 철학이 있었다. 이것은 일본에서도 그렇게 자각되고 실천되어왔다. 모든 사람이 다 예술가이자 사상가가 될 것을 기대하기는 어렵다 하여도, 어느 누구도 書(서)에서 그 가능성을 박탈할 권리는 갖고 있지 않다.

68
문자학의 쇠퇴

역사적으로 볼 때, 문자는 의미의 집성체인 문화 구조의 심층부에서 강력하게 기능해왔다. 이러한 관점에서 생각한다면, 문자를 그 주체적 표현의 장에서 절단해서 인위적으로 제약하려고 하는 시도는 그것이 어떠한 의도를 지닌 것이든 모두 반문화적이라고 해야 할 것이다. 문자는 언어나 마찬가지로 자율성을 지니고 있다. 자율성 속에서만 문자는 언어와 같은 운동을 해나갈 수 있다.

현대의 법가 부류는 진시 황제의 문자 통일을 과감한 혁명 위업으로 칭찬해 마지않는다. 하지만 그의 문자 정책에 대한 칭송은 진전(秦篆)에 의한 문자 통일이 정치적 통일의 성공에 상응한다고 여기는 데 지나지 않는다. 실은 진전에 의해 문자를 통일하려 하였던 진시황의 문자 정책은 오히려 복고적 성격을 지녔다. 만일 간략한 글자체를 선호하였다면 육국의 고문(古文) 쪽이 전체(篆體)의 글자보다 훨씬 간략하였다.

그 뒤 문자 정책에 개입한 사람으로 측천무후(則天武后)가 유명하다. 이 희대의 수렴정치가는 스스로 성모신황(聖母神皇)이라 일컫더니만 마침내 당나라 황실의 권력을 빼앗아 여제(女帝)가 되어, 45년 간에 걸쳐 전제 권력을 휘둘렀다. 당시 만들어진 측천문자(則天文字)는 지금 19자가 전하는데, 그 문자에는 어딘가 주술적 신앙이 기능하고 있는 듯하다. 측천무후는 본명이 무조(武照)인데, 그녀는 照(조)를 空(공)자 위에 日과 月을 나란히 두어 曌라고 적게 하였다. 또 國(국)은 지역을 한정적으로 표시한다고 해서 그 글자 안쪽을 八方(팔방)으로 바꾸어 圀(국)이라고 적었다. 뒤의 이 글자는 중국에서는 유통하지 않게 되었다. 오히려 일본에서 스이도 미쓰구니(水戶光圀)의 이름 때문에 친숙하다.

측천무후는 그나마 한때의 취미로 문자를 만들었다고 하겠다. 하지만 왕안석(王安石, 1021~1086)은 문자학을 정치 권력의 도구로 삼아서 그 둘을 결합시켰다. 이 신법 개혁자는 자기 방식대로 경서를 해설하여 《삼경신의(三經新義)》를 만들어 그것을 국학에서 교과로 학습하게 하였다. 또한 그는 자형 가운데서 성부(聲符)를 인정하지 않고 문자를 구성하는 요소는 모두 의부(義符)라고 해석하였다. 이를테면 覇(으뜸 패)의 윗부분을 西로 보고, 오행 가운데 서방은 숙살(肅殺 : 만물의 죽음)을 주관하며, 그것은 곧 패자(覇者)가 하는 일이라고 풀이하였다. 어떤 사람이 覇(패)의 윗부분은 西(서)가 아니라 雨(우)라고 주의를 주었다. 그러자 그는 이번에는 覇(패)는 시우(時雨 : 때맞추어 내리는 비)가 만물을 변화시키듯 백성을 휴식하게 하는 사람이라고 주절주절 설명하여 그치지 않았다고 한다. 정말로 줏대 없는 언변이었다.

사실은 覇(패)는 동물의 시체가 비바람에 노출되어 변색해서 표백한 자국이 남은 것을 말한다. 비에 노출될 때에는 覇(패)라고 하고, 해에 노출될 때에는 暴(사나울, 햇볕 쪼일 폭)이라고 한다. 시신을 魄(넋 백)이라 하는 것과 마찬가지다. 覇(패)는 본래 雨(우) 아래에 革(혁)을 적는 글자였다. 그러다가 뒷날 달빛을 가리키게 되어 月(월)을 추가한 것이다.

왕안석의 신법을 비판하였던 소동파(蘇東坡, 蘇軾)는 왕안석의 문자설을 종종 야유했다고 한다.[17] 왕안석은 죽편(竹鞭 : 대나무 채찍)을 말에 가하는 형태가 篤(독실할 독)이라고 하였는데, 소동파는 그렇다면 죽편으로 개(犬)를 때리는 것이 어째서 笑(웃을 소)인가라고 물었다. 또 왕안석이 소동파의 坡(고개 파)는 흙으로 만든 가죽이라고 말하자, 소동파는 그렇다면 滑(미끄러울 활)은 물로 된 뼈인가라고 되물었다.[18]

지금도 한자는 만화에 불과하다고 주장하는 사람이 있다. 그런 사람의 자설은 왕안석의 그것과 흡사하다. 한때는 국학에서 가르치던 교과목이었던 왕안석의 자설도 지금은 몇몇 우스개 이야기로 남았을 따름이다.

69
한자의 수

고야왕은 《옥편》에 1만 6,917자를 수록하고는, 각각에 대하여 출전이나 훈고를 제시하고 자신의 설을 더했다. 그 뒤의 자전들은 출전도 분명하지 않은 문자를 함부로 더하여 자수를 자꾸 늘렸다. 송나라의 《광운(廣韻)》[19]에는 2만 6,194자, 명나라의 《자휘(字彙)》[20]에는 3만 3,179자, 청나라의 《강희자전(康熙字典)》[21]에 이르러서는 4만 2,174자라고 하는 식으로 어처구니없을 만큼 자수가 증가하였다. 모로하시 데쓰지(諸橋轍次)[22]의 《대한화사전(大漢和辭典)》에 제시된 문자는 4만 8,902자로 최다 자수를 자랑한다. 그러나 그 3분의 2는 거의 용례가 없는 불필요한 글자이며, 나머지 반수도 사용 빈도수가 극히 낮은 것들이다.

필요한 문자의 실제 수는 대체로 8,000자 정도라고 보아도 좋다. 그것은 주요 고전에 사용된 자수들로부터 추정할 수 있다.

주요 고전 가운데 《논어》와 《맹자》를 보자. 《논어》는 총 자수가 약 1만 3,700자인데, 실제로 사용된 글자 수는 1,355자다. 《맹자》는 약 3만 5,000자인데, 실제 사용된 글자 수는 1,889자다. 이 《논어》와 《맹자》에 《대학》과 《중용》을 합한 사서(四書)에서 공통적으로 사용된 글자 수는 2,317자다. 또 경서를 보면 《시경》의 총 자수가 약 3만 9,000자인데, 사용된 글자 수는 2,839자다. 《서경》의 총 자수는 약 2만 5,800자인데, 사용된 글자 수는 2,924자다. 모두 5,000자라고 일컬어지는 《노자(老子)》에 사용된 글자 수는 802자에 불과하다.

문학의 예를 들어보자. 이백(李白)의 시는 모두 994수에, 총 자수가 7만 7,000자인데, 실제 사용된 글자는 3,560자다. 두보(杜甫)의 시는 약 1,500수로, 실제 사용된 글자는 4,350자다. 기이한 글자를 많이 사용하여 장편시를 지은 한유(韓愈)는 시만 약 400수를 남겼는데, 실제 사용된 글자는 4,350자다. 즉 두보에 필적한다. 또 시를 3,000수 가까이 지은 백낙천(白樂天, 白居易)의 경우, 시의 총 자수가 18만 6,000자에 달하지만 실제 사용한 글자는 대략 4,600자다. 어느 작가도 사용 글자의 수가 5,000자를 넘는 사람이 없다.

한·위·육조의 표현주의적 시문 가운데 유행하였던 작품을 망라한 《문선(文選)》의 경우도, 사용 글자 수는 단지 7,000자에 머무른다. 메이지(明治) 이후 일본의 한자 사용 상황으로 볼 때, 상용하는 글자는 이 3분의 1정도에 불과하다. 교양으로 알아야 할 자수는 약 3,000자 정도라고 하겠다. 《광사원(廣辭苑, 고지엔)》[23)]에 부록으로 실려 있는 통용한자 2,953자가 우선 적당하다고 하겠다.

중국은 국민 교육과 관련하여 오랫동안 문자 개혁을 현안으로 삼아

오다가 제2차 세계대전 이후에 간체자를 보급시켰다. 중국과학원에서는 한때 3,200자를 선정해서, 상용 1급자 2,067자, 2급자를 합하여 3,004자, 나머지는 그밖의 글자로 두는 방안을 검토하였다.[24] 그 방침을 지키려고 문자의 표음성을 철저히 활용하려고 하였다. 그러나 그것을 극단화하면 저 방대한 문화유산은 끝내 일반인이 접근하기 어렵게 될 것이다.

한자의 양이 방대하다는 병통은 권위주의에 빠진 자서들이 쓸모없는 자수를 자랑하는 바람에 너무 과장되어 있다. 그러나 독서를 좋아하는 사람에게는, 얼마 간의 지적 모험이나 긴장을 수반하지 않는 그런 책읽기는 독서란 이름에 값하기 어려울 것이다.

일본의 내각(內閣)이 고시한 한자표에는 이백의 李(이), 두보의 杜(두)와 같은 시인의 이름도 없고, 일본 작가 바쇼(芭蕉)[25]의 芭(파)와 蕉(초), 부손(蕪村)[26]의 蕪(무), 오가이(鷗外)[27]의 鷗(구), 소세키(漱石)[28]의 漱(수)는 물론, 류노스케(龍之介)[29]의 介(개)조차 없다. 내각 고시표는 고유명사를 완전히 제외하였기 때문이다. 대체 그 표를 고시한 사람은 이렇게 애당초부터 구속력을 갖지 않는 표에다 어떠한 권위를 부여하려고 한 것이란 말인가?

70

한자의 미래

문화는 의미를 구조로서 결정(結晶)시키고 축적하여 전통으로 기능한다. 문자도 의미를 집성한 구조다. 그만큼 문자는 문화의 형성과 전개에 토대를 제공하는 역할을 한다. 문자와 동떨어져서 문화가 발전하는 일이란 있을 수 없다. 심지어 문자의 없고 있음이 미개와 문명을 구분한다고까지 말한다. 그렇다면 문자는 그저 언어의 표기 수단이 아니다. 문자는 민족의 정신사에 관계하는 것으로서, 문화의 담지자이다.

한자는 성립 당초부터 지금에 이르기까지 본래의 특성이 그대로 살아 있는 유일한 문자다. 그런 의미에서 문화의 담지자인 한자는 역사의 통시성을 입증해주는 유일한 증인이라고 하겠다. 비유하자면 오리엔트로부터 그리스·라틴을 거쳐 현대에 이르고 있다고 말할 수 있다. 문자의 창세기에 해당하는 3,000 수백 년 전에 이루어진 문자 자료 가운데 특별한 번역의 조작을 가하지 않고도 읽어낼 수 있는 것은 한자로 적힌 자료 이외에 달리 없다. 또 한자를 사용하는 일본인들은 중국 사람과는 다른 방법으로, 충분히 자국어로 그것을 읽어낼 수 있다. 그렇기에 일본에서 갑골문·금문을 연구하는 수준은 중국에서 행하는 연구의 그것과 대등하다. 그러한 일이 가능한 것은 대개 한자가 지닌 통시성 때문이다. 한자는 역사라는 이 복잡한 생명체의 대동맥을 이루고 있는 것이다.

일본의 경우 한자를 국자(國字 : 민족의 글자)로 삼을 수 있었던 것은 중국 문헌을 일본어 어법으로 읽는 훈독법(訓讀法)이라는 독특한 수용 방식에 근거를 두고 있다. 훈독법에 의해 중국 문헌도 일본 국어의 영역 속에 편입시킴으로써, 일본은 문화 축적의 범위를 중국 문헌으로까지 미칠 수 있었던 것이다. 서양의 고전학에서 라틴어 고전이 그러하듯이, 중국의 주요 문헌은 지난날에는 일본의 독서 교양의 범위 안에 들어 있었다. 일본인은 중국의 주요 문헌을 국어의 영역 속에 받아들임으로써 중국의 시인까지도 쉽게 공유할 수가 있었던 것이다.

19세기 중반부터 20세기 초기까지는 한시한문의 교양이 일본 문학에서 중요한 지위를 차지하였다. 한시에 한해 말하더라도 그 당시에는 매우 많은 시사(詩社)들이 전국에 결성되어 있었고, 한시란(漢詩欄)을 둔 신문이나 잡지도 많았다. 곽말약과 함께 창조사(創造社)를 일으켜 중국 신문학운동의 선구자가 되었던 욱달부(郁達夫)[30]도 일찍이 아성사(雅聲社)의 핫토리 단푸(腹部担風)에게 시 선정을 요청한 일이 있다.

제2차 세계대전 이전까지는 여전히 몇몇 시사가 존재하여 한시 창작을 시도하였다. 불과 얼마 전의 일이다. 지금은 한시 창작은커녕 과거의 체험을 가지고 한시를 서로 이야기할 사람마저 너무도 적어서 적막하기 짝이 없다. 늙은 맑시스트인 가와가미 하지메(河上肇)[31]의 한시를 역주(譯註)를 붙여야 읽을 수 있게 된 시대다.

중국에서도 1916년, 호적(胡適)[32]이 문학 개혁 운동을 일으켜 구시대의 문학을 공격한 이래 고전어는 문학어로서의 지위를 상실했다. 또 제2차 세계대전 이후에는 대담한 문자 개혁 때문에 자형이 일변하여 구 문학의 중요한 요소였던 한자의 미학이 상실되었다. 자형학적인 의미를 지니지 않는 간체자를 한 없이 만드는 것은 그 수만큼 일본 글자인 '가나'를 치졸하게 만드는 것과 같다. 이 프라그마티즘의 소용돌이 속에서는 문자의 규범성도 글씨의 미학도 모두 상실되고 말 것이다. 민중을 위해서라고 외쳐대는 문자 개혁은 결국 모든 문화유산을 민중으로부터 격리시키는 우민정책으로 전화될 위험성을 내포하고 있다고 말하지 않을 수 없다.

미주

1 또한 魯實先 撰, 《殷曆譜糾譑》(騰寫版, 臺中: 中央書局, 1954. 3.)과 嚴一萍 著, 《續殷曆譜》(台北: 藝文印書館, 1955. 10.)가 있다.
2 孫海波 編纂, 中國科學院考古研究所 編, 《甲骨文編》(北京: 中華書局, 1965. 9.): 민국 23년(1934)에 燕京大學哈佛燕京學社에서 간행한 《甲骨文編》에 개정을 가하여 영인한 것.
3 容庚 編著, 《金文編》(北京: 科學出版社, 1959. 5.). 뒤에 容庚 編著, 張振林·馬國權 摹補, 《金文編》(北京: 中華書局, 1985. 7.)이 나왔다.
4 《국어(國語)》〈초어(楚語)〉에 나온다.
5 히에로그리프는 이집트의 고대 문자로 그림문자이며, 성각(聖刻)문자이다. 다수의 단어가 한자와 같이 의미를 나타내는 부분과 발음을 나타내는 부분으로 이뤄져 있다. 또 유명한 고대 이집트의 글이 새겨진 '로제타석(石)'에는 그림문자인 히에로그리프, 그것을 쉽게 변형한 대중 글자, 희랍 알파벳 등 세 종류의 글자가 있다. 히에라틱은 히에로그리프를 더욱 쉽고 간략하게 한 신관문자(神官文字)다. 히에라틱을 훨씬 빠르게 쓰도록 변형시킨 문자가 데모틱(대중문자)이다.
6 석고문(石鼓文)은 주(周)나라 때에 만들어진 것으로 중국 최초로 돌에다 새긴 문자다. 이것은 열 개의 북 모양을 한 돌에다 주문(籒文)을 사용해 사언시(四言詩)를 새겨 놓은 것으로 한 개의 크기는 3척 정도 된다. 전국시대 진나라 군주가 사냥을 즐겼던 상황을 적어놓았기 때문에 엽갈(獵碣)이라고도 한다. 석고문은 당초 섬서성의 서쪽 봉상(鳳翔)에서 출토되었다. 이것을 봉상부자묘(鳳翔夫子廟)에 보관하고 있었는데 오대(五代)의 난리에 잃어버렸다. 송나라 때 들어와 다시 이것을 수집해 봉상부학(鳳翔府學)의 서쪽 방에다 보관했다. 휘종(徽宗) 대관(大觀, 1107~1110) 때 개봉(開封)으로 옮겨 보화전(保和殿)에 보관했다. 그러다가 금(金)나라가 송(宋)을 물리친 후에 이것을 다시 북경으로 옮겼으며, 청나라 때는 국자감(國子監)에 보관했다. 석고문의 연대에 대해 장회관(張懷瓘)은 주선왕(周宣王) 때라고 하였으며, 한유(韓愈)도 〈석고가(石鼓歌)〉를 지어 주선왕 때의 작품이라고 했다. 위응물(韋應物)도 〈석고가〉를 지어, 주문왕(周文王)때 짓고 주선왕(周宣王) 때 제작한 것이라고 하였다. 그러나 송나라

정초(鄭樵)는 진(秦)나라의 것으로 보았다. 사실 석고문은 진양공(秦襄公) 8년(BC 763)의 작품이라는 것이 거의 정설로 되었다. 곽말약(郭沫若)에게〈석고문연구〉라는 글이 있다. 석고문이 비록 사주(史籀)가 쓴 작품은 아니지만 글씨체는 대전(大篆)에 속한다. 글씨체는 상당히 규율적이면서 필획이 굳건하고 묵직하며 짜임새도 매우 엄밀하면서 변화가 있다. 장회관(張懷瓘)은〈서단(書斷)〉에서 이것을 칭송하여 말하길 "자체의 형상이 뛰어나 옛 것과는 현격한 차이가 있다. 한 글자 한 글자가 주옥 같으며 맥락이 통하고 있어 소전(小篆)의 조종이다."라고 하였다. 구슬과 같은 둥근 획이 많고 생동감 넘치는 획으로 점철되어 있어, 갑골문과 종정문(鐘鼎文)의 뒤를 잇고 소전에 대해서는 종주의 역할을 한다. 그러므로 당대의 서예가인 구양순(歐陽詢), 우세남(虞世南), 저수량(褚遂良) 등은 물론이고 송나라 이후의 여러 서예가들이 모두 이것을 추종하여 전서의 모범으로 삼았다.

7 계충(契沖, 게이츄, 1640~1701)은 일본 에도 시대의 진언종(眞言宗) 승려이자 고전학자이다. 일본 근세 고쿠가쿠(國學)의 기초를 닦았으며 역사적 가나 표기법의 제정자로도 유명하다. 11세 때 오사카의 묘법사(妙法寺)에 들어갔으며 13세 때 고야산(高野山)에서 불도를 닦았다. 1662년에 만다라원(曼陀羅院)의 주지가 되었으며 이 무렵부터 시모코베 조류(下河邊長流)와 교류하기 시작하였다. 그 뒤 방랑과 은둔 생활을 하다가 1679년부터 어머니와 친형을 부양하기 위해 묘법사의 주지로 10년 동안 있었다. 그동안 시모코베가 미토번(水戶藩)의 도쿠가와 미쓰구니(德川光國)로부터《만엽집(萬葉集)》주석을 의뢰받았는데, 그가 이 일을 대신 맡아《만엽대장기(萬葉代匠記)》를 완성했다(1690).《화자정람초(和字正濫抄)》(1693년 완성, 1695년 간행)를 비롯해 일본 국어학 관계의 저서가 많으며, 시가집《만음집(漫吟集)》과 수필 등이 있다.

8 가모노 마부치(賀茂眞淵, 1697~1769)는 일본 고쿠가쿠(國學)의 대표적인 학자다. 교토 부근의 유명한 가모 신사(加茂神社)에서 신관(神官)을 맡아온 유서 깊은 집안의 한 분가(分家)에서 태어났다. 신관들의 가르침을 받고 자라면서 일본 문학을 공부하기 시작했으며 이를 통해 일본에서 가장 오래된 시가집인《만엽집》과 신사 제례 때 사용하는 축문인 '노리토(祝詞)' 모음집의 중요성을 인식하게 되었다. 그는 이 고대 작품들이 외국의 영향을 전혀 받지 않았기 때문에 순수한 일본 정신을 대표한다고 주장하면서 고대의 시 형식을 되살리고자 했다. 독창적 작품인《국의고(國意考)》는 중국의 사상과 문학을 철저하게 거부하고 일본의 고대 문화를 찬양한 주요 저서다. 12권으로 된 그의 작품집은 고대 일본 문학에 대한 주해가 대부분을 차지하고 있다.

9 한자를 연구하는 학문을 중국에서는 전통적인 명칭으로 '소학(小學)'이라 한다. 이것은 한자가 지닌 자형·자음·자의를 주요 대상으로 하여 다시 문자학(文字學)·음운학(音韻學)·훈고학(訓詁學)으로 구분된다. 유교를 국교로 하였던 과거의 중국에서는 만인의 필독서였던 경서(經書)를 철저하게 연구하였다. 따라서 경서를 닦는 학

문, 즉 경학(經學)을 모든 학문 가운데 가장 중시해서 경서를 보다 정밀하게 이해하기 위해 2,000년에 걸쳐 모든 방면의 연구를 집적해왔다. 소학이 경학 속의 기초 학문으로 자리를 차지해왔다. 경서(經書)라 하여도 본래는 문자로 엮어진 문헌이므로 그 내용을 보다 깊이 이해하기 위해서는 언어학적, 문헌학적 연구로부터 출발하지 않으면 안 된다. 그렇기 때문에 소학이 경학 가운데 기초 과학으로 자리를 잡아온 것이다. 경학은 청나라 때 눈부시게 발전했다. 경서의 정확한 독해보다도 이론적인 사고를 중시하였던 송학(宋學, 주자학)에 대립해 청조의 경학자들은 엄밀한 본문교정(本文校訂)에서 출발하여 경서의 정밀한 이해를 목표로 삼았다. 그들의 실증주의적인 학풍을 고증학(考證學)이라고 하는데, 그 고증학자들이 경서를 연구할 때 강력한 무기로 삼은 것이 소학이었다. 경학의 발전과 더불어 소학의 연구도 종전에 없던 번영기를 맞이하게 되었던 것이다.

10 일본 정관(貞觀) 17년(875)에 편찬되었다. 일본 황실도서관 레이젠인(冷然院)이 불에 탄 뒤에 편찬된 잔존 서목이다. 이 목록에는 1,579부 1만 7,345권의 책 이름이 실려 있다. 《수서(隋書)》〈경적지(經籍志)〉에 기록된 3만 6,708권의 절반에 이르며, 《구당서(舊唐書)》〈경적지〉에 기록된 5만 1,852권의 3분의1에 해당한다.

11 명나라 매응조(梅膺祚)의 《자휘(字彙)》는 1615년에 완성되었다. 전체 책의 정문(正文)은 12집으로 나누었고, 첫 권부터 끝 권의 부록까지는 모두 14권이다. 수록한 글자는 3만 3,179자다. 이 자전은 《설문해자》 이래의 부수를 간단히 하여, 모두 214부로 나누고, 부수의 배열과 각 부 안의 글자 배열은 필획의 다소에 따라 앞뒤를 정했다. 그리고 1권의 후반부에 '검자(檢字)'를 두어서 부수를 알아내기 어려운 자를 배열한 데다가, 각 권의 머리에는 표를 실어 그 권에 있는 각 부수 및 그 부가 실려 있는 쪽수를 명기했다. 《자휘》의 권수(卷首)에는 매응조의 형 매정조(梅鼎祚)가 쓴 서문과 전체 책의 범례 및 총목(總目)이 실려 있고, 운필(運筆), 종고(從古), 준시(遵時), 고금통용(古今通用) 등의 부록이 있다. 《강희자전(康熙字典)》의 부수법은 이 《자휘》의 형식을 답습한 것이다.

12 內野熊一郎 編, 《漢魏碑文金文鏡銘索引》(東京 : 極東書店, 1966~1972). 洪适 撰, 《隸續》21권의 색인. 隸續本文篇은 상단은 乾隆刊汪氏校本, 하단은 文化刊 淺文貫翻刻本, 그리고 孫氏魏三 石 遺字考本의 복제로 이루어져 있다. 〈隸釋篇附錄〉은 隸釋 第1~19卷(四部叢刊本의 축쇄영인)으로 이루어져 있다. 그밖에 金文・鏡名・墓誌銘・碑文篇 附: 金文拓本・漢魏南北朝墓誌銘・千甓亭古碑・金石索・長沙發掘報告圖 版等選集本文篇으로 이루어져 있다.

13 당나라 안원손(顏元孫)의 《간록자서(干祿字書)》는 한자를 평상거입(平上去入) 사성(四聲)에 따라서 나누고, 편방에 의거해 배열하였으며, 통(通)・속(俗)・정(正) 세 가지 체(體)로 구분하였다. 일상적으로 사용하는 후기자(後起字)는 속자(俗字)라 하고,

사용한 지 이미 오래되어 공문에 자주 보이는 것은 통자(通字)라 하였으며, 내력이 있고 저작 중에 쓸 수 있는 것은 정자(正字)라 하였다. 문자의 음(音)·훈(訓)은 배열하지 않았다.

14 석경(石經)은 경문의 표준을 제시하여 후세에 전하는 것을 목적으로 삼았다. 후한의 영제(靈帝)가 175년에 조서를 내려 183년에 완성해서, 대학문 밖에 세운 희평석경(熹平石經, 鴻都石經·一字石經·今字石經이라고도 한다)을 시초로 한다. 그 뒤 위(魏)나라 때인 240~248년의 정시석경(正始石經, 三字石經·三體石經이라고도 한다), 당나라 때인 837년에 완성된 개성석경(開成石經), 후촉 때인 951년의 성도석경(成都石經, 益都石經·廣政石經이라고도 한다) 등이 있다. 불교에서는 북제의 〈태산경(泰山經)〉〈석옥금강경〉〈조래산영불애대반야경〉, 수·당나라의 〈방산운거사석경(房山雲居寺石經)〉 등이 있다. 도교에서는 708년의 이주도덕경비(易州道德經碑), 735년의 〈어주도덕경(御注道德經)〉 등이 있다.

15 명조체(明朝體)는 현재 인쇄물의 한글과 한자 글씨에 가장 널리 사용되는 글자체다. 가로획이 가늘고 세로획이 두투우며, 붓글씨의 글자꼴이 조금 남아 있다. 본래 이 글자꼴은 중국 명나라 중엽(1506~1566)에 발생한 뒤 조금씩 모양이 바뀌면서 오늘날까지 한자문화권에서 널리 사용되고 있다. 우리나라에서도 숙종 연간부터 활자본에서 이 명조체를 사용했다.

16 서양에서 문자를 예술 형식으로 발전시킨 것을 칼리그라피라고 한다. 칼리그라피는 동양의 서예와는 달리 중세부터 경전을 필사하면서, 인쇄술의 발달 이전에는 주요 도서를 인쇄하는 대용으로 발전했다. 근대 이후 칼리그라피는 디자인 영역에 편입되면서 로고나 마크 등의 시각 디자인 영역에서 근대성을 담지하는 산업적 측면과 결부되어 발전해왔다. 서양의 칼리그라피는 문자의 조형이라는 외형적 현상에서 동양과 유사성이 있다고 할 수 있으나, 예술 형식으로 이룩된 사유의 형식과 시대정신의 표출 등 예술의 기본적인 형식미학은 중시하지 않는다.

17 왕안석(王安石)은 《시경(詩經)》《서경(書經)》《주례(周禮)》에 대한 주석서인 《삼경신의(三經新義)》와 《자설(字說)》을 과거 시험 교재로 정했다. 소식(蘇軾)은 신법이 폐지된 원풍 8년(1085년)에 자신의 문하생에게 보낸 〈답장문잠서(答張文潛書)〉에서 "문자의 쇠퇴는 오늘만한 때가 없었다. 그 근원은 실은 왕안석에서 시작되었다. 왕안석의 문장은 반드시 좋지 않은 것은 아니지만, 사람으로 하여금 자기와 똑같게 하기를 좋아하는데 폐단이 있다. 공자조차도 사람들을 똑같게 할 수 없었다. 안연(顏淵)의 어짊과 자로(子路)의 용맹은 서로 바꿀 수 없는 것이다. 그런데 왕안석은 그의 학문으로 천하를 똑같게 하려고 했다. 좋은 땅에 곡식이 자라는 예를 보면 알 수 있듯이 땅에 자라는 곡식의 종류는 각기 다른 법이다. 황폐하고 메마르고 염분이 많은 땅에는 멀리 바라보이는 것이 모두 누런 피와 하얀 갈대뿐이다. 왕안석이 천하

의 학문을 통일하려는 것이 이와 같다."라고 왕안석을 비난했다.

18 왕안석(王安石)의 《자설(字說)》은 이미 흩어져 없어졌다. 왕안석의 문자 학설에 관한 일화는 송나라 나대경(羅大經)의 《학림옥로(鶴林玉露)》 권13을 비롯해 여러 곳에 전한다. 단 《학림옥로》에는 '坡(파)'가 아니라 '波(파)'로 적혀 있다.

19 《광운(廣韻)》은 송나라 진팽년(陳彭年) 등이 칙명을 받아 편찬한 운서로, 5권이다. 본 이름은 《대송중수광운(大宋重修廣韻)》이다. 음운 체계는 당나라 《절운(切韻)》의 체계를 따랐으며, 평성 57운, 상성 55운, 거성 60운, 입성 34운 등 총 206운으로 분운(分韻)하였다. 각 권 첫머리에 운목표(韻目表)가 있는데 해당 운목 아래 'ab同用'(a운과 b운은 함께 사용됨)과 '독용(獨用)'의 구분이 있다. 원나라 이후 한시 제작에 적용하는 평수운은 이 운목을 기초로 해서 나왔다. 영인본이 여러 종류 있다(臺北: 藝文印書館 1976년 校正 5쇄; 中國: 上海古籍出版社 1983년 영인).

20 《자휘(字彙)》는 명나라 때 매응조(梅膺祚)가 엮었다. 내용에서 부록에 이르기까지 실용성을 강화했다. 총 3만 3,179자를 214개 부수에 나누어 실었으며, 각 부수마다 필획 순으로 글자를 배열해 이후 자서 편찬에 중요한 영향을 끼쳤다. 앞에 나왔다.

21 《강희자전(康熙字典)》의 원명은 《자전(字典)》이다. 청나라 강희 연간에 장옥서(張玉書), 진정경(陳廷敬) 등이 칙명을 받아 편찬하였다. 모두 36권이다. 《자휘(字彙)》와 《정자통(正字通)》에 기초해 12집(集)으로 엮었다. 214부의 부수에 4만 9,030자(重文 1만 995자 포함)를 수록하였다. 영인본(中國 : 中華書局, 1973)이 있다.

22 모로하시 데쓰지(諸橋轍次)는 1883년 일본 니가타(新瀉)에서 태어나 도쿄고등사범학교를 졸업하고 도쿄문리대 교수를 역임했으며 '문화훈장' '아사히 문화상' 등을 수상했다. 《대한화사전》을 편찬하였고, 기타 많은 저서를 남겼다. 1982년에 사망했다.

23 新村出(1876~1967) 編, 《廣辭苑》(第5版, 机上版, 1998년 11월); 《廣辭苑 第5版 Kojien CD-ROM版》(東京 : 岩波書店, 1998년 11월).

24 중국은 1952년 6월에 중앙인민정부 교육부가 '상용한자(常用漢字)' 2,000자를 공포하고, 1955년에 중국문자개혁위원회가 《제일비이체자정리표(第一批異體字整理表)》로 1,055자를 제시하였으며, 1956년에 국무원(國務院)이 '한자간략화안'을 공포하였다. 또 1964년에는 《간화자총표(簡化字總表)》와 《인쇄통용한자자형표》(명조체 6,196자)를 공시하였다. 다시 1988년에는 상용한자 2,500자, 차상용한자 1,000자를 공시하였다.

25 마쓰오 바쇼(松尾芭蕉, 1644~1694)는 일본 에도시대 전기에 활동한, 하이쿠(俳句) 3대 대가의 한 사람이다. 교토에서 기타무라 기긴(北村季吟)에게서 가르침을 받고 당시 새로 유행하던 담림풍(談林風)을 익혔다. 그 뒤, 바쇼 암자에 들어가 공부하고, 1678년 하이쿠의 스승으로서 독립했으며, 담림풍을 뛰어넘어 하이쿠에 높은 문학

성을 담았다. 일본 각지를 여행하여 많은 명구와 기행문을 남겼다. 주요 작품으로는 〈노자라시 기행(野ざらし紀行)〉〈사라시나 기행(更科紀行)〉〈사가 일기(佐賀日記)〉 등이 있다.

26 요사부손(與謝蕪村, 1716~1783)은 하이쿠(俳句) 3대 대가의 한 사람이다. 본명은 다니구치 부손(谷口蕪村)이다. 중국의 남종화적 양식에 일본적 정감을 잘 융해시킨 화가로도 유명하다. 부유한 집안에서 태어났지만, 예술가가 되기 위해 집을 떠나 일본 북동부 지방을 여행하면서 여러 대가들에게서 하이쿠를 배웠다.

27 모리 오가이(森鷗外, 1862~1922)는 일본 육군 군의(軍醫)와 제국박물관 총장을 지낸 인물이자 소설가, 평론가, 번역가다. 19세 때 도쿄제국대학 의학부를 졸업하여 최연소 의학사가 되었다. 1884년에 국비로 독일에 유학하고, 4년 간 공부했다.

28 나쓰메 소세키(夏目漱石, 1867~1916)는 일본 근대의 소설가이자 문학평론가다. 본명 나쓰메 킨노스케. 신주쿠 기쿠이초에서 태어나, 1893년 도쿄대학 영문과를 졸업하였고 대학원 진학과 동시에 교사가 되었다. 한문학 및 하이쿠(俳句)에 조예가 깊었다. 33세 때 영국으로 국비 유학을 떠났다가, 귀국 후 아사히 신문사에 입사하면서 본격적인 문필 활동에 들어가, 〈산시로(三四郎)〉〈마음(こころ)〉〈행인(行人)〉 등 명작을 남겼다. 신경쇠약과 위궤양으로 1916년 12월 9일에 세상을 떠났다. 〈문명론〉이란 글에서 그는 서구 근대 문명의 본질과 그것에 영향을 받아 개화한 일본 근대 문명의 한계에 대한 통찰을 담았다. 〈문학예술론〉에서는 문학, 회화, 연극 등 다양한 문학예술론을 펼쳤다. 과학적 관찰에 기반한 서구의 사실주의나 자연주의 문학을 받아들이면서도 일본 에도시대 문학 전통에 기반하는 낭만주의 문학을 창조적으로 계승할 필요가 있다고 주장했다. 또한 극단적인 상황을 설정한 서구의 극적 전개 방식보다 일탈과 에피소드를 강조하는 '여유문학'을 일본 근대문학의 대안으로 제시했다. 그리고 〈나는 고양이로소이다〉라는 작품을 통해 자신의 문학예술론을 직접 실행해 보였다.

29 아쿠타가와 류노스케(芥川龍之介, 1892~1927)는 일본의 소설가로, 도쿄에서 태어났다. 도쿄대학 영문과에 다니던 중에 나쓰메 소세키(夏目漱石)의 제자로 들어가 공부한 뒤, 첫 작품 〈노년〉을 발표했다. 문단에서 인정받기 시작한 것은 〈코〉를 포함한 단편집 《나생문(羅生門)》을 발표하면서부터였다. 그 후 아름다운 문장과 현대적인 감각으로 옛 설화를 바탕으로 한 작품을 잇달아 발표하여 소설가로서의 지위를 굳혔다. 만년에는 프롤레타리아 문학의 대두 등 시대의 동향에 적응하지 못해 심한 신경쇠약에 빠져 '막연한 불안'을 이유로 자살하고 말았다. 1935년부터 매년 2회씩 시상되는 아쿠타가와상은 그를 기념하기 위해 만들어진 문학상이다. 그밖의 작품으로는 〈어떤 바보의 일생〉〈톱니바퀴〉〈갓파〉〈서방인〉 등이 있다.

30 욱달부(郁達夫, 1896~1945)는 본명이 욱문(郁文)이고 자가 달부(達夫)이다. 절강성

부양(富陽) 출신이다. 창조사(創造社)의 주요 인물 중 한 사람이며 5·4 운동 이후의 중국 신문화에 많은 영향을 끼친 작가다. 1913년 가을, 형 욱화(郁華)의 주선으로 일본에 건너가 도쿄 제1고등학교를 거쳐 나고야 제8고등학교에 입학해 외국 문학과 철학을 두루 섭렵했다. 1921년에 창조사 설립에 동참하면서 신문학사상 최초의 백화단편소설집인 《침륜(沈淪)》을 발표했다. 1922년 도쿄제국대학 경제학부를 졸업하고 중국으로 돌아가서 《창조(創造)》 계간과 《창조주보(創造週報)》 등의 편집에 참여했다. 1923년부터는 북경대학, 무창사범대학(武昌師範大學)에서 교편을 잡았다. 1923년 5월, 〈문학상의 계급투쟁(文學上的階級鬪爭)〉이란 문장을 발표했고, 1923년 7월에 《봄바람에 흠뻑 취한 밤(春風沈醉的晚上)》을 발표하면서 사회고발 소설을 쓰기 시작하였다. 1926년 혁명의 발원지인 광주(廣州)에 갔지만 좌절하고 돌아왔다. 창조사가 혁명으로 전환하여 곽말약(郭沫若) 등이 모두 혁명투쟁에 적극 가담하자, 1927년 8월에 창조사를 떠났다. 1928년 노신(魯迅)과 함께 월간 《분류(奔流)》를 공동 편집하고 《대중문예(大衆文藝)》를 책임 편집하였다. 1930년 '중국자유운동대동맹'의 발기인 중 한 사람이었으며, '중국좌익작가연맹'에도 참가했다. 1933년 초에 '중국민권보장동맹'에 가입했으나, 국민당의 백색테러가 심해지자 항주(杭州)로 이주해 은거하였다. 항일전쟁 발발 이후에 국민정부 군사위원회 정치부 제3청 항일선전사업에 참가했으며, 중화전국문예계항적협회(中華全國文藝界抗敵協會) 이사를 역임했다. 1938년 겨울에 남양(南洋)에 이르러 싱가포르 문화계의 항일구국 운동을 주도하면서 《화교주보(華僑周報)》와 《성주일보(星洲日報)》를 편집했다. 1942년 싱가포르가 함락된 후에는 수마트라로 피신해서 이름을 조렴(趙廉)으로 바꾸고 은거하였으나, 1945년 9월 17일, 일본 헌병에게 살해되었다. 1952년 중앙인민정부는 그를 민족해방 순국열사로 추대하고 그의 고향에 정각을 세워 기념하였다. 모두 44편의 소설을 남겼다.

31 가와카미 하지메(河上肇, 1879~1946)는 일본 경제학자, 사회사상가다. 야마구치현(山口縣)에서 출생했다. 1902년 도쿄대학을 졸업, 1908년 교토대학에서 교편을 잡았다. 불교 무교회주의(無敎會主義), 무아애운동(無我愛運動) 등 인도주의자로서의 편력을 거듭한 끝에 사회주의로 기울어졌다. 경제학적으로는 여러 학파들의 절충적 입장에 섰다가 1917년 《가난 이야기》로 사회문제에 깊은 관심을 드러낸 뒤, 1919년 〈사회문제연구〉라는 잡지를 창간하여 맑스주의 경제학을 소개하였다. 1928년 필화사건을 계기로 정계에 투신해, 오야먀 이쿠오(大山郁夫)와 함께 신노동당(新勞動黨)을 결성하였으며, 1932년 공산당에 입당해 지하 운동을 하다가 1933년에 검거되어 5년형을 살았다. 그 뒤 폐호한인(閉戶閑人)을 자처하고 한시(漢詩)에 몰두하였다. 패전 뒤 각광을 받았으나, 병으로 사망했다. 《경제학대강》(1928) 《자본론입문》(1932) 등의 저서가 있다.

[32] 호적(胡適, 1891~1962)은 중국 근세의 학자이자 시인이다. 5·4 운동, 문학혁명을 창도함으로써 유명해졌다. 어릴 때 이름은 名(명), 커서는 洪(홍), 자는 適之(적지)로 안휘성 적계(績溪)에서 태어났다. 유년기에 고향의 사숙에서 글을 익혔고 정주학의 이학(理學)에 깊이 물들었다. 1904년 봄, 상해로 가서 신식학당에 입학, 1910년 경자(庚子) 관비 유학생에 선발되어 미국의 코넬대학과 컬럼비아대학에서 공부했다. 1914년에 컬럼비아대학 존 듀이 아래서 철학 연구에 몰입하고 듀이의 실용주의 철학에 빠져들었다. 1917년 1월 '문학개량추의(文學改良芻議)'를 잡지 〈신청년〉에 발표했다. 그는 그 글에서 문헌문을 폐지하고 백화문을 정식 문학 언어로 할 것을 제창하였다. 1917년에 귀국해 북경대학 교수가 되었다. 1918년 《신청년》 편집부에 참여, 백화문 사용을 적극 주장하고 아울러 개성의 해방, 사상의 자유 등을 선전했다. 이로써 진독수(陳獨秀), 이대조(李大釗) 등과 더불어 신문화 운동의 기수가 되었다. 프랑스 모파상, 노르웨이 입센 등의 작품을 번역, 출판하기도 하였다. 1917년, 백화문 시를 발표했는데 이는 중국 현대문학 사상 최초의 신시로 꼽힌다. 실용주의 철학의 신봉자로, 5·4운동 후 맑스주의를 받아들인 이대조나 진독수와 결별했다. 1920년대에 〈노력주보(努力周報)〉, 1930년대에 〈독립평론(獨立評論)〉, 1940년대에 〈독립시론사(獨立時論社)〉를 발간했는데 모두가 정치색 짙은 간행물이었다. 1938~1942년 국민정부 주미대사를 지내고, 1946~1948년 북경대학 총장을 역임했으나, 1949년에 다시 도미하였다. 1958년에 대만으로 돌아가 중앙연구원 원장을 지냈다. 주요 저술로는 《중국철학사대강》(상) 《상시집(嘗試集)》 《백화(白話)문학사》(상) 《호적문존(胡適文存)》(4집) 등이 있다. 1962년에 타이페이에서 병사했다.

문자와 사유

71 고립어와 문자
72 문맥과 품사
73 어御와 우尤
74 훈고와 변증법
75 반훈反訓에 대하여
76 도道와 덕德
77 영원한 삶
78 문자와 세계관
79 복합어
80 중국어와 한자

71

고립어와 문자

중국어는 단음절어다. 그래서 그것을 표기하려면 말(언어)을 한자라는 문자 그대로 대상화할 수밖에 없다. 단음절어라는 특질 때문에 달리 선택을 허용하지 않는다. 결국 중국인들은 자신들의 언어를 표기하는 데 가장 적절한 유일한 방법을 취해온 셈이다. 만일 이것을 바꾸려고 한다면 그것은 중국어가 단음절어로서의 특질을 상실하였을 때일 것이다.

중국어는 또한 문법적 기능을 어휘와 어형 속에 표시할 수가 없다. 즉 고립어다. 품사로서의 성격은 그 어휘가 위치하는 곳에 따라 결정된다. 人(인)은 명사이지만 "그 사람을 人으로 하다."[1]에서 "人으로 하다."는 동사이다. 또 人家(인가)의 人은 형용사이다. 한편, 《좌전》에 나오는 유령 이야기에서 "돼지(豕)가 인립(人立)하여 울다."라고 한 표현은 돼지가 사람처럼 서서 울었다고 하는 말이다. 그때의 人은 부사다.

또한 말의 순서도 고정적이지 않다. 이를테면 갑골 복사에 보면, 비기(妣己)라는 조상 신령이 시집온 부서(婦鼠)에게 탈을 내리므로 그것을 막기 위해 희생물을 바쳐 제사지낼 일을 점복하여 이렇게 적었다.

甲申卜, 御婦鼠妣己, 二牝牡.
갑신에 점복한다. 부서를 비기에게 제사지내는데 두 암컷과 수컷을 사용할 것인가.

그러고는 유사한 문장을 같은 점복 판 위에서

> 一牛一羊, 御婦鼠妣己.
> 소 한 마리와 양 한 마리를 가지고 부서를 비기에게 제사지낼 것인가.

와 같은 식으로 말하였다. 또 달리 전치사 于를 첨가한 예도 있다.

> 御婦鼠子于妣己.
> 부서의 아들을 비기에게 제사지낼 것인가.

그리고 또

> 王又歲于且乙.
> 왕은 조을에게 또 세 제사를 지낼 것인가.

를 같은 점복 판에서,

> 于父丁又歲.
> 부정에게 또 세 제사를 지낼 것인가.

라고 하여 어순을 바꾼 것도 있다. 어느 유형이나 모두 고대어에 예가 많이 나온다.

어순의 위치가 불안정하기 때문에 중국어는 품사의 성질을 늘 문맥 속에서 생각해야 한다. 그만큼 말〔어휘〕과 말〔어휘〕의 관계가 일종의 긴장성을 지니고 대응하고 있다. 말 하나가 한 글자이고, 글자 하나하나가 균질적인 무게를 지니며, 또 그것이 앞뒤의 관계에서 늘 긴장 상태에 있다. 그러한 언어는 엄밀한 논리를 말〔어휘〕의 형태나 문법적 관계로 표시하는 인도유럽어족의 굴절어(屈折語)와 다르다. 또 말이 유연하게 이어져나가 정서적인 표현에 적합한 일본어 같은 교착어(膠着語)와도 다르다. 중국어는 같은 크기의 블록을 겹쳐 쌓아나가는 고딕 양식에 가까운 언어라고 할 수 있다. 그 언어를 옮기는 문자인 한자도 마찬가지다. 알랭(Alain)은 한자를 '형태에 의한 언어'(《알랭 예술논집》 476쪽)[2]라고 말하였다. 그 논리는 본래 한자를 데생 같은 것으로 간주한 것이었다. 하지만 그것을 선의로 해석할 수도 있다. 그는 '선(線)은 인간적 표징이며, 아마도 판단의 가장 강력한 표현일 것이다'(《알랭 예술논집》 442쪽)라고 하였으므로 한자에서 선의 의미를 인정한 것이라고 볼 수도 있다. 한자가 생명력이 있는 것은 확실히 한자에서는 선이 의미를 지니고 있기 때문일 것이다. 한자에 담긴 선에 의한 구성은 곧 인간적 표상의 일부인 것이다. 그렇게 한자를 재평가할 때 한자 영상설도 나름대로 의미를 지닐 수 있을 것 같다.

72

문맥과 품사

어휘의 품사적 성격이 불안정하고, 어휘의 자리와 악센트에 따라 말의 기능이 변화한다고 하면, 그런 말에 대응하여 글자〔한자〕의 의미도 불가피하게 다양해지지 않을 수 없다. 게다가 '형태에 의한 언어'로서 의미 형상이 고정되어 있는 한자는, 시간이 흘러 어휘의 의미적 사용이 변화함에 따라 뒤의 뜻이 원래의 뜻과 차츰 거리를 두게 되었다. 그래서 한정부호를 가한다든가 하는 방식으로 글자를 분화하기도 하였다. 게다가 같은 음이면 통용한다고 하는 현상도 거들어, 글자의 뜻이 갖는 진폭이 더욱 크게 되었다.

능동과 피동은 처음에는 아마 악센트만으로 구별하였을 것이다. 또 말의 위치에 따라 문세(文勢)로 표시하는 일도 있었을 것이다. 그래서 한 글자가 그대로 능동과 수동의 두 가지 뜻을 지니기도 하였다. 이를테면 命(명)과 受(수)가 그러하다. 금문에는,

王, 受書作册尹.
왕이 작책하는 우두머리(사관의 우두머리)에게 글을 내렸다.

라는 말과

受天命.
천명을 받았다.

라는 용법이 있다. 이렇게 문세에 따라 한 글자를 두 뜻으로 사용하는 일은 뒷날에도 행해졌다.

주어 생략도 중국어의 두드러진 특징이다. 그래서 한문의 문맥을 파악하려면 적절하게 주어를 보완하여 이해해야 한다. 《좌전》〈장공(莊公)〉 8편의 조항에, 제나라 공손무지(公孫無知)의 반란을 기록한 글이 있다. 일단 그 원문을 보자.

冬十二月, 齊侯游于姑棼, 遂田于貝丘. 見大豕. 從者曰: "公子彭生也." 公怒, 曰: "彭生敢見!" 射之. 豕人立而啼. 公懼, 隊于車. 傷足, 喪屨. 反, 誅屨於徒人費. 弗得 : 鞭之, 見血. 走出, 遇賊于門. 劫而束之. 費曰: "我奚禦哉?" 袒而示之背. 信之. 費請先入. 伏公而出, 鬪, 死于門中. 石之紛如, 死于階下. 遂入, 殺孟陽于牀. 曰: "非君也, 不類." 見公之足于戶下, 遂弒之, 而立無知.

겨울 12월에 제나라 군주(양공)가 고분 땅에 놀러갔다가 마침내 패구에서 수렵을 하였다. 그러다가 큰 돼지를 보았는데, 종자가 말하길, "공자 팽생[3]입니다."라고 하였다. 공이 노하여 말하길, "팽생이 감히 알현하다니!"라고 하고는 그것을 활로 쏘았다. 그 돼지가 사람처럼 일어나서 울었다. 이에 공이 두려워하여, 수레에서 떨어져서는 발을 다치고 신발을 잃어버렸다. 돌아와서 시종신 비(費)에게 신발을 내놓으라고 요구하였으나, 얻지 못하였다. 그래서 그를 채찍으로 쳐서, 비의 피를 보았다. 비는 도망하여 나오다가, 적(반란자)을 문간에서 만났다. 적은 그를 협박하여 묶으려고 하였다. 비는 말하길, "내가 어찌 (그대의 일을) 막겠는가?"라고 하고는 웃옷의 어깨 부분을 벗어서 등짝을 보여주었다. 적이 믿었다. 비가 먼저 들어가겠다고 청하였다. (그래서 들어가서는) 공을 숨겨두고 나와서 적과 싸우다가, 문간에서 죽었다. 근신 석지분여는 계단 아래서 죽었다. 마침내 적이 궁안으로 들어갔다. 그리고 맹양(제나라 군주를 대신하여 분장하고 있던 자)을 침상에서 죽였다. 적은 말하길, "군주가 아니다. 모습이 닮지 않았다."라고 하였다. 제나라 양공의 발이 아래에 보이자, 마침내 양공을 죽였다. 그러고는 공손무지를 다음 왕으로 세웠다.

반란자가 제나라 군주를 시해하고 시종신 비(費)가 활약하는 모습이 호흡 짧은 문장 속에 생동적으로 묘사되어 있다. 주어를 생략할 수 있는 문장에서만 비로소 이렇게 생동적인 묘사가 가능할 것이다. 시간

관계를 따지지 않고 모두 현재형을 사용한 것도 장면 묘사에 박력을 주었다. 《좌전》은 본디 이야기꾼[4]이 전승하는 《국어(國語)》의 설화를 문장화한 것이다. 간결한 문장어를 사용하였다는 점에서 이 중국어 고전(《좌전》)은 세계에 달리 견줄 만한 것이 없을 정도다. 《국어》는 그런 점에서 대척적(對蹠的)이라고 할 만한 어맥(語脈)으로 되어 있다.

73

어御와 우尤

글자의 다의성을 御(어거할 어)와 尤(더욱 우) 두 글자[5]를 예로 생각해 보기로 하자.

御(어)에 대하여 《한화대사전(漢和大辭典)》은, '말을 부리다, 울리다, 제어하다, 맡아 일보다, 통괄하다, 사용하다, 쓰다, 권하다, 모시다, 경칭, 막다, 임하다, 마주하다, 의하다, 엿보다, 늘어놓다, 바치다' 와 '멈추다, 막다' 등, 모두 34개의 뜻을 들었다. 갑골 복사와 금문에서는 그 글자를 '받들다, 막다, 제어하다, 쓰다, 말을 부리다, 사용하다' 와 같이 다의적으로 사용하였다. 그런데 갑골 복사와 금문에서는 그 의미 용례들이 본래 서로 관련성을 지녔을 터이다.

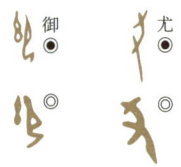

御(어)는 우선 제사 이름에 사용하였다. 그것은 탈〔재앙〕을 막기 위해서 행한 제사였다. "부서(婦鼠)를 비기(妣己)에게 제사지낼 것인가."라든가, "부서(婦鼠)의 아들을 비기(妣己)에게 제사지낼 것인가."라는 식으로 적혀 있는 갑골 복사를 보면, 제사지낸다는 말이 御(어)로 되어 있다. 이것은 죽은 어머니 비기가 부서나 그 아들에게까지 탈〔재앙〕을 부리지 않도록 막기 위해 거행하는 제사였다. 그것이 御(어)의 원래 뜻일 것이다. 御(어)의 자형은 비단실 묶음을 제단에 놓고 절하는 형태다. 그 비단실 묶음은 고대 일본에서 제사 지낼 때 바치는 시라카(白香 : 삼이나 닥 껍질로 엮은 줄) 같은 것이었을 듯하다. 그것을 옥에 매달아 절하는 글자가 顯(드러날 현)이다. 거기에 제사받는 신령이 현현(顯現)하는 것이다.

이러한 글자의 입의(立意)에서도, 御(어)가 '제사지내다, 막다'를 원래의 뜻으로 하는 글자라는 사실을 확인할 수 있다. 그렇거늘 갑골 복사에서는 또 왕이 점복의 조짐을 보고 판단을 내릴 때 '玆御(자어 : 이것을 쓰라)'라는 말을 하였다. 이것은 수렵의 일을 점복하여 길(吉)을 얻었을 때 사용한다. 즉 수렵에 나가도 좋다는 뜻이다. 당시의 수렵은 일종의 군사 연습과 같은 의미를 지녔다. 물론 수레로 들판을 달렸다. 이 용법에 의해, '수레를 쓴다'와 '사용한다'라는 두 가지 뜻이 도출될 수 있다. 하지만 글자의 형상은 禦(막을 어)를 원래 뜻으로 한다. 그 원래 뜻을 유지하기 위해 禦(어)라는 글자가 파생되었다.

御(어)를 '사용한다'는 뜻으로 사용하는 용법으로부터 '섬긴다'와 '다스린다'라는 의미가 쉽게 연역되어 나올 수 있다. 금문에서는 '정치를 맡아본다(執政)'는 말을 '御事(어사)'라 하고, '천자를 섬긴다'는 말을 '御天子(어천자)'라고 하였다. 그리고 '그로써 빈객을 맞이한다'를 '御賓客(어빈객)'이라 하고, '그로써 천자의 일에 써라'를 '用御天

子事(용어천자사)'라 하였으며, '스스로를 거울로 삼아라.'를 '自作御監(자작어감)'이라고 하였다. 뒷날 御(어)를 존칭으로 사용하게 된 것은 존귀한 사람이 스스로 쓴다〔御〕는 의미에서 그런 것이다.

모셔서 섬기는 일을 금문에서는 '날(사람 이름)이 섬긴다(剌御)'와 같은 식으로 말하였다. '훌(사람 이름)이 모셔서 견책이 없다.'라는 뜻일 때는 '遹御亡遣(훌어무견)'이라고 하였다. 이 예에서의 御(어)는 '함께 수레를 타고 수레 위에서 모신다'는 뜻이었던 듯하다. 이것들은 서주 중기의 예들이다.

그런데 같은 무렵에 '왕의 어자 염중이 종복으로 되었다.'라는 뜻을 '王馭瘝仲爲僕(왕어혐중위복)'이라고 한 예가 있다. 말을 제어할 때에는 僕馭(복어)라는 표현을 쓴 것이다. 馭(어)는 갑골 복문에도 나오며 본래 별개의 글자다. 하지만 음과 뜻이 御(어)와 비슷하여 용례상 일부 겹치는 면이 있다. 《설문해자》 2편 하에서 馭(어)를 御(어)의 고문이라고 한 것이 그 사실을 말해준다.

尤(우)에 대하여 《대한화사전》은 '이상하다, 뛰어난 것, 허물, 탓하다, 원망하다, 주저하다' 등 17개의 뜻을 들었다. 그 자형에 대해 犬(개 견)이 엎드려 있는 형태라고 보아 '이상하게 여기다, 탓하다, 가장'이란 뜻이 연역되었다고 보는 설이 있다. 하지만 의문스럽다. 갑골 복사와 금문에서는 '허물이 없다(亡尤)'라는 뜻에 사용하였다. 尤(우)는 주술에 사용하는 동물 정령의 형태다. 곧, '주저하다'라는 뜻의 유예(猶豫)란 말에 쓰는 猶(오히려 유)의 가차자다. 尤(우)를 '상당히, 다만'이라고 읽는 것은 일본에서만 사용하는 용법이다. 한 글자가 다의적으로 바뀌는 것은 연역에 의하든가 가차에 따른 통용에 의한다. 자서는 의미 사용의 예들을 나열하는 데 그치지 말고 그 본말을 밝혀서 자의의 전개 양상을 제시하지 않으면 안 된다.

74

훈고와 변증법

오지마 스케마(小島祐馬, 1881~1966) 박사의 《고대지나연구(古代支那研究)》[6]에, 훈고에서 서로 모순되는 두 개의 훈이 하나의 글자에 합쳐 있는 이른바 반훈(反訓)에 대하여 논한 글이 있다. 오지마 박사는 이 반훈 현상이 중국 고대에 변증법적 사유가 행하였다는 사실을 입증한다고 보고, 나아가 "저들의 생활 전체가 일종의 변증법을 따르고 있으며" "이 사실은 인간이 변증법에 대해 알기 이전에 이미 변증법적으로 사유하였다는, 아니 오히려 이미 변증법적으로 생활하고 있었다는 사실을 말해주는 한 가지 예증으로 볼 수 있지 않을까."라고 하였다. 이것은 당시 주목받는 견해였다.

후한 때 정현(鄭玄)은 《역찬(易贊)》에서 '易(역)'에는 세 가지 뜻이 있다고 했다. 곧 "간이(簡易)가 첫째다. 변역(變易)이 둘째다. 불역(不易)이 셋째다."라고 하였다. 변역하여 그치지 않는 현상 속에 도리어 상존하여 불변하는 것이 있다. 이 모순을 종합하여 통일하는 과정이 자연의 운동이며, 역의 원리는 그 모순의 통일 위에 존재한다고 하는 것이 그 설의 요지였다. 정말로 '易(역/이)'의 뜻에 간이와 변역이 있다면 그것은 모순이며, 이른바 반훈이다. 훈고학에서 보면, 이를테면 다음과 같은 것들을 반훈이라고 간주하였다.

亂(어지러울 란)은 治(다스릴 치)이다.
囊(접때 낭)은 久(오래될 구)이다.

苦(괴로울 고)는 快(기쁠 쾌)이다.

徂(갈 조)는 存(있을 존)이다.

臭(냄새 취)는 香(향내 향)이다.

逆(거스를 역)은 迎(맞이할 영)이다.

擾(어지러울 요)는 安(편안할 안)이다.

離(떨어질 리)는 附(붙을 부)이다.

頗(자못 파)는 多(많을 다)이다.

虞(즐길 우)는 憂(근심할 우)이다.

陶(즐길 도)는 哀(슬플 애)이다.

關(막을 관)은 通(통할 통)이다.

仇(원수 구)는 匹儔(필주 : 동반자)이다.

藥(약 약)은 毒(독 독)이다.

故(옛 고)는 今(지금 금)이다.

오지마 박사는 이렇게 상반되는 뜻을 지니는 것을 모두 반훈이라고 보았다. 그리고, 이처럼 모순되는 두 의미가 한 글자에 공존할 수 있는 것은 거기에 변증법적 사유가 기능하기 때문이라고 결론지었다.

그러나 易(역/이)란 글자 자체에 세 가지 뜻이 훈고로서 존재하는 것은 아니다. 그것은 易(역)의 원리를 설명하는 말에 불과하다. 이 사실은 오지마 박사도 인정하였다. 易(역)은 옛날 자형이 없다. 그것을 도마뱀〔蜥蜴〕의 상형이라고 간주하지만, 그 설도 여전히 의문이다. 易(역)은 易(양)과 마찬가지로 후두음〔i〕에 속하여, 陽(양)과 관계 있는 말인 것이다.

훈고에 과연 모순적인 사유가 존재하는지 여부를 따지려면 역시 반훈이라 부르는 현상을 재고찰할 필요가 있다.

《초사(楚辭)》의 '이소(離騷)'는 근심에 걸렸다〔罹憂〕는 뜻이라고 한다. 흔히 離(떨어질 리)와 罹(걸릴 리), 騷(떠들 소)와 憂(근심할 우)는 서로 반대되는 뜻이므로, 이 풀이는 반훈이라고 간주된다. 하지만 離(리)와 罹(리)는 모두 '그물에 걸리다'이고, 騷(소)는 搔(근심할 소)의 가차 통용의 글자다. 따라서 이것들은 반훈이 아니다.

반훈의 글자라고 예로 든 다른 것들도 엄밀하게 따지면 반훈이 아니다. 이를테면 受(수)를 授(줄 수)와 受(받을 수)의 두 뜻으로 쓰고, 鬥(문)을 攻(공격할 공)과 守(지킬 수)의 두 뜻으로 사용하는 것은, 문세에 따라 관점을 전환시켜 사용하는 것이다. 엄밀하게 모순 관계에 있는 반훈이라 할 그런 것은 사실상 존재하지 않는다.

반훈의 예로 우선 거론되는 亂(란)에 대해서는 약간 설명이 필요하다. 亂(란)은 변란(變亂 : 변고와 혼란)이라든가 난방(亂邦 : 정치가 어지러운 나라)이라든가 하는 식으로 쓰인다. 그런데 《논어》〈태백(泰伯)〉편에, "나에게 난신 열 사람이 있다(予有亂臣十人)."라는 구절이 있다. 이때의 난신(亂臣)은 어진 신하〔賢臣〕란 뜻이다. 그렇다면 반대 뜻으로 사용한 예라고 할 수 있지 않겠는가?

亂(란)의 형체소는 𤔔이다. 이것은 비단실 다발을 걸쳐두고 그 위와 아래에서 손을 이용해 얼키설키 얽힌 실마리를 풀려고 하는 모습이다. 이것이 아마도 문란(紊亂)의 亂(란)의 처음 형태일 것이다. 즉 亂(란)은

肅에 乙모양의 그릇을 첨가한 형태다. 乙은 뼈로 만든 주걱의 상형이다. 亂(란)은 그것을 가지고 얼키설키 얽힌 肅을 푼다는 뜻이다. 그런 까닭에 肅은 어지럽다는 뜻이고, 亂은 그것을 다스린다는 뜻의 글자다. 금문에서는, 관직에 있으면서 직무를 보는 것을 官嗣(관사)라고 하였다. 嗣(사)는 다스리는 일을 행정 부문에 파급시킨 글자다. 신에게 사정을 진술해서 오해를 풀려고 아뢰는 말을 辭(사)라고 한다. 辛(신) 형태는 굽은 칼이다. 肅에 때때로 ㅂ를 붙이기도 한다. 그 것은 肅에 乙을 붙이는 것과 마찬가지다. ㅂ는 신사(神事)의 표상이다. 肅 계통의 글자는 이렇게 그 훈의를 계승하여 결코 혼란스럽지 않다. 따라서 이른바 반훈이라 일컬을 만한 것이 훈고에는 없는 것이다.

75

반훈反訓에 대하여

한자에는 훈의가 많다. 청나라 완원(阮元)[7]이 한(漢)·당(唐)의 옛 훈을 모아 편찬한 《경적찬고(經籍纂詁)》[8]에는 수십 개의 훈의를 지닌 글자들이 있다. 帝(제)·介(개)·德(덕)·離(리) 등은 거의 100개에 이른다. 이러한 다의성은 중국어가 지닌 단음절어로서의 안정성을 현저하게 상실시킨다. 하지만 이것은 결코 한자가 지닌 본래의 모습이 아니다. 갑골문이나 금문의 용례를 보면 거의 연역(演繹)한 훈에 그친다. 그밖의 것들은 같은 음이라서 빌려 쓰는 가차다. 지금 갑골문·금문의 용례들을 들어보기로 한다.

寡(과) : 미망인, 모자라다.
气(기) : 이르다, 구하다.
其(기) : 그, ~의(조사).
殷(기) : 청동기 이름, 舅(구).
歸(귀) : 돌아가다, 음식을 주다〔饋, 궤〕.
吾(오) : 나, 간오(干吾 : 지키다).
卿(경) : 공경(公卿), 향식(饗食).
厥(궐) : 그, ~의(조사).
古(고) : 옛 古. 그래서.
差(차) : 左(좌), 나아가다.
歲(세) : 제사 이름, 해.
乍(사) : 만들다, 祚(복 조), 迮(닥칠 책), 岨(갈 조).
之(지) : 이것. ~의(조사).
子(자) : 명사, 동사.
吏(리) : 제사, 심부름꾼, 사역(使役).
司(사) : 다스리다, 잇다.
丝(자) : 兹(이것 자), 絲(실 사).
事(사) : 제사, 섬기다, 일.
自(자) : ~부터, 스스로.
若(약) : 삼가다, 이와 같이, 諾(대답할 낙), 여기에, 따르다.
畯(준) : 바로잡다, 오래도록.
歔(차) : 및, 아아.
省(성) : 보다, 나타나다.
歔(어) : 먹다, 잘못하다.
身(신) : 몸, 스스로.

臣(신) : 신의 노예, 섬기다.

正(정) ; 바로잡다, 정벌하다〔征〕.

且(차/조) : 선조(先祖), 조세(租稅).

走(주) : 분주(奔走)하다, 나.

喪(상) : 잃다, 매상(昧爽 : 새벽).

造(조) : 이르다, 만들다.

肇(조) : 처음, 잇다.

啻(제) : 제(帝) 제사, 체(禘)제사, 적(敵).

田(전) : 전읍(田邑), 사냥.

乃(내) : 그대, 즉, 만일.

不(불) : ~이 아니다, 크게〔丕〕.

辟(벽) : 군주, 섬기다.

保(보) : 태보(太保), 보물〔寶, 보〕.

令(령) : 명하다, 내려주다〔賜, 사〕.

友(우) : ~가 있다, 권하다〔侑, 유〕, 右(우).

右(우) : 祐(보우할 우), 佑(도울 우), 有(있을 유), 又(또 우).

有(유) : 右(오른쪽 우), 又(또 우), 왕조명의 위에 붙임〔예 : 유주(有周)〕.

余(여) : 나, 주다〔賒, 사〕.

來(래) : 왕래, 내세(來歲, 내년).

立(립) : 서다, 자리〔位, 위〕.

각각의 훈의를 비교하면 말뜻이 연역해가는 방향, 다시 말해 가차의나 형성자로 분화하는 방식을 살필 수가 있다.

이를테면 吾(오)는 ㅂ를 지킨다는 것이 본의이고, 대명사 용법은 가차다. 保(보)는 수령(受靈)의례였는데, 태보(太保)라는 직책을 말한다.

寶(보)는 保(보)와 동음이어서 통용되는 일이 있다. 自(자)는 코[鼻]의 상형으로, '스스로'라는 뜻은 코를 가리켜 자기를 표시하는 일이라는 뜻에서 전변된 것이다. '~로부터'라고 풀이하는 용법은 從(종)과 마찬가지로 음이 가깝기 때문에 통용하는 것이다.

이렇게 가장 오래된 자료를 보더라도 한자의 다의화는 주로 가차와 동음 통용에 의해 이루어졌음을 알 수 있다. 그것은 문장어이자 단음절어인 한자의 특유한 현상이라고 보아도 좋다. 동음 혹은 유사음의 글자를 차자[일본어로는 當字(아테지)]로 사용하기 때문이다.

이를테면 離(떨어질 리)를 보자. 《설문해자》에서 離黃(이황)은 앵무새 비슷한 새라 하고, 黃鸝(황리)로도 표기한다고 하였다. 이것은 離(리)와 鸝(꾀꼬리 리)의 음이 같기 때문이다. 離(리)라는 글자에 훈의가 16개나 있다고 할 정도로 아주 많은 것은, 동음 麗(려)의 훈의[붙다, 분명하다, 늘어서다, 배열하다 등]까지도 포함하고 있기 때문일 것이다. 《역(易)》에서도 離(리)를 麗(려)나 明(명)의 뜻으로 삼는다.

離(리)는 유리(流離), 이루(離婁 : 멀리 있는 것을 확실히 구별하여 볼 수 있었던 사람), 이락(離落 : 촌락), 이리(離離 : 벼 이삭이 열지어 늘어진 모습) 등의 어휘로부터 생각하면, 본래 '흩어져 있음'을 기본 뜻으로 지닌 의성어 부류의 말이었던 듯하다. 그런데 離(리)를 또 '걸리다'라고 풀이하는 것은 羅(라)와 罹(리)의 음에 배당하여서 그런 것이다. 그러므로 離(리)를 '걸리다'라고 풀이하는 것은 반훈이 아니다. 가차의가 우연히 본래의 뜻이라고 할 '떠나다'와 서로 반대를 이룬 것에 불과하다. 만일 모순되는 뜻을 통일하는 반훈이 실제로 존재한다고 한다면, 그것은 그 글자가 동시에 서로 반대되는 모순의 훈을 지녀서, 본의가 본의로서 기능하면서 직접적으로 그 모순되는 뜻을 유발하며, 그러면서 또한 그 부정을 통해 두 의미를 포섭하는 식이지 않으면 안 된다.

엄밀하게 말하면, 언어로서의 의미 체계가 성립하는 일이 이미 변증법적이다. 따라서 한자의 경우 그 문자 체계가 성립한다는 사실이 바로 변증법적이다. 그리고 의미 체계의 변혁도 또한 변증법적이며, 그것에 의해 새로운 표현의 창작을 한다는 것도 마찬가지로 변증법적 과정 속에서만 성립한다. 사상적 언어의 창출자였던 공자도 장자도 그러한 의미에서 모두다 변증법적 사상가였다.

76

도道와 덕德

말은 외연적으로 다의화하는 동시에 내면적으로도 심화한다. 내면적 심화를 일으키는 것은 문자 표기를 통해서다. 곧, '모양에 의한 언어'로서 정착된 글자〔한자〕의 형상성을 통해 내포를 심화시키는 일이 가능하였다.

道(도)는 도로라는 뜻에 지나지 않지만, 그것을 인의도덕(仁義道德)과 같은 실천윤리의 뜻으로 삼은 것은 자의를 내면화시킨 것이다. 행로(行路)의 行(행)을 사람이 밟아 실천하는 행위라는 뜻으로 사용하는 것도 그렇다.

道(도)는 앞서 설명하였듯이, 원래 이민족의 머리를 지니고 미지의 땅으로 나아갈 때 길의 재액을 막으려고 액막이하는 행위를 뜻하는 글자였다. 머리를 손에 들고 있는 형태가 바로 導(도)로, 그렇게 함으로써 통행할 수 있는 길을 道(도)라고 한 것이다. 道(도)를 도덕적 실천에 연결시킨 용례는 금문에서는 아직 나타나지 않았다. 《시경》에서도 도로란 뜻의 예만 있을 뿐이었다. 《서경》에서는 〈대우모(大禹謨)〉나 〈홍범(洪範)〉 등, 뒷날 추가된 여러 편에서만 도덕이란 뜻으로 사용한 예가 나온다.

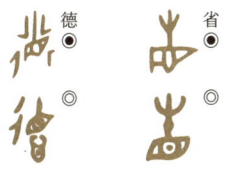

道(도)의 뜻을 존재에 대한 인식 방식, 나아가 실재 그 자체로 간주하는 형이상학으로 발전시킨 것은 장주(莊周) 일파의 철학이었다. 《장자》〈천하(天下)〉편은 여러 학설 유파의 원류를 논하여 다음과 같이 말하였다.

> 적막하여 형체가 없고 변화하여 일정함이 없다. 죽어 있는 것일까, 살아 있는 것일까. 천지와 나란한 것일까, 신명의 덕과 추이하는 것일까. 망망하여 어디로 가랴. 홀연하여 어디로 가랴. 만물이 모두 늘어놓아 포용하여도 함께 돌아갈 만한 것이 없다. 옛날의 도술(道術)이 여기에 있었던 것이다. 장주가 그 풍모를 듣고는 그것을 좋아하였다.[9]

장자는 유유(謬悠 : 종잡을 수 없음)한 설, 황당(荒唐 : 엉터리)한 말, 단애(端崖 : 끝) 없는 언사를 가지고 장어(莊語)를 하였다고 적었다.[10] '장어'란 사상적 언어라고 풀이해도 좋다. 장자는 중국에서 형이상학적 사유를 창시한 사람이다. 그런데 사상의 실체를 도술이라는 말로 표시한 것은 대단히 흥미롭다.

道(도)도 術(술)도 모두 도로에서 행하는 주술 행위에서 유래하는 말로, 미지의 것에 대해 작용을 가하는 일을 의미한다. 도로에서 도덕으로 개념의식이 전개한 것이 아니라, 도술에서 도덕으로 개념의식이 전개하였다. 원시종교로부터 형이상학으로 승화한 것이다. 장주의 무리는 틀림없이 이 원시종교의 세계에서 관상(觀想)을 계속해왔던 사제자의 무리였을 것이다.

德(덕)은 省(성)과 형의(形義) 면에서 관계가 있다. 德(덕)도 省(성)도 눈〔眼〕의 주술 능력에 의해 압도하고 누르는 행위를 뜻한다. 그 두 글자가 모두 눈〔眼〕 위에 주술 장식을 꾸민 모양이다. 미고(媚蠱)의 술(術)을 행하는 媚女(미녀 : 무녀)와 마찬가지다.

省(성)은 금문에서 省道(성도)의 뜻으로 사용하였다. 省道(성도)란 눈의 주술 능력으로 길〔道〕의 재액을 막는 행위다. 省(성)은 동사고, 德(덕)은 명사다. 그 둘은 실체와 작용의 관계에 있다.

서주의 금문에는 正德(정덕), 明德(명덕), 懿德(의덕)이란 말들이 나온다. 열국의 청동기에는 政德(정덕)이란 말도 보인다. 내면적인 것이 외연화하여 政德(정덕)이란 말이 생겨난 것인지 모른다. 그런데 장자에 이르러서는 "도덕(道德)을 타고서 부유(浮遊)한다."〈山木(산목)〉편)라고 하였다. 곧 道德(도덕)이 실재를 향해 다가서게 하는 매개물로 되었다. 하지만 道德(도덕)도 또한 한때 부유할 만한 것에 불과하다. 그런 까닭에 또 "도덕을 폐기하지 않는다면 어찌 인의(仁義)를 취하랴."(〈마제(馬蹄)〉편)라고 하였다. 도덕은 참된 것으로 향해 가기 위한 부정적 매개자에 불과하다.

이렇게 고대의 변증법적 사유는 장자의 실존적 사색에서 태동하였다. 상형문자 속에 정착한 '형태에 의존하는 언어'가 어떻게 그러한 일을 가능하게 한 것일까?

77

영원한 삶

삶은 유한하지만 그렇기 때문에 무한할 가능성을 지닌다. 영원(永遠)이란 죽음을 초월하는 일이기 때문이다. 장자는 이것을 眞(참 진)이나 僊(신선 선)이란 말로 표현하였다.

眞(진)이란 넘어진(顚, 전) 사람이니, 길가에 죽어 엎어진 사람을 가리킨다. 비명에 죽은 자의 영혼은 진에(嗔恚 : 분노)로 가득하므로, 시체를 판옥(板屋, 殯宮)에 두고(寘, 치), 길가에 메우며(填, 전), 영혼을 진정시키지(鎭, 진) 않으면 안 된다. 원령이 다시 나타나 재앙을 입히는 일이 없게 하는 것, 그것이 진혼(鎭魂)이다.

이렇게 꺼림칙하게 여겨지는 眞(진)이란 글자를 하필이면 진실재(眞實在)의 세계를 표상하는 일에 사용한 사람이 바로 장자(莊子)다. 장자 이전의 문헌에서는 이 글자가 보이지 않는다. 본래의 자의가 말하듯이, 그것은 인간의 가장 비정상적 상태를 가리키는 말이었기 때문이다. 그래서 만일 이 眞(진)이란 말에 궁극적인 깨달음을 뜻하는 진인(眞人)이나 진지(眞知)같이 고도로 형이상학적인 의미를 부여할 수 있는 자가 있다고 한다면, 그는 그러한 사령(死靈)의 세계에 어떤 식으로든 관여하는 종교가이지 않으면 안 된다. 장자는 장례와 제사를 위주로 하는 유가(儒家)와 달랐다. 그는 아마도 하늘(신)과 인간의 만남에 관계하는 사제자 계층에 속한 사람이었을 것이다. 산천을 제사하는 자는 길에 쓰러져 죽은 자도 후하게 장사지내지 않으면 안 된다. 일본의 히토마로(人麻呂)가 속했다고 일컬어지는 가키노모토슈(柿の本衆)와 같은 부류의 사람이었을 것이다.

　그러한 종교가의 관상(觀想)이 원통하게 죽은 자의 죽음을 천지의 본연으로 되돌려 죽음을 절대부정함으로써 영원한 생으로 전환하게 하였던 것이다. 〈대종사(大宗師)〉편에서는 이렇게 말하였다.

> 옛날의 진인(眞人)은 생을 기뻐할 줄을 몰랐다. 죽음을 싫어할 줄을 몰랐다. …… 순식간에 가고 순식간에 올 뿐이다. 그 생명의 시작하는 곳을 잊지 않고, 그 마치는 곳을 구하지 않는다. 받아서 그것을 기뻐하고 잊어서 그것에로 돌아간다. 이것을 두고, 취사〔가지거나 버림〕의 마음으로 도(道)를 버리지 않고 사람의 입장에서 하늘을 돕지 않는다고 말한다. 그런 사람을 바로 진인(眞人)이라고 말한다.[11]

　도에 합하고 하늘과 함께 있는 것, 그것이 진인(眞人)이다. 길에 쓰러져 죽은 자로부터 영원한 삶인 진(眞)으로 대전환하는 그 속에는 분명히 변증법적 사유가 기능하고 있다.

　영원한 삶을 얻은 것을 仙(신선 선)이라고 한다. 僊(선)이 그 본래 글자다. 그 글자의 오른쪽 䙴이란 죽은 자를 옮김〔遷, 천〕을 말한다. 사람의 정신이 달아난 것을 鬼(귀신 귀)라고 한다. 䙴은 그 귀신 형태의 것을 앞뒤에서 메고 가서, 아마도 관에 넣어 잠시 안치해두는 작은 집, 곧 산중턱 등에 설치한 판옥(板屋)에 옮기는 일을 표시하는 글자일 것이다. 그 시신을 불태우는 것을 熛(불똥 표)라고 한다. 그 글자의 오른쪽 票(불똥 튈 표)는 불 속에 있는 시신을 가리킨다. 따라서 熛(표)는 실은 중복 글자다. 시신 태우는 연기가 나부끼는 것을 飄(회오리바람 표)라고 한다.

　遷(옮길 천)이란 혼령을 옮기는 일이다. 그래서 조상 신령을 옮기는 일을 천좌(遷座)라고 한다. 僊(선)이란 신령으로 화한 것을 말한다. 《설문해자(說文解字)》에 "遷(천)은 登(등 : 높은 곳에 오름)이다."라 하였고, "僊(선)은 장생하여 僊去(선거 : 신선으로 됨)함이다."라고 하였다. 장주(莊周)의 사상은 뒷날 도가(道家)로 발전하였는데, 도가는 장생하여 신선이 되는 것을 이상으로 삼았다. 진(晉)나라 갈홍(葛洪)은 《포박자(抱朴子)》를 지었는데, 그는 장생하는 법을 터득해서 시해선(尸解仙)[12]이 되었다고 한다. 그것은 영혼이 시체를 벗어나 자유를 얻음을 뜻한다. 眞(진)과 僊(선)이란 글자가 보여주듯이, 죽음이야말로 영원한 삶 바로 그것인 것이다.

78
문자와 세계관

후한의 허신이 《설문해자》를 저술하여, 문자를 형체학적으로 연구하였을 때 고대 문자의 자료는 아주 불충분하였다. 따라서 그 성과는 그리 만족할 만하지 않았다. 하지만 허신이 문자학에 그만큼 확신을 가질 수 있었던 것은 당시 음양이원론(陰陽二元論)과 천인상관(天人相關)의 자연관이 그의 문자 체계와 일치를 이루었기 때문이다. 즉 그는 문자 체계란 곧 자연적 질서의 표현이라고 생각하였다.

《설문해자》는 부수의 一부터 시작하여, 上(상)과 示(시)와 三(삼)으로 전개하고, 거기서 다시 王(왕)과 玉(옥)으로 나아간다는 식으로 구성되어 있다. 즉, 강(綱)에서 목(目)으로 전개한다. 그러면서 삼라만상을 나열하고, 마지막으로 그 만상을 운동하게 하는 십간(十干) 십이지(十二支)로 끝마쳤다. 《설문해자》는

> 一, 維初大極, 道立於一, 造分天地, 化成萬物.
> 一은 태극이다. 도(道)는 一에서 서서, 천지를 나누어 만들고, 만물을 변화시켜 이룬다.

라고 하여, 극(極), 일(一), 물(物) 등 운자를 사용하는 운문 투의 말로 시작한다. 그리고 책의 마지막에 다시 운문 형식의 말로 거둬들였다.[13] 전체가 정연한 체계를 이룬 것이다.

一 부에는 元(원), 天(천), 丕(비), 吏(리)의 네 글자를 배속시켰다. 이 글자들의 자형에 포함되어 있는 '一'은 모두 "도(道)는 一에서 선다."라고 하였을 때의 그 근원적인 것을 의미한다.[14]

三에 대하여는 "三은 수의 이름이다. 천지인(天地人)의 도이다."라고 하였다. 이 말은 도의 본체인 '一'이 변화하여 만물을 변화해 이루어내어 천지인을 형성한다는 뜻이다. 도(道)가 흘러나와서 세계를 형성한다고 하는 발출론(發出論)의 세계관을 배경으로 하는 자설이다. 이렇게 《설문해자》는 문자의 체계를 세계의 표현으로 보았다.

중국어는 단음절어이고, 한자는 그것을 하나하나 자형으로 나타낸다. 한자는 이른바 '형태에 의존하는 언어'다. 그것은 애당초 모나드(Monade : 만물을 실재하게 하는 궁극적인 구성 요소를 가리키는 철학 용어) 같은 성격을 지닌다. 발출론 사상은 이 문자 체계에 형이상학적 사유

를 조금만 첨가한다면 쉽게 수립될 수 있었다.

한자 전체는 의부(義符) 곧 형체소의 계열과 성부(聲符)의 계열로 나뉜다. 하지만 범주를 정할 때는 한정부호의 기능이 아주 크게 작용한다. 한정부호는 그 자체가 분류의 기초가 될 수 있다. 그래서 부수별 자전이 유행하였던 것이다.

《설문해자》는 문자의 구조적 원리를 중시하였다. 이를테면 一을 형체소로 하는 글자는 달리 또 아주 많다. 하지만 《설문해자》는 그것들 가운데서 '一이라는 도'의 의미를 지닌 것만 선택하여 一 부에 소속시켰다.[15] 이것은 범주론적 방법이라고 말할 수 있다. 그 범주론적인 블록들이 유기적으로 관련을 맺음으로써 《설문해자》의 전체가 조직되었던 것이다.

《설문해자》의 범주론적 방법은 송나라 정초(鄭樵)의 《육서략(六書略)》[16]이나 원나라 대동(戴侗)의 《육서고(六書故)》[17]에서도 답습되었다. 송나라 이래로 근원적인 이(理)가 만상으로 전개한다고 여기는 이일분수(理一分殊)의 존재론이 설득력을 지니고 있었다. 문자의 체계와 문자학의 전체는 그 세계관과 조응하였다. 이만큼 문자를 사상으로 멋지게 전화시킨 예는 또 달리 없을 것이다.

하지만 그러한 세계관을 배경으로 성립했던 문자 체계가 다른 시대의 다른 세계관에 조응할 리가 없다. 송·원 무렵부터 중국어는 백화어로 바뀌었다. 그리고 모나드적인 문자관은 급속하게 붕괴되었다. 중국어가 구어로 변화하면서, 한자는 언어와의 조응이라는 난문제에 직면하였다. 약자도 송·원 무렵부터 차츰 유행하였다.

79
복합어

단음절어는 음절이 단순하며 고정적이기 때문에 악센트를 이용해서 어의(語義)에 변화를 주는 방법을 취한다. 단, 한자 및 중국어의 경우 고대의 악센트가 어떠한 것이었는지는 잘 알 수가 없다. 거성(去聲)은 육조시대에 발생했다고 한다. 금문이나 《시경》 시편에서는 평·상·입성의 3종을 합운(合韻 : 성조가 다른 글자들을 아울러 압운함)하는 일이 종종 있었다. 당시에는 악센트가 그리 강렬한 것이 아니었던 듯하다. 양나라 심약(沈約)은 자기보다 앞 시대의 사람들은 4성의 구별을 몰랐다고 지적하였다.[18] 그렇기 때문에, 어의를 넓히기 위해서는 옛날부터 복합어를 만드는 방법을 사용하였다.

복합어는 음절적으로 두 개의 말뭉치를 연결한 형태가 많다. 동의어, 유사어, 상반어를 연결하거나 혹은 수식어를 위에 덧붙인다거나 하는 식으로 어의를 강조, 확대, 집약, 통일하고, 또 개념으로 나타내거나 상태의 성질을 표시할 수가 있다. 그것을 병자(駢字 : 변자)라고 한다. 연문(連文)이라고도 하며, 혹은 연면어(連綿語)라고도 한다. 그러한 말들을 모은 사전으로 청나라 강희제 칙찬의 《병자유편(駢字類編)》과 민국 29년의 《연면자전(聯綿字典)》이 있다. 강희제 칙찬의 《패문운부(佩文韻府)》[19] 등 옛날 사전은 대개 이 복합어·연면자를 모으고 출전을 표시하였다.

일본어에는 이러한 의미의 복합어가 적다. 일본어의 대부분은 플러스 형식이다. 하지만 한자어의 복합어는 두 어휘가 포개지는 형식을 취하는 것이 많다. 도덕(道德)이라든가 신선(神仙)이라든가 하는 말은 유개념의 복합이어서, 상호규정을 바탕으로 새로운 의미를 낳는다. 시비(是非)라든가 선악(善惡)이라든가 하는 말은 두 단음절 어휘를 상대시켜 그것들을 통일시킴으로써 참된 어떤 것을 의미한다. 원근(遠近)은 장소적으로 그 각각을 넘어선 것을 나타내고, 고금(古今)은 통시적으로 그 각각을 넘어선 것을 나타낸다. 한자어에는 이렇게 서로 상반되는 뜻을 지닌 두 단음절을 아우르고 통일하는 식의 어휘가 대단히 많다. 이것이 이원론적 사유와 관계가 있는지, 아니면 변증법적 사유에 연계되어 있는지, 분명하지 않다. 어쨌든 일본의 복합어가 플러스 형식의 직선형이 많은 데 비하여, 중국의 복합어는 구조적이라고 말할 수 있다.

복합어는 이미 주(周)나라 초기의 금문에서 찾아볼 수 있다. 이를테면 슈殷(영기)의 마지막 문장에 보면, 출입이란 뜻의 '역조(逆造)'를 사용한 예가 있다.

> 그로써 왕의 역조(逆造 : 출입)에 향응하고, 그로써 요인(寮人, 僚友)에게 제(餯 : 음식을 공여함)하리라. 부자(婦子)와 후인(後人)은 길이 보물로 삼으라.

춘추시대로 들어서면서 복합어는 급속하게 증가하였다. 이른바 외교사령이 성했던 시대였다. 제나라 청동기의 숙이종(叔夷鐘)에는 500자 가까운 명문(銘文)이 있는데, 그 가운데는 경계(儆戒 : 삼가다), 강능(康能 : 다스리다), 응수(膺受 : 몸에 받아들이다), 군공(君公), 근로(勤勞), 선구(先舊 : 관례) 등 19개의 복합어가 들어 있다.

금문의 훈고에 밝았던 양수달(楊樹達)[20]은 《좌전》 성공(成公) 13년에 진(晉)나라 여상(呂相)이 진(秦)나라에 보낸 약 700자의 서한 속에 31개의 복합어가 있다고 지적하였다. 그 가운데 유월(踰越 : 넘어서다)과 같은 쌍성, 구수(仇讐 : 원수)와 같은 첩운의 말도 많다. 한자는 본래 단음절어라서 단조로웠지만, 이렇게 복합어를 구사함으로써 축사(祝詞)같이 장중한 어조를 갖추게 되었다. 복합어는 어의의 영역을 넓혔을 뿐만 아니라, 어조의 조화를 가져왔다. 왕국유의 《연면자보(聯綿字譜)》는 쌍성, 첩운인 복합어들을 조사해 두었다.

복합어는 어의와 어조를 뒷받침하기 위해 생겨났다. 그런데 복합어가 발달함으로써 고대의 주술적 언어는 비로소 수사적인 언어로 되었다. 그리고 다시 주술적 언어와 수사적 언어 두 가지를 지양함으로써 장자(莊子)의 문장이 생겨났다. 문장도 또한 사상인 것이다.

80

중국어와 한자

중국어는 언어계통상으로서는 고립어에 속한다. 하지만 춘추전국시대 이후로는 사실상 복합어가 우세하게 되었다. 《노자》의 잠언풍(箴言風) 언어도, 복합어가 많은 단순한 구법이다. 한 예로 그 18장을 보라.

> 大道廢, 有仁義, 智慧出, 有大僞, 六親不和, 有孝慈, 國家昏亂, 有忠臣.
> 대도(大道)가 폐기되어 인의(仁義)가 있게 되었다. 지혜(智慧)가 나와서 대위(大僞 : 큰 거짓)가 있게 되었다. 육친(六親)이 화합하지 않아서 효자

(孝慈, 孝子)가 있게 되었다. 국가(國家)가 혼란(昏亂)하여 충신(忠臣)이 있게 되었다.

다만 《노자》는 구법의 단순함을 패러독스라는 방법으로 가까스로 구제하였다. 복합어는 사상의 굴절을 표현하는 데 꼭 적합하다고 할 수는 없다. 하지만 문장의 어조를 돕는다는 점은 분명하다.

《초사(楚辭)》에서 시작하는 한(漢)·위(魏)의 사부(辭賦) 문학, 악부(樂府) 및 고시(古詩)의 세계, 더 나아가 사서(史書)인 《한서(漢書)》의 4자 구두가 많은 문장에도 복합어가 빈번하게 나온다. 4자, 6자의 대구(對句, 對仗)로 전체를 구성하는 사륙변려문(四六騈儷文)의 경우는 새삼 말할 것이 없다.

어휘에서 복합어가 압도적으로 많아짐에 따라, 표현 전체에서 단음절어의 위상이 오히려 높아졌다. 시구의 표현에서도 복합어를 통일하는 단자(單字)의 용법이 훌륭한지 그렇지 못한지 하는 것이 시의 표현 효과를 좌우하게 되었다. 조식(曹植)의 〈잡시(雜詩)〉[21] 가운데

高臺多悲風.
고대(높은 누대)에 비풍(슬픈 바람)이 많다.

라는 시구는 스스로 만년의 운명을 상징한 듯한데, 그 구에서 '고대'와 '비풍'을 포괄하는 말은 아무래도 '많다〔多〕'이지 않으면 안 된다.

명시로 회자되는 두보(杜甫)의 〈춘망(春望)〉도,

白頭搔更短.
흰머리를 긁으면 긁을수록 더욱 짧아진다.

라는 구절 때문에 후대의 비평가들로부터 아주 속되다고 혹평을 받았다. '백두'라는 말이 적당하지 않을 뿐만 아니라, 이어지는 세 글자가 고립어여서 생동적이지 않다는 점 때문이었다. 시에는 자안(字眼)이라고 불리는 높은 음향의 글자를 놓는 방식이 있다. 그것은 고립어를 이용한 수사법의 한 가지다.

엄밀히 말하면 중국어는 지금 더 이상 단음절어가 아니다. 이를테면, "윗사람에게 도가 있을 때는 백성이 곧 그를 위해서 죽는다"라는 뜻을 지닌 문장을 한문과 백화문으로 적어보자.

한 문: 上　　　有道　　民　　則　　爲之　　死
백화문: 在上的　不亂來　百姓　就要　替他　命

지금의 백화문은 거의 복합어로 이루어져 있다. 단음절어만 사용한다면 같은 음의 말이 많으므로 귀로 들어 변별하기 어렵기 때문에 이렇게 복합어를 많이 쓰게 된 것이다.

한자는 고립어였기 때문에 과거에는 고립어의 특성이 사유 방식에 일정한 영향을 끼쳐왔다. 하지만 고립어로서의 문맥이 붕괴된 지금에는 한자와 사유의 관계가 그다지 중요하지 않게 되었다. 그러나 블록처럼 집합하는 음절과 강렬한 악센트가 만들어내는 강렬한 인상의 표어적 한자 표현은 신호의 방법으로서 비할 나위 없이 큰 힘을 발휘한다. 최근 30년 동안 중국의 움직임은 마치 그러한 표어와 함께 걸어 나온 듯하다. 따라서 한자 표어의 위력을 충분히 이해할 수 있을 것이다. 중국의 근현대 역사는 표어를 기준으로 시대를 구분할 수 있기까지 하다. 표어는 국가의 최고 방침을 담고 있으며 민족의 지표로 간주할 수 있다. 한때는 학술지에까지도 시대의 표어와 《모어록(毛語錄)》이 각별히 커다란 글자로 실려 있었다.

　일본의 경우는 근본을 알 수 없는 유행어가 여기서 생겼다가 저기서 사라져, 유행어들이 마치 환영(幻影)처럼 떠돌고 있다. 이에 비해 중국은 4자구의 표어로 수억 인민의 결속을 한껏 자랑하는 한자의 세계를 보존해왔다. 이러한 현상들을 비교하면서 나는 문자가 지닌 기이한 운명을 생각하게 된다. 표어적인 표현이 지닌 매력이 상실되지 않는 한, 한자는 그리 쉽게 소멸되지 않으리라. 한자는 원시 문자임에 틀림없다. 하지만 그것만큼 신호로서 효과를 지닌 기호가 달리 있겠는가? 그 자형이 어떻게 달리 바뀌더라도 그것은 기호학적으로 아마 최첨단에 서 있는 문자일 것이다.

미주

1 '인기인(人其人)'은 한유(韓愈)의 〈원도(原道)〉에 나오는 구절이다.
2 Emile Auguste Chartier Alain(1865~1951) 著, 桑原武夫 譯,《Système des beaux-arts》(東京 : 岩波書店, 1941).
3 팽생(彭生)은 춘추시대 제(齊)나라의 역사(力士)다. 제나라 양공(襄公)과 노(魯)나라 환공(桓公)의 부인이 사통하였는데 환공이 그 사실을 알게 되자, 양공은 환공을 만취하게 한 뒤 팽생을 시켜 환공을 수레로 안아올린 뒤 환공을 때려죽이게 하였다. 노(魯)나라 사람들이 분노하자 양공은 팽생을 죽여 사죄하였다. 본시 노나라 환공의 이름은 윤(允)으로 자윤(子允)이라고도 하는데, 제나라에서 부인을 얻었다. 부인이 아들을 환공과 같은 날에 낳았기 때문에 이름을 동(同)으로 하여 태자로 세웠다. 뒷날 부인과 함께 제나라에 이르렀는데, 그와 부인이 제나라에 당도한 뒤 부인이 자기 동생인 제나라 양공과 사통하였다. 그가 이러한 사정을 알고 몹시 화가 나 부인을 책망하자 부인은 제나라 양공에게 일러바쳤다. 그래서 양공은 공자 팽생을 시켜 수레 안에서 노나라 환공을 죽이게 한 것이다. 제나라 양공은 재위 기간 동안에 자주 군사를 동원해 기(紀)를 쳐 오랜 세월 동안 원한을 맺었다. 12년 간 재위하였으나 공손무지(公孫無知)에게 살해당했다.
4 가타리베(語部)는 전문 이야기꾼을 말한다.
5 일본말에서 이 두 글자가 합하면 '고모토모(御尤も)'라는 말이 되어 '지당한 말씀'이란 뜻이다.
6 小島祐馬 著,《古代支那研究》(東京 : 弘文堂書房, 1943. 3.).
7 완원(阮元)의 자는 백원(伯元), 호는 운대(芸臺), 시호는 문달(文達)이다. 강소성(江蘇省) 의징현(儀徵縣)에서 출생했다. 1789년 진사가 되고, 조정의 요직을 역임하였으며, 학정(學政)·순무(巡撫)·총독으로서 지방행정에 치적을 올렸고, 회시(會試)의 고시관을 지냈다. 학자를 육성하고 학술 진흥에 힘썼다. 광동(廣東)에 학해당(學海堂), 항주(杭州)에 고경정사(詁經精舍)를 설립하고, 학자를 모아《경적찬고(經籍纂詁)》(1799),《십삼경주소교감기(十三經註疏校勘記)》(1806)를 편집하였다. 또 청나라 여러 학자의 경학에 관한 저술을 집대성하여《황청경해(皇淸經解)》(1829, 1,408권)를 편찬

했다. 한나라 시대의 학문을 이상으로 여겨 훈고학(訓詁學)의 방법으로 고대의 제도와 사상을 탐구하였고, 독특한 역사방법론을 토대로 《국사유림전(國史儒林傳)》을 지었다. 또 금석문 연구인 《적고재종정이기관지(積古齋鐘鼎彝器款識)》 등의 뛰어난 저술을 남겨, 청나라 고증학(考證學)을 집대성했다. 시문집인 《연경실집(硏經室集)》에는 청나라 서풍(書風)에 큰 영향을 끼친 〈북비남첩론(北碑南帖論)〉과 〈남북서파론(南北書派論)〉, 송학(宋學)의 해석을 비판한 〈성명고훈(性命古訓)〉 등이 수록되어 있다. 그밖의 저서에 《주인전(疇人傳)》《회해영령집(淮海英靈集)》《양절유헌록(兩浙輶軒錄)》《광릉시집(廣陵詩集)》《증자주(曾子註)》 등이 있다. 병체문(騈體文)을 주장한 문필론 등은 한학파의 문학론을 대표한다.

8 《경적찬고(經籍纂詁)》는 청나라 완원(阮元)이 경사(經史)의 훈고(訓詁)를 위해 엮은 책으로 106권이다. 앞서 말했듯이 완원은 《십삼경주소교감기(十三經注疏校勘記)》의 저자이며 《황청경해(皇淸經解)》의 편집자이다. 이 《경적찬고》는 당 이전의 경사(經史), 제자(諸子), 《초사(楚辭)》《문선(文選)》과 자서(字書), 운서(韻書)에서 자료를 취하여 주석하였다. 글자들을 《패문운부(佩文韻府)》의 체제를 따라 운목(韻目)의 순서로 배열하였다.

9 芴漠无形, 變化無常, 死與生與, 天地竝與, 神明往與! 芒乎何之, 忽乎何適, 萬物畢羅, 莫足以歸, 古之道術, 有在於是者. 莊周聞其風而悅之.

10 《장자》〈천하(天下)〉편에 다음과 같이 이어진다. "以謬悠之說, 荒唐之言, 無端崖之辭, 時恣縱而不儻, 不以觭見之也. 以天下爲沈濁, 不可與莊語, 以巵言爲曼衍, 以重言爲眞, 以寓言爲廣. 獨與天地精神往來, 而不敖倪於萬物, 不譴是非, 以與世俗處." 풀이하면 이러하다. "장주는 아주 먼 옛날이야기라든가 넓고 넓은 상상 세계의 일이라든가 어디까지 가도 끝이 없는 서술 따위를 그때마다 거리낌 없이 멋대로 전개하였다. 그로써 기묘한 일을 사람들에게 보이려 한 것이 아니다. 그는 천하가 혼탁할대로 혼탁해 있어서 도(道)에 대해 크게 말할 수 없다고 생각해서, 치언(巵言)에 의해 모든 사물에 간여하고, 중언(重言)에 의해 그 진실을 충실히 하려고 하며, 또 우언(寓言)에 의해 그것을 넓혀서, 자기 자신을 초연하게 천지의 영묘한 정신과 행동을 같이 하려고 하였던 것이다. 그러면서도 그렇게 함으로써 그는 거만하게 세간 만물을 깔보려 한 것도 아니고, 외물의 시비를 따지려 한 것이 아니다. 세상의 보통 사람들과 함께 지내려 한 것이다."

11 古之眞人, 不知說生, 不知惡死. 其出不訢, 其入不距. 翛然而往, 翛然而來而已矣. 不忘其所始, 不求其所終. 受而喜之, 忘而復之, 是之謂不以心損道, 不以人助天. 是之謂眞人.

12 중국의 신선에는 대중소 3현(賢)이 있고 신인(神人), 진인(眞人), 도인(道人)이 있으며 인도의 신선에는 욕계선(欲界仙)과 색계선(色界禪), 무색계선(無色界仙)이 있다.

상사(上士)는 현신으로 등천하므로 천선(天仙)이라 하고 중사(中士)는 명산에서 놀기 때문에 지선(地仙)이라 하며 하사(下士)는 보통 사람과 똑같이 살다가 떠나므로 시해선(尸解仙)이라 한다고 한다.

[13] 《설문해자》 540부는 만물의 근원인 '一'부에서 시작하여, '천(天)·지(地)·인(人)' 삼재(三才)의 이념을 본받아, '人'부를 가운데에 두고 끄트머리에 '地'부를 두었다. 그 '地'부 다음에, 우주를 지배하는 시간을 체계화하는 간지(干支)의 문자를 각각 부(部)로 세워, 십이지(十二支)의 최후의 해(亥)부에 이르러, 《설문해자》는 종료된다. 십이지의 최후의 해(亥)는 10월에 해당하며, 양(陽)이 미미하게 일어나서 성대한 음(陰)의 기(氣)와 접하는 시기이다. 여름을 지나 사물이 모두 시드는 가을이 되면 양이 쇠퇴하고 음기가 성하게 된다. 음이 성하게 되어 이윽고 겨울로 접어들면, 이번에는 희미하게 양이 다시 싹터온다. 그렇게 하여 계절이 순환하는 준비가 시작되는 것이다.

[14] '一'을 부수자로 하는 부(部)에는 元·天·丕·吏의 네 글자가 수록되어 있다. 그 각 글자의 설해(說解 : 문자를 해설한 글)에는 어떤 것이나 '從一' 즉, '一에 따른다'고 기록되어 있다. '一에 따른다'는 구체적으로 '一'을 의부(義符)로 함을 뜻한다. '一'부에 수록되는 것은 만물의 근원 '一'을 의부로 하는 문자에 한정된다. 그 사실을 두고 '一' 설해의 말미에서 '凡一之屬皆從一'이라 하였다. 《설문해자》 각 부수자의 설해에는 반드시 이 '凡某之屬皆從某'라는 어구가 있다. 이 어구는 부수자가 그 본의에 있어서 부 안의 각 글자에 대하여 의부로 작용한다는 점을 표현한 것이다.

[15] 《설문해자》에서는 자형 속에 '一'이라는 요소를 포함하고 있어도 그것이 음부(音符)이거나, 혹은 부수자로 규정된 '一' 이외의 의미로 사용되고 있으면, 그런 글자는 '一'부에 수록하지 않았다. 이를테면 12편 上에 있는 不(불)과 至(지)의 두 글자는 모두 자형 속에 '一'의 형태를 포함하지만 그것들은 '一'부에 넣지 않았다. 不은 새가 춤추며 올라가 아래로 내려오지 않는다(不下來에서부터 부정사로 됨) 뜻이다. 至는 거꾸로, 새가 높은 곳에서 춤추며 내려와서 지면에 '이르는' 것을 말한다. 두 글자는 모두 상형이지만 '一'을 구성요소로 하고 있다. 즉 '一에 따른다'인 것이다. 하지만 이 경우 자형에 포함된 '一'은 '維初大極……'으로 설명되는 '一'의 의미로 사용된 것이 아니라, 새가 날아가는 방향에 있는 하늘 혹은 땅을 표시하는 기호로 사용된 것이다. 그러므로 不도 至도 '一에 따른다'이지만 '一'부 부수자로서의 '一'의 본의를 포함하지 않으므로 '一'부에 넣지 않았다.

[16] 송(宋)나라 학자 정초(鄭樵)의 《육서략(六書略)》은 한자의 구성 원리의 기반을 상형설(象形說)에 두었다. 《훈민정음해례(訓民正音解例)》에서 정인지(鄭麟趾) 등은 그 이론을 받아들여 그것을 한국 음성의 발음(자음), 음향학적(모음) 분류와 합치시켰다.

17 송나라 대동(戴侗)의 《육서고(六書故)》는 원나라 인종 연우(延祐) 7년(1320)에 간행되었다. 모두 33권으로 수(數), 천문(天文), 지리(地理), 인(人), 동물(動物), 식물(植物), 공사(工事), 잡(雜), 의(疑) 등 9부로 나누었고, 또한 479개의 세목으로 분류하였다. 각 부의 문자는 다시 지사(指事), 상형(象形), 회의(會意), 전주(轉注), 해성(諧聲), 가차(假借) 등의 육서(六書)에 따라 나누어 배열하였으며, 의문이 있는 글자에 대해서는 '모지의(某之疑)'라고 밝혔다. 부의 구분은 《설문해자》와 달리 《유서(類書)》의 방법을 취했다. 주로 육서(六書)를 가지고 자의(字義)를 해석하고자 하였다. 명(明)나라 각본(刻本), 청(淸)나라 건륭(乾隆)때 이정원 각본(李鼎元 刻本), 동치(同治)때 소학휘함본(小學彙函本) 등이 있다.

18 중국 양(梁)나라 때 심약(沈約)은 《사성보(四聲譜)》를 지어 한자를 운(韻 : 字音에서 頭子音을 제외한 부분)에 따라 분류 배열하였다. 시부(詩賦)를 지을 때 압운을 해야 하는 필요성에 따라 《운서(韻書)》가 생겨났는데, 먼저 운목(韻目)을 만들고 소속 글자의 음을 반절법(反切法)으로 표시했다. 체제가 갖추어진 것은 육법언(陸法言)이 엮은 《절운(切韻)》이 성립되고 나서부터다.

19 《패문운부(佩文韻府)》는 청나라 강희 43년(1704), 장옥서(張玉書) 등 76명이 칙명을 받아 편찬한 사전이다. 패문(佩文)은 강희제의 서재 이름이다. 〈정집(正集)〉 106권, 〈습유(拾遺)〉 106권, 모두 212권인데 이후 444권으로 분책하였다. 숙어의 끝 글자가 속한 운(韻)에 따라 분류·배열하고 출전을 밝힘으로써 글을 지을 때 어휘를 고르기 쉽도록 하였다. 시의 전고(典故)나 용사(用事)를 조사할 때 매우 유용하다. 1983년 중국 고적서점(古籍書店)에서 상무인서관(商務印書館) 만유문고본(萬有文庫本)을 영인해 출판하였다.

20 양수달(楊樹達, 1885~1956)은 중국 근현대에 활약한 학자로, 《사전(詞詮)》과 《한서규관(漢書窺管)》 등의 저술을 남겼다. 1984년에 상해고적서점(上海古籍書店)에서 《양수달문집(楊樹達文集)》 전집이 출간되었다.

21 조식(曹植)의 〈잡시(雜詩)〉 6수 가운데 첫 수의 첫구이다. 그 시는 다음과 같다. "高臺多悲風, 朝日照北林. 之子在萬里, 江湖迥且深. 方舟安可極, 離思故難任. 孤雁飛南遊, 過庭長哀吟. 翹思慕遠人, 願欲託遺音. 形影忽不見, 翩翩傷我心." 번역하면 이러하다. "높은 누대에 슬픈 가을 바람이 많이 부는데, 아침 해는 북쪽 숲을 비추네. 그대는 만 리 멀리 있고, 강호는 멀리 흘러가고 깊나니, 방주를 어디까지 띄우랴. 이별 뒤 그리움은 견디기 어려워라. 외기러기는 남쪽으로 노닐려고 날아가, 뜰을 지나면서 길게 슬피 우누나. 멀리 있는 사람을 아득히 그리워 하여, 그 끼친 소리를 전하려 한다만, 홀연 그 모습조차 보이지 않다니, 이 마음을 뒤흔들어 아프게 하네.

일본의 문자 체계와 한자

- 81 한자의 일본 전래
- 82 만요가나
- 83 노래와 표기
- 84 오쿠라憶良의 표기 양식
- 85 일본한문
- 86 훈독법
- 87 일본 산문의 형식
- 88 일본어의 문맥
- 89 일본의 문어文語에 대하여
- 90 현대 일본 문장

81
한자의 일본 전래

일본 《고사기(古事記)》의 〈응신기(應神記)〉에 보면 백제로부터 《논어》와 《천자문(千字文)》이 전래된 사실이 기록되어 있다.[1] 한자의 일본 전래에 관해서는 그것이 공식 기록으로서 가장 빠르다. 기원전 4세기 말의 일이라고 하겠다. 하지만 일본과 대륙과의 교류는 그보다 훨씬 일찍부터 단속적으로 이루어졌다. 후한의 광무제(光武帝)가 중원(中元) 2년(57년)에 왜노국왕(倭奴國王)의 사자에게 부여한 '한왜노국왕(漢倭奴國王)' 인(印)은 곤명(昆命)의 석채산(石寨山) 유적에서 출토된 전왕(滇王) 인(印)과 마찬가지로 이역의 왕에게 뱀 형태의 인뉴를 붙여 수여한 것이다. 이 인수(印綬)를 받은 왜노국왕은 외교 사신을 파견할 때 국교의 관례에 따라 문서를 지참시켰을 것이다. 이를 보면 당시 일본에는 한자에 대한 지식이 틀림없이 있었으리라 생각된다.

  일본의 고대 유물 가운데 명문(銘文)에 연도가 적혀 있는 가장 오래된 것으로는 도다이지야마(東大寺山) 고분에서 발굴된 후한 말 중평(中平) 연호가 기록된 상감 환두 대도가 있다. 또 삼국시대 위나라 경초(景初) 3년(239)에는 왜의 여황 히미코(卑彌呼)의 사자가 대방군(帶方郡)의 관리를 따라 위나라 수도 낙양으로 갔고, 그 다음해에는 위나라 사신이 금인(金印)이라든가 동경(銅鏡) 100매를 일본으로 가져갔다. 시마네(島根) 가미하라신사(神原神社) 고분에서 출토된 삼각연신수경(三角緣神獸鏡)에는 경초 3년이라고 적힌 명문이 있다. 이즈미(和泉) 고가네쓰카(黃金塚) 고분에서도 역시 경초 3년이라고 적힌 평연경(平

약사불조상기명(藥師佛造像記銘) : 일본에서 가장 오래된 금문
법륭사(法隆寺) 금동약사불조상기(金銅藥師佛造像記)로 금문 다섯 줄이다. 첫 줄에 '지변대궁치천하천황대어신로사시(池邊大宮治天下天皇大御身勞賜時 : 이케노헤노오호미야니아메노시다시라시메시시스메라미고토호미미이타쓰치기다마헤리시도키)'라고 하였다. 추고(推古) 15년 정묘(607년)의 것이다. 한자를 연결하여 지은 문장이지만, 구문도 글자사용법도 모두 일본어식이다.

緣鏡)이 출토되었고, 군마(群馬) 시바자키(柴崎) 고분에서는 정시(正始) 원년의 연도가 적힌 거울이 출토되었다. 같은 주조 틀에서 나온 거울들이라고 생각된다.

그 뒤 응신(應神) 시기에 백제가 보냈다고 하는 칠지도(七枝刀)는 지금 텐리(天理) 이시가미 신궁(石上神宮)에 소장되어 있다. 왜왕을 위해 만든다는 명문을 금으로 상감하였고, 태화(泰和) 4년이라는 연도를 새겼다. 한나라가 금인을 내린 지 약 300년 뒤의 일이다.

그리고 다시 그 70년 쯤 뒤 반정(反正) 천황 때 일본에서 명문을 새겨 철제로 만든 대도(大刀, 太刀, 다치바)가 구마모토(熊本) 에다(江田) 후나야마(船山) 고분에서 출토되었다. 한편 와카야마(和歌山) 스다(隅田) 하치만궁(八幡宮)의 방제경(仿製鏡)은 그 명문에서 말하는 '계미(癸未)'를 443년이나 503년으로 보는 설이 둘 다 유력하다. 일본에서 만든 옛 명문의 유물로는 일본에서 명문을 새긴 대도[다치바]와 계미

년에 만든 방제경이 가장 오래되었다. 적어도 5세기 후반 무렵에는 일본에서도 그런 종류의 한문 문장을 사용하였다고 생각할 수 있다.

다만 4세기 후반에 성행한 방제경의 주명(鑄銘)에는 문자가 잘못 배치되어 있든가 좌향으로 앉은 것이 있다. 당시 일본의 기사 기법은 아직 그리 성숙하지 못했다.

위에서 말한 후나야마 출토의 대도〔다치바〕 명문에는

在意柴沙加宮時
오시사가노미야에 있을 때

같이 만요가나(萬葉假名) 용법이 보인다.[2] 그 글의 남제왕(男弟王)을 '오토', 그 제작에 참여한 개중비직(開中費直)을 '가후치노아타이'라고 읽는다고 한다. 그렇다면 이 한문 형식의 문장은 일본어로 읽은 것인 듯하다.

한국의 남부에는 일찍부터 음훈법이 행해지고 있었다. 백제에도 훈독법이 있었다고 한다. 일본의 만요가나에 가까운 한국의 이두(吏讀) 자료로는 고구려 성벽의 석각문 제1석(566년)이 있다. 6세기 후반 이후로 한국에서는 순한문과 함께 이두 형식의 글이 많이 나왔다고 한다.

그 무렵, 백제의 성명왕(聖明王)이 불상과 불전을 일본에 전해주었다. 6세기 말 추고(推古) 시기에 이르러는 일본에서도 불교를 진작시키는 정책을 취하였다. 추고 시기의 유문은 우선 조상기(造像記 : 불상 등 조각을 만들 때 남긴 기록)로 시작한다. 606년에 작성된 〈약사불조상기〉는

池邊大宮治天下天皇(用明天皇), 大御勞賜時.

IX 일본의 문자 체계와 한자 | 299

이케노베노오미야에서 천하를 다스리는 천황(용명천황)이 몸이 편찮으실 때.

로 시작한다.[3] 문장 형식을 보면 분명히 훈독 한문체의 글이다.

82
만요가나

일본의 추고(推古) 시기 유문은 모두 조상기 따위의 유형적인 것이라서, 당시 표현방식이 어떠했는지를 살피기에 충분한 자료라 하기 어렵다. 쇼토쿠 태자(聖德太子)가 지었다고 전하는 《삼경의소(三經義疏)》만 아주 예외적이다. 하지만 그 글과 아주 가까운 계통의 사본이 중국의 돈황에서 발견되어, 《삼경의소》의 원본은 외국에서 가지고 온 것이라는 사실이 밝혀졌다. 다만 당시에 서기법은 상당히 발달되어 있었던 듯하다. 쇼토쿠 태자는 경전을 강론하였고, 추고 말년에는 조정에서 《천황기(天皇記)》《국기(國記)》를 편찬하였다. 당시 백제로부터 많은 한문서적이 전래되었고 또 수나라와 국교를 맺고 있던 시기였으므로 그런 일이 있을 수 있었던 것이다. 쇼토쿠 태자의 죽음을 기록한 법흥원(法興元) 31년(622)의 《석가불조상기(釋迦佛造像記)》는 200자 가까운 길이의 글이다.

쇼토쿠 태자가 죽은 뒤 50년 뒤 임신(壬申)난(672년)이 일어났다. 그로부터 천평보자(天平寶字) 3년(759년), 오토모노 야카모치(大伴家持)의 신년향연가(新年饗宴歌)에 이르기까지 약 90년 간이 《만엽집(萬葉

集)》의 배경이 되는 실제 연대다. 이《만엽집》시기의 정형적 표현 속에서 한자는 자유자재로 구사되어 일본어로 정착되었다. 초기의 전설적인 작품을 제외하고 지통(持統) 시기 이후의 노래는 원래 표기를 보존하고 있는 것이 많으리라고 생각된다. 그러한 표기법이 발달하고 일반화하기까지에는 상당한 시간이 걸렸다고 생각된다.

유물로는 아스카(飛鳥) 시기의 토기에 남은 묵서 따위가 고작이다. 하지만 이윽고 《고사기》《일본서기》《풍토기(風土記)》 등이 편찬되기에 이른 것을 보더라도 한문을 일본식으로 읽는 서기 방법은 이미 완성에 가까운 수준에 있었다고 생각된다.

추고 시기의 유문에는 고유명사를 표기할 때 일자일음(一字一音) 형식을 취하였다. 하지만 단카(短歌)를 그렇게 일자일음으로 표기하는 것은 오히려 변칙적이다. 이를테면 《만엽집》권5에 수록된 오토모노 다비토(大伴旅人)의 〈매화가(梅花歌)〉, 한문 서문을 지닌 〈마쓰우라가와 노래(松浦河の歌)〉, 그밖의 권14의 〈동가(東歌)〉, 권15 신라 사신들의 노래, 권17 이하 사키모리(防人)의 노래 등은 일자일음의 표기다. 그것들은 한시문과 나란히 두기 위해 자수를 정돈해야 한다는 형식상의 제약을 받아 일자일음으로 표기한 것인지, 혹은 작자 자신이 원 노래를 표기하지 않아서 기록이 없었으나 뒷날 임의로 한자를 이용해 음 중심으로 베낀 것인지 알 수가 없다. 쇼토쿠 태자 전기 가운데 가장 오래된 것이라고 하는 《상궁성덕법왕제설(上宮聖德法王帝說)》에 인용된 가요도 모두 일자일음 형식의 표기를 하였다.

이《상궁성덕법왕제설》의 가나 표기에는 중국 고대음을 옮겼다고 추정되는 가나 표기가 있다. 이것은 추고 시기의 가나 표기가 지닌 특징을 잘 드러낸다.

巷宜	소가(ソガ)
巷奇	소가(ソガ)
奇斯岐移	가시키야(カシキヤ)
久波佇	구하타(クハタ)
等已	도요(トヨ)
比里	히로(ヒロ)

이것을 보면 일자일음은 아주 오래전에 정착된 듯하다. 일자일음은 말하자면 한 음절씩 로마자를 배당하여 적는 것과 같다. 일반적으로 만요가나라고 하면 이런 형식의 표기 방법을 말하지만 그것은 정확한 호칭이 아니다. 《만엽집》의 표기는 이런 형식을 표기 방법의 원칙으로 삼지 않았기 때문이다.

일자일음의 표기 형식은 《만엽집》 이전의 표기법이다. 또 《만연집》 이후라도 《만엽집》 창작가(創作歌)와 구별하여, 자체 표기 방법을 지니지 못하는 표기형식에 이 개념을 사용하였다. 이에 비해 《만엽집》의 표기법은 원칙적으로 한자를 훈의로 사용하면서 음을 가나로 첨부하는 형식이다. 그것은 한자가 충분히 일본어화한 결과 나타난 것이지, 결코 소박한 표기법이 아니다. 《만엽집》의 가인(歌人)들은 단순히 표기하면 된다는 식의 차원을 넘어서서 노래를 문자 체계로 표현한다는 의식을 지녔다고 생각된다.

83
노래와 표기

《만엽집》의 표기 방식은 일본에서 한자를 이용해 노래를 표기하려고 시도한 첫 체험의 결과물이다. 그것은 바로 일본어를 한자에 대응시킬 때 기본적으로 어떤 자세를 취해야 할지를 우리에게 가르쳐준다. 즉, 《만엽집》은 한자를 일본어 표기의 단순한 수단으로서 로마자처럼 사용한 것이 아니다. 한자가 지닌 특질을 일본어에 종속시키고 그 특질을 소화하여 일본 노래를 표현하는 수준으로까지 높인 것이다.

그러한 점에서 말한다면, 《만연집》 이전의 일자일음 표기법은 문자의 표현성을 스스로 포기한 방식이었다. 작가가 표현 형식을 선택하지 않았던 고대가요나 방인가(防人歌)의 부류만 일자일음 표기법을 취했다. 이에 비해 《만엽집》의 표기는 아마도 대부분 작가 스스로가 선택하였을 것이다. 그래서 그 표기에는 작가 히토마로(人麻呂)의 개성이 두드러진 것, 오쿠라(憶良)의 개성이 두드러진 것, 야가모치(家持)의 개성이 두드러진 것 등이 있었다. 표기가 개성적이라는 것은 표기가 표현의 일부를 이룬다는 사실을 자각한 결과였다.

전승가요를 음과 훈으로 기록할 때는 아마 극히 일반적인 표기법을 사용하였을 것이다. 《만엽집》 권2에 이와노히메노 오기사키(磐姬皇后)의 노래가 있는데, 제85가와 제90가가 서로 다른 방식을 이용하였다.[4]

君之行 氣長成奴 山多都禰 迎加將行 待爾可將待 (85)
〔읽기〕君が行き 日長くなりぬ 山尋ね 迎へか行かむ 待ちにか待たむ
〔번역〕당신이 오신 뒤로 상당히 날이 지나버렸습니다. 접골목(말오줌나무)처럼 당신을 맞으러 가겠어요. 기다리고 있을 수만은 없어요.

君之行 氣長久成奴 山多豆乃 迎乎將往 待爾者不待 (90)
〔읽기〕君が行き 日(け)長くなりぬ 山たづの 迎へを行かむ つには待たじ
〔번역〕내용은 위와 같다.

앞의 노래는 오쿠라(憶良)의 《유취가림(類聚歌林)》에 실린 것이다. 뒤는 《고사기(古事記)·하》의 노래를 《만엽집》 편자가 기록하면서, 의식적으로 글자를 바꾼 듯하다. 뒤의 노래는 '영호(迎乎)'라는 감탄 표현을 써서 한문의 용자법에 조금 더 가깝다.

히토마로(人麻呂)의 노래에는, 이를테면 권11과 권12의 '히토마로가집(人麻呂歌集)'처럼, 조사를 생략해서 극도로 간략한 표기법인 약체(略體)를 취한 것이 많다. 하지만 히토마로가 지은 노래에는 반드시 그렇지 않은 것도 있다. 이를테면 오우미(近江)의 황도(荒都)를 지날 때의 노래(29~31)는, 주석에 이문(異文 : 다른 글자)을 표시해둔 것으로부터도 전승에 문제가 있었음을 알 수 있다. 그런데 그 반가(反歌, 단카)[5] 두 수를 보면 '사사나미노 시가노'의 표기를 일부러 바꾸었다.

樂浪之 思賀乃辛碕 雖幸有 大宮人之 船麻知兼津 (30)
〔읽기〕樂浪の 志賀の辛崎 幸くあれど 大宮人の 舟待ちかねつ
〔번역〕물살 이는 시가(志賀)의 가라자키는 옛날과 변함없으니 오미야

사람의 배는 기다려도 오지 않네.

左散難彌乃 志我能大和太 與杼六友 昔人二 亦母相目八毛 (31)
〔읽기〕 樂浪の志賀の大わだ淀むとも昔の人にまたも逢はめやも
〔번역〕 물살 이는 시가(志賀)에 물은 고요하게 고여 있다만, 옛 사람을 다시 만날 수는 없구나.

하지만 히토마로의 노래는, 이를테면 제48가에서 잘 나타나듯이, 간결한 문체이며 한문어법식으로 표기되어 있다.

東野炎 立所見而 反見爲者 月西渡 (48)
〔읽기〕 東の野にかぎろひの 立つ見えて かへり見すれば月かたぶきぬ
〔번역〕 동방의 들판에 안개가 서는 것이 보여, 돌이켜 바라보니 달은 서쪽으로 기울고 있구나.

'소견이(所見而)'는 한문어법식 표기다. 거의 대부분 정통의 훈을 사용하였지만 마지막 구의 '월서도(月西渡)'는 공간적 인상을 짙게 드러내려고 고안한 표기일 것이다. 한 글자도 군더더기가 없고 독자적이며 표현적인 표기를 하려고 시도하였다.

권11의 〈히토마로가집(人麻呂歌集)〉 149수, 권12의 23수는 약체라고 불리는 간략한 표기를 하였다. 어떤 논자는 그것을 히토마로 자신의 노래이자 표기라고 주장한다. 하지만 선두가(旋頭歌, 세토가)[6]나 문답을 포함하고 있고 분류법도 후기의 것인 사실을 보면, 특정 집단이 부른 노래를 한데 모은 집록가(集錄歌)일 것이다. 이른바 약체도 그 특정 집단 내부에서 공유된 표기법이었던 듯하다.

84 오쿠라憶良의 표기 양식

《만엽집》의 표기에서 표의적 방법으로는 아귀(餓鬼), 법사(法師) 같은 자음어, 야마(山)나 가와현(川)과 같은 일자훈(一字訓), 다나바타(織女), 마스라오(健男) 같은 숙자훈(熟字訓), 아키(金風), 아사히(朝烏) 같은 의훈(義訓)이 있다. 또 표음적 방법으로는 아이(阿伊) 따위 이외에, 아키(安吉) 같은 약음(略音), 이나미(印南), 스쿠네(宿禰) 같은 복음절 표기, 구모다니모(雲谷裳) 같은 훈가나(訓假名)가 있다. 그밖의 '시시지모노(十六自物)' 같이 희훈(戲訓)이라고 불리는 것도 있다.

《만엽집》의 표기에서 한자의 음과 훈을 사용하는 방식을 보면 일종의 지적 유희를 느낄 수 있다. 그러한 방식은 한문 전적에 대단히 친숙하였던 시기의 노래에 두드러지게 나타난다.

이를테면 헤이안(平安) 전기의 한시문 작가 가운데, 오노노 다카무라(小野篁)[7]나 미요시 기요유키(三善淸行)[8] 조금 내려와서 미나모토노시타가우(源順)[9] 등은 세상을 조소하는 시문을 남겼다. 또 에도(江戶) 시기에 광시문(狂詩文)이 성행한 것도 비슷한 배경에서다. 메이지(明治) 초에도 나루시마 류호쿠(成島柳北)[10]는 희작풍의 문장으로 새 정부를 한껏 조롱하고 매도했다.

이러한 사실을 염두에 두고 보면 표현과 표기가 비정상적인 특성을 지니는 것은 그만큼 강렬하게 자기주장을 드러내려고 한 결과라고 보아도 좋다. 지금 일본의 예로 말하면, 내각의 고시(告示)를 무시하고 한자를 자유롭게 사용해서 표현하는 방식과 같은 셈이다.

글자 사용 방법이 갖는 의미를 문학론의 차원에서 논한 다카기 이치노스케(高木市之助) 박사의 《빈궁문답가론》(1974년)[11]은 그런 의미에서 주목할 만한 제안이 풍부하다.

오쿠라(憶良, 660~733)의 〈빈궁문답가(貧窮問答歌)〉(《만엽집》 권5, 892)[12]는 문학적인 감정의 움직임, 아언(雅言)이 아닌 특이한 용어를 구사한 양식, 초카(長歌)의 약속을 무시한 문답식의 2단 구성, 글자 사용에서의 고어(孤語 : 달리 용례가 없는 독특한 말)와 애어(愛語 : 한 작가만이 애용하는 말)에 대한 집착 등, 그 모든 것을 통하여 진실한 의미에서의 리얼리티 구조를 구현하였다. 이 장편은 히토마로가 애용한 마구라고토바(枕詞)[13]를 한 구도 사용하지 않았다. 마구라코토바처럼 보이는 'ぬえ鳥の(지빠귀의)'도 그 다음에 이어지는 'のどよひ居るに(신음소리를 올리자)'의 상태를 표현한 것으로, '지빠귀가 내는'이란 뜻으로 풀이하여야 한다. 곧 이 노래는 어떠한 수사적 형식이나 관용적 어법도 모두 거부하였다. 다카키 박사는 이 점을 실증하기 위해서, 오쿠라 이외에는 용례가 없는 고어(孤語), 오쿠라가 특히 다용한 애어(愛語)를 골라서, 《만엽집》의 어휘 가운데서 그것이 차지하는 위치를 계량학적으로 조사하여 그 하나하나를 실증하였다. 그 방법은 지금의 언어계량학의 방법과 비슷하되, 아마 계량학을 가장 올바르게 적용한 방식이라고 생각한다. 지금 한자를 대상으로 하는 계량학은 주로 내각의 고시(告示) 이후 자료를 대상으로 삼고 있다. 큰 바다의 물고기 생태를 측정하지 않고 양어장에서 기르는 물고기를 통계 대상으로 삼는 것과 같은 식이다.

오쿠라의 노래를 반드시 걸작이라고 할 수는 없다. 또 일본 문학에서 정통의 지위를 부여받는 것도 아니다. 고어(孤語)나 애어(愛語)에 대한 집착도 누구에게나 모두 바람직한 것도 아니다. 하지만 오쿠라의 노래는 《만엽집》에 수록된 완성도 높은 다른 어느 가인(歌人)의 노래보다도 인간적인 것을 그 작품 속에 결정화시켜 두었다. 그것은 다카기 박사가 말하듯이 '로고스와 파토스의 상관관계라고 할까, 학문에 있어서 주지적 요소와 주정적 요소의 통합관계라고 할까'(빈궁문답가론), 111쪽) 그러한 것이 문학에서 필수조건이기 때문이리라. 오쿠라를 일본인답지 않은 가인이라고 생각하는 사람이 많다. 그것은 오쿠라의 그 문학적 실천이 일본의 전통으로 정착하기 어려웠기 때문이다. 새삼 말할 것도 없이 일본 문학을 위해 그 점을 서글퍼해야 할 것 같다.

85
일본한문

헤이안(平安) 전기의 한문학은 《능운집(凌雲集)》《문화수려집(文華秀麗集)》《경국집(經國集)》 등의 시문집[14]이 편찬되고, 작가가 배출되어 명가의 개인 문집도 많이 나와서, 처음으로 문운이 꽃피었다. 이어서 차아(嵯峨)천황의 홍인(弘仁) 시기부터 후일조(後一條)의 장원(長元) 연간에 이르기까지 17대 200년 간 지속된 문학적 성과는 총집《본조문수(本朝文粹)》[15]로 전한다.

그 사이에 구카이(空海)[16]의 《전예만상명의(篆隸萬象名義)》, 승려 창주(昌住, 894~900)의 《신찬자경(新撰字鏡)》[17], 미나모토 시타가우(源順)의 《왜명류취초(倭名類聚抄)》[18] 등 거질의 자서(字書)도 만들어졌다. 입당 승려들 가운데는 기행문이나 순례기 같은 문장을 남긴 이도 있다. 그 시기는 일본으로서는 문학적 체험과 수련의 시기였다고 할 수 있다.

하지만 일본문학과의 관계라는 관점에서 보면, 당풍(唐風)을 모방한 순수 시문보다도 오히려 일본한문인 화풍(和風) 문장에 더 많은 문제가 있었다. 당풍을 극도로 추구하면 일본어로부터 이탈하게 된다. 하지만, 일본한문은 일본어 문맥을 형성하면서 차츰 문장어로 정착하였다. 이를테면 《일본영이기(日本靈異記)》는 원래 787년 무렵에 편찬되고 822년 무렵에 증보되었다고 하는데, 그 문체는 일본한문으로 적혀 있고 각 편 끝에는 화훈(和訓 : 일본어 풀이)으로 적은 음의(音義)를 많이 첨부하였다. 상권의 〈호위처령생자연(狐爲妻令生子緣 : 여우를 처로 삼고 아들을 태어나게 한 인연)〉 두 번째 이야기는 당나라 전기소설(傳奇小說) 《임자전(任子傳)》이나, 일본의 《오토키소시(お伽草子)》[19]의 목번(木幡) 여우 이야기와 비슷하다.

昔欽明天皇御世, 三野國大野郡人, 應爲妻覓好孃, 乘路而行. 時曠野中, 遇於姝女, 其女媚壯馴睇之. 壯睇之言, 何行稚孃之. 答言, 將覓能緣而行女也. 壯亦請言, 成妻耶. 女答言, 聽. 即將於家, 交通相住.
지난날 흠명천황이 재위하던 시대에, 미노구니 오노 고을 사람이 아내로 삼을 만한 좋은 처녀를 찾아서 길을 떠났다. 그때 광야 중에서 아름다운 여자를 만났다. 그 여자는 남자에게 반해 눈길을 주었다. 남자도 그녀에게 눈길을 주면서 말하길, '어느 곳으로 가는 어린 여자인가?' 라고 하였다. 답하길, '좋은 인연을 찾아서 가는 여자입니다.' 라고 하였다. 남자가 다시 청하여 말하길, '아내가 되어 주겠소?' 하였다. 여자가 답하길, '그러지요.' 라고 하였다. 즉시 집으로 가서, 정을 통하고 함께 살았다.

이 이야기에서 남자가 만난 여인은 여우다. 여우 아내가 집으로 오자 기르던 개가 날뛰므로 여우 아내는 밤에 몰래 다녀갔다. 그래서 이름을 '기쓰네(岐都禰)'라고 하였다고 한다. '기쓰네'를 '와서[來] 잔다[寢]'라는 뜻이라고 본 것이다. 이러한 훈주(訓注)는 책 전체에 1,200어휘나 된다. 불교 경전에 훈주를 붙인 음의류(音義類)를 모방한 것이리라. 이런 식으로 한자의 음훈은 속문학의 토양에서도 배양되었다.

밤에 와서 자기 때문에 기쓰네(狐)라 한다고 하는 재담[輕口, 가루구치]은 《죽취물어(竹取物語, 다케도리모노가타리)》[20]나 《토좌물어(土佐物語, 도사모노가타리)》에서도 볼 수 있다. 이렇게 언어의 우스꽝스러움이나 빤히 보이는 허구를 즐기는 것은 민중적인 기반 위에 이루어진 것이었는지 모른다. 《고금화가집(古今和歌集, 고킨와카슈)》[21]에서 볼 수 있는 기지(機智)도 한시문 세계의 것이 아니다. 그것은 민중의 설화적 기반이 가인층(歌人層)에 의해 와카(和歌)[22] 세계에 도입된 것이리라. 그것은 어쩌면 《만엽집》의 글자 사용법 가운데 희훈(戲訓) 따위에서 두드러진 웃음의 계보를 이은 것인지 모른다. 헤이안 후기의 산문정신이 헤이안 전기의 한문학에서 연원한다고 보는 견해도 있기는 하다. 하지만 헤이안 후기의 산문정신은 오히려 일본한문의 흐름을 이었다고 할 수 있다. 《장문기(將門記, 쇼몬기)》[23]의 문장에는 사륙문의 형식을 취한 것이 많다. 거기서부터 나오는 것은 오히려 《평가물어(平家物語, 헤이케모노가타리)》 같은 전기문(戰記文 : 전쟁 이야기를 기록한 글)이다.

86 훈독법

헤이안(平安) 전기의 한시문 작가들은 직독법(直讀法)을 통해 중국 시문에 접근하는 훈련을 쌓았다. 하지만 그들의 작품은 아무래도 일본 냄새인 화습(和習)을 띠게 마련이었다. 이 시기에 방대한 한문 전적이 입당(入唐) 지식인들에 의해 수입되었다. 정관(貞觀) 19년(877) 레제인(冷然院)의 대화재로 몇 대에 걸쳐 수집된 도서가 없어지고 나서 다시 수집한 도서들을 목록으로 작성한 것이 《일본국현재서목(日本國見在書目)》인데, 그 서목에 이름이 올라 있는 책이 1,579부, 1만 6,790권이나 된다. 그러한 서적들을 학습할 때는 대개 훈독을 이용하였다. 음독하고 다시 훈독을 겹쳐 하는 이른바 '문선 읽기 방식'도 행했을 것이다. 에도시대 초기의 하야시라잔(林羅山)[24]이 시도한 훈점, 즉 도춘점(道春點)은 새로운 훈점 방식이지만, 그것도 여전히 '문선 읽기 방식'을 취했다. 이를테면 《시경》 첫머리의 〈관저(關雎)〉편 첫 장을 다음과 같은 방식으로, 음독하는 말과 훈의의 말을 겹쳐가면서 읽었다.

關關トヤハラギナケル雎鳩ノミサゴハ河ノ洲ニアリ
窈窕トシツカニタダシキ淑女ノヲトメハ 君子ウマヒトノ好逑ノヨキタグヒナリ
관관하며 어여쁘게 우는 저구(雎鳩) 물수리는 강의 모래섬에 있고
요조하게 정숙한 숙녀인 처녀는 군자인 덕스런 사람의 호구 좋은 짝이네.

이렇게 읽는 방식은 외국어를 학습하는 초보자가 흔히 하던 방법이다. 하지만 당상가(堂上家 : 공경대부 집안)의 독법은 이것과 달랐다. 그들은 보통의 훈독법을 사용하였다. 무로마치(室町)시대 박사가(博士家 : 大學寮의 박사 직급을 세습하는 집안)의 기요하라 노부타카(清原宣賢)가 강의한 것을 기록한 《모시초(毛詩抄)》는 도춘점보다 100년이나 빠른데, 다음과 같이 훈독해서 읽었다.

關關たる雎鳩 河の洲に在り 窈窕の淑女 君子の好き述なり
관관하는 저구, 강의 모래섬에 있고, 요조 숙녀, 군자의 좋은 짝이네.

야마자키 안사이(山崎闇齋)[25]의 훈점도 이러한 독법이다.

훈독법의 문제는 아니지만, 낭영(朗詠)[26]이 성행했다는 것도 일본어 시문과 한문 시문을 근접시키는 계기가 되었다. 홍인(弘仁)·승화(承和) 시기의 작가들은 율령에 선포된 문장경국(文章經國)의 이념에 의해 배양되어, 문운이 완전히 시들어버린 뒤에 등장하였다. 스가와라노 미치자네(菅原道眞)[27]는 한시와 와카(和歌)를 나란히 엮어서 《신찬만엽집(新撰萬葉集)》[28]을 만들었고, 오시코우치노 미쓰네(凡河內躬恒)는 만추의 계절과 유람을 소재로 한 한시와 와카를 나란히 《궁항집(躬恒集)》 속에 두었다. 그리고 후지와라 긴토(藤原公任)가 편찬한 《화한낭영집(和漢朗詠集)》[29]에는 이 한시·와카 습합의 시풍에 가장 적합한 백낙천(白樂天, 백거이)의 시구가 많이 채택되어 있다. 《화한낭영집》은 7언 2구를 431구 수록하였는데, 그 가운데 백낙천의 시구가 3분의 1을 차지한다. 백낙천의 시는 시적인 엄정함을 지니지 못한 속된 시구가 많아 백속(白俗)이라고 일컬어지지만 그러한 시구가 낭영에는 적합하였던 것이다. 일본 홍인(弘仁) 연간의 작가로는 오노노 다카무라(小野

篁) 한 사람만 선발에 들었다.

낭영의 독법은 대단히 일본어다운 것이었다. 곧 백낙천이나 원진(元稹)의 시에는 일본어 훈에 적합한 것이 많다.

背燭共憐深夜月, 踏花同惜少年春 (〈春夜〉, 白居易)
〔읽기〕 トモシビヲソムケテハ トモニアハレム シンヤノツキ
　　　　ハナヲフムデ オナジクヲシム セウネンノハル
〔번역〕 등촉을 등지고 함께 서글퍼하나니 깊은 밤중의 달.
　　　　꽃을 밟으며 같이 애석해하네 소년의 봄을.

不是花中偏愛菊, 此花開後更無花 (〈菊〉, 元稹)
〔읽기〕 コレ ハナノナカニ ヒトヘニ キクヲ アイスルノミニアラズ
　　　　コノハナ ヒラケテノチ サラニ ハナノ ナケレバナリ
〔번역〕 꽃 가운데 국화를 편애하는 것이 아니라
　　　　이 꽃이 핀 뒤에는 다시 꽃이 없기에(사랑할 뿐이라오).

당시 《원백집(元白集)》이나 《원백시집(元白詩集)》도 선편을 통해 수입되어 있어서 궁정 인물들이 감상하였을 것이다. 낭영의 시구는 모두 악보에 올려져 노래되었다. 《강담초(江談抄)》에 보면 스가와라노 미치자네의

東行西行雲渺渺, 二月三月日遲遲.
동쪽으로 가고 서쪽으로 가서 구름은 아득하구나.
2월 지나 3월, 해는 더디더디.

라는 시구를 읽는 방식에 대하여 어떤 사람이 기타노텐만(北野天滿)의 신령에게 묻자,

> トサマニ行キ カウサマニ行キ 雲ハルバル キサラギヤヨヒ 日ウラウラ
> 저리로 가고 이리로가서 구름 아득아득
> 2월, 3월, 해는 더디더디.

라고 하는 훈(訓)을 신령이 내렸다는 이야기가 있다. 이 이야기는 속설이기는 하지만 당시 낭영에 적합한 이러한 독법이 기대되었음을 알 수 있다. 도연명(陶淵明)의 '귀거래혜(歸去來兮)'를 'カヘンナインザ(가헨나인자)'라고 읽는 것도 스가와라노 미치자네의 훈독이라고 한다. 한시문의 훈독법은 차츰 일본어의 어맥과 융합하여, 일본어의 주요한 영역으로 파고들었던 것이다.

87 일본 산문의 형식

일본인들은 처음에 한자를 이용하여 일본어를 적을 때, 일본어의 어법이나 어맥을 충실하게 옮기기 위해, 선명(宣命, 센묘 : 천황의 명령을 일본어로 적은 문서)이나 축사(祝詞, 노리토 : 제례 의식에서 창하여 축복하는 말)의 형식을 취할 수밖에 없었다. 형식어를 작은 글자로 적는 이 방법은 한국의 이두(吏讀)에서 차용한 것이라고 한다. 이두란 이를테면

天地之間, 萬物之中㫌 唯人伊 最貴爲尼

처럼, 조사를 차자 글자로 부기하는 형식이다. 이두의 '伊(이)'는 일본에서 주격에 사용한 '伊'와 관계가 있을지 모른다. 《만엽집》에 '木乃關守伊(기노세기모리이)'라는 표현이 나온다.[30]

선명(센묘)의 문체를 예로 든다.

貴支高支廣支厚支大命乎受賜利恐坐氏
귀하고 높고 넓고 두터운 대명을 받자와 송구하오니 (文武 元年)

또 축사(노리토)의 예를 든다.

如此所聞食氏波皇御孫之命乃朝廷乎始氏天下四方國爾波罪止云布罪波不在止 大祓詞
이렇게 들었나니 천손의 명이 행하는 조정을 비롯하여
천하 사방의 나라에는 죄라고 하는 죄는 없으리라고.

이것들은 모두, 이두의 형식에 아주 가까운 것들이다. 지통(持統) 연간에 이미 성립하였으리라고 생각되는 《고교씨문(高橋氏文)》의 문장은 한문 어법을 상당히 섞어썼다.

取日影天爲縵, 以蒲葉天美頭良乎卷寸採麻佐氣葛弓多須岐仁加氣
해 그림자를 취하여 휘장으로 삼고, 부들 잎을 가지고 미두량을 두르고,
마사기의 칡을 채집하여 다수기에 걸쳐라.

《고사기》와 《일본서기》 이하의 산문은 이런 식의 한문 어법을 주류로 하게 된다. 한문어법이 《고사기》와 《일본서기》 당시에 이미 정착해 있었음을 알 수 있다.

형식어를 차자로 작게 적는 형식은, 법담(法談)을 붓으로 기록한 것이라고 생각되는 헤이안 말기의 《타문집(打聞集, 우치기키슈)》나 《금석물어(今夕物語, 곤자쿠모노가타리)》[31]의 설화에도 가타카나를 함께 적는 방식으로 남아 있다. 《타문집》의 문체는 이를테면 다음과 같다.

昔唐ノ王、大堂ヲ造テ佛ヲ種種ニ造顯タマフテ我ハ賢キワサシタリ有智ノ僧ニ見セテ尊トカラシムト思シテ

《금석물어》도 이런 문체이며, 표기법도 같다. 훈독법의 오쿠리가나(送リ假名 : 한문을 훈독할 때 한자의 오른쪽에 첨가하는 활용어미, 혹은 조사·조동사 등을 나타내는 가타카나) 같이 차자를 부기한 것이다.

이른바 일본한문은 한문의 형식을 취하지만 어맥은 어디까지나 일본어다. 그 한문 본문과 그 독법은, 뒷날의 마나(眞名) 텍스트와 가나(假名) 텍스트 사이의 관계와 같았다. 《장문기(將門記)》는 그러한 예 가운데 오래된 것이다(한문 본문만 예로 든다.―역자 주).

將門所念, 斯而已. ······ 同者始八國至王城, 永欲虜領王城, 今須先奪諸國之印鎰, 一向受領之限, 追上於官都, 然則且掌入八國, 且腰付萬民者

장문이 생각하여보니, 다만 이것뿐이었다. ······ 마찬가지로 팔국에서부터 시작하여 왕성에 이르러, 영구히 왕성을 점령하려고 생각하였다. 지금 모름지기 먼저 여러 나라의 인주를 빼앗아, 단번에 수령하겠다는 기

한을 관도(官都)에서 추급하리라. 그렇다면 한편으로는 팔국을 손바닥
안에 넣고, 한편으로는 만민을 허리에 붙이리라.

그리고는 "본의(本儀 : 본래의 정당한 의식)가 이미 다 끝났다." 하여
수하 병졸을 이끌고 우선 하야국(下野國 : 지금의 도치키현)으로 향하는
데, 그 대목의 묘사는 사륙변려문을 이용하였다.

各騎如龍之馬, 皆率如雲之從也. 揚鞭催蹄, 將越萬里之坂, 心勇神
奢, 欲勝十萬之軍.
각각 용 같은 말을 타고, 모두 구름과 같은 무리를 이끌었다. 채찍을 들
어서 말발굽을 재촉하여, 만 리 고개를 넘으려 하는데, 마음이 씩씩하고
정신이 휘놀아서, 10만의 군사도 이길 듯했다.

이러한 사륙변려문의 수사법은 일본어 문맥에 전용되어, 《평가물어
(平家物語)》[32]에서처럼 7 · 5조로 이행될 수 있었다. 그래서 마침내 창
도승(唱導僧 : 경문 따위를 창하는 승려)들이 활약하는 시대가 도래하였
던 것이다.

88
일본어의 문맥

일본어에서 한문으로 향하는 지향과 다시 한문에서 일본어로 향하는
지향의 두 가지는 크게 보면 하나의 문체를 향하여 발전하였던 듯하

다. 그 결과 《고금화가집(古今和歌集)》의 서문에 한문의 마나 서문과 그 번역이라고 생각되는 가나 서문 두 가지가 나왔다.[33] 그리고 마침내 한시와 와카를 함께 낭영하는 감상 방법이 태어났다.

와카와 한시를 함께 낭영하는 것을 화한낭영(和漢朗詠)이라고 한다. 그러한 풍조가 생겨난 것은, 와카와 한시는 표현형식이 서로 다름에도 불구하고 지향하는 시적 정서의 세계가 공통된다는 사실, 한자 표현도 일본어식으로 읽기 때문에 그것도 일본인의 정서 표현에 충분히 유효하였다는 사실이 배후 조건으로 작용하였다. 다시 말해, 한시문은 충분히 일본어로 표현될 수 있기에 역사나 설화의 언어로서만이 아니라 문학 언어로도 적합하다는 사실이 입증되었다. 낭영의 시구는 비정형 형식의 와카에 접근하였다.

수필에서도 일본어와 한문이 공존했다. 세이 쇼나곤(淸少納言)의 《침초자(枕草子, 마쿠라노소시)》는 만당 시인 이상은(李商隱)의 《잡찬(雜纂)》과 관계가 있을 것이다. 이 사실은 에도 학자들이 이미 주장한 바 있다.[34]

가와구치 히사오(川口久雄) 박사는 《침초자》에도 나오고 헤이안 시기에 이미 유행하였던 모노와쓰케(物はつけ : '~것은'이라고 하는 주제에 응하여 답구를 붙이는 방식) 형식이 《십열력(十列歷)》과 관계 있다고 지적했다. 다음에 위쪽에는 《십열력》을 제시하고 아래쪽에는 마에다본(前田本)《침초자》의 문장을 소개한다.

〔십열력〕冷物(すさまじきもの) 老女假借(おうなのけさう)
처참한 것, 늙은 여자의 나이 속임

〔침초자〕にげなきもの 老いたるもの……のわかきをとこもちたる、いとみぐるし

벗어날 수 없는 것, 늙은 여자가 젊다고 속이는 일, 가증스러라.

〔십열력〕 不用物(ふようなるもの) 朱雀吠犬(すざくにほゆるいぬ)
　　　　쓸데 없는 것, 주작보고 짖는 개
〔침초자〕 すさまじきもの ひるほゆる犬
　　　　허망한 것, 대낮에 짖는 개

〔십열력〕 危物(あやふきもの) 波上舟(なみのうへのふね)
　　　　위험한 것, 풍랑 위의 배
〔침초자〕 うちとくまじきもの 船のみち
　　　　곧 풀려나가는 것, 배 나아가는 길

각 문장을 연체형(連體形: 동사·형용사·조동사의 활용형으로 체언에 이어질 때의 형태)으로 마치는 것이 《침초자》의 특이한 문체다. 그런데 그 문체도 '冷物 女醉(すさまじきもの をみなのるひたる : 처참한 것, 여자의 취한 꼴)'라는 훈독 형태에서 온 것이 아닐까 한다.

《고금화가집》에 마나 서문과 가나 서문을 함께 놓고, 《화한낭영집》에 한시와 와카가 공존하며, 《십열력》과 《침초자》가 서로 관계 있다는 사실 등을 생각한다면, 하나의 작품 전체를 한문으로 적어 마나(眞名) 텍스트로 삼는 일이 벌어진다고 하여도 기이할 리가 없다. 곧, 《이세 물어(伊勢物語, 이세모노가타리)》의 마나 텍스트는 남북조시대 이전에 이루어졌다고 추정된다. 아마 그 무렵에는 이미 《방장기(方丈記, 호쵸기)》[35]의 마나 텍스트가 있었으리라 생각된다.

《방장기》는 헤이안 중기의 문인 요시시게노 야스타오(慶滋保胤)[36]의 《지정기(池亭記)》를 모방한 것이라고 하는데, 그 문체는 완전히 일본어를 사용하였다(일본어로 읽을 때 얼마나 유려한지 알 수 있도록 우리말 음을 아울러 적어둔다―역자 주).

> ゆく河の流れは絶えずして、しかももとの水にあらず、よどみにうかぶ うたかにはかつ消えかつむすびて、久しくとどまることなし。世の中に ある人とすみかと、またかくの如し。
>
> 유쿠가와노나가레와 다에즈 시테, 시카모 모토노미즈니아라즈. 요도미 니우카부 우타키니와 가쓰기에가쓰무스비테, 히사시쿠 도도마루고토나 시. 요노나카니아루히토토스마카토, 마타가쿠노고토시.
>
> 흘러가는 강물은 끊임이 없어, 그렇다고 본래의 물로 돌아가는 일도 없 다. 고여서는 뜨고 잠깐 새에 사라져서, 오랫동안 머무는 법이 없다. 세 상을 사는 사람과 집도 또한 이러하다.

라는 식으로 물이 흐르는 듯한 문맥이다. 하지만 그것은 그대로 한문 형식으로 바꿀 수가 있다. 이 첫머리의 문장에 대하여, 《십훈초(十訓 抄, 짓긴쇼)》[37]는 다음과 같이 말하였다.

> 《문선(文選)》에 실린 육기(陸機)의 〈탄서부(歎逝賦)〉에서 "여러 물들이 모여서 강을 이루고, 물은 도도하여 날마다 건넌다. 세상은 사람을 거쳐 서 세대가 바뀌고, 사람은 시간이 흘러흘러 노년이 된다(川閱水以成川, 水滔滔而日度, 世閱人而爲世, 人冉冉而行暮)"라고 했던 발상을 이어받 은 것이다.

《방장기》에서 볼 수 있는 매끄러운 화문(和文) 골격을 형성하는데 한문 문맥이 간여하였다는 사실은 의심할 여지가 없다.

89

일본의 문어文語에 대하여

일본에서 글로 적은 문장은, 근세에 나온 구어체의 강론 필록인 초물(抄物, 쇼모노)이나 에도의 시정 문학을 제외하고는, 거의 모두가 문장으로서의 양식을 지키고 있다. 그 양식은 시대에 따라 장르에 따라 다르다. 남성 위주의 한문학에 대립하여 여류의 모노가타리(物語) 문학이 성립하기도 하였고 혹은 일본어 문맥이 많은 《대경(大鏡)》[38] 등 '카가미 모노'라 일컫는 사서(史書)에 비해 한문 문맥을 많이 사용한 전기물(戰記物), 혹은 설화문학 등으로도 전개되었다. 그러다가 이윽고 그것들이 하나로 융합하여 문어라고 부를 만한 양식이 태어났다.

근세 이후 구어의 계보에 맞서서 일본어로서의 정통 지위를 차지한 것이 문어다. 일반적으로 그것을 화한(和漢) 혼효문이라 부른다. 하지만 그 명칭은 형식의 일면을 가리키는 데 불과하므로 그냥 문어라고 부르기로 한다.

문어 문장 양식은 역사적으로 계보를 이루면서 발전하였다. 이를테면 사론(史論)만 말한다면, 지엔(慈円)의 《우관초(愚管抄)》[39], 기타바다케 지카후사(北畠親房)의 《신황정통기(神皇正統記)》[40], 더 내려와 아라이 하쿠세키(新井白石)[41]의 《독사여론(讀史餘論)》 같이 달의(達意)를 위주로 하는 계열의 문장을 생각할 수 있다. 그 시기에는 기록체의 일기류도 많이 나와서 생활어휘를 풍부하게 남겼다. 또 문장의 역사에서 본다면 도겐(道元)[42]의 《정법안장(正法眼藏)》은 종교적 문장이어서 특수한 것이기는 하지만, 그것도 역시 일본어의 표현력을 높은 단계로 이끌어올렸다.

　문어가 형성되던 시기의 이러한 문장들은 형식면에서 볼 때 공통적으로 어휘가 풍부하고 어형이 간략하며 어법이 정제되어 있고 리듬의 긴장이 가득하다. 그런데 그러한 특성들은 한자의 기능에 크게 의존하였다. 그 문장들을 근세의 국학자(國學者)[43]가 구사한 아문(雅文)과 비교하면 그 차이가 뚜렷하다. 근세의 아문은 문어가 아니라 일종의 복고적인 의고문이다. 한자를 거부한 문장이 얼마나 짜임이 없고 융통성이 없는지, 그 전형을 그들의 복고적 의고문에서 볼 수 있을 것이다.

　에도시대의 언어는 계층에 따라 분화가 일어났다. 시민사회에서는 더욱 구어로 나아갔으나, 사인(士人) 사회에서는 한적을 닦는 일을 일반교양으로 여겼다. 그런데 국학자들은 그 두 풍조에 반발하여 사어에 가까운 아어(雅語)와 의고 문장에 집착했다. 거기서 새로운 문장이 창조되어 나올 것을 기대하기란 어려웠다.

　오규 소라이(荻生徂徠)[44]는 젊은 시절에 명나라 이반룡(李攀龍) 일파의 고문사(古文辭)에 접하고는 종래의 한문훈독법을 비판하고 당음(唐音)으로 직독(直讀)함으로써 비로소 고전학에 참입(參入)할 수 있고 시문의 화습(和習 : 일본냄새)에서 벗어날 수 있다고 주장했다. 하지만 그의 비판자들이 지적했듯이, 소라이 일파의 시문에도 화습을 띠는 것이 많다.

　교묘하게 모방하는 일만이 능사는 아니다. 문제는 일본어 혈맥 속에 이미 들어 있는 한자를, 또 한자를 통하여 일본문화 속에 수용된 중국의 문학이나 사상을, 어떻게 일본어 속에 받아들여 새로운 혈액을 만드는가에 달려 있다. 그것은 결코 모방에 의해서 이루어지지 않는다. 일본어 속에서 그 가능성의 장을 찾아야 한다. 일본 문장이 경색되었던 에도시대에 그러한 가능성을 문학에서 시도한 사람으로는 바쇼

(芭蕉)나 부손(蕪村)을 들 수가 있다.

그런데 그 시대에 이루어진 탁월한 사상서인 미우라 바이엔(三浦梅園)[45]의 《현어(玄語)》, 안도 쇼에키(安藤昌益)[46]의 《속도진전(續道眞傳)》, 도미나가 나카모토(富永仲基)의 《출정후어(出定後語)》[47] 등이 모두 다소간 파격에 가까운 한문체였다. 이 사실은, 사상을 피력할 문장으로 활용할 만한 문어가 당시에는 아직 충분히 완성되어 있지 못하였음을 말해준다고 하겠다.

90 현대 일본 문장

메이지(明治) 이후의 문어문을 그 이전의 문어와 구별해 보통문이라고 부른다. 당시에는 아문(雅文) 계통의 일본어가 이미 소멸하였다. 또 한문 훈독에 의한 특수한 읽기 습관에서 형성되었던 파격에 가까운 어법도 개정되었다. 그리고 새로운 지식체계에 대응하는 한자 어휘가 대량으로 만들어지고 인도유럽어의 어맥과 어법도 수용되어 양식상 종래의 것과는 아주 다른 문체가 태어났다. 그 문체는 교과서에 사용되어 보급되고, 국민 문장으로 정착되었다.

서구 문화를 섭취하려고 서둘렀던 새 정부의 정책에 따라 모든 분야에 서양 지식과 기술이 도입되었다. 그 때문에 필요한 어휘는 한자로 번역한 것이 많았는데, 지금도 사용하는 말이 많다.

스웨덴의 언어학자 칼그렌은 일본이 메이지 변혁기에 서구 외국어를 한자로 번역하지 말고 원래 음을 가나로 적어 사용하는 방침을 취했더라면 일본의 문자 문제는 일찌감치 해결되었을 것이라고 말했다. 하지만 그것은 외국어를 그대로 자국어의 어형으로 수용할 수 있는 유럽 사람이나 하는 생각이다. 일본어는 서구어와 언어체계가 완전히 다르므로 그런 방식을 적용할 수가 없다. 그간 한자를 일본어화하기 위해서도 오랜 역사가 필요하지 않았던가!

칼그렌은 중국어학의 연구자로서는 뛰어났지만, 그도 한자를 상당히 이질적인 문자라고 여겼던 것 같다. 그런데 지금 일본은 한자를 제한한 결과, 가나로 적은 말이 모든 분야에서 한자어를 능가하고 있다.

언어도 문자도 그 자체의 자율적 생존 방식, 운동 방식, 법칙성을 지니고 있다. 한자와 가나, 한어와 일본어는 때로는 반발하고 때로는 타협하면서 일본의 언어사와 문장사를 형성하고 매 시기마다 각각 다른 양식을 성립시켜왔다. 메이지 이후로는 보통문이 성립하고 언문일치 운동이 일어나 현대의 어휘와 문장이 마련되었다. 20세기 초부터 현대에 이르기까지 회고해볼 때, 몇몇 보수적인 문장이나 좌익 논문을 제외한다면 문장의 역사는 아주 바람직하게 전개되었다고 생각한다. 다니자키 준이치로(谷崎潤一郎)[48]의 《문장독본(文章讀本)》이래 마루타니 사이이치(丸谷才一)의 《문장독본》에 이르기까지 여러 종류에 이르는 문장독본에 그러한 경향이 확실히 드러난다. 따라서 현대의 문장에 대해서는 그 자율적인 자기운동을 충분히 신뢰하여도 좋을 것이다.

언어는 역사 속에서 흘러 운동하는 것이다. 따라서 한자 사용표 따위를 완전하게 만들 수 있을 리 없다. 내각의 고시(告示)는 개정 때마다 혼란을 증가시키고 권위를 잃어 어릿광대짓처럼 되었다. 경륜(競輪)에서 야오초(八百長 : 담합에 의한 승부 조작) 문제가 발생하여 신문 지상을 장식하자, 신음훈표(新音訓表) 부록에 '八百長'이 추가되고 마침내 '八百屋(야오야, 야채장수)'도 끼워넣었다. 음훈표에 '八百

屋'이 없더라도 주부가 장 보는 데 곤란을 겪을 까닭이 없다. 만일 음훈표를 앞에 놓고 음과 훈이 들어 있는지 없는지 그때마다 확인하면서 문자를 사용해야 한다면 언어생활에서 그것만큼 성가신 일이 없을 것이다. 이제까지 각 시대마다 여러 사람들이 탁월한 개성적 표현을 만들어내왔다. 그러한 창조의 가능성은 지금처럼 언어영역이 아주 좁아지고 있는 상황에서는 도무지 기대하기 어려울 듯하다. 이 모든 것은 한자를 꾸어온 것이라고 여기는 근본적으로 잘못된 인식에서 비롯된 것이다.

미주

¹ 응신(應神) 천황 15년(284년), 백제(百濟 : 일본 발음으로는 구다라)의 아소왕(昭古王,《일본서기》에는 阿花王이라 하였고, 또 貴須王·久素王이라고도 한다)은 그 신하 아직기(阿直岐,《고사기》에는 阿知吉師라고 적었다)를 시켜서, 암수 두 필의 말을 헌정하였다. 아직기는 학문에 밝았으므로, 황태자 우지노와키이랏코(菟道稚郎子)가 그를 스승으로 삼아 가르침을 받았다. 경전은 그 이전에 이미 전해져 있었던 듯하다. 그렇기에 《일본서기》에는 다음해(285년) 왕인이 특별 초빙되어 왔을 때 그가 전적을 가져온 사실에 대해 언급하지 않았다. 그런데 《고사기》에서는 왕인이 처음으로 전적을 전한 것으로 되어 있다. 즉 "又科賜百濟國, 若有賢人者貢上, 故受命以貢上人名和邇吉師, 卽論語十卷, 千字文一卷, 幷十一卷, 付是人, 卽貢進. (此和邇吉師者, 文首等祖.)"라고 되어 있다. "또 백제국에 과사(科賜)하여, 만약 어진 이가 있다면 공상(貢上)하라고 하였다. 명을 받아 공상한 사람은 이름이 와니키시(和邇吉師)인데, 《논어(論語)》 10권, 《천자문(千字文)》 1권, 모두 11권이 이 사람과 함께 공진(貢進)되었다(이 와니시키란 사람은 文首等의 조상이다)."라는 말이다. 《논어》 10권은 어떤 텍스트인지 알 수가 없다. 또 지금의 《천자문》은 양(梁)나라의 주흥사(周興嗣)가 만든 것이고, 주흥사는 위의 사실보다 220여 년 뒤의 사람이다. 따라서 왕인이 가져온 《천자문》은 그것과는 다른 《천자문》일 것이다. 아직기의 자손은 후히토(史) 씨, 왕인의 자손은 후미(文) 씨로서 야마토(大和, 東)와 가와치(河內, 西) 두 나라에서 대대로 문필을 관장하여 교육의 임무를 맡았다.

² 대도(태도, 다치바)는 지금 도쿄 우에노에 소장되어 있는데, 대체로 다음과 같이 판독된다. "治天下獟宮彌都齒大王世, 奉事典曹人名无利弖, 八月中, 用大鑘(錡)釜幷四尺廷(延)刀, 八十練六十 三寸上好口刀. 服此刀者長壽, 子孫注注得(三)其恩也, 不失其所統. 作刀者名伊太加, 書者張安也." 그 뜻은 "천하를 다스리는 다지히노미야미즈하 대왕의 치세에 봉사(奉事) 전조인(典曹人), 이름은 무리테가, 8월 중에 대당부(大鑘釜) 및 4척의 연도(廷刀), 80련 60군 3촌 상호구도(上好口刀)를 사용하였다. 이 칼을 만드는 자는 장수하고 자손이 대대로 그 은혜를 입고, 그 통솔하는 바를 잃지 않는다. 이 칼을 만든 자의 이름은 이태카(伊太加)이고 글씨를 쓴 사람은 장

안이다."이다. 첫 부분 '治天下嫂宮彌都大王'은 반정(反正) 천황 다지히노미쿠하와케노수메라미코토(多遲比瑞齒別天皇)에 해당한다고 한다. '주주(注注)' 따위의 문자를 보면, 한문에 일본어 어법을 섞었음이 분명하다. 이 문체는 뒷날 《고사기(古事記)》나 선명체(宣命體) 따위로 연결되는 면이 있다.

3 《고경유문(古京遺文)》에 수록된 〈약사불상조상기(藥師佛像造像記)〉는 다음과 같다. "池邊大宮治天下天皇(用明天皇), 大御勞賜時, 歲次丙午年, 召於大王天皇(推古天皇)與太子(崇峻天皇)而誓願賜, 我大御病大平欲坐故, 將造寺藥師像作仕奉詔. 然當時崩賜, 造不堪者, 小治田大宮治天下大王天皇(推古天皇), 及東宮聖王(聖德太子)大命受賜而, 歲次丁卯年仕奉." 그 뜻은 이러하다. "이케노베노오미야(池邊大宮)에서 천하를 다스리는 천황(용명천황)이 몸이 편찮으실 때 해는 병오년, 대왕천황(추고천황)과 태자(숭준천황)를 불러서 서원하기를, 내 몸의 병이 태평(大平)하게 되면 장차 절을 만들고 약사상을 만들어 바치겠다고 하셨다. 하지만 그때에 서거하시어 만들지 못했던 것을, 고하루타노오미야(小治田大宮)에 있으면서 천하를 다스리는 대왕천황(추고천황)과 동궁성왕(쇼토쿠 태자)이 대명을 받아서 세차 정묘년에 만들었다." 한문이라고 보기에는 너무도 일본 문장 같다. 이것을 준한문이라고 부른다. 당시 문장의 한 양식으로서, 뒷날의 《고사기》가 그 흐름을 이었다고 한다.

4 제사(題詞)에, 《고사기(古事記)》에 의하면 가루노히쓰기노미코(輕太子)가 가루노오이라쓰메(輕太郎女)와 관계를 맺은 죄로 이요(伊豫)의 유(湯)에 유배되었다. 이때 소토호시노오호키미(衣通王) 즉 가루노오이라쓰메(輕太郎女)가 그리움을 견디지 못하여 뒤를 쫓아가면서 이 노래를 불렀다고 한다.

5 《만엽집(萬葉集)》의 '반가(反歌)'는 중국문학의 '반사(反辭)' 혹은 '사(亂)'에서부터 왔으며 '소가(小歌)'라고도 불린다. 악곡의 종장이기 때문에 본래 〈탄카(タンカ)〉('반(反)'의 음이 '단(短)'이다. '반가(反歌)'는 '단가(短歌)'와 같다)라고 음독한다. 그런데 일본의 한학자에 의하면 '오사메우타(オサメウタ)'라고 훈독해야 하며, '한카(ハンカ)' '카에시우타(カヘシウタ)'라고 읽는 것은 이상하다고 한다.

6 《고사기(古事記)》와 《일본서기(日本書紀)》에 수록된 상대 가요를 기기가요(記紀歌謠)라 한다. 기기가요의 형태(歌體)에는 편가(片歌, 가타우타 577), 선두가(旋頭歌, 세토가, 5·7·7, 5·7·7), 단카(短歌, 5·7, 5·7·7), 초카(長歌, 5·7, 5·7, 5·7, 5·7·7)등이 있다. 상대 문학에서 대표적인 작품인 《만엽집》에도 최후의 가인인 오토모노 야카모치(大伴家持)가 마지막까지 장시 형태의 시형을 고수했으나, 최초의 칙찬 와카집(和歌集)인 《고금화가집(古今和歌集)》에 이르면 단카(短歌) 일색이 된다.

7 오노노 다카무라(小野篁)는 833년(天長 10년)에 동궁학사(東宮學士) 탄정소필(彈正少弼)이 되어 기요하라 노나쓰노(淸原夏野) 등과 함께 《영의해(令義解)》 10권을 엮었다. 834년에 견당부사로 부임하다가 태풍을 만나 가지 못하였고 837년에 다시 견당부사

로 부임하다가 상사와 알력이 있어서 배에 오르지 않았다. 차아 상황(嵯峨上皇)이 화를 내고 조정이 죄를 논하여 사일등(死一等)을 감하여 서인으로 삼아 오키(隱岐)에 유배보냈다. 839년에 사면되고, 840년에 본래의 지위에 복직하였다. 여러 벼슬을 거쳐 문덕천황(文德天皇)이 즉위하자 좌대변(左大弁)이 되었다가, 병으로 입조하지 못하고 852년(仁壽 2년) 12월에 51세로 사망했다. 세상에서 야상공(野相公)이라고 하였다. 《야상공집(野相公集)》 5권이 있었으나 없어졌다. 일부만 여러 칙찬 가집에 전한다. 광두목(狂杜牧)의 아류라 하여 광황(狂篁)이라고 불렸다.

8 미요시노 기요유키(三善淸行)는 연희(延喜, 엔키)시대를 대표하는 문장가로, 그 글은 스카하라노 미치자네(菅原道眞)의 시와 쌍벽을 이루었다. 연희 연간에 대학두(大學頭), 식부대보(式部大輔)에 임명되었다. 당시 제호 천황(醍醐天皇)이 조칙으로 직언을 구하자 〈의견봉사십이조(意見封事十二條)〉를 올렸는데, 그 글은 왕조 제일의 문장이라고 일컬어진다. 917년에 참의에 임명되어 궁내경(宮內卿)을 겸했고, 이듬해 하리마(播磨) 권수(權守)를 겸했다. 12월에 병으로 죽었다. 나이는 72세였다. 경사백가(經史百家) 이외에 법률과 산술에도 밝았다. 저서에 《선가집(善家集)》이 있었으나, 지금 전하지 않는다.

9 미나모토노 시타가우(源順, 912~983년)는 시문을 잘 하였고, 아울러 와카(和歌)에도 통달하였다. 953년(天曆 7년) 문장생에 보해지고, 956년에 감해유차관(勘解由次官)이 되었으며, 민부소승(民部少丞), 동궁장인(東宮藏人), 화천수(和泉守)를 거쳐서, 979년(天元 2년)에 능등수(能登守)에 임명되었다. 983년(永觀 원년)에 73세로 죽었다. 951년(天曆 5년), 칙령을 받아 《후찬화가집(後撰和歌集)》을 편찬하고 《만엽집》에 훈점을 붙이는 일에 참여하였다. 《본조문수》·《조야군재(朝野群載)》에 그의 시문이 실려 있다. 또한 그는 일찍이 근자내친왕(勤子內親王, 醍醐天皇 제4황녀)을 위해 《화명유취초(和名類聚抄)》 10권을 편찬하였다. 《화명유취초》는 간단히 《화명초(和名抄)》라고도 부른다.

10 나루시마 류호쿠(成島柳北, 1837~1884년)는 처음 이름을 온(溫), 자를 숙려(叔厲), 호를 확당(確堂)이라 하였으나, 후에 꺼리는 바가 있어서 이름을 유홍(惟弘), 다시 고쳐 홍(弘)이라 하고, 자는 보민(保民)이라 하였다. 집이 유원(柳原)의 북쪽에 있어서 유북(柳北)이라 불렀다. 18세에 가업을 이어받아 시강 견습이 되었으며 3년 후에 시강에 임명되고 포의반(布衣班)에 들어갔다. 일찍감치 서양 학술의 이로움을 주장하다가 1863년(文久 3년)에 시사를 풍자한 까닭에 폐문의 명령을 받았다. 그때 영학(英學)과 난학(蘭學)을 배우고 서양 병학을 공부하였다. 1865년(게이오 원년) 막부는 병제를 개혁하고 류호쿠를 발탁하여 기병봉행(騎兵奉行)에 임명하였다. 회계부총재에 천거되어 참정(參政)의 반열에 올랐다. 메이지 유신 때에는 도쿠가와를 위해 힘을 다했지만 1868년의 에도 개성(江戶 開城, 메이지 원년 4월 4일 討幕軍이 에도성으로 진

격해 들어오자 德川慶喜의 명으로 討幕軍에게 에도성을 접수하게 한 일)으로 하야하고 이후 관직에 나가지 않았다. 1870년(메이지 3년) 아사쿠사(淺草) 본원사(本願寺)에 학사를 설립하고 1872년 본원사 법주(法主) 오타니코에이(大谷光瑩)를 따라 유럽을 여행하고 다음해 7월 귀국하였다. 1874년 《조야신문(朝野新聞)》의 사장이 되어 그 신문을 도쿄 4대 신문의 하나로 만들었다. 1877년(메이지 10년) 서남전쟁(西南戰爭 : 가고시마 사학교파(私學敎派)를 중심으로 규슈의 사족들이 사이고 다카모리를 옹호하여 일으킨 반정부전쟁)이 일어나자 스스로 전황을 탐지하였고, 난이 평정된 뒤 정당의 논이 일어나자 개진(改進) 주장(영국의 의회정치를 모델로 한 입헌군주제의 실시를 주장함)을 하여 밤낮으로 일을 도모했다. 또 시문잡지 《화월신지(花月新誌)》를 창간했는데, 격무에 시달려 병을 얻자 산수에서 소요하고 목욕 치료를 시도했으나 병이 낫지 않아 1884년(메이지 17년) 11월에 48세로 사망했다. 저서에 《유북시초(柳北詩鈔)》 1권, 《유북유고(柳北遺稿)》 2권, 《유북기문(柳北奇文)》 2권 등이 있으며 《유북전집(柳北全集)》 1책이 있다.

11 高木市之助 著, 《貧窮問答歌の論》(東京 : 岩波書店, 1974.3.)

12 원문은 다음과 같다. "風雜 雨布流欲乃 雨雜 雪布流欲波 爲部母奈久 寒之安礼婆 堅塩乎 取都豆之呂比 糟湯酒 宇知須夕呂比抒与 之巨夫可比 鼻毗之毗之尓 志可登阿良農 比宜可伎撫而 安礼乎於伎弖 人者安良自等 富己呂倍騰 寒之安礼婆 麻被 引可賀布利 布可多衣 安里能許等其等 伎曾倍騰毛 寒夜須良乎 和礼欲利母 貧人乃 父母波 飢寒良牟 妻子等波 乞夕泣良牟 此時者 伊可尓之都夕可 汝代者和多流 天地者 比呂之等伊倍抒 安我多米波 狹也奈里奴流 日月波 安可之等伊倍騰 安我多米波 照哉多麻波奴 人皆可吾耳也之可流 和久良婆尓 比等夕波安流乎 比等奈美尓 安礼母作乎 綿毛奈伎 布可多衣乃 美留乃其等 和夕氣佐我礼 流 可夕布能尾 肩尓打懸 布勢伊保能 麻宜伊保乃內尓 直土尓 藁解敷而 父母波 枕乃可多에 妻子等母波 足乃方尓 圍居而 憂吟 可麻度柔播 火氣布伎多弖受 許之伎尓波 久毛能須可伎弖 飯炊 事毛和須礼提 奴延鳥乃 能抒与比居尓 伊等乃伎提 短物乎 端伎流等 云之如 楚取 五十戶良我許惠波 寢屋度麻伇 來立呼比奴 可久婆可里 須部奈伎物能可 世間乃道." 풀이하면 대개 다음과 같다. "바람이 섞인 비가 내리는 밤, 비가 섞인 눈이 내리는 밤은 아무래도 춥기에, 소금을 핥으면서 술지게미(糟湯酒)를 들이마시며, 기침을 하고, 코를 벌름벌름하면서 짧아진 수염을 매만지며, 나 이상의 능력이 있는 사람은 없으리라고, 자아도취에 빠져 있기는 하여도, 추워서 도무지 어찌할 수 없기에, 베 이불[麻衾]을 덮고, 옷이란 옷은 모두 겹쳐 입고서도 추운 밤에, 나보다도 가난한 사람의 부모는 배를 곯고 얼어 있을 테고, 아내나 아이들은 울고 있을 터이거늘. 이러한 때에, 당신은 어떻게 생활하고 있

소이까. 천지가 넓다고 하지만 내게는 좁기만 하오. 태양이나 달이 밝다고 하지만 나를 비춰주지 않는다오. 모두다 이러할까, 나만이 이러할까. 남들처럼 나도 땀흘리고 있거늘, 솜도 넣지 못하고, 해조(海藻)처럼 너덜너덜한 옷을 어깨에 걸치고, 다 망가져서 굽은 집 속에서, 땅 바닥에 짚을 깔고, 아버지와 어머니는 베개 머리에서, 아내와 자식들은 발 언치에서, 에워싸듯 하고서 탄식하여 슬퍼하네. 아궁이에는 불기운이 들어가는 일이 없고, 시루에는 거미 집이 쳐 있어, 이미 밥을 때는 일도 잊어 버리고 말았네. 호랑지빠귀처럼 신음 소리를 올리자, 이 이상 짧게는 되지 않을 물건의 끝단을 자르겠노라고 말하듯이, 채찍을 쥔 이장(里長)이 침상에까지 와서는 호통을 쳐대네. 이렇듯 어찌할 수 없단 말인가, 이 세간이라고 하는 것은."

13 참사(枕詞)는 어떤 말을 이끌어내기 위해 앞에 두는 수식적인 말이다. 대부분 5음으로 이루어지며, 특별히 번역하지 않는다. 원래의 의미가 남아 있는 경우도 있기는 하다. 의미상의 마구라고토바, 가케고토바(掛詞), 발음상의 마구라고토바의 세 종류로 나뉜다. 대표적인 것은 다음과 같다.

あかねさす: 紫・日・照る	しろたへの: 衣・袖・袂・紐・雪・雲
あしひきの: 山・峰	たたなづく: 靑垣
あづさゆみ: ひく・はる	たまきはる: 命・世
あまさかる: ひな・日	たらちねの: 母・親
あまのはら: ふりさけみる・富士	ちはやぶる: 神
あらたまの: 年・春・月	とぶとりの: 飛鳥
あをによし: 奈良	ぬばたばの: 黑・夜・闇
いはばしる: 垂水・瀧	ひさかたの: 光・天・空
うつせみの: 命・世・身	みづどりの: 立つ・うき
からころも: 着る・袖裾 裁つ	むらぎもの: 心
くさまくら: 旅・露	もののふの: 八十
ささなみの: 志賀・寄る	ももしきの: 大宮
しきしまの: 大和	やくもたつ: 出雲

14 환무(桓武)천황 이후, 역대의 일본 천황들은 한문학을 장려했다. 특히 차아(嵯峨)천황은 제일류의 한시인이기도 하였다. 이 시기에 한시가 대단히 성하게 되어, 이른바 칙찬삼집(勅撰三集)이 편찬되었다. 《능문집(凌雲集)》·《문화수려집(文華秀麗集)》·《경국집(經國集)》이 곧 칙찬3집이다. 일본에서 칙찬 한시집은 이것들 외에는 없다. 최초의 칙찬 한시집인 《능운집》은, 서문에 의하면, 환무천황의 연력(延曆) 원년(782년)부터 차아천황의 홍인(弘仁) 5년(814년)에 이르는 33년 간의 작품을 모은 것으로, 성립은 814~815년경일 것이다. 서문에는 작자 23인, 시 90수라고 되어 있는데, 현존본에는 24인, 91수가 실려 있다. 오노노 미네모리(小野岑守)가 차아천황의 칙명을 받들

어 편찬하였다.

[15] 《본조문수》 14권은 후지와라노 아키히라(藤原明衡)가 편찬한 것으로, 차아(嵯峨)천황 홍인(弘仁) 연간부터 후일조(後一條) 천황 장원(長元) 연간에 이르는 17대 200여 년의 시문을 주로 엮은 시문집이다. 헤이안 시대의 한문학을 알려면 이 시문집을 살펴보지 않으면 안 된다. 송나라 요현(姚鉉)의 《당문수(唐文粹)》를 모방하여 명명했다고 일컬어지는데, 내용은 《문선(文選)》과 흡사하다. 시에서는 자훈시(字訓詩), 이합시(離合詩), 회문시(回文詩) 등, 다른 문집에서는 그리 발견할 수 없는 것도 있다. 하지만 거론할 만한 가치가 없다고도 한다.

[16] 구카이(空海, 774~835)는 774년(寶龜 5년), 사누키노구니(讚岐國, 香川縣 多度郡)에서 태어났다. 18세에 대학(大學) 명경과(明經科)에 들어가 경사(經史)를 공부하였으나, 뜻에 차지 않는 점이 있었다. 마침 야마토(大和) 석연사(石淵寺)의 근조화상(勤操和尚)으로부터 고쿠조구몬지(虛空藏求聞持)의 진언(眞言)을 100만 번[百萬遍] 외우면 모든 교법의 문의를 이해할 수 있다고 듣고, 대학을 그만두고 필사적인 고행을 계속했다. 20세에 근조화상을 따라 이즈미노구니(和泉國) 전미사(槇尾寺)에 들어갔고, 24세에 주위의 반대를 무릅쓰고 출가하여 여러 법명을 사용하다가 구카이(空海)로 고쳤다. 804년(延曆 23년), 당나라로 가서 공부하라는 명을 받아 장안으로 향해 다음해 6월, 청룡사(青龍寺)의 혜과(惠果)에게 사사해서 진언(眞言)·밀교(密敎)의 비장(秘藏)을 듣고, 806년(33세 大同 원년) 8월에 귀국했다. 유학의 성과는 《어청래목록(御請來目錄)》 1권에서 살필 수 있다. 이로부터 일본에 진언종을 크게 전하여, 한 시대의 사종(師宗)으로서 평성(平城)·차아(嵯峨)·순화(淳和)·인명(仁明)의 네 천황에게 관정(灌頂)을 주고, 835년(承和 2년) 3월 21일에 고야산(高野山)에서 입적하였다. 87년 뒤 제호(醍醐)천황으로부터 홍법대사(弘法大師)라는 시호를 추시받았다.

[17] 892년(寬平 4년) 여름에 승려 창주(昌住)가 《신찬자경(新撰字鏡)》 12권을 저술하였다. 화훈(和訓)을 붙인 사서(辭書)로서, 현존 일본 최고의 것이다. 하지만 이것은 아직 초고였다. 자서(自序)에 의하면, 그 뒤 창태(昌泰) 연간에 《옥편(玉篇)》·《절운(切韻)》을 얻은 뒤 보완하였다고 하므로, 892년부터 900년에 이르기까지 10년 안팎의 사이에 완성하였다고 추정된다. 문자의 수는 2만 940여 자다. 그것을 편(扁)·방(旁) 등에 의하여 160부수로 나누어 수록하였다. 부를 세운 방식이 특이하다. 각 글자의 풀이는 한문만의 것과 화훈을 가한 것의 두 종류가 있는데, 후자는 약 3,000자, 전체의 10분의 1이다. 1916년에 오쓰키(大槻) 박사가 교간(校刊)한 것이 있으며, 야마다 요시오(山田孝雄) 박사의 고이(考異)·색인(索引) 따위도 있다.

[18] 주작(朱雀)천황의 승평(承平) 연간(931~937년)에 미나모토노 시타가우(源順)가 《왜명유취초(倭名類聚抄)》를 만들었다.

[19] 오토기조시(御伽草子)란 가마쿠라(鎌倉) 막부와 무로마치(室町) 막부를 잇는 고리와

같은 위치를 차지하는 통속문학을 뜻하는 단어다. 헤이안시대의 모노가타리(物語)가 이어지는 와중에 기고모노가타리(擬古物語)의 쇠퇴로 인한 공백과 이후 태동한 가나소지(カナ草子)를 연결해주는 역할을 하였다. 헤이안시대의 설화와 모노가타리의 다양성을 이어받았으나 아녀자나 피지배층이 주로 쓰고 읽어왔기 때문에 교훈적이고 오락적인 색채가 강하다.

[20] 가나문학이 보급되면서 헤이안시대는 한문학의 영향권에서 벗어나 독자적인 일본문학의 번성기를 맞았다. 모노가타리는 산문문학을 대표하는 장르로서, 《죽취물어(竹取物語)》·《이세물어(伊勢物語)》로부터 시작하여 《원씨물어(源氏物語)》라는 일본 고전문학의 걸작을 낳기에 이른다. 《죽취물어》는 910년 이전에 성립하였는데, 작자미상이지만 미나모토 시타고우(源順)가 작가라는 설도 있다. 내용은 대나무를 채취하는 오키나 할아버지가 대나무 속에서 발견한 가구야히메(かぐや姫)가 아름답게 성장해서 5명의 귀공자와 천황의 구혼을 물리치고 달의 세계로 돌아간다는 이야기다. 한문훈독체의 구조(口調)를 취한 화문체다. 최근 티베트 설화 〈대나무 아가씨, 班竹姑娘, パヌチウクウニャン〉가 《죽취물어》와 매우 비슷해서 그것이 원형이 아닌가 주목되고 있다.

[21] 905년에 《고금화가집(古今和歌集)》 20권이 나와 《만엽집(萬葉集)》 이후 904년경까지 1,100여 수의 와카가 수집되었다. 이것은 최초의 칙찬 와카집이다. 《만엽집》의 가풍(歌風)이 '마스라오부리(ますらをぶり : 소박하고 힘이 강함)'인데 비하여, 부드러운 여자의 기품이 느껴지는 '다오야메부리(たをやめぶり)'의 가풍을 담고 있다. 일본 최초의 완결된 문학 이론을 가나(カナ) 성운과 한자로 적어 두었다. 대표적 가인(歌人)은 9세기경 가인들인 육가선(六歌仙)과 와카 선별자들인 찬자(撰者)들이다. 그 뒤 《고금집(古今集)》은 총 3기로 구분된다. 1기는 작자미상의 시대로, 759년 《만엽집》이 편찬된 이후부터 849년경까지다. 《만엽집》의 소박함과 5·7조 와카가 남아 있었고 사계절의 추이를 예민하게 파악해서 가풍을 싹틔웠다. 2기는 육가선이 활약한 시대로, 850년부터 890년까지다. 기교적이고 7·5조의 와카가 유행하였다. 3기는 찬자들의 시대로, 891년부터 905년까지다. 우아하고 섬세하며 이지적으로 다양한 수사법을 사용하였다. 비유, 의인, 반어법, 괘사(掛詞 : 한 단어에 동음을 이용해서 두 개의 의미를 갖게 하는 기교), 연어(連語 : 어떤 단어와 의미가 깊이 연결된 단어를 특별히 이용해서 표현하는 기교)를 사용하였다.

[22] 와카(和歌)는 본래 9세기 후반에 가나문자가 보급되고 우타아와세(歌合) 행사가 성행하면서 부흥하고 발전하였다. 우타아와세는 가인(歌人)이 한 자리에 모여 좌우로 나뉘어 정해진 주제를 가지고 노래를 불러 우열을 정하고, 그것을 종합해서 좌우 각 군의 승부를 다투게 하는 집단 문학 유희이다. 심판을 판자(判者), 판정의 사(詞)를 판사(判詞)라 한다. 주제가 주어지기 때문에 자유스럽지 못함에 따라 기교는 발달하

나 참신하지 않았다. 그러다가 차츰 개인의 서정을 담는 문학으로 발전하였다.

23 일본의 중세시대에는 군기물어(軍記物語)라는 역사군담이 크게 발달했다. 그 대표작은 《평가물어(平家物語, 헤이케모노가타리)》이다. 그 효시라 할 수 있는 작품이 《장문기(將門記)이다. 중세 남북조 시대의 내란을 배경으로 하는 《태평기(太平記)》도 널리 알려져 있다.

24 하야시 라잔(林羅山, 1583~1657)은 도쿠가와 이에야스(德川家康)에게 벼슬을 살아, 에도 관학의 비조가 된 인물이다. 이름은 충(忠), 일명 신승(信勝), 또 삼랑(三郞)이라고 칭하며, 라잔이라고 호하였다. 본성은 후지와라씨(藤原氏)이다. 쿄토 시죠(四條 新町)에서 태어나, 13세에 건인사(建仁寺) 대통암(大統庵)의 고간 자계화상(古澗慈稽和尙)에게서 학문을 닦았다. 18세에 주자(朱子)의 《사서집주》를 읽고 깊이 감명 받아 정주학을 일으키겠다고 스스로 기약하였다. 23세 때 후지와라 세이카(藤原惺窩)의 문인이 되었다. 이 해 7월, 이조성(二條城)으로 이에야스를 알현하였다. 1607년(慶長 12년, 25세), 후지와라 세이카가 이에야스의 초빙을 사양하고 라잔을 추천한 것을 기회로, 이에야스에게 벼슬을 살았다. 문형을 잡아, 교학·제도 정비에 참여했다. 이에야스가 죽은 뒤에는 도쿠가와 히데타다(秀忠)·이에미쓰(家光)·이에쓰나(家綱)를 차례로 섬겨, 외교문서를 대부분 그의 손으로 지었다. 1657년(明曆 3년) 에도의 대화재로 가옥 및 관증(官贈)의 서고가 불타자 낙담한 나머지 "하늘이 나를 망하게 하였다."고 탄식했고, 열흘 만에 홀연히 죽었다. 저서에 《나산시문집(羅山詩文集)》150권, 《본조신사고(本朝神社攷)》6권, 《정관정요언해(貞觀政要諺解)》10권 등 100여 종이 있다. 시는 두보(杜甫), 문장은 한유(韓愈)를 종주로 삼았다.

25 야마자키 안사이(山崎闇齋, 1618~1682)의 이름은 가(嘉), 자는 경의(敬義)이다. 가우위문(嘉右衛門)이라 칭하며, 안자이(闇齋)라고 호하였다. 오우미노구니(近江國) 이카다치(伊香立) 출생인데, 부친을 따라 쿄토로 이사했다. 부친은 침술을 업으로 삼았다. 처음에 승려가 되어 묘심사(妙心寺)에 있었으나, 마침 토사(土佐) 산내후(山內侯) 공자의 눈에 들어, 토사의 흡강사(吸江寺)로 옮겨, 강학하였다. 25세 때 환속하여 쿄토로 돌아가 문인을 가르쳤다. 학문은 주자를 종으로 삼았으나, 만년에는 신도(神道)로 전환하여 수가신도(垂加神道, 수이카신토)를 창시하였다. 문인으로 아사미 게이사이(淺見絅齋)·미야케 쇼사이(三宅尙齋)·사토오 나오카타(佐藤直方)가 있다. 전집이 있다.

26 낭영은 원래 한시로 행해졌다. 가구라(神樂 : 신 앞에 바치는 음악과 무용)·사이바라(催馬樂 : 민요나 가요를 아악의 곡조에 맞춘 것) 따위의 영향이다. 일종의 박자 붙임으로, 연회·의식 석상에서 노래 부르기가 유행했다. 중국에서 수·당 이래로 조정의 연회석에서 시문을 짓는 풍조가 성하였던 바, 그 영향을 받아 나라·헤이안시대에 차츰 유행했다. 원단·곡우·칠석 등 연석에서는 즉석 창작을 원칙으로 하였는데, 실

은 시는 미리 준비했을 것이다. 하지만 한시가 쇠퇴함에 따라 자연히 고인의 명구를 음송하여 그때그때 임기응변을 했을 것이라고 생각된다. 낭영은 본래 경축의례의 하나로서 정착되었는데 이윽고 귀족의 유흥으로 되었다. 게다가 또한 고인의 명복을 빌고자 불법(佛法)을 찬송하는 구를 노래하거나, 혹은 회구(懷舊)의 시를 음영하여 그 사람을 추모하는 일도 있었던 듯하다(《枕草子》에 나온다.). 또 자제의 교육용으로 시구를 낭송에 올리는 일도 있었다. 이것이 뒷날의 전기물(傳記物)이나 요곡(謠曲) 따위의 서사물에 인용되어 그 문체에 지대한 영향을 주었다

27 스가와라노 미치자네(菅原道眞, 845~903)는 헤이안시대 최고의 천재이자 문장가다. 부조 2대에 걸쳐서 문장박사를 배출한 가문에서 태어나, 26세 때는 헤이안 400년 동안 합격자가 65명뿐이었던 방략시에 합격해서 이름을 떨쳤다. 우다(宇多)천황의 발탁으로 후지와라 일족을 견제하는 역할을 하였으며, 제호(醍醐)천황 때는 후지와라 일족의 후지와라노 도키히라(藤原時平)와 함께 각각 우대신, 좌대신에 올라 정계의 최고위에 섰다. 하지만 우대신 취임 18일 만에 역모를 꾀한다는 누명을 쓰고 규슈의 다자이후(大宰府)로 좌천당했다. 거기서 궁핍한 생활을 하다가, 59세때 생을 마쳤다. 죽기 직전 다자이후 근처의 텐바이(天排) 산 꼭대기에서 7일 밤낮으로 하늘에 자신의 죄 없음을 기도하였다. 이에 하늘이 미치자네에게 천만대자재천신(天滿大自在天神)의 칭호를 내려 천기를 주관하는 신이 되었다 한다. 이것이 텐진(天神) 신앙의 시발점이 되었다. 미치자네가 죽은 뒤 헤이안 도읍에는 기근이 끊이지 않았고 괴변이 속출했으므로, 후지와라가에서는 미치자네를 태정대신으로 높이고 도읍 북쪽에 장대한 텐만(天滿) 신궁을 지어 바쳤다. 959년에는 우대신 후지와라노 모로스케(藤原師輔)가 신전을 지어 바쳤다. 오늘날에는 수험생의 수호신으로서 일본 전국 1만 2,000여 곳의 텐만신궁에 모셔져 있다.

28 《신찬만엽집(新撰萬葉集)》은 와카를 한역(漢譯)한 것이다. 상권은 미치자네의 작이고, 하권은 뒷사람의 위작(僞作)인 듯하다. 문학적 가치는 낮다고 한다.

29 《화한낭영집(和漢朗詠集)》 2권은 후지와라노 긴토(藤原公任)가 장녀를 관백 미치나가(道長)의 3남 교통(教通)에게 시집보내게 된 기념으로 편찬한 것으로, 1013년(長和 2년)에 이루어졌다. 후지와라노 긴토는 관백 요리타다(賴忠)의 아들로, 권대납언(權大納言) 정2위에 올랐고, 뒷날 출가하여 1041년(朱雀天皇 長久 2년)에 76세로 죽었다. 《화한낭영집》은 시인 80인(일본 50인, 중국 30인)의 기구(佳句) 여장(麗章) 590구와 가인(歌人) 80인의 노래 216수를 모았다. 시구가 가장 많은 것은 백거이의 137구이다. 그밖에 원진(元稹)·허혼(許渾) 따위가 10수 정도다. 와카는 주로 《고금화가집(古今和歌集)》·《후찬화가집(後撰和歌集)》·《습유화가집(拾遺和歌集)》의 세 가집과 기노 쓰라유키(紀貫之)등의 작품에서 취한 것이 많다. 시구의 대부분은 7언 2구인데, 오언절구·부·악부·사육문의 대구도 있다. 전체를 춘(春)·하(夏)·추(秋)·동(冬)·잡(雜)

의 5부로 나누었다. 당시 귀족들 사이에 유행한 낭영에 이용하기 편하도록 만든 것이다.

30 제545수 "我が背子が跡踏み求め追ひ行かば紀の關守い留めてむかも."

31 1100년경에 나온 《금석물어(今昔物語)》는 인도·중국·일본의 불교와 세속의 설화 1,000여 편 이상을 모은 것이다. 일본 편은 당시의 귀족과 서민들의 생활상을 풍부하게 묘사했다.

32 12세기 후반에는 다이라(平) 가문[平家, 헤이케]의 무사들이 정권을 장악하여 실질적으로 새로운 계급을 형성하였다. 《평가물어(平家物語)》는 헤이케(平家)의 흥망성쇠와 미나모토(源) 가문과의 투쟁을 묘사하였으며, 13세기 전반에 완성되었다. 불교윤리에 바탕을 두면서 패망자에 대한 슬픔, 다양한 인물 묘사, 웅혼한 전투장면으로 가득찬 서사시이다.

33 《고금화가집(古今和歌集)》이 칙찬된 것은 905년(延喜 5년)의 일이다. 그 서문은 기노 요시모치(紀淑望)가 뒷날의 양부 기노 쓰라유키(紀貫之)의 명을 받아 한문으로 적었다. 그것을 〈진명서(眞名序)〉라고 한다. 기노 쓰라유키는 그 서문을 일본문으로 번역하였다. 이것이 〈가명서(仮名序)〉이다. 기노 요시모치의 서문은 《시경》의 〈대서(大序)〉, 《문선(文選)》, 《세설신어(世說新語)》 등의 영향을 받았다.

34 사이토 세쓰토(齋藤拙堂) 의 《졸당문화(拙堂文話)》에 나온다. 《침초자(沈草子)》의 단어 가운데 이상은의 《잡잔(雜纂)》과 관련이 있다고 지적되는 것은 다음과 같다. '必不來'(醉客逃席. 把棒呼狗. 窮措大喚妓女), '不得已'(忍痛灼艾. 爲妻罵愛寵. 老乞休致), '惡模樣'(作客與人相爭. 每人話柄. 未語先笑), '悶損人'(惡客不請自來. 被醉人纏住. 物賤無錢買), '不忍聞'(孤館猿啼. 市井穢語. 及第便卒).

35 14세기에 가모노 초메이(鴨長明)가 지은 작품으로, 인생의 무상함을 반영하여 영혼의 구제에 대한 물음을 제기했다.

36 요시시게노 야스타네(慶滋保胤, ?~999년)는 음양도(陰陽道)를 가업으로 하는 집에서 태어났으나 문학에 전념하여 성(姓)을 아예 요시시게(慶滋)라고 고쳤다. 등과 급제한 뒤 천력(天曆) 말기(955,6년경)에 대내기(大內記)에 임명되고, 오우미 수(近江守)를 겸하였다. 불교를 독실하게 믿었다. 대궐에 매어 있는 몸이지만 늘 삼림에 뜻을 두었으며, 저택을 경영하지 않고 남의 집에 더부살았다. 원융(源融)천황의 982년(天元 5년)에 처음으로 육조(六條)에 집터를 가려서 지정(池亭)을 얽고 기(記)를 지어 자신의 뜻을 서술하였다. 이것은 뒷날 《방장기(方丈記)》에 깊은 영향을 주었다고 한다. 저서에 《일본극락왕생기(日本極樂往生記)》가 있다.

37 《십훈초(十訓抄)》는 1252년에 육바라좌위문입도(六波羅左衛門入道)라는 인물이 엮은 세속적 설화집이다. 그 이전에 성립한 역사서나 모노가타리에서 교훈적인 설화 282화를 모아 10편으로 분류한 것이다.

³⁸ 열전체(列傳體)의 역사담이다. 《대경(大鏡)》 이외에 《금경(今鏡)》·《증경(增鏡)》·《수경》을 합하여 4경(四鏡)이라고 한다.
³⁹ 가마쿠라시대에 나온 사론집이다. 신무(神武)천황부터 순덕(順德)천황까지의 역사를 설명하였다.
⁴⁰ 기타바다케 지카후사(北畠親房)는 《신황정통기(神皇正統記)》《원원집(元元集)》을 저술하였다. 사상적으로 주자학의 영향이 있다고 일컬어진다.
⁴¹ 아라이 하쿠세키(新井白石, 1657~1725), 이름은 군미(君美), 자는 재중(在中)이다. 호를 백석(白石)이라 하였다. 에도 사람으로, 19세 때 부친이 로닌(浪人: 王家를 떠나 녹봉을 잃은 사무라이)이 되어 가난을 겪었다. 30세에 기노시타 준안(木下順庵)의 문하에 들어갔다. 1711년(正德 원년) 55세, 종오위하(從五位下) 축후수(筑後守)에게 서용되었고, 이에노부(家宣)가 죽은 뒤, 그 아들 이에쓰구(家繼)의 재위 4년 간 정치에 참여하여 개혁한 바가 많았다. 이에쓰구가 죽고 요시무네(吉宗)가 장군이 되자 사임하였다. 1775년(享保 10년) 10월 19일에 병으로 죽었다. 전집이 있다.
⁴² 도겐(道元)은 호넨(法然)·신란(親鸞), 니치렌(日蓮)과 함께 일본 가마쿠라(鎌倉) 시대에 배출된 고승이다. 선종이 교세를 떨치던 송나라에 가서 천동여정(天童如淨) 선사로부터 선(禪)을 공부하고 돌아와 일본에 선풍을 드날렸다. 54세라는 비교적 젊은 나이에 입적했지만 《정법안장(正法眼藏)》이라는 95권에 달하는 대작을 남겨서 일본 선종 발전에 커다란 족적을 남겼다.
⁴³ 게이츄(契沖)의 가르침을 받은 가다노 아즈마마로(荷田春滿)와 그의 제자 가모노 마부치(賀茂眞淵)는 《고사기(古事記)》·《만엽집(萬葉集)》 등의 일본 고전을 유교·불교 등 외래 사상으로 해석하는 방법을 바꾸어, 일본 고유의 도를 분명히 하는 국학을 일으켰다. 이 국학을 집대성한 사람이 모토리 노리나가(本居宣長)다. 노리나가는 《고사기전(古事記箋)》 등을 저술하여, 중국서적 특히 유교에 감화되어 중국에 심취하는 마음인 '카라고코로(唐心)'를 버리고 고대의 일본에 자연스럽게 나타나 있던 '마고코로(眞心: 참마음)'로 돌아갈 것을 주장했다. 그러나 천황이 장군에게 통치를 위임하고 있는 막번(幕藩) 체제를 부정하지는 않았다. 모토리 노리나가의 영향을 받은 히라타 아쓰타네(平田篤胤)는 복고신도(復古神道)를 주창했다. 아쓰타네의 국학은 신도(神道)로 더욱 기울어 존왕론(尊王論)을 주장했기 때문에 막부 정치와 유학에 불만을 품고 있던 각지의 신관(神官)과 호농(豪農)들이 호응하였다. 또한, 장님 학자인 하나와 호키노이치(塙保己一)는 일본의 고전을 수집하여 530권의 《군서류종(群書類從)》을 출판했다.
⁴⁴ 오규 소라이(荻生徂徠, 1666~1728)의 이름은 나베마쓰(雙松), 자는 무경(茂卿)이다. 통칭 총우위문(惣右衛門)이라고 부르며, 본성은 모노베(物部), 오규씨(荻生氏)이다. 의사 집안에서 태어났는데, 어려서 부친의 귀양지에서 《대학언해(大學諺解)》를 반복 숙독

하여 자법(字法)과 구법(句法)을 깨달았다. 1690년(元祿 3년, 25세) 에도로 돌아가 정주학을 강의하였다. 1696년(元祿 9년) 8월 야나기사와 요시야스(柳澤吉保)를 섬겼고 장군 쓰나요시(綱吉)의 은밀어용(隱密御用)이 되었다. 쓰나요시가 죽고 요시야스도 실각한 이후 여항에서 문호를 폈다. 이 무렵에 명의 이반룡(李攀龍)·왕세정(王世貞) 등의 고문사(古文辭)에 공명하여, 그것을 문학·경학 양면에 응용하였다. 또 《훤원수필(蘐園隨筆)》을 저술하여 이토 진사이(伊藤仁齋)를 비롯한 당대의 학자들을 매도하였다. 그리고 막부 정치에 참여하여, 아라이 하쿠세키(新井白石)까지도 냉소하였다. 요시무네(吉宗)가 장군이 되자 다시 정치계에 노닐 기회를 얻었다. 이때부터 고문사를 벗어나 '성인의 도'를 발명하였다고 일컫고 송유(宋儒)의 잘못을 공격하였다. 1717년(享保 2년)에 《변도(辨道)》가 간행되고 이어서 《변명(辨名)》이 나왔다. 그의 강적은 다만 교토의 이토 도가이(伊藤東涯) 정도뿐이었다. 하지만 그가 죽은 뒤 그를 비판하는 저서들이 분기하였다.

45 미우라 바이엔(三浦梅園, 1723~1789)은 에도시대 중·후기 철학자다. 분고국(豊後國: 현재의 大分縣) 구니사키(國東)반도에서 태어났다. 본명은 스스무(晉), 자는 안테이(安貞)로, 바이엔은 호다. 청년시절 중국을 거쳐 들어온 서양 천문학에 접하고 불교·유학과는 본질적으로 다른 제3의 철학을 추구했다. 첫 저서 《현어(玄語)》에서는 반관합일(反觀合一)이라고 명명한 인식론과 조리(條理)라고 명명한 존재론을 기초로 우주와 자연, 인간의 원리를 설명하였다. 두 번째 저서 《췌어(贅語)》에서는 우주론·천문학·의학 등 학문 범주를 구체적으로 재구성하고 반관합일과 조리의 보편타당성을 논증하였다. 이 두 저서는 윤리학 저서인 《감어(敢語)》와 함께 그의 3대 주저로 꼽는다.

46 안도 쇼에키(安藤昌益, 생몰년 미상)는 철학자로 아키타(秋田)에서 출생했다. 19세기 왕정복고 운동의 선구자로, 유럽사상을 연구한 최초의 일본인 중 한사람이다. 아오모리현(青森縣)의 하치노헤(八戶)에서 의사로 일하였지만 1750년대에 사회사상가로 활동하였다. 도쿠가와 막부(德川幕府)의 봉건제도에 대해 비판적이었다. 저서 《자연진영도(自然眞營道)》에서 사무라이 계급의 폐지와 중앙 정부가 직접 관리하는 농업 평등 사회로 돌아갈 것을 주장하였다.

47 도미나가 나카모토(富永仲基, 1715~1746)는 《출정후어(出定後語)》를 저술하여 대승불교의 불경은 석가가 직접 설한 것이 아니라고 하는 '대승비불설론(大乘非佛說論)'을 주장하였다. 그는 불경이란 차례로 가층되어 성립하였다는 '가상설(加上說)'을 제시하여 불경을 비판적으로 연구하는 기풍을 열었다. 종래의 사람들은 불경이 모두 석가의 금구(金口)·직설(直說)이라고 믿어왔지만 그는 석가가 그 이전의 외도(外道)를 수정하여 자신의 설을 부가하였고 이어서 법화(法華)·화엄(華嚴)·열반(涅槃) 등을 가상(加上)해서 대승불교의 교리를 구축한 것이라고 논하였다. 석가의 직설은 《아함경(阿含經)》뿐이라고 주장하고서, 그 가운데서도 구송(口誦)하기 쉬운 운문(韻文) 부분

이 더 오래된 것이라고 실증적으로 논하였다.

[48] 다니자키 준이치로(谷崎潤一郎, 1886~1965)는 일본 근·현대의 소설가로, 도쿄 출생이다. 도쿄대학(東京大學) 문학부에 적을 두었으나 학비 미납으로 퇴학, 즉시 작가 생활로 들어섰다. 1900년대 초에는 탐미주의를 추구하였고, 1910년대부터 30년대 전반에는 모더니즘을 추구하였다. 그 뒤 고전으로 회귀하였다. 전쟁 중이던 1935년에 《원씨물어(源氏物語)》를 현대어로 번역하고, 대작 《세설(細雪 ; 사사메유키)》을 집필하여 1948년에 완결하였다. 이 작품으로 아사히(朝日) 문화상을 수상했다. 전후에는 모성사모(母性思慕)를 주제로 《소장(少將) 시게모토(滋幹)의 어머니》를 집필하고, 외설 논쟁을 불러일으킨 《열쇠》, 늙음과 성적 갈등을 철저하게 추구한 《풍전노인일기》를 발표하였다.

[49] 야오쵸(八百長)는 1860년대 말에 야오쵸라는 야오야(八百屋 : 야채장수)가 일본 씨름인 스모(相撲)의 연장자 아무개와 바둑을 두면서 늘 1승1패가 되도록 획책하였다는 데서 나온 말이라고 한다. 스모나 각종 경기에서 한쪽이 아예 지기로 약속을 해두고 겉으로만 승부를 겨루는 일을 가리킨다.

한자의 문제

- 91 푸른 표찰
- 92 음과 훈
- 93 글자 놀이
- 94 차용 글자
- 95 번역에 대하여
- 96 훈독식 번역
- 97 한자교육법
- 98 일본의 신자표
- 99 문자신호 체계
- 100 한자의 장래

91

푸른 표찰

아마 1930년이나 1931년 무렵의 일이었던 것 같다. 《아사히 신문(朝日新聞)》 석간에 〈푸른 표찰(綠の札, 그린 카드)〉이라는 제목으로 50년 뒤의 미래 사회를 묘사한 소설이 게재된 적이 있다. 현상응모 작품이었다. 주인공은 기업을 키우려는 욕망에 사로잡힌 범태평양항공의 여사장이었고, 그녀의 아들은 생명의 신비를 해명하고자 하는 젊은 과학자였다. 이 젊은 과학자는 자기 애인을 실험 대상으로 삼아 가사 상태에 빠뜨리고 마는데, 그 애인은 가까스로 은사의 손에 구호된다. 여사장은 가족을 돌아볼 겨를도 없이 바쁘게 살다가, 밤새 광포하게 일렁이는 태평양 상공에서 자기 회사의 대형 여객기가 번개를 맞아 추락해 사업이 파탄나자 비로소 인간적인 애정에 눈을 뜨게 된다. 대략 이런 줄거리였던 것 같다. 지금이라면 어디선가 그런 일이 일어나더라도 그리 기이하지 않을 그런 설정이었다.

이 이야기를 내가 지금까지 기억하고 있는 것은, 소설 속 인물들이 마치 전보처럼 가나(假名)로 적힌 대사를 주고받았기 때문이다. 자연언어의 성격을 잃어버리고 기호와 흡사하게 된 그 언어의 기이함이 특히 나의 주의를 끌었다. 당시 일본 및 중국의 고대문화를 연구하려고 마음먹고 있었던 나로서는 그 설정이 왠지 두려웠다. 한문 전적의 교양이 급속하게 쇠퇴하고 있었던 때라, 일본의 상황을 생각하면 전혀 있을 수 없는 일이 아니라고 여겨졌다. 이 소설의 미래는 지금 현실로 되었다. 그리고 어떤 연구자의 말에 따르면 한자는 이 수년 사이에 더

빠르게 감소하고 있어서 머지않아 소멸되리라고 한다. 한자와 가나 표기 비율도 역전되었다. 머지않아 칼그렌이 권고했던 상태가 될지 모른다.

하지만 가나 글자나 로마 글자가 도대체 문자란 말인가? 만일 언어를 표기하는 것이 문자라고 한다면 그것들은 언어를 표기하는 문자라 할 수 없다. 本(책이란 뜻의 일본말, 발음은 '혼')이나 BOOK은 언어이지만, 〔ホン(혼)〕이나 〔hon〕은 음을 늘어놓았을 뿐이어서 단어로서의 성격을 충분히 지니지 못한다. 단어로서 특정한 형태를 지니지 않기 때문이다. 알랭은 한자를 '형태에 의존하는 말'이라고 경멸적으로 불렀지만, 형태가 없는 말은 사실 언어일 수가 없다.

대학의 규모가 커져서 학생 수가 늘어나자 대학에서는 컴퓨터 시스템을 도입하였기 때문에 학생들은 모두 번호와 가나 타입으로 표시된다. 출석부도 그런 식이다. 이런 명부를 사용하면 아무리 해도 학생의 이미지가 이름과 연결되지 않는다. '그림자를 상실한 남자'라는 기묘한 공허감이 드는 것을 면할 길 없다. 아니 그림자를 잃어버릴 만큼의 형태조차도 갖지 못하는 추상(抽象)에서 받는 공허감이 사람을 곤혹스럽게 만든다. 가나만 사용하는 세계에서는 아마도 그림자를 지닐 수도 없는 문자 공간이 사람들을 지배하게 될 것이다.

한자는 형체소의 집합이므로 기억하기 쉽고 식별이 용이하다. 실험에 의하면 1,000분의 1초의 섬광만으로도 한자의 영상을 파악할 수 있다고 한다. 아마 문자기호로서 이만큼 순간 파악력이 뛰어난 것은 달리 없으리라. 한자에는 미지의 가능성이 여전히 많이 담겨 있다고 나는 생각한다.

92

음과 훈

일본의 〈음훈표(音訓表)〉[1]는 허용하는 음과 훈을 정해두고, 그 이외의 용법은 인정하지 않는다는 원칙을 세웠다. 그런데 최초의 표를 보면 음만 있는 글자가 대단히 많다. 8획까지의 글자 가운데 훈을 사용하여도 좋을 듯한 예들을 들면 다음과 같다.

亡　　円(圓) 文 功 司 圧(壓) 奴 巨 弁(辯)
号(號)　伐 兆 列 匠 吉 壮(壯) 在 地
如　　朱 毎 佐 克 却 完 対(對) 応(應)
技　　究 邦 京 例 体(體) 具 到 効(效)
卒　　周 垂 奔 委 宗 宜 屈 往 怖 抽
拍　　易 昇 武 殴(毆) 英 附 非

음을 사용한다면 가능한 한 훈도 알아두는 편이 좋을 것이다. 한자음이 곧 일본어인 것은 아니기 때문이다. 亡(망)은 逃亡(도망)이라든가 死亡(사망)이라든가 할 때 비로소 언어가 된다. 즉 동의어를 연결하여 둠으로써 언어가 된다. 혹은 亡國(망국)이나 亡靈(망령)처럼 수식관계의 말이 됨으로써 그 글자 뜻을 확실하게 굳힌다. 그런 말을 사용하기 위해서는 亡(망)이 '도망하다' '잃어버리다' 라는 의미를 지닌다는 사실을 알고 있지 않으면 안 된다. 훈을 지님으로써 그 글자는 비로소 일본어가 되는 것이다.

《만엽집》이나 《고사기》, 《일본서기》를 보면 훈(訓)을 표기함으로써 한자는 언어로서의 피와 살을 지니게 되었음을 알 수 있다. 한 글자마다 한 음만 지니게 한다는 식은 본래 일본어 표기 방법이 아니다. 한자는 훈이 없이는 일본어 영역 속에 들어오지 못한다. 음훈표를 만들 때 음 위주의 용법에 편중한 것은 한자를 일본어 영역에서 되도록 배제하려고 하였기 때문이다.

일본의 옛 자서도 본디 훈을 위주로 하였다. 헤이안(平安) 말기의 이로하(いろは) 사전인 《이로하 자류초(色葉字類抄)》에는 '이타루(いたる : 도달하다)'라고 읽는 글자를 85개, '미루(みる : 보다)'라고 풀이하는 글자를 56개나 등록하였다. '가에리미루(かえりみる : 돌아보다)'만도 15개나 된다. 훈이 있어야만 한자는 의미를 파악할 수 있다. 훈이 없는 글자는 기호에 지나지 않는다. 훈을 삭제하는 일은 국민의 부담을 경감시키는 것이 아니라 의미도 알 수 없는 기호를 강제로 익히도록 부담을 가하는 짓이다.

문자는 글로 적는 것인 이상, 문장문자다. 문장으로 읽는 것을 전제로 한다. 그래서 언어의 구체적인 의미를 한정해서 명확한 형태로 적는 방법이 있다면, 되도록 그 방법을 사용하는 것이 바람직하다. 그런데 음훈표를 보면 '하카루(はかる : 재다)'의 훈에 圖(도)·計(계)·測(측)·量(량)을 들었다. 謀(모)·議(의)는 자음으로는 사용하지만 훈의 용법이 없다. 지금은 민주주의 시대이므로 회의에서 '정한다'는 뜻을 지닌 議(의)의 훈 '하카루(はかる)'를 남겨두어도 좋을 법하다. '아라와스(あらわす : 드러내다)'에는 表(표)·著(저)의 두 글자를 들었다. 하지만 顯(현)을 자음 사용에 첨가했으니 이 글자를 훈 읽기에 첨가해도 좋을 성싶다. '기와메루(きわめる : 궁극에까지 이르다)'에는 窮(궁)만 배당했으나, 자음 사용에 허용한 究(구)와 極(극)도 같은 훈 읽기로 삼

아도 좋을 것이다. 이것은 다행히 1973년 개정 때 추가되었다.

지금 일본에서는 부사, 접속사를 모두 가나로 적기로 하고, 동사에는 한 글자의 한자만 배당하게 되어 있다. 그러나 이것은 일종의 언어 통제이고, 국수사상의 발로다. '오모우(おもう : 생각하다)'의 훈에는 思(사)만 허용했는데, 자음 사용을 허용한 想(상)·懷(회)·念(념)도 모두 일본에서 같은 훈으로 읽혀오던 글자들이다. 이런 식으로 규제한다면 〈음훈표〉 이전의 문장을 전혀 읽지 말게 하는 교육을 하는 것과 마찬가지다. 음과 훈의 관용 범위를 훨씬 넓혀야만 할 것이다.

93 글자 놀이

고등한 동물일수록 유희본능을 지닌다고 한다. 그런 관점에서 말한다면 글자 놀이를 할 수 있는 문자일수록 고등한 문자라고 하겠다. 유희할 수 없는 글자일수록 글자의 가치가 떨어지는 것이 아니겠는가.

《만엽집(萬葉集)》의 가인들은 노래를 표기할 때 희훈(戲訓)을 많이 사용하였다.

言云者 三三二田八酢四 小九毛 心中二 我念羽奈九二 (《만엽집》 2581)

〔읽기〕 言に言へば耳にたやすし少なくも心のうちに我が思はなくに

〔번역〕 말로 말하면 귀에 즐겁다. 적어도 마음속에 내 생각은 없기에.

垂乳根之 母我養蠶乃 眉隱 **馬聲蜂音**石花蜘蹰 荒鹿 異母二不相
而 《만엽집》 2991)
〔읽기〕たらちねの 母が飼(か)ふ蚕(こ)の 繭(まよ)隱(ごも)り いぶせくも
あるか 妹(いも)に逢(あ)はずして
〔번역〕모친이 기르고 있는 누에가 고치 속에 틀어박혀 있듯이 개운치
않은 기분입니다. 저 처녀를 만날 수 없기에.

숫자를 늘어놓은 표기를 사용하거나 동물의 울음 소리를 의성어로
옮겨서, 유희적 분위기가 상당히 짙다. 상문가(相聞歌, 소몬카 : 이성을
연모하는 노래)로서 상대방의 주의를 끄는 효과가 있었을 것이다. 상대
처녀를 '異母(이모)'라고 한 것도 달리 예가 없어서 조금 마음에 걸리
는 표기법이다. 또한 대수롭지 않은 표기지만 주목할 필요가 있는 것
이 있다.

旅尒之而 物戀之伎尒 鶴之鳴毛 不所聞有世者 **孤悲而死萬思** (《만
엽집》 67)
〔읽기〕旅にしてもの戀ほしきに鶴が音も聞こえずありせば戀ひて死
なまし
〔번역〕길 떠나 너무도 그립기에 학 울음도 들리지 않으니 그리워 죽을
지경이로다.

'孤悲而死萬思(고비이사만사)'라는 표기 속에 작자의 애절한 그리
움이 담겨 있다. 표기는 정말로 표현인 것이다.
글자 놀이는 역시 한시문이 성행할 때 한자에 친숙한 사람들이 장
난스럽게 많이 하였다. 《십훈초(十訓抄)》에 오노노 다카무라(小野篁)

의 이야기라면서 전하는 '無樂善(무락선)'이란 글자 수수께끼가 있다. '사가나쿠바요카리나마시(さがなくばよかりなまし)'라고 읽어서 차아(嵯峨) 천황을 저주한 말이라고 한다. '그렇지 않으면 좋은 일 없다.'는 뜻이다.

오노노 다카무라는 광탕(狂蕩)한 사람이라고 간주되어 그에게 이런 따위의 이야기가 많다. 《우치습유(宇治拾遺)》에는

子子子子子子子子子子子子

라고 子를 12개 적고는 이것을

猫の子 小猫, 獅子の子 子獅子(ねこのこ こねこ, ししのこ こしし)
고양이 새끼는 새끼고양이, 사자 새끼는 새끼사자

라고 읽었다는 이야기가 있다. 또 《강담초(講談抄)》에 보면 그가

一伏三仰不來待, 書暗强雨戀筒寢

이라는 7언 2구의 난제를 제시받자, 그것을 《고금집(古今集)》 제775수의

月夜に來ぬ人待たるかきくらし雨も降らなむ びつつも寢む
月夜には來ぬ人待たるかきくもり雨も降らなんわびつつもねむ.
달빛이 아름다운 밤에는 오지 않을 그 사람이 왠지 기다려진다. 하늘 가득 흐려져 비라도 뿌려주면 좋으련만. 그러면 비참한 생각은 들지언정 홀로 잠이라도 청할 텐데.

라고 하는 노래라고 풀이했다고 한다. '一伏三仰(일복삼앙)'은 '夕月夜(석월야 : 저녁 달 뜬 밤)'라는 것이다.

또 그때의 난제 가운데 하나에 '木頭切, 月中破(목두절, 월중파)'가 있다. '木頭切'은 不(불), '月中破'는 用(용), 둘을 합하여 不用(불용)이다. 이렇게 문자를 분리하고 합하고 하면서 수수께끼를 하는 것을 이합(離合)이라고 하다.

글자 수수께끼가 한편의 소설을 구성한 예도 있다. 당나라 전기소설 《사소아전(謝小娥傳)》이 그것이다. 소아는 남편과 아버지가 강상(江上)에서 적에게 살해되었는데, 남편이 꿈에 나타나 "나를 죽인 자는 禾中走, 一日夫(화중주, 일일부)다."라고 가르쳐주었다. 소아는 그 수수께끼를 풀기 위해서 걸식하면서 여러 지방을 돌아다니다가 이공좌(李公佐)를 만났다. 이공좌는, 禾中走는 田(전)의 상하를 관철하는 것이므로 申(신), 一日夫는 합하여 春(춘), 따라서 적의 이름은 申春(신춘)이라고 가르쳐주었다. 그녀는 적의 소재지를 알아내고 남장을 해서 그 집에 들어가 살다가 복수를 하였다. 이공좌는 그 전기소설의 작자다.

또 《옥대신영(玉臺新詠)》[2]의 고절구(古絶句)에 다음과 같은 시가 있다.

藁砧今何在, 山上復有山. 何當大刀頭, 破鏡飛上天.
고침은 지금 어디에 있는가. 산 위에 또 산이 있구나.
어느 때엔가 마땅히 **대도두**하여, **파경**이 날아서 하늘로 오르려나.

藁砧(고침)은 砆(부)라는 돌인데, 夫(남편, 지아비 부)를 가리킨다. 제2구 '산 위에 또 산'은 出(출)이란 뜻이다. 大刀頭(대도두)는 鐶(갈고리 환)으로, 還(돌아올 환)을 뜻한다. 破鏡(파경)은 半月(반월)이다. 즉 이 시는

'남편이 집을 나가 언제 돌아올까. 그것은 반개월 뒤' 라는 말이다.

육조시대 송나라 시인 포조(鮑照)에게도 수수께끼 시 3수가 있다. 그 첫 번째에

二形一體, 四支八頭, 四八一八, 飛泉仰流

라고 하였다. 이것은 우물〔井〕이다. 四八은 32, 거기에 一八(8)을 더하여 四十(40)이다. 우물〔井〕의 모습은 十을 네〔四〕 개 포갠 형상이다.

일본의 《본조문수(本朝文粹)》에도 다음과 같은 자훈시(字訓詩)가 들어 있다.

火盡仍爲燼, 山高自作嵩.
불이 다 타면 그대로 소진할 진(燼)이 되고 산이 높으면 저절로 높을 숭(嵩)이 된다.

에도 말기의 모토이 우치토(本居內遠)에게 《후내량원하증지해(後奈良院何曾之解)》라는 일본어 수수께끼 해설서가 있다. 何曾(하증)은 수수께끼란 뜻의 일본어 나조(なぞ)를 풀이한 말이다. 그 가운데, '매(鷹)가 마음이 있어 새를 잡는다' 라는 뜻을 가진 글자가 '應(응)' 이라고 풀이한 수수께끼가 있다. 에도시대의 수필에는 이러한 종류의 것이 아주 많았다.

94 차용 글자

음으로 번역하는 한자는 모두 차용자다. 하지만 차용자라도 무언가 의미를 지니는 일이 있다.

영국은 일찍이 '英吉利'로 번역하였으나, 처음에는 '咉咭唎'라고 입 口를 붙인 표기를 사용하였다. 청나라 건륭 58년(1793), 영국의 정사(正使)로 매카트니(McCatney) 경이 청나라에 조하(朝賀)하러 갔을 때, 전례 문제 때문에 갈등을 빚다가 삼궤구고(三跪九叩)의 예를 행하는 것으로 낙착을 보아 가까스로 중국 천자를 알현할 수 있었다. 그때 건륭 황제의 상유(上諭)에서는 영국을 표기할 때 口를 붙인 글자를 사용하였다. 매카트니도 '馬戞爾尼(마우이니)' 네 글자에 모두 口를 붙여 적었다.

중국의 전통관념에 의하면 사방 오랑캐는 모두 狄(적)·蠻(만)과 같은 식으로 짐승처럼 간주되었다. '英吉利'의 경우도 狗(개 구)의 축약 부호인 口를 붙였던 것이다. 차용자를 사용할 때도 중화의 전통과 원칙을 엄중하게 따라야 한다는 것이 건륭 황제의 생각이었다.

중국의 자서 《사해(辭海)》는 그 부록에 서양 단어를 번역한 약 1만 3,000어휘를 수록하였는데, 고유명사는 모두 음역이다. 괴테를 歌德(가덕), 칸트를 康德(강덕)이라고 한 것들은 상당히 그럴 듯하다. 색인(索引)을 引得(인득, index)이라고 하는 것은 음과 뜻을 모두 잘 살렸다. 새로운 말을 예로 들면, 비타민은 維他命(유타명), 모델은 模特兒(모특아)다. 하지만 카레라이스는 加利飯(가리반)이라 하였으니, 아무래도 독극물 이름〔청산가리〕같아서 먹기 어려울 것 같다.

일본말을 중국 한자어로 바꾼 것으로는, 남송 때 나대경(羅大經)이 엮은 《학림옥로(鶴林玉露)》의 한 텍스트에 굴저(窟底 : 구치 = 口)나 사희(沙嬉 : 사케 = 酒) 등이 있다고 한다. 이 번역은 상당히 정감이 간다. 명나라 가정 35년(1556년) 일본국에 사절로 와서 오토모 소린(大友宗麟)[3)]의 곳에 체재한 정순공(鄭舜功)은 《일본일감(日本一鑑)》이란 책을 엮었는데 그 권5 〈기어(寄語)〉에 음역 일본어 4,300자를 실어두었다. 그 가운데 다실(多失 : 도시 = 年), 역급(亦急 : 이키 = 息), 요매(耀邁 : 야마 =山) 등은 조금 불만스럽다.

16세기 말 명나라 사람이 엮은 《일본풍토기(日本風土記)》[4)]에 홍면적도(紅面的倒 : 오메데토), 천수만세(千首萬世 : 千秋萬歲) 등의 말이 있다. 이것을 보면, 그 무렵부터 일본인은 정월이면 술에 취해 자빠졌던 것이 아닌가 여겨지게 된다.

또 진천기(陳天麒)의 《동어입문(東語入門)》(광서 21년, 1895년)은 東京(도쿄)을 '託開(탁개)'라고 적었다. '토우케이'라는 음에 가깝다. 당시 도쿄를 그렇게 불렀던 것이다. 또 도박(賭博)을 '발고기(拔苦氣 : 바쿠치)라고 적었는데, 도박을 한다고 괴로운 기색(苦氣)에서 빠져나올 수 있을지 의심스럽다.

일본의 유희 문자는 초기 쇄락본(灑落本, 샤레본 : 풍속소설)[5)]에 많다. 책 이름 《북곽계란방(北郭鷄卵方)》은 "경성(傾城 : 미인)에게는 진심이 없고, 달걀은 네모난 것이 없다." 사각형의 계란은 없다."는 뜻이다. 의훈(義訓)에 희훈(戲訓)을 사용하는 일도 쇄락본에서 유행한 것이다. 다음과 같은 예들이 있다.

敢問娘子尊名
〔읽기〕おいらんのなはなんといいやす.

〔번역〕 그대의 이름은 무엇인고

辱賜捐書
〔읽기〕 おんふみくだされかたじけなくそろ
〔번역〕 서한을 주셔서 어찌할 바를 모르겠소

또 '有理 = げにも(참으로)', '似而非 = えせ(가짜)' 등은 일본어를 가차한 것이다.

이러한 속어훈(俗語訓)은 독본(讀本, 요미혼)의 작자들도 즐겨 사용하였다. 바킨(馬琴)[6]의 《남총리견팔견전(南總里見八犬傳, 난소사토미핫켄덴)》에는 什麽(shénma : 도대체), 剛才(gāngcái : 가까스로), 四零八落(sìlíngbāluò : 뿔뿔이), 白物(báimò : 바보) 등의 중국어가 넘쳐난다. 바킨은 중국 소설을 읽는 사람에게 도움을 주려는 뜻에서 그런 말을 썼다고 하였지만, 그저 학식을 자랑한 데 가깝다.

에도시대 희작(戯作, 게사쿠)[7]의 글자 놀이는, 데라몬 세이켄(寺門靜軒)의 《에도번창기(江戸繁昌記)》, 아래로 내려와 나리시마 류호쿠(成島柳北)의 《유교신지(柳橋新誌)》에 두드러지게 많다. 《에도번창기》는

候君候君在蚊帳外
〔읽기〕 ヲマヘマチマチカヤノソト
〔번역〕 그대를 기다리네 기다리네, 모기장 바깥에서

라는 식으로, 수상쩍은 한자어에 일부러 속훈을 붙였다. 에도 광시문(狂詩文)과 마찬가지로 반항정신을 표현하였다고 간주되어, 데라몬 세이켄은 사무라이 가계에서 추방되었다.

《유교신지》도 메이지 새 정부를 매도한 내용이다. 개화한 어느 서생이 기루(妓樓)에서 영어를 멋대로 과시하는 이야기가 있다. 기녀가 이름을 영어로 가르쳐달라고 하자, 그 서생은 오타케(阿竹)는 밤부〔蠻蒲〕, 오우매(阿梅)는 푸리무〔哎唎〕, 오도리(阿鳥)는 비르도〔弗得〕라고 술술 답한다. 하지만 미사키치(美佐吉)나 아차라(阿茶羅)에 이르러서는 진땀을 흘리고 떠나고 만다. 나리시마 류호쿠는 구 막부의 신하로서 이제 '천지 간에 쓸모없는 자'라고 자칭하였다. 그래서 그는 기루에서 낭패를 당한 사무라이에 자신을 가탁하였다. 그리고 하녀에게

眞に是れ被髮夷人, 攘ふべし 攘ふべし.
〔읽기〕 マコトこ コソ ザンギリトウジン ベケ ベケ
〔번역〕 정말로 이 자는 머리 기른 오랑캐로군, 꺼져, 꺼져.

라는 말을 내뱉게 하여, 스스로를 조소하였다. 이 희문 속에는 세속에 대항하는 정신이 굴절된 모습으로 숨어 있다.

95
번역에 대하여

번역이라는 것은 그림자를 베끼는 일일지 모른다. 일본 문학이 중국어로 번역될 때 어떠한 형태로 되는가를 보면, 과연 그렇구나 하고 새삼 깨닫게 된다.

《도연초(徒然草, 쓰레즈레구사)》의 첫 문장은 다음과 같다.

X 한자의 문제 | 353

づれづれなるままに日ぐらし硯にむかひて心にうつりゆくよしなしご
とをそこはかとなくかきつくればあやしうこそものぐるほしけれ
〔번역〕 무료한 채로 나날을 보내며 벼루를 마주하여 마음 속에 일어났다
가 사라지는 하찮은 일들을 있는 그대로 그저 글로 적으면 기이하게도
미칠 듯하구나.

이것을 중국의 욱달부(郁達夫)가 다음과 같이 번역하였다.

信無聊的自然, 弄筆硯以終永日, 將印心上來自的無聊瑣事, 渾渾
沌沌, 寫將下來, 希奇古怪, 倒著實也有默兒瘋狂的別趣.

번역으로서는 무난한 것이겠지만, '벼루를 마주하여(硯にむかひて)'
가 '농필연(弄筆硯)' '하찮은 일(よしなしごと)'이 '무료쇄사(無聊瑣
事)'로 되고, 또 '이상하게도(あやしうこそ)' 이하가 '희기고괴(希奇古
怪)' 이하의 문장으로 된 것은 역시 허풍스러운 느낌이 든다. 와카나
하이쿠의 경우는 언어표현 방식이 다르므로 아무리해도 제대로 번역
하기가 어렵다.
명나라 이현공(李玄恭), 학걸동(郝杰同)은 《일본고(日本考)》에서 《고
금집(古今集)》의 와카를 아래의 한문으로 번역하였다

月邪阿賴奴 春耶木革失那 發而乃賴奴 我身許子外 木多身尼失
而
〔읽기〕 つきあらぬ はるや むかしの はるならぬ わがみばかりは もと
のみにして
〔번역〕 달은 지난날의 달이 아니오, 봄은 지난 해의 봄이 아니건만, 이

몸만은 옛날의 그 몸이로다
〔한문번역〕 月非昔月, 春非昔春, 我身不比故舊, 故舊不是我身.

한문 번역은 일본어의 원문에 담긴 영탄의 어조를 제대로 옮길 수 없었다. 또 《고금집》에서 노래를 표기할 때 春(춘)·身(신)·許(허) 등 일본어로 훈독하는 글자를 사용한 것도 주의할 필요가 있다.

일찍이 와세다(早稻田)대학에서 공부하여 일본문학의 소개자로 알려져 있는 사육일(謝六逸)[8]은 다음과 같이 번역하였다. 이것은 산문에 가깝다.

月呀 儞不是昔日的月 但儞與從前無異
春呀 儞不是昔日的春 但儞與從前無異
只有我一人雖是昔日我 但己不是昔日的景況了

일본어로 표기된 문학을 중국어로 번역하기 어려운 것은, 단형의 시로 갈수록 더욱 심하다. 바쇼(芭蕉)의

古池や 蛙飛びこむ 水の音
오래된 연못이여 개구리 뛰어드는 물소리

라는 명구가 있다. 이것을 중국인들은 다음과 같이 번역하였다.

古池呀 青蛙跳入水裏的聲音(周作人)
蒼寂古池呀, 小蛙兒驀然跳入, 池水的聲音(成仿吾)
青蛙 躍進古池 水的音(鄭振鐸)

幽寂的古池呀 靑蛙驀然躍入 水的音(謝六逸)

대가들이 번역했지만 맥연(驀然), 약진(躍進), 도입(跳入)으로는 원래의 구가 지닌 운치를 전할 수가 없다. 이 시구에서 작은 생명이 묘사해내는 파문은 그러한 표현 방향과는 반대인 것이다.

사육일은 또 《만엽집》의 단카 15수, 초카 4수를 중국어로 번역하였다. 아마 그는 《만엽집》을 무척 즐긴 사람이었던 듯하다. 예를 들어 가키노모토노 히토마로(柿本人麻呂)가 지은 제133수는 다음과 같다.

小竹之葉者 三山毛淸爾 亂友 吾者妹思 別來礼婆
〔읽기〕小竹(さそ)の葉は み山もさやにさやげども われは妹(いも)思ふ 別れ來ぬれば
〔번역〕조릿대 잎이 바람에 흔들려 쏴아쏴아 울고 있지만 나는 그 사람을 생각하지 않아요. 이별한 뒤로는.

사육일은 아래와 같이 한역하였다.

〔한역〕別妻後來到山道 嵐吹竹葉沙沙作響 雖是騷然 怎能擾我思妻的心尼

또 야마베노 아카히토(山部赤人)가 지은 제925수를 사육일은 아래와 같이 한역하였다.

ぬば玉の夜の更けゆけば久木生ふる淸き河原に千鳥しば鳴く
〔번역〕흑옥같이 검은 밤이 깊어가며 개오동나무 잎 피어나는 맑은 하원

에 물떼새 자주 우네

〔한역〕 夜漸深了　長着楸的清寂的河源　千鳥頻的叫喚

위의 히토마로 노래를 번역할 때는 원래 노래에 나타난 サ(사)행의 음을 살리려고 고심하였던 듯하다. 하지만 마지막 구의 '이별한 뒤로는'을 첫째 구로 옮겼는데, 이래서는 여운을 잃고 만다. 또 아카히토 노래에 나오는 '물떼새 자주 우네'도 '규환(叫喚)'으로 번역해서는 어감이 살지 않는다. 일본과 중국은 한자를 공유하지만 일본의 노래를 중국어로 번역하기란 쉽지 않다는 사실을 알 수가 있다.

96
훈독식 번역

한시문의 훈독을 하나의 번역이라고 주장한다면 아마 비웃으며 반박할 사람이 있을 것이다. 본래 번역이라는 것은 역자에 따라 모두 다를 수밖에 없다. 도스토예프스키의 것은 누구의 번역으로 읽는다든가, 우에다 빈(上田敏, 1874~1916)의 시 번역[9]은 원작보다 뛰어나다든가 하는 식이다. 어쨌든 번역은 개성적이지 않으면 안 된다. 누가 읽더라도 마치 공약수처럼 같은 번역이 존재할 리 없다. 누구나 다 두보의 시구 '國破山河在(국파산하재)'를 '國破れて山河在り(나라 깨졌어도 산하는 있도다)'라는 식으로 읽는다면, 일부러 석학에게 자문할 필요도 없다. 하지만 가장 뛰어난 번역은 하나이지 않을 수 없다. 서너 개의 번역이 있을 수 있다면 어떤 것도 완전하지 않다는 말이 된다. 그런데 누가 읽

더라도 같다고 할 수 있는 번역이 존재한다. 곧 한문의 훈독식 번역이다. 나는 이 훈독식 번역을 역시 뛰어난 번역이라고 생각한다. 다만 훈독식 번역 읽기에서 각자 무엇을 느끼는가 하는 것은 이해(理解)의 문제에 관련되어 있다.

일본문학의 예를 들면, 모리 오가이(森歐外)나 나쓰메 소세키(夏目漱石)를 읽는 방식은 독자의 연령이나 상황 등에 따라 달라지기 마련이다. 작품도 독자도 시간과 함께 움직이기 때문이다. 지금은 쇼요(逍遙, 1859~1935)[10]가 번역한 셰익스피어를 읽는 사람이 아마 없을 것이다. 히라타 도쿠보쿠(平田禿木, 1873~1943)[11]가 번역한 소설 따위도 쉽게 찾아볼 수 없게 되었다. 하지만 훈독법이 대상으로 삼은 중국의 고전은 그리스·라틴의 고전과 달리 움직이는 일이 없었던 세계다. 따라서 훈독 문장도 움직임 없는 문체를 지닌다. 그 훈독법으로 읽는 한, 《사기》든 두보든 이백이든, 어느 누가 읽더라도 마찬가지다. 즉 중국의 고전은 훈독법에 의하여 일본어 영역 속으로 들어왔으며, 일본의 고전을 읽는 것과 특별히 다른 점이 없게 되었다. 아마 외국의 문헌이나 작품이 이렇게 안정된 형식으로, 다시 말해 번역문과 고정적 관계를 유지하면서 이해될 수 있는 예는 전 세계에서 달리 찾아볼 수 없을 것이다. 이 훈독법을 가지고 일본의 옛 사람들은 중국 고전을 완전히 일본어 영역으로 옮겨놓아 자기 것으로 소유할 수 있었던 것이다.

설령 훈독을 문학적 재생의 방법으로 인정하지 않는다고 하여도 훈독법 이상으로 한문을 일본어에 이식시켜 재생할 수 있었던 방식이 일찍이 또 있었던가? 일본에서 한문의 번역을 시도한 일이 극히 드물었다고 하는 것도 그러한 사정과 관계가 깊다. 한시 번역을 보면 사토 하루오(佐藤春夫, 1892~1964)[12]의 번역에 미칠 만한 것을 찾아볼 수가 없다. 하지만 그가 번역한 《고조자애집(古調自愛集)》·《거진집(車塵

集)》·《옥적보(玉笛譜)》의 풍부한 서정은 원래의 시가 가지고 있었던 것이라기보다도 원래의 시에 의해 촉발된 사토 하루오 자신의 것이라고 여겨진다. 백거이의 〈낙양의 봄 느낌(洛中春感)〉이란 시를 번역한 시를 보면, 번역시 자체가 원래의 시와는 별도로 시취(詩趣)를 이루고 있다.

[백거이 시]	[한국어 의역]
莫悲金谷園中月	금곡원 달을 서글퍼 말라
莫歎天津橋上春	천진교 봄을 한탄치 말라
若學多情尋往事	다정함을 배워 지난날을 추억한다면
人間何處不傷神	인간세계 어딘들 서럽지 않으랴

[사토 하루오 역]	[한국어 의역]
月を勿泣きそ不忍に	달 보고 우지마라 참지 못하고.
春な歎きそ言問に	봄을 탄식마라 이야기 끝에.
あはれを知らば思ひ出の	서글픔을 알게 되면 추억의
何處とわかつ淚かは	어느 곳인들 분별하랴 눈물이.

 백거이의 원래 시를 훈독 그대로 읽는 흥취도 빠뜨릴 수 없다. 아마도 《회풍조(懷風藻)》[13]의 시인들 이래로 중국의 시는 그러한 훈독 방식으로 읽어왔고, 또 시도 그런 식으로 지어왔을 것이다. 일본인들의 한자 감각을 지탱해왔던 것은 실로 훈독에 의한 문아(文雅)의 전통이었다.

97 한자교육법

한자는 기계적으로 가르칠 것이 아니다. 기억시켜 깨닫게 해야 한다. 말은 문장 속에, 작품 속에 있다. 깨닫는다는 것은 그 숨결 그대로 말을 파악하는 일이다. 애독하는 작품의 어떤 부분을 암송할 정도로 읽어본 사람이 많을 것이다. 암송하는 그 글에서 말과 문자는 더 이상 뗄래야 뗄 수 없는 관계로 있다. 문자만 떼어내어 가르치려는 것은 암호를 기억시키는 일과 마찬가지로 애초부터 무리한 이야기다.

부득이 문자를 가르칠 필요가 있다고 한다면 문자구조가 지닌 체계성을 이해시켜야 한다. ㅂ(부)는 신(神)을 향한 기도, 𠂤(사)는 군사(軍事), 阜(부)는 신 사다리라는 기본 뜻에 근거하여 자형의 구조를 계열적으로 설명해간다면 학습자가 문자에 대해 정확한 지식을 지닐 수 있다. 자기의 지식으로 지님으로써 기억은 확실한 것이 된다. 암송할 정도로 읽는 방법을 지도하지도 않고 자형을 계열적으로 이해시키지도 않으면서 한자를 기억하라고 시키는 것은 학습자에게 무리한 요구를 하는 것이다.

지금 항간에는 한자를 교육하는 방법이 범람하고 있다. 그러나 교육방법만으로 문제를 해결할 수 있다고 여긴다면 그 생각은 애당초 잘못이다. 한자 교육법에는 임시방편적인 것이 많다. 어떤 교육위원회에서 학업이 부진한 아동을 위해 다음과 같은 지도안을 고안하였다고 한다.

親(친할 친) : 서 있는 나무 곁에서 지켜보는 양친.
放(놓을 방) : 나무 가지를 가지고 저쪽으로 추방한다.
原(근원 원) : 벼랑 아래의 샘물이 들판으로 흐른다.
配(나눌 배) : 술병이 깨지지 않을까 염려함.[14]
字(글자 자) : 집에서 아이가 글자를 적는다.
安(편안할 안) : 집 안에 있는 여자는 안전.
切(끊을 절) : 칼을 가지고 일곱 조각으로 자르다.
和(화할 화) : 쌀〔禾=米〕을 먹을 수 있는 평화스러운 시대.
知(알 지) : 알게 된 것을 화살 쏘듯 얼른 말한다.

그러나 配(배)는 앉아 있는 사람 앞에 술을 나누는 일, 切(절)은 뼈를 자르는 일, 原(원)은 源(원)의 원래 글자다. 다른 설명들도 모두 임시방편에 지나지 않는다.

하지만 부득이 임시방편으로 해설해야 한다면 가능한 한 자형을 분석하지 말고 형태만 가르치는 설이 문자에 대한 그릇된 선입견을 넣어 주지 않아 좋으리라고 생각한다. 이를테면 業(업)이란 글자는 다음과 같이 해설할 수 있다.

タテタテチョンチョンヨコチョンチョン ヨコヨコヨコタテ チョーンチョン
세우고 세우고 비끼고 비끼고, 옆으로 옆으로 비끼고 비끼고 옆으로 옆으로 옆으로 세우고 비ー끼고 비끼고

또 분해적인 방법으로 朝(아침 조)를 '十月十日'이라고 기억시킬 수도 있다. 이른바 이합(離合)의 방식이다.

한자를 기억시키는 공부법은 옛날부터 있었다. 일본의 에도 시기에는 우타지즈쿠시(歌字盡)를 행하였다. 예를 들어 椿(춘 : 쓰바키), 榎(가 : 에노키), 楸(추 : 히사기), 桐(동 : 히이라기)의 글자를 기억시키는 방법으로 다음과 같은 노래를 부르게 하였다.

春つばき夏はえのきに秋ひさぎ冬はひいらぎ同じくはきり
하루 쓰바키, 나쓰와 에노키, 아키 히사기, 후유와 히이라기, 오나지쿠 하키리.
봄 춘은 동백 춘, 여름 하는 팽나무 하, 가을 추는 가래나무 추, 겨울 동은 오동나무 동. 꼭같아 분명쿠나.

지금 일본의 한자 정책은 조수초목(鳥獸草木)의 이름에 한자를 사용하지 않는 것을 원칙으로 삼고 있다. 조수초목의 이름은 실은 일본인의 성(姓)에도 많이 사용된다. 그렇거늘 일본의 한자 정책은 많은 사람들이 성으로도 사용하는 글자들까지도 모두 상용한자의 범위에서 삭제하여 상용한자의 수를 줄이겠다는 식이다. 이렇게 숫자를 중시하는 점수주의가 일본의 문자 정책을 왜곡시키고 있다.

노래로 기억시키는 교육법 가운데는 새로 시도되는 것도 많다. 국어과학회(國語の科學會)가 편찬한 《문자기억의 노래(文字記憶の歌)》(1936년, 東苑書房 간행)는 옛 방법과 새 방법들을 모아두었다. 다음과 같은 노래는 유머가 넘친다.

毛は尾にて 九は尻(しり)なれば 水尿(いばり) 死ねば屍しかばね)ぞ 比ぶるは(くちぶるは)(へ)ぞ
주검 尸에 毛(모)는 꼬리 미(尾), 九(구)는 꽁무니 고(尻), 물이 되면 오줌

뇨(尿), 죽으면 시신 시(屍), 비교하는 것은 방구 비(屁).

다음과 같은 노래도 기억하기가 쉽다.

正しきは政(まつりごと)なり 古き故 救(すくひ)求めて 己(おのれ)改む.
올바른 것은 정치 정(政), 오래된(古) 까닭에(故) 구제(救)를 구(求)하여
자기(己)를 고치네(改).
*正-政, 古-故, 救-求, 己-改

 올바른 자설(字說)을 아동에게 이해시키기란 곤란한 일이다. 하지만 글자를 기억시키기 위해서 틀린 것을 가르쳐도 좋다고 할 수는 없다. 일본에서 올바른 자형 교육을 방해하는 것은 실은 다름 아닌 일본 정부가 만든 〈신자표(新字表)〉다.

98
일본의 〈신자표〉

 일본의 〈신자표〉에는 옛 글자의 어디를 고쳤는지 상당히 세심하게 주의하지 않으면 구별하기 어려운 것이 많다. 그렇게 글자를 고친 이유는 형태를 통일시키려는 데 있는 듯하다. 즉 장식적인 글자체를 만든다는 관점에서 그런 것이지, 정자(正字)를 제시한다는 이념에서 그런 것이 아니다.
 舍(사)와 害(해)의 옛 글자체는 중앙의 직선이 口에 도달해 있으나

신자체는 그렇지 않다. 아마도 吉(길)과 자형을 같게 하기 위해서 중앙의 직선이 口에 도달해 있던 부분을 잘라낸 듯하다.

앞서 말하였듯이 㕣(사)와 害(해)의 윗부분은 손잡이 형태이고 아랫부분은 긴 바늘이다. 凵를 바늘로 찔러 그 주술 능력을 버리고〔㕣〕 해치는〔害〕 것이다. 吉(길)은 凵 위에 도끼 머리의 기구를 두고 지키는 형태이니, 㕣나 害 와는 글자 뜻을 세운 방식이 거꾸로다. 그러나 〈신자표〉에서 제시한 형태를 가지고는 자형을 제대로 설명할 수가 없다.

害(해)의 바늘 끝을 잘라버렸기 때문에 契(계)도 자형을 고쳤고, 그리고 喫(끽)도 潔(결)도 모두 자형을 고쳤다. 전혀 쓸데없는 짓이지, 아무 해가 없는 정도가 아니다. 이것도 새 글자의 수를 늘리려는 점수주의의 결과인 듯하다.

〈신자표〉에서 고시하였듯이 㕣(사)를 㕣의 꼴로 고친다면, 㕣와 같은 형체소를 지닌 余(여)는 어째서 그대로 두는가. 徐(서), 除(제), 斜(사), 途(도), 敍(서)는 모두 㕣와 같은 계열의 글자들이다. 害(해)를 害의 꼴로 고치고 契(계) 계열 글자의 형태도 고쳤다면, 㕣를 㕣의 꼴로 고치고도 余 계열의 글자들은 형태를 그대로 둔 것은 말이 안 된다. 계열이 둘로 나뉘어 지리멸렬하게 되었다.

突(돌), 器(기), 類(류)는 모두 犬을 구성 부분으로 삼는 글자들이다. 그런데 〈신자표〉가 고시한 그 글자들은 犬의 점을 빼어버렸다. 하지만 犬(견), 求(구), 術(술)에는 점을 남겨 두었다. 실은 그 점은 본래 짐승이 귀를 늘어뜨린 모습으로, 짐승의 죽음을 표시한다. 突(돌), 器(기), 類(류)의 세 글자도 개〔犬〕를 희생물로 삼는 것을 표시하는 글자다.

일본의 〈신자표〉는 그토록 미세한 부분까지 글자 형태를 바꾸면서도 어째서 자형의 기본적인 해석에 대해서는 소략한지 모를 일이다.

馬(말 마)를 鹿(사슴 록)이라고 읽게 하였다[15]는 저 우민정책을 상기시키는 일이다.

包(포)는 胞(포)로, 배[腹(복)]에 아들[子]을 임신하고 있는 형태다. 따라서 글자의 속안은 본래 巳(사)의 꼴이 옳다. 그런데 일본 〈신자표〉의 음훈표에는 제사의 祀(사)가 없으므로 이 형태만 고립된 꼴로 되어서는 곤란하다고 생각해서인지 글자의 속안을 己(기)의 모양으로 바꾸었다. 신자표의 음훈표에 없다면 글자가 아니라는 식의 생각은 독선주의라고 하지 않을 수 없다.

글자를 적을 때의 기본 자형으로 정한 것을 정자(正字)라고 한다. 당나라 이후로는 열심히 정자를 정하려고 애써왔다. 그리고 일본의 자서에서도 정(正)과 속(俗)을 구분한 예가 많다. 그러나 정자를 정하는 것은 필획의 범위에 그쳐야 한다. 일본의 신자표는 勉(면, 10획)을 勉(9획), 便(편)을 便, 柄(병)을 柄, 鉛(연)을 鉛, 負를 負, 冒(모)를 冒로 고치고, 또 恐(공)을 恐, 虞(우)를 虞, 鐘(종)을 鐘, 顔(안)을 顔, 劾(핵)을 劾, 貨(화)를 貨로 고쳤다. 이런 것들을 일부러 개정한 글자이지, 정자를 삼을 필요가 있다고는 생각하지 않는다. 문자로서는 본래 활자체가 정서(正書) 따위는 있을 턱이 없다. 활자는 장식 글자에 지나지 않는 것이다.

최근 일본에서 女(여)나 幸(행)의 정서체가 다시 문제가 되었다. 하지만 그것들은 전혀 문제될 성질의 것이 아니다. 女의 위에서부터 옆으로 긋는 두 선은, 어느 것이나 모두 두 손을 드리운 형태이므로, 위에서부터 써야 한다. 幸은 본래 차꼬(수갑)다. 執(집)과 報(보)는 차꼬를 찬 죄수이며, 죄수를 구금하는 감옥은 圉(어)라고 하였다. 정자로서는 해서체의 필의(筆意)를 취하는 것이 좋다. 하지만 이러한 것들은 대단히 자잘한 일이다. 한자는 '형체에 의존하는 말'이고 보니 그 올바른 형태를 존중한다는 원칙을 세우고 지키는 일이 우선 필요하다.

99 문자신호 체계

소쉬르의 이론이 나오고 언어학의 영역이 확대되는 경향은 이미 제2차 세계대전 이전에 나타났다. 그리고 전쟁 이후 안정기를 맞으면서 언어학 시대가 온 것처럼 여길 만큼 언어학은 성황을 이루었다. 언어학은 곧바로 철학·심리학·사회학 등을 포괄하는 기호학의 거대 체계로 되었고 그와 관련하여 엄청난 양의 저술이 나왔다. 그리고 또한 장엄하게 스스로 붕괴되어갔다.

문자는 언어의 전달체로서 하나의 기호다. 그렇거늘 언어학의 영역이 확대되었다가 스스로 붕괴하는 그 동안에 문자에 대한 이론을 기호학 속에 거의 정립하지 못하고 말았다. 그간의 언어학은 문자란 언어 전달과정에서 의미를 환기시키는 기호로 사용되는 데 불과하다고 간주하여 그 자체의 표현체계를 지닌 것으로 인식하지 않았기 때문이다.

표음문자의 경우 확실히 문자는 언어 음성을 베껴내는 데 그친다. 본래 언어는 청각에서 청각으로 전달되는 과정을 거치는데, 문자는 언어가 그렇게 전달될 때 매체로서 존재하는데 불과하다. 따라서 山이 山의 개념을 표출한다고 생각하는 것은 언어 주체를 벗어나 문자가 의미를 지니고 존재한다고 보는 관념론자의 오류라고 간주되었다.

언어는 감성적 맥락을 지닌 서브언어와 논리적 형식을 지닌 메타언어[16]로 구분된다. 그런데 한자 계열의 언어는 일상 생활어로서보다도 오히려 문자화된 언어로서의 성격이 두드러진다. 따라서 한자 계열의 언어는 훨씬 뛰어나게 메타언어답다고 말할 수 있다. 한자는 기호라기보다도 오히려 의미이자 상징이다. 그것은 그 자체의 의미를 지니고 체계를 지닌다. 만일 그러한 의미적 기능이 없다면 3,000년에 걸친 통시적 공간과 한자문화권이라는 문화 공간을 지닐 수 없었을 것이다.

심리학의 조사 보고서에 따르면 같은 실어증이라고 해도 가나 문자를 읽지 못하게 되는 실어증과 한자를 읽지 못하게 되는 실어증 사이에는 커다란 차이가 있다고 한다. 실어증에 걸린 사람이 가나로는 의미를 환기할 수 없지만 한자로는 의미를 환기할 수 있다는 것이다. 일반적으로 가나는 청각기호이고 한자는 시각기호라고 할 수 있기 때문에 그렇다고 설명할 수 있다. 하지만 가나가 비록 의미를 환기하는 면에서 한자와 다르다고는 하여도 그것도 글자인 이상에는 시각기호임에는 틀림없다. 그렇다면 가나의 인지와 한자의 인지가 다른 것은 정보를 처리하는 뇌 기능의 회로와 관계가 있다고 보아야 할 것이다. 즉 시각 정보를 직접 말에 연계시킬까 아니면 적절한 순서에 따라 발성기관의 운동 정보로 변환시킬 필요가 있을까 하는 차이에 있는 듯하다. 한자의 인지는 시각 정보를 직접 말에 연계시키는 회로를 이용한다. 그러므로 이쪽 회로에 장해가 발생할 때는 한자의 모사(模寫) 능력을 회복하는 일이 가나의 모사 능력을 회복하는 일보다 더디게 된다.

만일 한자의 인지가 이렇게 말에 직접 연계되는 특별한 회로를 통해 이루어진다고 한다면 지금 남아 있는 유일한 표의문자(表意文字)이자 표어문자(表語文字)인 한자는 그밖의 표음문자와는 별도의 신호체계를 요청한다고 보아야 한다. 그리고 바로 그 점에서 한자가 문자로서 지니는 기능에 대해 새로운 전망을 세울 수 있다. 한자에 대해 쓸모없고 귀찮은 존재를 취급하기라도 하듯이 무언가 제약을 가하려고 하는 일은 문화적 전망을 갖지 못한 단견이라고 비판하지 않을 수 없다.

100
한자의 장래

일본에서 내각(內閣) 고시로 〈당용한자표(當用漢字表)〉가 공포된 지 이미 30년 이상 흘렀다. 문자 정책의 기본을 이루는 한자 문제에 대하여도 일단 반성의 단계에 들어섰다고 말할 수 있다.[17] 지금 그 한자표를 충실하게 지키는 것은 아마 검정교과서와 보도기관의 범위 안에서라고 보아도 좋다. 종합지, 학술서, 교양서는 거의 무시하고 있는 실정이다.

나는 학생들에게 고전을 원래의 표기 그대로 가르쳐왔다. 그래서 학술 세계에서 완전히 통용되지 못하는 〈당용한자표〉의 의미를 다시 생각해보게 된다. 결국 학생들은 지식 흡수력이 충만한 시기를 눈가리개가 씌여진 채 흘려보내고 있는 것이다. 새로운 단층과 분열이 여기서 발생한다.

한자는 기억하기 어렵다고 말한다. 하지만 형체 있는 것은 기억하기가 쉽다. 언젠가 텔레비전에 일본 씨름선수[18]의 이름[19]을 모두 읽을 수 있는 네 살배기 어린아이가 나왔다. 그 아이는 '貴乃花(다카노하나)'[20]라는 글자를 필획 순서는 다르지만 마치 무나카타 시코(棟方志功)[21]가 판화를 새기듯 활달하게 적어 보였다. 자형과 영상이 잘 결합하여 있었던 듯하다.

자형학의 방법이 확립되면 자형과 영상이 더욱 합리적으로 결합될 것이다. 일단 기억된 자형은 쉽사리 잊혀지지 않는다. 그것은 실어증 환자가 한자를 보고 의미를 환기할 수 있었다는 사실로도 실증되었다. 1,000분의 1초만에 파악할 수 있다는 순간적 인식력, 1초에 일곱 자를 이해할 수 있다는 즉각적인 파악력도 한자 자형이 지닌 특징이다.

문자는 언어로써 읽히는 법이다. 友人(우인), friend, 벗은 모두 언어다. 友人이란 글자에서 옆 반쪽이 인쇄되어 있지 않더라도, 또 friend의 r이 송별회 안내장에서 빠져 *fiend(鬼)로 되어 있더라도 대부분의 사람들은 눈치 채지 못하고 友人, friend라는 의미로 읽는다. 언어로써 파악하기 때문이다.

하지만 가나의 경우에는 그럴 수가 없다. 가나 표기에는 단어성이 없기 때문이다. 한자는 말을 형체로 표시하고 인도유럽어는 말을 형태로 표시한다. 그러나 가나로 표기된 말은 형태가 아니다. 단어로서의 고정성이 없다. 일본어는 한자를 첨가하지 않는 한, 《원씨물어(源氏物語, 겐지모노가타리)》의 옛 사본과 같은 표기로 될 수밖에 없다. 가나는 본래 한자의 훈독을 보조하는 것이었기 때문이다.

한자를 꾸어다놓은 것처럼 여기는 생각이 근본적으로 잘못이다. 알파벳은 고대 오리엔트에서 기원한 문자이지만 지금 알파벳을 사용하는 민족들은 결코 그것을 꾸어다놓은 것이라고 여기지 않는다. 일본인은 한자를 음과 훈의 방법으로 사용해왔기에, 결코 한자를 그저 꾸어온 것이 아니었다. 한자를 음과 훈으로 사용하는 한 한자는 일본 글자인 것이다. 그것은 한자를 일본에서 사용하기 시작한 애초부터 그러하였다. 그렇기에 일본의 문자 정책에서는 한자의 음과 훈 사용법을 자유화해야 한다. 상용한자의 수 따위는 정해둘 일이 아니다. 필요에 따라 그 수가 늘기도 하고 줄기도 할 것이기 때문이다. 의미의 완성체인 문자가 자기 스스로 자연스레 정할 일이다.

일본의 경우 그릇된 문자 정책 때문에 일그러진 한자의 자형을 다시 회복시키는 일은 당장은 불가능할 것 같다. 일그러진 한자자형은 제2차 세계대전의 패배를 겪은 우리 시대를 기념할 만한 유산으로 남을지 모른다. 하지만 한자는 표현력에서 융통성을 지니기 때문에 정보 시대에 한층 더 중요한 기능을 걸머질 것이다. 한자를 대신할 만큼 고도의 기호적 기능을 지닌 문자는 달리 없다고 생각되기 때문이다.

미주

1 일본어는 한자를 혼용하여 사용하는 언어이므로 한자의 자수와 획수가 늘 문제가 되고 있다. 제2차 세계대전에 패한 직후 일본은 〈당용한자표(當用漢字表)〉, 〈동음훈표(同音訓表)〉, 〈현대 가나 표기법〉, 〈개정음훈표(改定音訓表)〉 등을 제정하였다.

2 서릉(徐陵)이 편찬한 《옥대신영(玉臺新詠)》은 위진남북조(魏晋南北朝)시대의 문학적 경향에 입각하여 역대의 시가(詩歌) 가운데 화려하고 수사가 뛰어난 작품들을 주로 수록하였다.

3 오토모 소린(大友宗麟, 1530~1587)의 본명은 오토모 요시시게(大友義鎭)다. 관직은 우위문독(右衛門督)에 이르렀다. 젊을 때부터 집안의 불행을 경험하고, 그리스도교에 눈을 떠, 성내에서의 포교가 허락되자 세례를 받아 돈 샌프란시스코라는 세례명을 받았다. 해외 무역을 통해 군사력을 키우고, 국붕(國崩)으로 불리는 대포도 실전에 사용했다. 규슈(九州)의 다른 크리스찬 영주와 함께 로마에서 소년 시절을 보내기도 했다. 그러나 적자 요시무네(義統)가 뒤를 잇자 주색에 빠졌다. 규슈를 그리스도교 왕국화하려고 출병했다가 시마쓰(島津)와의 싸움에 패했다. 이때 그는 도요토미 히데요시에게 도움을 청하여, 간신히 멸망만은 면했다.

4 명나라 만력(萬曆) 연간(1572~1620)에 편찬한 《일본고(日本考)》를 말한다. 또 다른 이름이 《일본풍토기(日本風土記)》다. 이 책은 일본의 와카(和歌) 51수를 수록하고, 한 수마다 가사(歌詞), 호음(呼音), 독법(讀法), 석음(釋音), 절의(切意, 즉 漢譯) 등 다섯 부분을 부가하여 편역하였다. 또 일본인이 지은 한문과 한시도 수록하였다.

5 일본 근세문학은 크게 아(雅)문학과 속(俗)문학으로 나뉜다. 아문학은 전통적인 와카(和歌) · 화문(和文) 한시문(漢詩文) 등으로, 지배계급 · 특권계급의 문학이었다. 그러나 원록(元祿, 1688~1704) 무렵부터 서민들 이러한 문학에 참가하기 시작했다. 특히 와카 가론은 19세기에 들어 근대적 체제를 갖추었다. 한편 속문학은 근세에 들어와 서민들에 의해 제작된 문학으로, 자쓰바이(雜俳) · 교카(狂歌) · 교시(狂詩) 등의 시, 우키요조시(浮世草子 : 화류계를 중심으로 한 소설) · 구사조시(草雙紙 : 삽화가 든 대중소설) · 샤레본(灑落本 : 화류계놀이와 익살을 묘사한 풍속소설) · 고케이본(滑稽本 : 익살스런 통속소설) · 닌조본(人情本 : 서민의 애정생활을 그린 풍속소설) · 요미혼(讀本 : 흥미로운 읽

을거리 책) · 쇼와슈(笑話集) 등의 소설, 조루리(淨瑠璃) 가부키(歌舞伎) 등의 연극, 그리고 근세가요와 고샤쿠(講釋) 라쿠고(落語) 등의 설경(舌耕) 문예가 더해져 다양하게 전개되었다.

6 다키자와 바킨(瀧澤馬琴, 1767~1848)의 이름은 도쿠라(解), 자는 자익(子翼)으로, 호가 바킨이다. 별호는 정정정(亭亭亭) · 곡정(曲亭) · 현동(玄同) · 신천옹(信天翁) · 한재(閑齋)이다. 에도(江戶) 출생인데, 아홉 살에 부친을 잃고 19세에 모친을 잃은 뒤 여러 직업을 전전하였다. 24세 때 산도 교덴(山東傳)의 문하에 들었으나, 교덴(京傳)이 쇄락본 때문에 처벌받은 후에는 요미혼에 손을 대었다. 그러나 생활에 문제가 있어서 구단주사카시타(九段中坂下) 이다초(飯田町)의 나막신 집 과부 집에 데릴사위로 들어갔다(장모가 죽은 후 원래의 瀧澤이라는 姓으로 복귀하였다). 1795년(寬政 7년) 요미혼의 첫 작품으로 《고미선자문(高尾船字文)》을 내놓고, 1803년(亨和 3년)에는 《월영기연(月永奇緣)》을 발표하여 크게 성공하였다. 중국소설을 비롯해 일본의 모노가타리(物語) · 일기(日記) · 야사(野史)의 종류를 섭렵하고, 권선징악 · 인과응보의 사상으로 설화를 구상하고, 풍속 정화라는 시대적 요구에 합치하려고 노력하였다. 이렇게 1806년(文化 3년)부터 4년 간에 걸쳐 《춘설궁장월(椿說弓張月)》, 1814년(文化 11년)부터 1841년(天保 12년)에 걸쳐 《남총리견팔견전(南總里見八犬傳)》 같은 대 장편을 완성하였다. 무사도 정신에 유가의 윤리사상과 불교의 인과응보설을 통합하여 복잡기괴한 설화를 창작해서 후대에 끼친 영향도 크다. 만년에 맹인이 되었으나 며느리에게 대필시켜 많은 대작을 완성하고 1848년(嘉永 원년) 11월 82세로 병사하였다.

7 교시(狂詩) · 교문(狂文)의 기원은 멀리 헤이안시대에서 찾아볼 수 있다. 견해에 따라서는 하이카이(俳諧)와 하이쿠(俳句, 檀林)까지도 그 기원을 하나로 보아, 중국문학의 영향이라고 말할 수 있기도 하다. 狂이라 하고 戱라 하여도 한결같지는 않다. 사실이 우스꽝스러운 것, 사실은 우아하더라도 문사가 비속한 것은 모두 교시 · 교문이라 보아도 좋다. 에도(江戶)시대에 들어와서는 조닌(町人) 문학이 흥성하면서 골계문학(滑稽文學)이 대두하였고, 그 선구로 자쓰하이(雜俳) · 젠구쓰케(前句付) · 센류(川柳) · 교카(狂歌)가 나타났다. 그것을 한시문 취향에 합치시켜 기지와 재주를 다투게 되면서 교시 · 교문이 유행하게 된 것이다. 문장에서는 오카 핫쿠(岡白駒)의 《기담일소(奇談一笑)》 · 《개구신어(開口新語)》, 야마모토 호쿠잔(山本北山)의 《소당복집(笑堂福集)》, 히라가 겐나이(平賀源內)의 《풍래산인춘유기(風來山人春遊記)》, 무명씨의 《역준소화(譯準笑話)》 등이 우선 나타났고, 시에서는 핫도리 난가쿠(服部南郭) · 기온 난카이(祇園南海)가 교시를 지었다. 향보(享保) 연간(1716~1736년)에는 십번광시합(十番狂詩合)이 있었다. 그러나 가장 왕성하였던 것은 명화(明和) 연간으로, 대표자로는 교토의 도먀쿠 산진 하타케나카 간사이(銅脈山人 畠中觀齋), 에도의 네보케센세이 오다 난보(寢惚先生 大田南畝)가 있다. 그리고 두 사람이 창화한 교시를 모은 것으로, 관정(寬政) 2년(1790년)

에 간행된 《이대가풍아(二大家風雅)》가 있다.

8 사육일(謝六逸, 1898-1945)은 귀주(貴州) 귀양(貴陽) 사람으로, 이름은 광상(光燊)이고, 자가 육일(六逸) 혹은 무당(無堂)이다. 일본 와세다(早稻田)대학에 유학하여 동양문학사를 전공하였다. 귀국한 뒤 상무인서관(商務印書館)에서 편집 일을 하였다. 문학연구회에 가입하여 《문학주보(文學週報)》를 주편(主編)하였다. 1926년에 복단대학(復旦大學) 중문계에서 강의하고, 1929년에는 신문계(新聞系)의 주임을 맡았다. 항전 시기에 귀양에서 제2연합대학(復旦과 大夏의 합병) 교수, 대하대학(大夏大學) 문학원 원장 겸 중문계 주임을 맡았다. 매주문예사의 결성에 참여하여 《매주문예(每週文藝)》를 간행하였고, 중화문예계항적협회(中華文藝界抗敵協會)에 참여하였다. 저서로 《수말집(水沫集)》《서양소설발달사》《일본문학사》 등이 있고, 역서로 《일리아드 고사(伊利亞特的故事)》《희랍전설(希臘傳說)》 등이 있다. 정진탁(鄭振鐸)이 엮은 《문학대강(文學大綱)》 가운데 일본문학 부분은 이 사람이 원고를 쓴 것이다.

9 역시집 《해조음(海潮音)》과 《해조음습유(海潮音拾遺)》가 있다(伊藤整 外 編. 《일본현대문학전집》(講談社, 1966. 4.)에 《우에다 빈 문집(上田敏集)》이 수록되어 있고, 그 속에 이 두 역시집이 실려 있다. 우에다 빈은 단테 《신곡》의 번역자로서도 유명하다. Dante Alighieri 著, 上田敏 譯, 《ダンテ神曲》(京都 : 星野敬一, 1918. 7. 上田敏未定稿) ; 《ダンテ神曲》(京都 : 星野敬一 出版, 東京, 修文館 發賣, 1918. 10.).

10 쇼요(逍遙)는 쓰보우치 유조(坪內雄藏)의 아호이다. 《英詩文評釋》(上下 2冊, 東京府 戶塚村 : 東京專門學校出版部, 1902년). シェークスピヤ(Shakespeare, William) 著, 坪內逍遙 譯, 《お氣に召すまま》(東京 : 早稻田大學出版部, 1920. 6.), シェークスピヤ 著, 坪內逍遙 譯, 《オセロー》(東京 : 早稻田大學出版部, 1911. 4.).

11 エマアソン(Emerson, Ralph Waldo) 著, 平田禿木譯, 《英國印象記》(東京 : 國民文庫刊行會, 1917년 8월) ; 《英國印象記》(東京 : 關書院, 1950). ヂョオヂ メレヂス(Meredith, George, 1828-1909) 著, 平田禿木 譯, 《我意の人(エゴイスト)》(東京 : 國民文庫刊行會, 1917~1918). サツカレ(Thackeray, William Makepeace, 1811-1863) 著, 平田禿木 譯, 《虛榮の市》(東京 : 國民文庫刊行會, 1914~1915). エマアソン(Emerson, Ralph Waldo) 著, 平田禿木 譯, 《代表偉人論》(東京 : 國民文庫刊行會, 1917. 6.), ディッケンズ(Dickens, Charles) 作, 平田禿木 譯, 島田謹二 校訂, 《デェィヴィッド カッパフィールド(OR:David Copperfield)》(世界古典文庫 43,44,45, 東京 : 日本評論社, 1949. 1.), チヤアルズ ラム(Lamb, Charles) 著, 平田禿木 譯, 《翻譯エリア隨筆集》(島田謹二 外 平田禿木選集編集, 東京 : 南雲堂, 國民文庫刊行會 昭和9年刊 複製, 1981년 3월].

12 佐藤春夫 譯, 《車塵集》, 現代日本文學全集 93 《現代譯詩集》 收錄(東京 : 筑摩書房, 1957년 10월).

13 《회풍조(懷風藻)》는 일본에서 가장 오래된 한시집으로서, 오우미(近江) · 나라(奈良)

시대의 한시들을 수록하였다. 편찬자에 대해서는 단카이 미부네(淡海三船)라고도 하고, 그밖의 다른 사람이라고도 한다. 그 서문의 마지막에 '天平勝寶三年(751년) 歲在辛卯冬十一月'이라고 써 있으므로, 편찬자가 효겸(孝謙)천황 때 사람임에는 틀림없다. 본집은 본래 사찬(私撰)이었기 때문에 오래도록 세상에 나오지 않았다. 그 전본(傳本)은 1041년(長久 2년) 고레무네노 다카노부(惟宗孝言)가 문장생(文章生)이었을 무렵에 필사한 텍스트가 책으로 된 것이다. 《회풍조》의 작자는 작자 64인, 작품 160편(본래는 120편)이다. 그리고 오토모 황자(大友皇子)의 두 수를 제외하면 대부분 천무(天武)천황 이후 70년 간의 작품이다. 시대적으로 《만엽집》과 겹치며, 《만엽집》의 가인(歌人)으로서 본집에 보이는 사람이 18인, 전체의 3분의 1이나 된다. 따라서 《만엽집》을 연구할 때 귀중한 자료가 된다.

[14] 일본어에서 '염려하다'라는 말을 '心配(신파이)'라고 하기 때문에 이러한 속훈을 낸 것이다.

[15] 指鹿爲馬(지록위마) 고사를 말한다.

[16] 메타언어(metalanguage)는 대상 언어의 표현 내용에 관하여 말하는 언어이다. 언어가 아닌 어떤 대상에 관하여 말하는 언어를 대상 언어라고 한다. 이 두 언어는 상대적이므로 어떤 언어를 특별하게 규정지을 수는 없고, 상황에 따라 달라진다.

[17] 2차대전 뒤 일본의 '모국어 교육'은 한자의 최소화, 한자 읽는 법의 간소화, 일본어를 로마자로 표기하고자 하는 경향과 맥을 같이하는 '표음문자' 우위 정책 및 행정을 계속해왔다. 즉 전후인 1946년 국어심의회의 한자심의위원회는 〈상용한자표〉 1,295자를 제시하여, 동식물의 이름에서는 한자를 모조리 폐지한다는 원칙을 채용하는 등, 한자를 '필요악'으로 설정하였다. 그런데 한자 폐지, 표음문자의 전면적 채용은 미국에 의해 촉발된 것이었다. 1946년 초에 일본을 방문한 미국 교육사절단은 그 달 중으로 일본 점령 총사령부에 '일본어 개혁'에 대한 보고서를 제출하여 로마자를 채용하라고 권고하였다. 이에 대하여는 후쿠다 쓰네아리(福田恒存)가 지은 《국어문제 논쟁사》(신조사, 1962)에 자세한 전말이 실려 있다. 같은 해 4월, 심의회는 이른바 '현대 가나 사용법'을 제정 발표하였다. 1946년 11월에는 〈상용한자표〉와 '현대 가나 사용법'을 공포하였다. 이 둘은 이후 일본어의 2대 원칙으로 굳어지게 되었다. 교육 현장뿐만 아니라 신문이나 잡지 등 출판물에서도 상용한자와 현대 가나 사용법이 강요되었다.

[18] 일본 씨름인 스모의 선수를 리키시(力士)라고 한다. 리키시(力士)는 나라(奈良)시대 중국 경본에 석가가 죽었을 때 관을 들어 봉사한 사람들을 역사국의 역사(力士)들이라고 번역한데서 나온 말이다. 본래 불교의 수호신인 금강력사와 관련된 '장사, 용사'를 뜻하는 지카라비토(健兒)를 의미하는 말이었지, 스모를 하는 사람을 의미하는 것은 아니었다. 헤이안(平安)시대에는 스모절회(相撲節會)에 출장하는 자를 스마이비토

〔相撲人〕라 하였다. 가마쿠라 막부 시대에 도리테〔取り手〕라든가 오즈모〔大相撲〕와 같은 직업적 스모가 생긴 뒤, 에도 중기에 리키시〔力士〕라는 단어가 보이기 시작한다. 공식적으로는 메이지 43년 요코즈나〔橫綱〕였던 히타치야마〔常陸山〕 때부터 사용하였다고 한다. 스모토리〔相撲取り〕와 같은 뜻으로 사용한다.

19 리키시〔力士〕의 이름을 시코나〔醜名〕라 하며 '四股名'으로도 적는다. 이 단어는 에도 시대부터 등장하였다. 리키시의 출신지, 산, 밭, 바다 등의 문자를 붙이는 것이 전통이다. 또 리키시를 고용한 무사 지주의 이름, 스승의 이름 가운데 한자를 따거나, 소속된 방(房)의 이름을 따기도 하였다. 시코나는 변경할 수 있다.

20 다카노하나(貴乃ノ花)는 현역 시절에 오제키(大關)로 활약하였고, 은퇴한 뒤 후타고야마 오야카타(二子山親方)로서 활동하였다. 아들 하나다 마사루(花田勝)와 다카하나다(貴花田)를 스모에 입문시켰다. 장남 하나다 마사루는 와카노하나(若乃花)라는 시코나를 사용하며 요코즈나〔橫綱〕에 올랐다. 차남 다카하나다는 아버지의 시코나 다카노하나(貴乃花)를 승계하며 크게 활약하였다. 1994년에 요코즈나에 승진하여 2003년에 은퇴하였다.

21 무나카타 시코(棟方志功, 1903~1975)는 일본 판화가로, 아오모리시(靑森市) 출생이다. 소학교를 졸업한 뒤 1924년 화가가 되려고 도쿄로 갔다. 1932년에 일본 판화협회 회원이 되었다. 야나기 무네요시(柳宗悅) 등의 민예파(民藝派)와 교분을 맺고, 차츰 불교적인 주제를 많이 다루었다. 1955년에 상파울로 비엔날레에서 수상하고, 다음 해 베네치아 비엔날레에서 국제판화 대상을 받았다. 1964년도 아사히(朝日)문화상을 수상하였고, 70년에는 마이니치(每日) 예술대상과 문화훈장을 받았다.

■ 저자 후기

일본의 내각(內閣)이 문자 정책에 관한 고시(告示)를 선포한 이후 이 책을 처음 간행할 때까지 이미 30년이 지났다. 지금은 대다수의 간행물이 그 고시를 따르고 있다. 따라서 문자 정책은 일단 안정된 성과를 보이고 있다고 할 수 있다. 언젠가는 고유명사 따위도 모두 규격화하고 말 것이다. 우편배달의 편리를 위해 구역의 옛 지명을 아무렇게나 고치고 바꾸듯이, 정보기계화를 위해서 문자도 따라서 개변할 것이다. 그러나 그 고시란 '선택의 자유'를 박탈하였다. 그 범위 안에서 모든 영역의 언어문자 활동이 가능한 것이 아니라, 선택의 여지없이 한자를 최저한도로 사용하라고 강제한 것이다. 언어문자 생활이 시작된 이래 최초로 변칙적인 사태가 발생하였다고 하겠다. 그렇거늘 그것을 변칙으로 의식하지 않는다는 점에 현대 일본의 문제가 있다.

중국도 인민혁명 이래로 문자의 간체화를 대담하게 추진해왔다. 결국은 상용한자의 거의 대부분이 문자의 본래 형(形)과 의(義)를 상실하고 단순한 기호로 변하고 말 것이다. 일본과 중국이 같은 문자를 사용해왔던 우의 관계를 중시하는 사람들은, 일본의 문자 개혁이 철저하지 못하다고 비판하고, 중국의 간체화를 추수하자고 주장할지도 모를 일이다.

하지만 똑같이 한자의 나라라고 하여도 일본과 중국은 사정이 크게 다르다. 중국에서는 가타카나(片假名)도 히라가나(平假名)도 없고, 연령이나 지능에 상응한 단계적 학습 방법도 없다. 어머니는 媽媽(mama), 시소는 翹翹板(qiáo qiáo bǎn)이나 蹺蹺板이라고 말한다. 따라서 중국에서는 간체자의 필요성이 매우 절실하다. 하지만 상용한자를 모두 간체화한다고 하여도 가타카나 같은 표음문자로는 되지 않는다. 형체와 의미를 상실한 조잡하기 짝이 없는 부호가 쌓여갈 뿐이다.

간체화를 추진하는 쪽이나 그것을 추수하자고 주장하는 쪽에 공통된 견해는 한자가 지닌 자형적 의미를 인정하지 않는 것이다. 그래서 일본은 새 글자를 많이 만들되 정형외과 수술을 하듯이 어떤 부분을 어떻게 고쳤는지 판별하기 어렵도록 바꾸었다. 이에 비해 중국이 표음화 원칙을 관철하려는 것은 표음화에 대한 강한 지향을 보여주는 것이기에 그 나름대로 의의를 지닌다고 하겠다. 하지만 단음절어라는 중국어의 특성으로 볼 때 단음절어에 가장 적합한 한자를 어떤 식으로든 보존하고 활용할 것인가 아니면 베트남처럼 완전히 포기할 것인가 고민해야 한다. 다만 베트남과 달리 유례를 찾아볼 수 없을 정도로 수많은 문화유산을 끼고 있는 중국으로서는 한자의 포기는 곧 문화유산 자체의 폐기를 뜻한다고 하겠다. 만일 그렇게 폐기하려고 기도하고 있다면야 이야기는 달라진다.

나는 고대문화를 탐구하는 한 방법으로 한자를 연구해왔다. 한자를 무문자(無文字)시대 문화의 집적체로 보고, 그 의미체계를 살펴보려고 한 것이다. 내가 쓴 《한자》나 《한자의 세계》는 모두 그 관점에서 일반인을 위해 저술한 것이다. 정책 문제에 간여할 의도는 없다. 하지만 한자가 이만큼 참혹한 운명에 직면해 있을 때 문자 문제의 취급 방식에 대하여 극히 원칙적인 두세 가지만 언급해두고자 한다.

한자의 전통은 중국에서는 자형을 바로잡으려는 정자(正字) 학문으로서 보존되어왔고, 일본에서는 훈의를 통하여 한자를 국어화한다는 국어사의 문제로서 보존되어왔다. 중국이 정자를 버리는 것과 일본이 한자 훈(訓) 사용을 대부분 폐기하는 것은, 각각의 전통을 부정하는 일로 귀결된다. 또 두 나라의 문자 개혁은 둘 다 한자의 의미체계성을 부정하는 데서 출발하였다는 사실에 커다란 문제가 있다. 사실, 한자의 의미체계성을 부정했다기보다도 오히려 한자에 대한 자형학적 지식이 부족하여 그러한 결과를 초래했다고 말할 수 있다. 한자의 구조적 의미를 제대로 이해한다면 중국이 간체자를 만들고 일본이 새 글자를 만들 때 저절로 적절한 방법이 생겨났을 것이다. 또 한자를 학습하는 일도 쉬워졌을 것이다. 어쨌든 그런 일들은 올바른 자형해석학이 성립하여야 비로소 가능한 일이다. 공자는 "먼저 이름을 바로잡으리라."라고 하였다.

나는 이 책의 대부분을 한자의 구조적 원리를 해설하는 데 쏟았다. 한자는 의부(義符)로서의 형체소(形體素)와 성부(聲符)로서의 음소(音素)가 정연한 체계를 이루고 있다. 한자를 사용할 때 언제나 어원적, 자원적인 지식이 요구되는 것은 아니다. 하지만 말이나 말의 표기인 문자가 아무런 의미체계를 지니지 않을 리 없다. 의미체계가 없다면 문자는 완전히 부호에 그칠 뿐이다. 문자를 개혁한다고 하여도 의미체계의 범위 안에서 개혁해야 할 것이다.

한자는 훈독에 의하여 일본어가 되어 그 의미가 파악되고 어휘로 사용되었다. 일본 내각이 고시한 음훈표는 '생각하다' '노래하다' '슬프다' 라는 동사·형용사를 思(사)·歌(가)·悲(비)의 각 한 글자씩에만 한정하였다. 하지만 일본어의 뉘앙스는 훨씬 다양하다. 고시한 음훈표를 보면 자음으로는 懷(회), 念(념), 想(상), 憶(억) 따위의 글자를 허용하였지만, 그 글자들은 '생각하다'의 훈으로 읽지 말도록 하였다. 이제 그 글자들로는 '생각할' 수 없게 되었다. 또 唱(창)이나 謠(요)도 표에 올라 있기는 하지만, 음훈표는 그 글자들을 '노래하다' 라는 훈으로 읽지 못하게 하였다. 唱(창)이나 謠(요)로는 '노래할' 수가 없게 된 것이다.

한자는 본래 각 글자마다 의미를 지닌 문자다. 그런데 일본의 경우에 훈을 지니지 않는 한자는 기호로 바뀌어버려 새로운 조어력을 상실할 우려가 있다. 애당초 일본의 음훈표는 훈으로 읽는 글자에 '잘못하다(あやまる)'의 '誤(오)'는 지정하였으나, '잘못(あやまち)'의 '過(과)'는 지정하지 않았다. 사람치고 누가 과실이 없겠는가. 그걸 빠뜨린 것이야말로 과실이었다. 이 과실은 근래에 이르러서야 고쳐졌다.

일본의 나이든 사람들은 소년 시절에 한자어마다 가나 음을 붙인 이야기 책(에도시대 이후 등장한 붉은 표지의 소년용 이야기책)을 통해서 많은 문자들을 자연스럽게 익히던 일을 그립게 추억할 것이다. 그런데 지금은 언어문자 생활이 질곡을 입어 흡수력 왕성한 젊은이들의 알 권리를 차단하고 있다. 지금의 젊은이들은 수많은 어휘와 풍부한 표현에 접하면서 정감과 긴장이 고조되는 쾌감을 알지 못한다. 지금의 소년들이 책을 멀리하는 경향이 있다면 그것은 문자 환경을 억압한 것에 일부 책임이 있지 않을까 우려된다. 근세의 시인들은 어휘의 의미나 음감은 물론, 문자 사용의 시각적인 인상, 활자의 크기, 지면의 글자 배열에 이르기까지 정성을 쏟았다. 문학이나 사상은 생활언어와 달리 귀로 전하는 언어과정 속에 존재하는 것이 아니다. 문자의 형체는 표현에 간여하고 또 표현의 미학을 지탱해왔던 것이다.

한자는 오랫동안 문자론의 대상에서 제외되어 경원시되거나 무시당해왔다. 하지만 한자는 통시적 표기를 이용해 고금에 걸쳐 대량의 문헌을 낳을 만큼, 문자로서 탁월한 조건을 갖추고 있다. 일본에서는 특히 한자를 음(音)과 훈(訓)의 두 양태로 사용하기에, 한자는 일본어의 결함을 보충하는 가장 좋은 문자라고 하겠다.

  이 작은 책에서 나는 한자 문자론에 대해서도 언급하려고 힘썼지만, 자세하게 설명할 여유는 없었다. 다만 한자 문제에 관심을 가진 여러분들에게 참고할 만한 관점을 제공했다고 한다면 더 바랄 것이 없겠다.

1978년 3월

시라카와 시즈카(白川靜)

■ 참고문헌

言語學

《コトバの哲學》, 山元一郎, 岩波書店, 1965.8.

《ことば(言葉 La Parole)》, ジョルジュ ギュスドルフ(Gusdorf, Georges), 笹谷滿入江和也 譯, みすず書房, 1969.9.

《言語と世界: 現象學から構造の哲學へ》, 田島節夫, 東京: 勁草書房, 1973.3.

《言語學と哲學 : 言語の哲學定項についての試論(Linguistique et philosophie)》, E.H. ジルソン(Gilson, Étienne, 1884~1978) 著, 河野六郎 譯, 東京: 岩波書店, 1974.5.

《野生の思考(La Pensée sauvage)》, クロード レヴィ=ストロース(Lévi-Strauss, Claude) 著, 大橋保夫 譯, 東京: みすず書房, 1976.3.

《言語學と記號學》, 三浦つとむ, 勁草書房, 1977.7.

日本語

《國語學原論》, 時枝誠記, 岩波書店, 1941.2.

《日本語の歷史》, 全7卷 別卷1, 平凡社, 1964.11

《講座國語史》, 全6卷, 大修館, 1971.9.

《日本語》, 岩波講座 全12卷 別卷1, 岩波書店, 1976.10.

《漢文の訓讀によりて伝へられたる語法》, 山田孝雄, 寶文館, 1935.5.

《ことばと文章の心理學》, 波多野完治, 新潮文庫, 1958.4.

《日本の外來語》, 矢澤源九郎, 岩波新書, 1964.3.

《國語のイデオロギー》, 渡部昇一, 中公叢書, 中央公論社, 1977.9.

文字

《文字の文化史》, 藤枝晃, 岩波書店, 1971.10.

《文字》, 日本古代文化の探究, 上田正昭 編, 社會思想社, 1975.7.

《無文字社會の歷史》, 川田順造, 岩波書店, 1976.12.

《形象と文明》, 篠田浩一郎, 白水社, 1977.8.

漢字

《說文解字詁林》, 丁福保 編纂, 12册(說文解字詁林及補遺), 臺北: 臺灣商務印書館, 1970.1.

《支那言語學概論》, カールグレン, 岩村・魚返 譯編, 文求堂, 1937.2.

《中國言語組織論》, 吳主惠, 生活社, 1941.10.

《漢字の運命》, 倉石武四郎, 岩波書店, 1952.4.

《漢語史論文集》, 王力, 科學出版社, 1958.5.

《甲骨金文學論叢》全10集, 白川靜, 油印本, 1960. ; 影印本, 1974.

《漢字語源辭典》, 藤堂明保, 學燈社, 1965.

《漢字の起源》, 加藤常賢, 角川書店, 1970.

《甲骨文集・金文集》全5册, 白川靜, 二玄社, 1963.8.

《說文新義》全15卷 別卷1, 白川靜, 五典書院, 1969.7.

《漢字》, 白川靜, 岩波新書, 1970.4.

《漢字の世界》, 白川靜, 東洋文庫, 平凡社, 1976.1.
《漢字と圖形》, 渡辺茂, NHKブックス, 日本放送出版協會, 1967.9.

日本漢文學史

《日本漢文學史》岡井愼吾, 明治書院, 1934.
《日本漢文學史》, 岡田正之, 山岸德平 補, 吉川弘文館, 1954.12.
《日本漢文學史論考》, 山岸德平 編, 岩波書店, 1974.11.

比較文學

《江戶文學と支那文學》, 麻生磯次, 三省堂, 1946.5.
《西域の虎》, 川口久雄, 吉川弘文館, 1974.4.

日本國語政策

《私の國語敎室》, 福田恒存, 新潮文庫, 1961.6.

雜誌

《言語生活》, 言語生活編集部, 1號(昭26.10)~436(昭63.3), 東京 : 筑摩書房, 1951~1988.
《月刊言語》, 大修館書店, 1卷1號(昭47.4)-, 東京: 大修館書店, 1972~.

■ 찾아보기

ㄱ

가구야마(香具山) 142
《가나원류고(仮名源流考)》 197
가리야 에키사이(狩谷齋) 193
가미하라신사(神原神社) 297
가와가미 하지메(河上肇) 250
가와구치 히사오(川口久雄) 318
가차(假借) 207
가차의(假借義) 207
가차자(假借字) 185, 207
가키노모토노 히토마로(柿本人麻呂) 212
《간록자서(干祿字書)》 239
〈간혜(簡兮〉 166
갈홍(葛洪) 281
〈감당(甘棠)〉 159
갑골 복사 7, 89, 93
《갑골금문학논총》 169
《갑골문편(甲骨文編)》 223
《강담초(江談抄)》 313, 347
강묘(剛卯) 96
강족(姜族) 166
《강희자전(康熙字典)》 246
강희제 284
《개성석경(開成石經)》 239
《거진집(車塵集)》 358

결절점(結節點) 119
《경국집(經國集)》 308
〈경적지(經籍志)〉 237
《경적찬고(經籍纂詁)》 272
계충(契沖) 232
《고교씨문(高橋氏文)》 315
《고금집(古今集)》 347, 354, 355
《고금화가집(古今和歌集)》 310, 318, 319
《고대지나연구(古代支那研究)》 269
〈고명(顧命)〉 122
《고명기도록(古明器圖錄)》 88
《고사기(古事記)》 74, 141, 297, 301, 304, 316, 344
고야왕(顧野王) 235, 237, 246
《고야왕집》 237
《고어습유(古語拾遺)》 64, 168
《고조자애집(古調自愛集)》 358
〈고종(鼓鐘)〉 140
공자 187
곽말약(郭沫若) 108, 250
〈관저(關雎)〉 311
관중(管仲) 227
광무제(光武帝) 297
《광사원(廣辭苑)》 247
《광운(廣韻)》 236, 246

384 | 漢字, 백 가지 이야기

괴테 350
〈구가(九歌)〉 126
《구경자양(九經字樣)》 239
구니미[國見] 30
구마모토(熊本) 298
구양순(歐陽詢) 240
구천(句踐) 178
구카이(空海) 236, 308
《국기(國記)》 266, 300
국풍 212
군마(群馬) 298
굴절어(屈折語) 263
《궁항집(躬恒集)》 312
《금문편(金文編)》 223
금석물어(今夕物語) 316
금인(金印) 190
《금지편(金枝篇)》 141
〈기어(寄語)〉 351
기요하라 노부타카(淸原宣賢) 312
기타바다케 지카후사(北畠親房) 321
깃발 드림 100

ㄴ

나대경(羅大經) 351
나리시마 류호쿠(成島柳北) 352
〈낙양의 봄 느낌(洛中春感)〉 359
남제왕(男弟王) 299
남총리견팔견전(南總里見八犬傳) 352
노송(魯頌) 187
《노자(老子)》 247, 286, 287
《논어(論語)》 23, 66, 101, 119, 247, 271, 297
《능운집(凌雲集)》 308

ㄷ

다니자키 준이치로(谷崎潤一郎) 324
단옥재(段玉裁) 193
당용한자 176
〈당용한자표〉 70, 368
《당운(唐韻)》 236
당현도(唐玄度) 239, 240
《대경(大鏡)》 321
대동(戴侗) 283
대방군(帶方郡) 297
대상회(大嘗會) 123
〈대우모(大禹謨)〉 277
〈대종사(大宗師)〉 280
《대학》 244
《대한화사전(大漢和辭典)》 246, 268
덕정(德鼎)의 명(銘) 177
데라몬 세이켄(寺門靜軒) 352
데모틱 229, 232, 243
도겐(道元) 321
도다이지야마(東大寺山) 297
도도 아키야스(藤堂明保) 204, 206
도미나가 나카모토(富永仲基) 323
도상표지(圖象標識) 31
도스토예프스키 357
도연명(陶淵明) 42, 314
《도연초(徒然草)》 353
도춘점(道春點) 311
《독사여론(讀史餘論)》 321
돌멘(dolmen) 25
〈동가(東歌)〉 301
《동어입문(東語入門)》 351
동작빈(董作賓) 223, 241
동형이자(同形異字) 174
두보(杜甫) 247, 248, 357, 358
둔부 때리기 축제 95

ㄹ

레비 스트로스(Claude Levi-Strauss) 33
레제인(冷然院) 311
류노스케(龍之介) 248

ㅁ

마루타니 사이이치(丸谷才一) 324
〈마제(馬蹄)〉 278
〈마쓰우라가와 노래(松浦河の歌)〉 301
《만엽집(萬葉集)》 71, 110, 120, 126, 135, 144, 212, 232, 300, 302, 303, 304, 308, 310, 344, 345, 356
만요가나(萬葉假名) 299
매고(埋蠱) 93
매카트니(McCatney) 350
〈매화가(梅花歌)〉 301
《맹자(孟子)》 23, 195, 247
멘힐(menhir) 25
명명의례 53
모노가타리(物語) 321
모로하시 데쓰지(諸橋轍次) 246
《모시초(毛詩抄)》 312
《모어록(毛語錄)》 288
모토이 우치토(本居內遠) 349
묘장(卯杖) 96
묘퇴(卯槌) 96
무조(武照) 244
〈文 풀이(釋文)와 師 풀이(釋師)〉 169
《문선(文選)》 247
《문시(文始)》 202
《문자기억의 노래(文字記憶の歌)》 362
《문장독본(文章讀本)》 324
《문화수려집(文華秀麗集)》 308
미나모토 시타가우(源順) 236, 308
미우라 바이엔(三浦梅園) 323

ㅂ

바르바 족 3
바쇼(芭蕉) 248, 322, 355
바킨(馬琴) 352
박사가(博士家) 312
반파토기 2
《방장기(方丈記)》 319, 320
방제경(仿製鏡) 298
배계(拜啓) 159
백거이 359
백낙천(白樂天) 247, 312
백도토기 2
《별자(別字)》 238
《병자유편(騈字類編)》 284
《본조문수(本朝文粹)》 308, 349
부서(婦鼠) 267
《부서도(符瑞圖)》 237
부손(蕪村) 248, 323
《북곽계란방(北郭鷄卵方)》 351
브르타뉴(Bretagne) 25
〈비궁(閟宮)〉 187
비기(妣己) 267
비희극(悲喜劇) 168
〈빈궁문답가(貧窮問答歌)〉 307
〈빈궁문답가론〉 307, 308

ㅅ

〈사간(斯干)〉 124
《사기》 358
사누키(讚岐) 142
사미네노시마(狹嶺島) 142
《사소아전(謝小娥傳)》 348
사육일(謝六逸) 355, 356
사키모리(防人) 301
사토 하루오 佐藤春夫) 358

삼각연신수경(三角緣神獸鏡) 297
《삼경신의(三經新義)》 245
《삼경의소(三經義疏)》 300
《상궁성덕법왕제설(上宮聖德法王帝說)》 301
상문가(相聞歌) 346
상형문자 3
《서경(書經)》 122, 232
《서경》 274
서호(徐浩) 240
《석가불조상기(釋迦佛造像記)》 300
《석명(釋名)》 200, 201
석훈(釋訓) 211
《설문성독표(說文聲讀表)》 193
《설문신의(說文新義)》 54
《설문해자(說文解字)》 61, 104, 158, 168, 192, 199, 200, 202, 208, 209, 225, 227, 229, 230, 231, 232, 234, 235, 268, 275, 281, 282, 283
〈설문해자서(說文解字叙)〉 193
《설문해자주(說文解字注)》 193
성각문자(聖刻文字) 227
《성류(聲類)》 235
성명왕(聖明王) 299
성모신황(聖母神皇) 244
성부(聲符) 190, 196
성의(聲義) 187, 188, 190, 192, 195
성조(聲調) 213
〈센교쿠가와 여정의 노래(千曲川旅情の歌)〉 212
소남(召南) 159
소동파(蘇東坡) 246
소세키(漱石) 248
소쉬르 21
소아(小雅) 140
소왕(昭王) 152
〈소융(小戎)〉 135

소학(小學) 235
《속도진전(續道眞傳)》 323
쇼토쿠 태자(聖德太子) 300
《수서(隋書)》 237
스가와라노 미치자네(菅原道眞) 312, 313, 314
스다(隅田) 298
《시경(詩經)》 110, 124, 131, 135, 137, 140, 159, 166, 171, 187, 198, 208, 212, 232, 247, 276, 311
시라카(白香) 62, 102
시마네(島根) 297
시마자키 도손(島崎藤村) 212
시메유(占標) 60
시바자키(柴崎) 298
시해선(尸解仙) 281
신공황후(神功皇后) 128
신관문자(神官文字) 227
《신대기(神代記)》 65, 120, 141
신사(神事) 175
신성기호 154
〈신자표(新字表)〉 363, 364
《신찬만엽집(新撰萬葉集)》 312
《신찬자경(新撰字鏡)》 236, 308
신판(神判) 178
《신황정통기(神皇正統記)》 321
《십열력(十列歷)》 318, 319
십훈초(十訓抄) 320

ㅇ

아라이 하쿠세키(新井白石) 321
아마테라스(日神) 168
《아사히 신문(朝日新聞)》 341
아성사(雅聲社) 250
안도 쇼에키(安藤昌益) 323
안사고(顔師古) 239

안원손(顔元孫) 239
안진경(顔眞卿) 239, 240
《알랭 예술논집》 263
알랭(Alain) 263
야마미[山見] 30
야마베노 아카히토(山部赤人) 356
야마자키 안사이(山崎闇齋) 312
야마토(大和) 142
야후(木棉) 62
양수달(楊樹達) 285
양승경(楊承慶) 236
양자강 103
에다(江田) 298
《에도번창기(江戸繁昌記)》 352
여상(呂相) 286
《여지지(輿地志)》 237
여침(呂忱) 236
《역(易)》 275
역병신(疫病神) 102
역성(亦聲) 190, 191, 192
《역찬(易贊)》 269
《연면자보(聯綿字譜)》 286, 284
〈예문지〉 238
《예석(隷釋)》 238
오가이(鷗外) 248
《오경문자(五經文字)》 239
오규 소라이(荻生徂徠) 322
오노노 다카무라(小野篁) 312, 347
오대징(吳大澂) 159
〈오류선생전(五柳先生傳)〉 42
오시코우치노 미쓰네(凡河内躬恒) 312
오야 도루(大矢透) 197
오토모노 다비토(大伴旅人) 301
오토모노 야카모치(大伴家持) 300
오우미(近江) 304
오음(吳音) 198
오지마 스케마(小島祐馬) 269

오쿠라(憶良) 304, 307
오토모 소린 大友宗麟) 351
《오토키소시(お伽草子)》 309
《옥적보(玉笛譜)》 359
《옥편(玉篇)》 235, 236, 237, 246
와세다(早稻田)대학 355
와카야마(和歌山) 298
완원(阮元) 272
왕국유 286
왕념손(王念孫) 202
왕안석(王安石) 245, 246
왜노국왕(委奴國王) 190, 297
《왜명유취초(倭名類聚抄)》 236, 308
《왜옥편(倭玉篇)》 237
요시노가와(吉野川) 142
용경(容庚) 223
《우관초(愚管抄)》 321
우세남(虞世南) 240
우에다 빈(上田敏) 357
우치노 구마이치로(内野熊一郎) 238
《우치습유(宇治拾遺)》 347
우케후 62
욱달부(郁達夫) 250, 354
《원백시집(元白詩集)》 313
《원백집(元白集)》 313
원씨물어(源氏物語) 369
원진(元稹) 313
〈월출(月出)〉 212
《유교신지(柳橋新誌)》 352, 353
유사배(劉師培) 188, 201
《유취가림(類聚歌林)》 304
유희(劉熙) 200
육간지(陸東之) 240
《육서고(六書故)》 283
《육서략(六書略)》 283
《은력보(殷曆譜)》 223
음소(音素) 185, 187

음의(音義) 200
음의설(音義說) 210
〈음훈표(音訓表)〉 41, 343
〈응신기(應神記)〉 297
의고파(疑古派) 209
의성어 210
이등(李登) 235
《이로하 자류초(色葉字類抄)》 344
이반룡(李攀龍) 322
이백(李白) 247, 248, 358
이상은(李商隱) 318
이세물어(伊勢物語) 319
이시가미 신궁(石上神宮) 298
《이아(爾雅)》 211
이양빙(李陽冰) 168
이와노히메노 오기사키(磐姬皇后) 303
이즈미(和泉) 고가네쓰카(黃金塚) 297
이현공(李玄恭) 354
《일본고(日本考)》 354
《일본고전전집》 193
《일본국현재서목(日本國見在書目)》 237, 311
《일본서기》 301, 316, 344
《일본영이기(日本靈異記)》 64, 309
《일본일감(日本一鑑)》 351
《일본풍토기(日本風土記)》 351
《임자전(任子傳)》 309

ㅈ

《자림(字林)》 236
《자설(字說)》 159
자여(子輿) 187
《자통(字統)》 236
자패(紫貝) 120
《자휘(字彙)》 237, 246
잠언풍(箴言風) 286

〈잡시(雜詩)〉 287
《잡찬(雜纂)》 318
《장문기(將門記)》 310, 316
장병린(章炳麟) 201, 202, 203, 204
장삼(張參) 239
《장자》 276
〈재서관계자설(載書關係字說)〉 169
저수량(褚遂良) 240
전씨(田氏) 227
《전예만상명의(篆隷萬象名義)》 236, 237, 308
전왕(滇王) 190, 297
〈전주설(轉注說)〉 193
《정법안장(正法眼藏)》 321
정순공(鄭舜功) 351
정초(鄭樵) 283
정현(鄭玄) 269
조식(曹植) 287
《좌전(左傳)》 88, 89, 91, 171, 209, 210, 261, 266, 285
주공탁종(邾公 鈺鐘) 125
《주례(周禮)》 24, 179, 180
《주역(周易)》 23
주준성(朱駿聲) 202
중국과학원 223
《중국문학교과서》 188
《중용》 247
증삼(曾參) 187
지사자 193
지엔(慈円) 321
《지정기(池亭記)》 319
진연(眞淵) 232
진천기(陳天麒) 351
진풍(秦風) 135, 212

ㅊ

창조사(創造社) 250
창주(昌住) 236, 308
채도(彩陶)토기 25
채도토기 27
《천자문(千字文)》 297
〈천하(天下)〉 277
《천황기(天皇記)》 300
《초사(楚辭)》 74, 126, 271, 287
《출정후어(出定後語)》 323
측천무후(則天武后) 244
측천문자(則天文字) 244
칠지도(七枝刀) 298
《침초자(枕草子)》 318, 319

ㅋ

카르나크(Carnac) 25
칸트 350
칼그렌(Karlgren) 196, 324, 342
칼리그라피 241

ㅌ

타문집(打聞集) 316
〈태백(泰伯)〉 271
텐리(天理) 298
토좌물어(土佐物語) 310

ㅍ

《패문운부(佩文韻府)》 284
패풍(風) 166
《평가물어(平家物語)》 310, 317
《포박자(抱朴子)》 281
포조(鮑照) 349

표음문자 36, 185
표의문자 170
풍고(風蠱) 93
《풍토기(風土記)》 301
프라그마티즘 250
프레이져 141

ㅎ

하야국(下野國) 317
하야시라잔(林羅山) 311
하치만궁(八幡宮) 298
학걸동(郝杰同) 354
《학림옥로(鶴林玉露)》 351
《한서(漢書)》 168, 238, 239, 287
한수(漢水) 152
한유(韓愈) 247
한음(漢音) 198
《한자어원사전(漢字語源辭典)》 204, 206
《한화대사전(漢和大辭典)》 266
핫토리 단푸(腹部担風) 250
허신(許愼) 193
《현어(玄語)》 323
형성자 185, 187, 193
형체소 185
호위처령생자연(狐爲妻令生子緣) 309
호적(胡適) 250
홍괄(洪适) 238
〈홍범(洪範)〉 277
화표(和表) 108
《화한낭엽집(和漢朗詠集)》 312, 319
환공(桓公) 227
환룡씨(豢龍氏) 92
환표(桓表) 108
황도(荒都) 304
《회남자(淮南子)》 74
회수 103

회의자 185, 193
《회풍조(懷風藻)》 359
후나야마(船山) 298, 299
《후내량원하증지해(後奈良院何曾之解)》 349
후미 41
후지와라 긴토(藤原公任) 312

히미코(卑弥呼) 297
히에라틱 27, 228, 231, 243
히에로그리프 227, 228, 243
히토마로(人麻呂) 142, 144, 304, 305, 357
〈히토마로가집(人麻呂歌集)〉 305

漢字, 백 가지 이야기

첫 판 1쇄 펴낸날 2005년 5월 20일
개정판 1쇄 펴낸날 2011년 3월 10일
개정판 2쇄 펴낸날 2013년 12월 10일

지은이 | 시라카와 시즈카
옮긴이 | 심경호
펴낸이 | 지평님
본문 조판 | 성인기획 (070)8747-9616
종이 공급 | 화인페이퍼 (031)955-0135
인쇄 | 중앙P&L (031)904-3600
제본 | 다인바인텍 (031)955-3735
후가공 | 이지&비 (031)932-8755

펴낸곳 | 황소자리 출판사
출판등록 | 2003년 7월 4일 제2003-123호
주소 | 서울시 영등포구 양평동 5가 1-1 선유도역 1차 IS비즈타워 706호 (150-105)
대표전화 | (02)720-7542 팩시밀리 | (02)723-5467
E-mail | candide1968@hanmail.net

ⓒ 황소자리, 2011

ISBN 89-91508-04-9 03700

* 잘못된 책은 구입처에서 바꾸어드립니다.